"形势与政策"教学系列丛书

陶倩 主编

"形势与政策"教学教案集
——经济、文化、社会、生态篇

艾慧 高立伟 袁晓晶 盛宁 等 著

上海大学出版社

·上海·

图书在版编目(CIP)数据

"形势与政策"教学教案集.经济、文化、社会、生态篇/艾慧等著.—上海:上海大学出版社,2019.9
("形势与政策"教学系列丛书/陶倩主编)
ISBN 978-7-5671-3702-8

Ⅰ.①形… Ⅱ.①艾… Ⅲ.①时事政策教育-教案(教育)-高等学校 Ⅳ.①G641.4

中国版本图书馆 CIP 数据核字(2019)第 198595 号

责任编辑 王 聪
封面设计 柯国富
技术编辑 金 鑫 钱宇坤

"形势与政策"教学系列丛书
陶 倩 主编

"形势与政策"教学教案集
——经济、文化、社会、生态篇

艾 慧 高立伟 袁晓晶 盛 宁 等 著

上海大学出版社出版发行
(上海市上大路99号 邮政编码200444)
(http://www.shupress.cn 发行热线 021-66135112)
出版人 戴骏豪

*

南京展望文化发展有限公司排版
江苏凤凰数码印务有限公司印刷 各地新华书店经销
开本 710mm×1000mm 1/16 印张 21 字数 321 千
2019 年 9 月第 1 版 2019 年 9 月第 1 次印刷
ISBN 978-7-5671-3702-8/G·3054 定价 68.00 元

本书获全国高校思想政治理论课教学科研团队择优支持计划——《高校"形势与政策"课创新建设研究》项目经费、上海高校高峰高原学科建设经费支持。

目 录

经 济 篇

常规模块 / 3

 一、坚持和完善基本经济制度 / 3
  （一）社会主义初级阶段的基本经济制度 / 3
  （二）完善产权保护制度 / 6
  （三）积极发展混合所有制经济 / 8
  （四）推动国有企业完善现代企业制度 / 11
  （五）支持非公有制经济健康发展 / 16
 二、完善现代市场体系 / 19
  （一）完善现代市场体系的现实背景 / 20
  （二）建立公平开放透明的市场规则 / 22
  （三）建立健全各个层次的市场驱动机制 / 25
 三、转变政府职能 / 27
  （一）强调转变政府职能的必要性 / 27
  （二）我国转变政府职能的历程 / 30
  （三）党的十八届三中全会以来对政府职能的界定 / 33
  （四）转变政府职能的途径 / 36

重点模块 / 39

 四、经济发展新常态下财税体制的深化改革 / 39

（一）我国经济发展新常态的内涵特征 / 39
　　（二）确立适应经济发展新常态的财税体制改革目标 / 40
　　（三）构建现代财政制度的关键在于深化财税体制改革 / 43
五、实施乡村振兴战略 / 48
　　（一）建立健全城乡融合发展体制机制和政策体系 / 48
　　（二）加快构建新型农业经营体系 / 53
　　（三）赋予农民更多财产权利 / 57
　　（四）推进城乡要素平等交换和公共资源均衡配置 / 63
六、构建开放型经济新体制 / 66
　　（一）对外开放是一项基本国策 / 67
　　（二）对外开放的简要历程 / 70
　　（三）努力构建开放型经济新体制 / 75

动态模块 / 80

七、新汇改 / 80
　　（一）2015年新汇改 / 80
　　（二）九问：我们为什么要汇改？ / 81
　　（三）新汇改的成果及改革前景 / 86
八、一言难尽的行政审批 / 88
　　（一）行政审批的"痛" / 88
　　（二）简化行政审批案例 / 90
九、中国人口老龄化 / 92
　　（一）人口老龄化案例：中国最"老"县 / 93
　　（二）分析 / 93
十、新型农业经营体系 / 94
　　（一）家庭农场 / 95
　　（二）农业产业联合体 / 95
　　（三）农产品加工园区：产业链前延后伸 / 97
十一、"两权"抵押贷款试点 / 98
　　（一）银行层面 / 99

（二）农户层面 / 99
（三）取得的进展 / 99

文 化 篇

常规模块 / 103

一、历史上中国文化与域外文化的交往和融合 / 103
 （一）中国文化是世界文明的重要组成部分 / 103
 （二）佛教文化的传入与西方宗教文化和科学技术传入的冲突与融合过程 / 105
 （三）20世纪以来中国文化与西方文化的交流融会与中国文化的现代化 / 107

二、讲好中国故事，提升国家文化软实力 / 109
 （一）什么是"软实力" / 110
 （二）讲好中国故事的重要性 / 110
 （三）中国故事的诉说困境 / 111
 （四）如何讲好中国故事 / 112

三、创新精神对校园文化建设的意义 / 114
 （一）校园文化建设的现状 / 114
 （二）创新思想对于高校文化建设的重要意义 / 115
 （三）高校文化建设的创新途径 / 117

重点模块 / 119

四、如何巩固马克思主义在意识形态领域的指导地位 / 119
 （一）意识形态的基本内涵 / 119
 （二）马克思主义意识形态 / 120
 （三）中国为什么选择马克思主义 / 120
 （四）马克思主义过时了吗？ / 121

五、什么是社会主义核心价值观 / 122
 （一）社会主义核心价值观概念内涵 / 122

（二）社会主义核心价值观社会认同的必要性 / 124
（三）社会主义核心价值观的培育与践行 / 125
六、如何用社会主义核心价值观引领社会思潮 / 125
（一）当代社会思潮的主要特征 / 126
（二）习近平总书记对于核心价值观的重要理论表述 / 126
（三）如何用社会主义核心价值观引领社会思潮 / 129

动态模块 / 131
七、现代化过程中传统文化面临的机遇和挑战 / 131
（一）现代化过程中中国传统文化面临的国内机遇 / 131
（二）现代化过程中中国传统文化面临的国际机遇 / 132
（三）现代化过程中中国传统文化面临的国内挑战 / 133
（四）现代化过程中中国传统文化面临的国际挑战 / 134
八、继承和发扬传统文化的时代意义 / 135
（一）中华民族优秀传统文化的内涵和内容 / 135
（二）中华民族优秀传统文化的价值及时代意义 / 139
（三）如何传承和弘扬中华民族优秀传统文化 / 141
九、沿承优秀传统文化，维护中华文明之根 / 144
（一）中国优秀传统文化的界定 / 144
（二）继承优秀传统文化的现实意义 / 145
（三）沿承优秀传统文化的具体路径 / 148

社 会 篇

常规模块　如何推进中国特色社会主义社会建设新发展 / 153
一、如何进一步改善和保障民生 / 153
（一）教育是民生之根：如何进一步促进教育公平 / 154
（二）医疗是民生之要：如何进一步改革医疗保障制度 / 160
（三）收入是民生之源：如何进一步增加群众收入 / 164
（四）社保是民生之基：如何进一步强化社保功能 / 167

（五）住房是民生之实：如何进一步确保居者有屋 / 174
　　（六）就业是民生之本：如何进一步推进全民就业 / 180

二、怎样构建全民共建共享社会治理新格局 / 183
　　（一）什么是全民共建共享社会治理新格局 / 184
　　（二）如何提升社会治理的智能化水平 / 187
　　（三）如何提升都市社会治理的法治化水平 / 191
　　（四）如何提升都市社会治理的精细化水平 / 193

三、如何打赢输不起的脱贫攻坚战 / 198
　　（一）打赢脱贫攻坚战的总体要求是什么 / 198
　　（二）实施精准扶贫方略 / 201
　　（三）如何建立健全脱贫攻坚支撑体系 / 206
　　（四）我国"十三五"脱贫攻坚的规划怎样 / 209

四、如何构建中国特色公共安全体系 / 215
　　（一）如何保障国家网络信息安全 / 215
　　（二）如何强化国家食品药品安全 / 222
　　（三）如何提升国家新兴技术战略安全 / 225

生 态 篇

常规模块 / 233

一、从工业文明走向生态文明 / 233
　　（一）现代工业文明的发展及其引发的生态危机 / 233
　　（二）人类生态意识的觉醒 / 235
　　（三）西方主要生态理论述评 / 238

二、马克思、恩格斯的生态思想 / 255
　　（一）马克思、恩格斯生态思想的理论渊源 / 255
　　（二）马克思、恩格斯生态思想的基本内容 / 257
　　（三）马克思、恩格斯生态思想的当代价值 / 259

重点模块 / 261

　　三、我国面临的主要自然生态环境问题 / 261

　　　　(一) 我国的气候问题 / 261

　　　　(二) 我国的环境污染问题 / 264

　　　　(三) 我国的生物多样性减少问题 / 275

　　　　(四) 我国的自然资源的过度利用开发问题 / 278

　　四、迈向生态文明的中国特色社会主义 / 281

　　　　(一) 社会主义生态文明是中国共产党作出的伟大创新 / 281

　　　　(二) 社会主义生态文明建设的推进与深化 / 288

　　五、十九大关于加强生态文明建设的主要思想与举措 / 300

　　　　(一) 十八大到十九大期间,我国在生态文明建设中取得的成就 / 300

　　　　(二) 十九大报告对生态文明建设重要性的论述 / 302

　　　　(三) 如何推动中国未来的生态文明建设 / 304

动态模块 / 307

　　六、推进绿色发展 / 307

　　　　(一) 绿色发展理念的提出 / 307

　　　　(二) 绿色发展的现实举措 / 308

　　七、改革生态环境监管体制 / 312

　　　　(一) 河长制 / 313

　　　　(二) 自然资源资产离任审计制 / 315

　　　　(三) 国家公园 / 317

　　八、着力解决突出的环境问题 / 320

　　　　(一) 污染防治篇 / 320

　　　　(二) 生态保护篇 / 321

后记 / 324

经 济 篇

常 规 模 块

一、坚持和完善基本经济制度

生产资料所有制是一个社会经济制度的基础,它决定一个社会的基本性质和发展方向。改革开放以来,中国共产党立足于中国基本国情,围绕完善社会主义初级阶段所有制结构进行了不懈探索。新中国成立以后,适应当时的国际形势和快速工业化的要求,建立起了单一公有制的所有制结构。改革开放以后,"一大二公三纯"的局面被打破,形成了公有制为主体、多种所有制经济共同发展的格局。

(一)社会主义初级阶段的基本经济制度

党的十五大在深刻总结所有制结构改革经验的基础上,第一次明确提出,公有制为主体、多种所有制经济共同发展,是我国社会主义初级阶段的基本经济制度。[①] 这一基本经济制度,揭示了社会主义初级阶段生产关系的本质特征,是对社会主义建设正反两方面经验的科学总结,也是对马克思主义所有制理论的丰富和发展。

社会主义初级阶段基本经济制度的确立是由社会主义性质和初级阶段国情决定的。第一,公有制是社会主义经济制度的基础,也是社会主义生产关系

---

① 江泽民:《高举邓小平理论伟大旗帜,把建设有中国特色社会主义事业全面推向二十一世纪——江泽民在中国共产党第十五次全国代表大会上的报告》,1997年9月12日,http://www.360doc.com/content/15/0130/19/10203604_445067620.shtml。

的本质特征。从本质上来说,公有制经济的发展符合社会化大生产的要求,是社会主义现代化建设的支柱,是确保我国的社会主义性质,坚持走社会主义道路,巩固和发展社会主义制度的重要物质基础。第二,我国生产力水平的多层次、不平衡性,需要在公有制为主体的条件下发展多种所有制经济。此外,在社会主义初级阶段,公有制经济本身的发展也是不成熟的,这也要求我们发展多种所有制经济,来促进社会主义经济的发展。第三,一切符合"三个有利于"标准的所有制形式,都可以而且应该用来为发展社会主义服务。社会主义初级阶段的基本经济制度,既包括作为社会主义经济基础的公有制经济,也包括非公有制经济。把非公有制经济纳入基本经济制度中,是因为它们同公有制经济一样,也是为社会主义初级阶段的发展目标服务的。

党的十八届三中全会进一步提出,公有制为主体、多种所有制经济共同发展的基本经济制度,是中国特色社会主义制度的重要支柱,也是社会主义市场经济体制的根基。[①] 要正确理解和把握我国基本经济制度的内涵,需注意以下四点:第一,公有制为主体。核心是国有经济的主导作用,即国有经济自身的活力和对社会资本的影响力、控制力,而不一定要在数量上占优势。第二,多种所有制经济共同发展。公有制经济的社会地位获得提高,它们不仅是"社会主义市场经济的重要组成部分",而且是"我国经济社会发展的重要基础"。第三,建立现代产权制度是市场经济健康发展的前提条件,"非公有制经济财产权同样不可侵犯"的提出,从政策和法律角度更加清晰地界定了非公有制经济的财产所有权以及对经营给予合理的保护和承认,这必将大大增强各类非公有制经济主体的发展信心与创业动力。第四,混合所有制经济是基本经济制度的重要实现形式,大力发展混合所有制经济将有利于放大国有资本功能,实现国有资产保值增值,提高服务社会的能力,有利于各种所有制资本取长补短、相互促进、共同发展。大力发展混合所有制经济将成为中国特色社会主义所有制改革的又一次重大创新。

党的十九大报告进一步强调:坚持新发展理念。发展是解决我国一切问题的基础和关键,发展必须是科学发展,必须坚定不移贯彻创新、协调、绿色、

---

① 《中共中央关于全面深化改革若干重大问题的决定》,2013年11月15日,http://www.scio.gov.cn/32344/32345/32347/32756/xgzc32762/Document/1415757/1415757_5.htm。

开放、共享的发展理念。必须坚持和完善我国社会主义基本经济制度和分配制度,毫不动摇巩固和发展公有制经济,毫不动摇鼓励、支持、引导非公有制经济发展,使市场在资源配置中起决定性作用,更好发挥政府作用,推动新型工业化、信息化、城镇化、农业现代化同步发展,主动参与和推动经济全球化进程,发展更高层次的开放型经济,不断壮大我国经济实力和综合国力。要完善各类国有资产管理体制,改革国有资本授权经营体制,加快国有经济布局优化、结构调整、战略性重组,促进国有资产保值增值,推动国有资本做强、做优、做大,有效防止国有资产流失。深化国有企业改革,发展混合所有制经济,培育具有全球竞争力的世界一流企业。①

党的十八大以来,在习近平同志系列重要讲话精神和治国理政新理念、新思想、新战略的指引下,国有企业改革取得重大进展,"1＋N"文件顶层设计构建完成,"十项改革试点"深入推进,重大改革举措落地见效,国有企业体制机制发生了重大变革,与市场经济的融合更加紧密,规模实力和竞争力进一步增强,国有经济主导作用有效发挥。2018年1—12月,国有企业利润总额33 877.7亿元,同比增长12.9％。② 2018年《财富》世界500强上榜的中国企业有120家,其中国有企业83家。③ 但也应看到,国有企业仍然存在改革推进不平衡、体制机制不健全、布局结构不合理等问题。必须以更大的决心、更大的气力把国有企业改革发展推向前进,形成更加符合中国特色社会主义新时代要求的国有资产管理体制、现代企业制度和市场化经营机制。④ 在非公有制发展方面,需要进一步构建亲清新型政商关系,促进非公有制经济健康发展和非公有制经济人士健康成长。习近平总书记指出：新型政商关系,概括起来说

---

① 习近平：《决胜全面建成小康社会 夺取新时代中国特色社会主义伟大胜利——在中国共产党第十九次全国代表大会上的报告》,2017年10月18日,https：//mp.weixin.qq.com/s？src＝11&timestamp＝1536762839&ver＝1118&signature＝ZIGXaK1XqrZIvUTdiii9f5JnOmdaPje9uaBXCfu7VJ223gwSxyLZUo2bccx3jcL＊HOrYH0TNKD7QJeQ6s0fhMRUHbjorGihIcph9fykUE＊7vhlrBAHPTFr59 kObSJkg7&new＝1。
② 《2018年1—12月全国国有及国有控股企业经济运行情况》,2019年1月22日,http：//www.sasac.gov.cn/n2588025/n2588129/c10315327/content.html。
③ 李政：《改革开放40周年国企改革的基本逻辑和宝贵经验》,2018年12月4日,http：//finance.eastmoney.com/news/1348,20180722910855521.html。
④ 《肖亚庆人民日报撰稿解读十九大报告：深化国企改革》,2017年12月13日,http：//finance.china.com.cn/news/20171213/4470019.shtml。

就是"亲""清"两个字。对领导干部而言,所谓"亲",就是要坦荡真诚同民营企业接触交往,特别是在民营企业遇到困难和问题的情况下更要积极作为、靠前服务,对非公有制经济人士多关注、多谈心、多引导,帮助解决实际困难,真心实意支持民营经济发展。所谓"清",就是同民营企业家的关系要清白、纯洁,不能有贪心私心,不能以权谋私,不能搞权钱交易。对民营企业家而言,所谓"亲",就是积极主动同各级党委和政府及部门多沟通多交流,讲真话,说实情,建诤言,满腔热情支持地方发展。所谓"清",就是要洁身自好、走正道,做到遵纪守法办企业、光明正大搞经营。①

(二)完善产权保护制度

产权主要指财产权或财产权利,是所有权人依法对自己的财产享有占有、使用、收益处分的权力,是经济所有制关系的法律表现形式。产权包括财产的所有权、占有权、支配权、使用权、收益权和处置权。产权是所有制关系在法律上的表现,是所有制的核心。产权制度是划分、界定、实施、保护和调节产权,确认和处理产权主体责、权、利关系的规则基础。市场主体对利益的追求,表现为对产权的追求。追求产权,以其产权获得更多的经济利益,从而拥有更多的产权,是市场经济条件下企业、经营者和劳动者等各类市场主体积极参与市场竞争、创造性地开展生产经营活动的动力。

产权制度的根本要求是在产权关系上做到"归属清晰、权责明确、保护严格、流转顺畅"。归属清晰是指各类产权的最终所有者得以准确界定并为相关的法律程序所认定,这是一切积极主动和富有创造性的行为发生的基础,也是经营行为得以自觉约束和经营责任得以有效维护的基础。责权明确是指产权在各种形式如租赁、售卖、转让、合并等运营或流动中各相关主体权利到位,责任落实。保护严格是指产权归属一经准确界定并依法明确认定,就具有了排他性,并受到法律的严格保护,其他任何主体不可随意侵犯。流转顺畅是指权主体有动力按照自己的意愿来配置其权利,包括使用的方向、数量、权利的让渡等。这种权利的自由配置是产权激励作用的要求和体现,是市场机制产生效率的条件。

---

① 张有明:《十九大报告中统一战线思想11个创新亮点》,2018年2月9日,http://theory.gmw.cn/2018-02/09/content_27641066.htm。

完善产权保护制度是坚持和完善基本经济制度,完善社会主义市场经济体制的迫切要求。随着改革的深化和多种所有制经济的发展,不仅国有资本和集体资本不断壮大,非公有资本和城乡居民私人财产也迅速增加,各种资本流动、融合、重组日益频繁,投资主体多元化、各种所有制经济交叉持股的混合所有制经济已成为发展的必然,各类财产权都要求有完善的产权保护制度作为保障。2020年,我国要进入创新型国家的行列,对知识产权的保护也越来越重要。这些都要求完善对各类产权依法进行有效保护。党的十八届三中全会鲜明指出,公有制经济财产权不可侵犯,非公有制经济财产权同样不可侵犯。国家保护各种所有制经济产权和合法权益,保证各种所有制经济依法平等使用生产要素、公开公平公正参与市场竞争、同等受到法律保护,依法监管各种所有制经济。[1]

党的十九大之后,一系列关于产权保护的文件陆续出台,为全面贯彻习近平新时代中国特色社会主义思想和党的十九大精神,落实党中央、国务院关于完善产权保护制度依法保护产权的部署,营造平等保护各种所有制经济产权和合法权益的法治环境。经国务院同意,国务院办公厅开展了涉及产权保护的规章、规范性文件清理工作,清理的重点是,有违平等保护各种所有制经济主体财产所有权、使用权、经营权、收益权等各类产权的规定,不当限制企业生产经营、企业和居民不动产交易等民事主体财产权利行使的规定,以及在市场准入、生产要素使用、财税金融投资价格等政策方面区别性、歧视性对待不同所有制经济主体的规定。[2] 为深入贯彻实施创新驱动发展战略和国家知识产权战略,强化知识产权创造、保护、运用,破解制约知识产权审判发展的体制机制障碍,充分发挥知识产权审判激励和保护创新、促进科技进步和社会发展的职能作用。中共中央办公厅、国务院办公厅印发了《关于加强知识产权审判领域改革创新若干问题的意见》的通知,其目标是以完善知识产权诉讼制度为基础,以加强知识产权法院体系建设为重点,以加强知识产权审判队伍建设为保

---

[1] 《中共中央关于全面深化改革若干重大问题的决定》,2013年11月15日,http://www.scio.gov.cn/32344/32345/32347/32756/xgzc32762/Document/1415757/1415757_5.htm。
[2] 《国务院办公厅关于开展涉及产权保护的规章、规范性文件清理工作的通知》国办发〔2018〕29号。

障,不断提高知识产权审判质量效率,加大知识产权司法保护力度,有效遏制侵犯知识产权行为,进一步提升知识产权领域司法公信力和国际影响力,加快推进知识产权审判体系和审判能力向现代化迈进。① 为贯彻落实总体国家安全观,完善国家安全制度体系,维护国家安全和重大公共利益,规范知识产权对外转让秩序,依据国家安全、对外贸易、知识产权等相关法律法规,国务院办公厅印发的《知识产权对外转让有关工作办法(试行)》规定,本办法所述知识产权对外转让,是指中国单位或者个人将其境内知识产权转让给外国企业、个人或者其他组织,包括权利人的变更、知识产权实际控制人的变更和知识产权的独占实施许可。技术出口、外国投资者并购境内企业等活动中涉及本办法规定的专利权、集成电路布图设计专有权、计算机软件著作权、植物新品种权等知识产权对外转让的,需要按照本办法进行审查。所述知识产权包括其申请权。②

(三)积极发展混合所有制经济

混合所有制经济是指由不同的所有制成分在企业内部以资本为纽带结合而形成的所有制形态。从宏观层面来说,混合所有制经济表现了一个国家或地区所有制结构的非单一性,即在所有制结构中,既有国有、集体等公有制经济,也有个体、私营、外资等非公有制经济,还包括拥有国有和集体成分的合资、合作经济。而从微观层面来说,混合所有制经济则表现为不同所有制性质的投资主体共同出资组建的股份制企业。当前,国有资本、集体资本、非公有资本等交叉持股、相互融合的混合所有制经济,是基本经济制度的重要实现形式。发展混合所有制经济是大势所趋,有着重要的意义。

积极发展混合所有制经济是增强国有经济活力、控制力、影响力的有效途径。改革开放以来,我国所有制结构逐步调整,公有制经济和非公有制经济在推动经济发展、促进就业等方面的贡献比重不断变化,特别是非国有经济的规模持续扩大、比重持续提高。在这种形势下,要坚持公有制经济主体地位,增

---

① 《关于加强知识产权审判领域改革创新若干问题的意见》,http://www.gov.cn/zhengce/2018-02/27/content_5269267.htm。
② 《知识产权对外转让有关工作办法(试行)》,http://www.gov.cn/zhengce/content/2018-03/29/content_5278276.htm。

强国有经济活力、控制力、影响力,就必须发展混合所有制经济。

积极发展混合所有制经济有利于国有资本放大功能、保值增值、提高竞争力。在国有资本规模相对变小、比重相对下降的新形势下,如何坚持公有制的主体地位、发挥国有经济的主导作用,是坚持和完善基本经济制度必须回答和解决的一个重大理论和实践问题。国有资本通过与社会资本特别是民营资本融合,既可以调动和组织更多的社会资本、放大国有资本的功能,又可以促进国有企业治理的完善和体制机制的转换,增强竞争能力。

积极发展混合所有制经济有利于各种所有制资本取长补短、相互促进、共同发展。一般而言,国有资本在体现国家意图、实现公共目标等方面更具优势,民营资本在适应市场竞争、激发企业活力等方面更具优势。混合所有制经济兼有国有资本与民营资本的特点,通过国有资本与民营资本的交叉持股、相互融合,可以实现国有资本与民营资本优势互补,能够更好适应现代市场经济的发展要求。

现阶段,股份制经济组织是混合所有制的主要形式。以股份制为基础发展混合所有制经济,中国创造了公有制和市场经济融合的成功范例,初步实现了多种所有制经济共同发展。但是,从现实生产力发展状况来看,我国仍需要加大所有制结构调整力度,通过积极发展混合所有制经济,使基本经济制度更加适合我国社会主义初级阶段的国情。为此,党的十八届三中全会做出了战略部署。

首先,明确提出混合所有制经济是基本经济制度的重要实现形式。这是对股份制是公有制的主要实现形式论断的深化和发展。混合所有制经济肯定是股份制经济,但并不是所有的股份制经济都是混合所有制经济,西方国家合伙制和股份制经济一般都不是混合所有制经济,我国也有少量国有企业之间成立或由私人资本合伙经营的股份制企业也不属于混合所有制经济。这次三中全会提出积极发展混合所有制经济,主要着意于深化国有企业改革,要求国有大中型企业更好地引入非国有的战略投资者,建立现代公司制度,完善法人治理结构,同时也是为了更好地引导非公有资本,同国有资本或集体资本合作,为发展社会主义市场经济作贡献。因此,混合所有制既是公有制的实现形式,更是公有制为主体、多种所有制经济共同发展的基本经济制度的重要实现形式。现阶段,积极发展混合所有制经济,已成为坚持和完善基本经济制度的重要着力点。

第二,明确提出鼓励非公有制企业参与国有企业改革,这不仅是对非公有资本的重视,而且是为了进一步鼓励、引导非公有制经济的发展。这几年,民间资本参股股份制商业银行和城市商业银行的热情很高,占全部股本比例也很高。但由于各种因素,国家一直未允许民间资本发起成立中小银行等金融机构。党的十八届三中全会明确提出,扩大金融业对内对外开放,在加强监管前提下,允许具备条件的民间资本依法发起设立中小型银行等金融机构,这是一个重要突破,也对实施有效的金融监管提出了新的要求与任务。

第三,明确提出允许混合所有制经济实行企业员工持股,形成资本所有者和劳动者利益共同体。以往经验表明,国有企业难以推行员工持股,因为容易造成国有资产流失。而混合所有制经济不同,它本身就是股份制经济,国有股权边界清晰,在企业内推行员工持股,使员工既是持股者即资本所有者,又是劳动者,有利于调动企业员工的积极性和主动性,从而有利于提高企业的营运水平和竞争力。当然,要严防把员工持股搞成私分公有资产。

第四,积极发展混合所有制经济,需要完善国有资产监管体制,国有资产监管要从管企业为主向管资本为主转变。这是一个重大转变,有许多新东西需要认真研究与探索。党的十八届三中全会指出,以管资本为主加强国有资产监管,改革国有资本授权经营体制,组建若干国有资本运营公司,支持有条件的国有企业改组为国有资本投资公司。这意味着,国有资产监管机构今后主要工作是合理配置国有资本,研究如何组建国有资本运营公司和投资公司,并通过这些公司引导国有企业加快发展为混合所有制企业或股份制公司。全会还明确提出国有资本投资运营要服务于国家战略目标,提供公共服务、发展重要前瞻性战略性产业、保护生态环境、支持科技进步、保障国家安全是其五个重点。①

2015年8月24日,中共中央、国务院印发《关于深化国有企业改革的指导意见》,对改革目标和原则、分类推进国企改革、发展混合所有制经济、完善国

---

① 《中共中央关于全面深化改革若干重大问题的决定》,2013年11月15日,http://www.scio.gov.cn/32344/32345/32347/32756/xgzc32762/Document/1415757/1415757_5.htm。

资监管体制等提出了明确的意见,实质上已经拉开了国资国企改革的帷幕。近年来,国务院办公厅、多个部委先后印发《中共中央、国务院关于深化国有企业改革的指导意见》《国务院关于国有企业发展混合所有制经济的意见》《国务院关于改革和完善国有资产管理体制的若干意见》《关于国有企业功能界定与分类的指导意见》《企业国有资产交易监督管理办法》《关于国有控股混合所有制企业开展员工持股试点的意见》《关于进一步完善国有企业法人治理结构的指导意见》《国务院关于改革国有企业工资决定机制的意见》等多个政策文件,从国企分类和分层改革、改革国资管理体制、非国有资本参与混改、国有资产交易、员工持股试点等方面制定了更为具体的规定,为全国各地推进国企混改工作构建了基础性的政策框架。随着国资国企改革的政策体系初步形成,中共中央、国务院、国务院国资委多次明确要求"全面推进国企改革'1+N'文件落地见效"、"深化国有企业混合所有制改革",党的十九大报告再次重申"发展混合所有制经济"。可见国资国企改革是国家经济体制改革的核心内容之一,是未来全面深化改革的重点项目。

(四)推动国有企业完善现代企业制度

现代企业制度是指以现代公司制为代表的企业组织形式。其基本特征为产权清晰、权责明确、政企分开、管理科学。现代企业制度是适应现代社会化大生产和市场经济体制要求的一种企业制度,也是具有中国特色的一种企业制度。党的十八届三中全会明确提出,必须适应市场化、国际化的新形势,进一步深化国有企业改革,推动国有企业完善现代企业制度。进一步深化国有企业改革、完善现代企业制度,必须按照加快完善社会主义市场经济体制、坚持和完善基本经济制度的要求,把握使市场在资源配置中起决定性作用这条主线,以完善公司法人制度为基础,以产权明晰、权责明确、政企分开、管理科学为基本要求,以规范经营决策、资产保值增值、公平参与竞争、提高企业效率、增强企业活力、承担社会责任为重点,通过完善现代企业制度,进一步提高国有企业发展质量,不断增强国有经济活力、控制力、影响力。[①]

推动国有企业完善现代企业制度意义重大,影响深远。要按照党的十八

---

① 《中共中央关于全面深化改革若干重大问题的决定》,2013年11月15日,http://www.scio.gov.cn/32344/32345/32347/32756/xgzc32762/Document/1415757/1415757_5.htm。

届三中全会《决定》的重要部署,继续坚持经过实践证明行之有效的原则方针,实施一系列有针对性的改革举措,突出重点、分类实施,深化国有企业改革,完善现代企业制度。2015年8月《中共中央、国务院关于深化国有企业改革的指导意见》(简称《意见》)提出,到2020年在国有企业改革重要领域和关键环节取得决定性成果。中央经济工作会议和《政府工作报告》要求,2017年底前基本完成国有企业公司制改制工作。2017年7月国务院办公厅印发了《中央企业公司制改制工作实施方案》(简称《方案》)。

1. 准确界定不同国有企业功能

党的十八届三中全会之后,在界定国企功能方面跨出一大步。国有企业身处不同行业,其功能目标、产权结构、公司治理、改革重点都有明显区别。进一步深化国有企业改革,首先要准确界定不同国有企业的功能,实施分类改革和监管。对提供公益性产品或服务的企业,如供水、供电、供气、公共交通等,要加大国有资本投入,支持其在提供公共服务方面作出更大贡献,同时进一步规范公司治理,建立符合企业功能定位的考核评价指标体系,有针对性地加强服务质量、价格等监管。对国有资本继续控股经营的自然垄断行业的企业,要实行政企分开、政资分开、特许经营、政府监管为主要内容的改革,根据不同行业特点实行网运分开,放开竞争性业务,推进公共资源配置市场化,加强行业监管和社会监督。对一般性竞争领域的国有企业,要按照市场化的要求,依托资本市场,推进公众公司改革,鼓励战略投资者参与国有企业改组改造,实现国有资产资本化,提高国有资本流动性。[1]

2015年《意见》进一步提出,根据国有资本的战略定位和发展目标,结合不同国有企业在经济社会发展中的作用、现状和发展需要,将国有企业分为商业类和公益类。通过界定功能、划分类别,实行分类改革、分类发展、分类监管、分类定责、分类考核,提高改革的针对性、监管的有效性、考核评价的科学性,推动国有企业同市场经济深入融合,促进国有企业经济效益和社会效益有机统一。第一,主业处于充分竞争行业和领域的商业类国有企业,原则上都要实行公司制股份制改革,积极引入其他国有资本或各类非国有资本实现股权多

---

[1] 苗圩:《推动国有企业完善现代企业制度》,载《求是》,2013年第22期。

元化,国有资本可以绝对控股、相对控股,也可以参股,并着力推进整体上市。对这些国有企业,重点考核经营业绩指标、国有资产保值增值和市场竞争能力。主业处于关系国家安全、国民经济命脉的重要行业和关键领域、主要承担重大专项任务的商业类国有企业,要保持国有资本控股地位,支持非国有资本参股。对自然垄断行业,实行以政企分开、政资分开、特许经营、政府监管为主要内容的改革,根据不同行业特点实行网运分开、放开竞争性业务,促进公共资源配置市场化;对需要实行国有全资的企业,也要积极引入其他国有资本实行股权多元化;对特殊业务和竞争性业务实行业务板块有效分离,独立运作、独立核算。对这些国有企业,在考核经营业绩指标和国有资产保值增值情况的同时,加强对服务国家战略、保障国家安全和国民经济运行、发展前瞻性战略性产业以及完成特殊任务的考核。第二,公益类国有企业以保障民生、服务社会、提供公共产品和服务为主要目标,引入市场机制,提高公共服务效率和能力。这类企业可以采取国有独资形式,具备条件的也可以推行投资主体多元化,还可以通过购买服务、特许经营、委托代理等方式,鼓励非国有企业参与经营。对公益类国有企业,重点考核成本控制、产品服务质量、营运效率和保障能力,根据企业不同特点有区别地考核经营业绩指标和国有资产保值增值情况,考核中要引入社会评价。[①]

2. 健全公司法人治理结构

党的十八届三中全会后,更加强调健全协调运转、有效制衡的公司法人治理结构,这是进一步提高国有企业科学决策和经营发展水平的关键。一是继续深化股份制公司制改革。推动具备条件的国有大型企业实现整体改制上市或主营业务上市,不具备整体上市条件的要加快股权多元化改革,有必要保持国家独资经营的也要加快公司制改革。二是推进规范董事会建设,完善外部董事选聘、培训、评价机制,严格董事履职责任,健全董事会运作机制,形成股东会、董事会、监事会、经理层各负其责、运转协调、有效制衡的机制。探索现代企业制度与党组织发挥政治核心作用、职工民主管理有效融合的途径。三是继续深化企业人事、用工、分配制度改革,建立更加科学的考核分配和激励

---

① 国务院国资委、财政部、国家发展改革委:《关于国有企业功能界定与分类的指导意见》,2015年12月29日,http://www.law-lib.com/law/law_view.asp?id=515322。

约束机制。完善经营管理者激励机制,深化企业内部管理人员能上能下、员工能进能出、收入能增能减的制度改革。四是建立长效激励约束机制,强化国有企业经营投资责任追究,探索推进国有企业财务预算等重大信息公开。①

《意见》进一步指出,健全公司法人治理结构,重点是推进董事会建设,建立健全权责对等、运转协调、有效制衡的决策执行监督机制,规范董事长、总经理行权行为,充分发挥董事会的决策作用、监事会的监督作用、经理层的经营管理作用、党组织的政治核心作用,切实解决一些企业董事会形同虚设、"一把手"说了算的问题,实现规范的公司治理。要切实落实和维护董事会依法行使重大决策、选人用人、薪酬分配等权利,保障经理层经营自主权,法无授权任何政府部门和机构不得干预。加强董事会内部的制衡约束,国有独资、全资公司的董事会和监事会均应有职工代表,董事会外部董事应占多数,落实一人一票表决制度,董事对董事会决议承担责任。改进董事会和董事评价办法,强化对董事的考核评价和管理,对重大决策失误负有直接责任的要及时调整或解聘,并依法追究责任。进一步加强外部董事队伍建设,拓宽来源渠道。

3. 建立现代人力资源管理体系

党的十八届三中全会后,国有企业作为市场经济的主体,必须按照市场经济的内在要求加快建立现代人力资源管理体系。一是建立职业经理人制度,减少行政任命管理人员,合理增加市场化选聘比例,更好发挥企业家作用。建立健全有别于行政干部的企业经营管理者选聘、考核、奖惩和退出机制。二是进一步完善国有企业经营管理者的薪酬机制。合理确定并严格规范国有企业管理人员薪酬水平、职务待遇、职务消费、业务消费。完善职工收入分配调控方式,逐步实现薪酬分配制度与市场接轨。三是加强内部监督约束机制。加强内部财务审计和纪检监察。大力推进企业内部民主管理,最大限度地防止和纠正内部人控制。②

《意见》强调人力资源管理体系的三个重要方面:第一,建立国有企业领导人员分类分层管理制度。坚持党管干部原则与董事会依法产生、董事会依法选择经营管理者、经营管理者依法行使用人权相结合,不断创新有效实现形

---

① 苗圩:《推动国有企业完善现代企业制度》,载《求是》,2013年第22期。
② 苗圩:《推动国有企业完善现代企业制度》,载《求是》,2013年第22期。

式。第二,实行与社会主义市场经济相适应的企业薪酬分配制度。企业内部的薪酬分配权是企业的法定权利,由企业依法依规自主决定,完善既有激励又有约束、既讲效率又讲公平、既符合企业一般规律又体现国有企业特点的分配机制。第三,深化企业内部用人制度改革。建立健全企业各类管理人员公开招聘、竞争上岗等制度,对特殊管理人员可以通过委托人才中介机构推荐等方式,拓宽选人用人渠道。

4. 完善国有资产管理体制

完善国有资产管理体制是推进国有企业改革发展的体制保障。要坚持国家所有、分级代表的原则,坚持政企分开、政资分开的改革方向,按照权利、义务和责任统一,管资产与管人、管事相结合的要求,持续推进国有资产管理体制改革。一是继续推动履行社会公共管理职能的部门与企业脱钩,实现经营性国有资产集中统一监管。二是以管资本为主加强国有资产监管。大力推进国有资产资本化,改革国有资本授权经营体制,组建若干国有资本运营公司,支持有条件的国有企业改组为国有资本投资公司。三是完善国有资产监管机构和职能,以产权关系为纽带,落实国有资产监管机构的各项法定职责。四是健全国有资产监管法规体系。围绕进一步规范政府、国资监管机构与国有企业之间的关系,健全国家出资企业投资管理、财务管理、产权管理、风险管理等专项管理制度,健全国有资产基础管理制度。五是建立科学的企业业绩考核指标体系,不断完善分类考核制度,提高考核指标的导向性和针对性。[①]

《意见》更进一步扩展为:以管资本为主推进国有资产监管机构职能转变,以管资本为主改革国有资本授权经营体制,以管资本为主推动国有资本合理流动优化配置,以管资本为主推进经营性国有资产集中统一监管。

5. 推动国有经济战略布局调整

苗圩认为,推动国有经济战略布局调整是国有企业转变发展方式、提高发展质量效益的关键。一是完善国有资本合理流动机制。国有资本投资运营要服务于国家战略目标,更多投向关系国家安全、国民经济命脉的重要行业和关键领域,重点提供公共服务、发展重要前瞻性战略性产业、保护生态环境、支持

---

① 苗圩:《推动国有企业完善现代企业制度》,载《求是》,2013年第22期。

科技进步、保障国家安全。二是允许更多国有经济和其他所有制经济发展成为混合所有制经济,允许企业员工持股。三是推进国有企业重组和调整,引导国有企业突出主业,加大内部资源整合力度,采用多种方式剥离重组非主业资产。积极利用资本市场和产权市场,吸收民间资本和战略投资者参与国有企业改制改组。

《意见》进一步对混合所有制改革做了详细部署:推进国有企业混合所有制改革、引入非国有资本参与国有企业改革、鼓励国有资本以多种方式入股非国有企业、探索实行混合所有制企业员工持股。

6. 推进国有企业更好履行社会责任

国有企业的公有制性质和在国民经济中的特殊地位,对其承担社会责任提出了更高的要求。一是完善国有资本经营预算制度,提高国有资本收益上缴公共财政比例,2020年提高到30%,更多用于保障和改善民生。划转部分国有资本充实社会保障基金。二是引导国有企业在主营业务优势和广泛的社会问题之间找到结合点,把社会责任融入企业的战略、决策、运营和管理中。三是加强制度建设和监管监督,推动国有企业在诚信经营、提高产品服务质量、节能减排、环境保护、安全生产等方面加强自我约束。加强企业内部制度建设,保障职工的合法权益,妥善解决国企改革的历史遗留问题。[①]

经过多年改革,全国国有企业公司制改制面已达到90%以上,有力推动了国有企业政企分开,公司法人治理结构日趋完善,企业经营管理水平逐渐提高,但仍有部分国有企业特别是部分中央企业集团层面尚未完成公司制改制。《中共中央、国务院关于深化国有企业改革的指导意见》提出,到2020年在国有企业改革重要领域和关键环节取得决定性成果。中央经济工作会议和《政府工作报告》要求,2017年底前基本完成国有企业公司制改制工作。2017年7月《中央企业公司制改制工作实施方案》的出台,加快推动中央企业完成公司制改制进程。

(五)支持非公有制经济健康发展

非公有制经济是相对于公有制经济而产生的一个名词。它是我国现阶段除了公有制经济形式以外的所有经济结构形式,主要包括个体经济、私营经

---

① 苗圩:《推动国有企业完善现代企业制度》,载《求是》,2013年第22期。

济、外资经济、混合所有制经济中的非公有制经济成分等,是社会主义市场经济的重要组成部分,在支撑增长、促进创新、扩大就业、增加税收等方面具有重要作用。当前,我国经济正处于转型升级的关键时期,适应国内外经济形势新变化,加快形成新的经济发展方式,必须着力激发各类市场主体发展新活力,充分释放创新驱动发展新动力。作为最具活力和创造力的经济成分,非公有制经济是有效破解经济发展动力不足、活力不强的关键所在,也是推动我国经济转型升级的重要依托。

党的十五大把公有制为主体、多种所有制经济共同发展确立为我国的基本经济制度,明确提出非公有制经济是我国社会主义市场经济的重要组成部分。党的十六大提出毫不动摇地巩固和发展公有制经济,毫不动摇地鼓励、支持和引导非公有制经济发展。党的十八大进一步提出保证各种所有制经济依法平等使用生产要素、公平参与市场竞争、同等受到法律保护。

党的十八届三中全会指出,支持非公有制经济健康发展,要坚持权利平等、机会平等、规则平等。平等竞争是市场经济运行的基础,也是市场经济规律的客观要求。强调权利平等,赋予非公有制经济与公有制经济平等的法律地位和发展权利,为非公有制经济持续健康发展提供了基础和保障。强调机会平等,赋予非公有制经济平等进入市场的机会,进一步拓宽了非公有制经济准入领域。强调规则平等,赋予非公有制经济参与竞争的平等市场环境和政策环境,在发展环境上与公有制经济同等对待、一视同仁,进一步创造了非公有制经济平等参与市场竞争的前提和条件。党的十八届三中全会围绕推动非公有制经济健康发展,在完善发展政策、扩大发展空间、转变发展方式等方面,提出了一系列新的任务和举措,必将极大推动非公有制经济的发展。废除对非公有制经济各种形式的不合理规定,消除各种隐性壁垒,制定非公有制企业进入特许经营领域具体办法。鼓励非公有制企业参与国有企业改革,鼓励发展非公有资本控股的混合所有制企业,鼓励有条件的私营企业建立现代企业制度。

党的十八届三中全会提出,公有制经济和非公有制经济都是社会主义市场经济的重要组成部分,都是我国经济社会发展的重要基础;公有制经济财产权不可侵犯,非公有制经济财产权同样不可侵犯。健全以公平为核心原则的产权保护制度,加强对各种所有制经济组织和自然人财产权的保护,清理有违公平的法律法规条款。2015年5月,习近平总书记在中央统战工作会议上强调:"非公有制经济的健康发展和非公有制经济人士的健康成长,不仅是重大经济问题,也是重大政治问题。"这对于非公有制经济的发展具有十分重大的现实意义。党的十八届五中全会强调鼓励民营企业依法进入更多领域,引入非国有资本参与国有企业改革,更好激发非公有制经济活力和创造力。

2016年3月,习近平总书记发表《毫不动摇坚持我国基本经济制度,推动各种所有制经济健康发展》,他强调:非公有制经济在我国经济社会发展中的地位和作用没有变;我们毫不动摇鼓励、支持、引导非公有制经济发展的方针政策没有变;我们致力于为非公有制经济发展营造良好环境和提供更多机会的方针政策没有变。2016年全国"两会"闭幕后不久,国家税务总局即出台"营改增",为民营企业切实减轻税负。为进一步解决制约民间投资发展的重点难点问题,国家发改委于10月12日出台了《促进民间投资健康发展若干政策措施》,从促进投资增长、改善金融服务、落实完善相关财税政策、降低企业成本、改进综合管理服务措施、制定修改法律法规等六个方面提出了26条具体措施。2016年11月和12月,江苏和浙江两省相继出台了进一步减轻企业负担、降低企业成本的26条和20条政策举措,为民营企业减负分别达700多亿元和800多亿元,其他省区也都有类似举措和成效。2016年12月,习近平在中央经济工作会议上指出,2017年是实施"十三五"规划的重要一年,是供给侧结构性改革的深化之年。在这个问题上,党政干部和企业家都要高度重视,勇于承担责任,为进一步深化改革注入源源不断的发展动力,也就是创新驱动的能力,促进民间投资,促进非公有制经济健康发展。党的十九大重申了"两个毫不动摇、必须坚持和完善我国社会主义基本经济制度和分配制度,作出了深化国有企业改革、发展混合所有制经济"以及"支持民营企业发展,激发各类市场主体活力"的重大论断。可见,党和国家对非公有制经济发展鼓励、支持和引导的政策是一贯的,并且是不断加强的。① 在党和国家政策支持下,非公有制经济取得了持续快速发展,截至2017年6月,我国非公有制经济税收贡献超

---

① 郑东华:《坚持和完善基本经济制度　促进公有制经济和非公有制经济融合发展》,2018年2月3日,http://www.ce.cn/xwzx/gnsz/gdxw/201802/03/t20180203_28035918.shtml。

过50%,国民生产总值、固定资产投资、对外直接投资均超过60%,高新技术企业占比超过70%,城镇就业超过80%,对新增就业贡献达到90%,已成为我国经济社会发展的重要力量和重要基础。①

二、完善现代市场体系

自次贷危机以来,全球经济仍然处于弱复苏、慢增长、低就业和反复波动状态,各国经济进入全球再平衡的新常态中,中国经济也不例外,步入了"新常态"轨道。从目前形势看,中国经济已进入中速增长轨道,这给中国经济增长过程中的结构调整提供了机遇,但也面临着诸多挑战,特别是在如何完善市场驱动机制,发挥市场决定性作用方面,需要形成统一共识和一致行动。因此,在教学过程中,要帮助学生全面理解市场机制在驱动我国新一轮经济增长中的决定性作用。这要求我们在紧密围绕党的十八大战略部署纲领,以及十八届三中全会若干重大问题理论框架下,来全面分析市场在资源配置中起决定性作用的机理,对我国经济状况和发展目标作出准确判断。澄清学生对当前经济增长过程中出现的问题而产生的一些碎片化认知,让学生更加透彻理解中国特色社会主义市场经济的路径和未来取向,从而更加坚定走中国特色社会主义道路的信仰和信念。

按照十八届三中全会关于市场作用的界定:在今后中国经济增长中,市场是在资源配置中起决定性作用的基础;需要据此建立统一开放、竞争有序、政府与市场边界明确的现代市场体系。具体表现为:企业自主经营、公平竞争;消费者自由选择、自主消费;商品和要素自由流动、平等交换;政府介入和服务市场的边界清晰。因此,在当前形势下,必须着力清除市场壁垒,提高资源配置效率和公平性。而完善现代市场体系是实现转变经济发展方式,建设创新型国家,实现经济更有效率、更加公平、更可持续发展的重要前提和重要保证。

党的十九大报告进一步指出:实现"两个一百年"奋斗目标、实现中华民

---

① 习近平:《毫不动摇坚持我国基本经济制度 推动各种所有制经济健康发展》,2016年3月9日,https://wenku.baidu.com/view/5ec95bb3a98271fe900ef99a.html。

族伟大复兴的中国梦,不断提高人民生活水平,必须坚定不移把发展作为党执政兴国的第一要务,坚持解放和发展社会生产力,坚持社会主义市场经济改革方向,推动经济持续健康发展。我国经济已由高速增长阶段转向高质量发展阶段,正处在转变发展方式、优化经济结构、转换增长动力的攻关期,建设现代化经济体系是跨越关口的迫切要求和我国发展的战略目标。必须坚持质量第一、效益优先,以供给侧结构性改革为主线,推动经济发展质量变革、效率变革、动力变革,提高全要素生产率,着力加快建设实体经济、科技创新、现代金融、人力资源协同发展的产业体系,着力构建市场机制有效、微观主体有活力、宏观调控有度的经济体制,不断增强我国经济创新力和竞争力。

(一)完善现代市场体系的现实背景

1. 中国经济进入"新常态"

(1)新的战略方针

在坚持以经济建设为中心的前提下,强调了不以 GDP 为主导的价值取向。应当把 GDP 增长和民生改善、社会进步、生态效益提高等置于同等重要的地位,综合考量。

(2)新的制度条件

市场在资源配置中起决定性作用,政府在经济发展中所起关键作用的边界定位,并确立完备的依法治国体系。

(3)新的思想方法

全国上下应有强烈的问题意识,以重大问题为导向,抓住关键问题,着力推动解决突出矛盾和问题。

(4)新的工作作风

锲而不舍、敢于担当的"钉钉子"精神,"一分部署,九分落实"的辩证法。确立以"三严三实"为标杆的行动评价标准。

2. 中国经济进入"新常态"的原因

(1)资源配置效率下降

我国制造业已趋饱和,人口和资源向以服务业为主的第三产业转移,然而,服务业的劳动生产率低于制造业,中国尤甚。所以服务业比重上升,必然伴随着劳动生产率和经济增速下降。我国的服务业多集中于低端,其劳动生产率更低。

(2) 要素供给效率下降

传统意义上廉价劳动供给模式已经终结,劳动力成本随之上升。传统人口红利的消失、传统工业化结束、消费率缓慢提高、资本边际收益率下降等,已使得无通货膨胀的资本投入呈逐渐下降之势。同时,固定资产投资增长率大幅回落。

(3) 创新能力滞后

技术进步缓慢,至今未有改变。目前,我们基本完成了以赶超为目标的"学校课程",并接近国际科技前沿。加之,面对中国发展以及日益增强的竞争实力,发达经济体已经开始对我们进行中高端技术的全面封锁。

(4) 环境资源约束增强

大气污染严重,食品中重金属大范围超标,饮用水大面积污染等,对我们传统的经济发展模式形成了硬约束。

3. 中国经济新常态的动力因素

(1) 投资仍然是增长的主要驱动力

投资方向将作改变。在新常态下,稳增长,保就业依然是国民经济运行的最重要目标之一。从近年来消费、投资和净出口(外需)对国民经济增长的贡献率及其变化轨迹看,至少在中期内,投资仍然是驱动经济增长的主要动力。但投资务必偏向消费和生态建设,包括促进消费增长的社会基础设施领域、技术进步的更新改造、可持续发展的节能环保以及大气和水污染治理、生态修复资源循环利用等。

投资模式需做重构。着重减少负债、降低杠杆率、增加股本。在考虑自然垄断、公共性、外部性基础上,为基础设施和公共服务项目投资创造可持续商业环境;同时,改变政府主导局面,采用公/私合作伙伴关系的投融资模式,加强政府公共投资与民间投资的合作。

(2) 依靠市场激活创新驱动新引擎

中国依靠要素规模驱动的发展模式已不可持续。必须更多依靠人力资本的质量和技术进步,让创新成为驱动发展的新引擎。需以市场机制为基础、以企业为主导、政府职能转变为契机,创造企业创新的社会经济环境,发挥公共品领域和具有外部性、垄断领域中的创新主导作用,积极制定和践行新的产业政策。

(3) 构筑全面对外开放新格局

为应对美国等发达经济体重塑全球经济治理体系的挑战,中国需构筑全面的对外开放格局,参与全球资源分配的竞争。加速自贸试验区建设;市场在资源配置中起决定性作用;积极签署双边和多边自由贸易协定;加大建设亚太自贸区(FTAAP)的努力。不仅吸引外资走进来,更鼓励内资走出去,通过"一带一路"建设,让内外资企业相互竞争,让其他经济体也分享中国改革开放的成果。

(4) 从生态资源中挖掘经济发展的新动力

重新制定统计标准,将资源要素纳入统计指标,为企业在环保、污染、生态修复等领域的投入提供正向激励的事实依据。从制度上保障生态红线,优化国土空间开发格局,实行最严格的生态环境保护制度;建立健全自然资源资产产权制度和用途管制制度,国土空间开发保护制度,能源、水、土地节约集约使用制度。

综上,在新常态事实背景下,我们必须重点认识和把握的是中国共产党十八届三中、四中全会以及十九大通过的全面深化改革和依法治国的决定。其重点是建立公平开放透明的现代市场体系,通过打破各种壁垒,让市场要素自由流动,资源优化配置,最终实现"市场起决定性作用"。这要求我们清除各种保护主义藩篱,制定完备的市场规则,吸引世界范围内的优质要素资源为我国社会主义市场经济服务。

(二) 建立公平开放透明的市场规则

1. 实行统一的市场准入制度

市场准入制度是国家对市场主体资格的确立、审核、认可制定和实行的法律制度,是国家对市场经济活动基本的、初始的管理制度,主要内容是对进入市场的企业在注册资本、生产规模、技术水平、控制污染和卫生标准等方面规定相应的资格条件和取得资格的程序,并由国家相关部门实施审批手续和登记注册来执行。市场准入制度必须体现统一性,对各类企业一视同仁。

企业只有按照统一的资格条件进入市场，才有可能使经济运行的微观主体遵循普遍性的行为规范，为市场体系的统一性奠定坚实基础；才有可能对各种市场信号作出正常反应，不断加强经营管理，调整产品结构，提高经济效益；也才有可能自觉应对市场变化，积极参与市场竞争，优胜劣汰，实现资源优化配置。

2. 实行负面清单管理、外商投资准入的前国民待遇

在制定各种负面清单基础上，让各类市场主体依法平等进入清单之外领域。当前，我国市场准入制度缺乏统一性的两个重要表现，一是实行以正面清单为基础、以行政许可为主导的市场准入制度。即把允许进入的领域都列在清单上面，没有列入清单的领域或项目则不允许进入。而对允许进入的领域，还要通过行政许可确认准入企业。二是民间资本进入金融、石油、电力、铁路、电信、资源开发、公用事业等领域存在隐形市场准入障碍。制定负面清单，各类市场主体可依法平等进入清单之外领域（非禁即入），切实推进配套改革和制度创新，克服隐形的准入障碍，构建公平的市场准入环境。同时给予外商投资准入的前国民待遇，使得境外企业设立、取得、扩大等阶段享有不低于本国投资者及其投资的待遇。同样，外商作为市场主体的组成部分之一，可依法平等进入负面清单之外的领域（非禁即入）。

3. 推进工商注册制度便利化

工商注册制度便利化是市场主体从准入到退出全过程的便利化，包括登记制度中从准入到退出的每一个环节。在简化登记程序、加强部门联动、推进登记制度改革的进程中，每一个环节都要便利化，最终实现整体流程便利化。削减资质认定项目，由先证后照改为先照后证，把注册资本实缴登记制逐步改为认缴登记制。工商注册便利化，重点要做到由先证后照改为先照后证，把注册资本实缴登记制逐步改为认缴登记制。

先照后证指的是投资人向工商部门申办营业执照时，原本必须在领取营业执照之前领取许可证的部分审批项目，现在可以改为先领执照再去申办许可证，将"先证后照"改为"先照后证"。实行"先照后证"后，创业者只要到工商部门领取营业执照，就可以先从事一般性的生产经营活动。在等待许可期间，创业者可以凭借营业执照着手开展一些筹备工作，这就为企业先期发展争取

了大量时间,大大激活了市场效率。

注册资本认缴登记制是指除涉及国家安全、公民生命财产安全等外,不再实行先主管部门审批、再进行工商登记的制度。市场主体向工商部门申请登记,取得营业执照后即可从事一般生产经营活动;对从事需要许可的生产经营活动,持营业执照和有关材料向主管部门申请许可。

4. 推进国内贸易流通体制改革

完善相关法律,改变内贸流通行业管理由内贸行政部门独家承担的局面,界定内贸行政部门(含公共服务)、市场监管部门、流通社团组织(含行业自律)、内贸流通企业、媒体及消费者监督管理的职责范围,划清各自职责,形成协同机制。

内贸行政管理部门仍是决策核心,依法行使提供流通基础设施、制定规划规章及流通行业政策等法定职能;政府各相关部门实施统一的流通行业政策,在各自的专业领域依法履行职能;事务性、技术性的工作职能应下放给行业组织或实行政府向专业机构招标外包,内贸行政部门对后者履行职能的情况实施指导监督。国内贸易流通管理逐步向流程管理转变,逐步从流通行业向流通行为延伸。对所有进入内贸流通领域的经营主体、客体、载体和交易行为,只要属于市场机制和社会组织无法有效解决的事项,都应考虑以不同方式纳入内贸行政管理及公共服务范围。

5. 建立健全社会征信体系

为确保上述市场规则能够全面而实效地得到贯彻,务必要改革市场监管体系,实行统一的市场监管,清理和废除妨碍全国统一市场和公平竞争的各种规定和做法,严禁和惩处各类违法违规实行优惠政策的行为,反对地方保护,反对垄断和不正当竞争。建立健全社会征信体系,褒扬诚信,惩戒失信。根据2014年国务院印发的《社会信用体系建设规划纲要(2014—2020年)》,部署加快建设社会信用体系、构筑诚实守信的经济社会环境。

首先,加快信用立法工作。快速制定比较完备的适合我国国情的行政管理规定,尽早为信用中介机构的发展制定制度框架;抓紧研究、率先出台与信用行业直接相关的基本法,以促进信用行业的规范健康发展。其次,加快征信数据的开放与信用数据库的建立。鼓励信用中介机构注重自身信用数据库建设,建立专门性的官方数据库,以便服务信用中介机构或与其进行共享。再者,政府应对信用行业进行相应的管理和监督,改变长期以来我国征信行业中存在的多头监管与无人监管并存的状况。

党的十九大报告提出,加快完善社会主义市场经济体制。党的十九届三中全会作出《关于深化党和国家机构改革的决定》,审议通过《深化党和国家机构改革方案》,第十三届全国人大一次会议审议了《国务院机构改革方案》。从改革方案来看,党中央深化党和国家机构改革,完善社会主义市场经济体制的决心很大。在处理政府与市场的关系上,强调政府职能是完善市场监管和执法体制。改革和理顺市场监管体制,整合监管职能,加强监管协同,形成市场监管合力。深化行政执法体制改革,统筹配置行政处罚职能和执法资源,相对集中行政处罚权,整合精简执法队伍,解决多头多层重复执法问题。一个部门设有多支执法队伍的,原则上整合为一支队伍。推动整合同一领域或相近领域执法队伍,实行综合设置。减少执法层级,推动执法力量下沉。完善执法程序,严格执法责任,加强执法监督,做到严格规范公正文明执法。在职能部门调整上体现了政府职能作用的转变:组建国家市场监督管理总局。改革市场监管体系,实行统一的市场监管,是建立统一开放竞争有序的现代市场体系的关键环节。为完善市场监管体制,推动实施质量强国战略,营造诚实守信、公平竞争的市场环境,进一步推进市场监管综合执法、加强产品质量安全监管,让人民群众买得放心、用得放心、吃得放心,将国家工商行政管理总局的职责、国家质量监督检验检疫总局的职责、国家食品药品监督管理总局的职责、国家发展和改革委员会的价格监督检查与反垄断执法职责、商务部的经营者集中反垄断执法以及国务院反垄断委员会办公室等职责整合,组建国家市场监督管理总局,作为国务院直属机构。

(三)建立健全各个层次的市场驱动机制

1. 完善由市场决定价格的主导机制

政府退出价格干预机制。凡是能由市场形成价格的都交给市场,政府不进行不当干预。推进水、石油、天然气、电力、交通、电信等领域价格改革,放开竞争性环节价格。政府定价范围主要限定在重要公用事业、公益性服务、网络型自然垄断环节,提高透明度,接受社会监督。完善农产品价格形成机制,注重发挥市场形成价格作用。

确保市场决定价格的有效性。在市场决定价格过程中,要首先建立起公平、公正和自由的市场交易平台,对存有垄断价格和资源垄断的市场务必要引入完全的竞争机制,对刚需物品要通过政府职能,运用市场手段来解决,比如合理规范保障房的供给机制。

2. 建立城乡统一的建设用地市场

在符合规划和用途管制前提下,允许农村集体经营性建设用地出让、租赁、入股,实行与国有土地同等入市、同权同价。缩小征地范围,规范征地程序,完善对被征地农民合理、规范、多元保障机制。扩大国有土地有偿使用范围,减少非公益性用地划拨。建立兼顾国家、集体、个人的土地增值收益分配机制,合理提高个人收益。完善土地租赁、转让、抵押二级市场。

3. 完善金融市场体系

扩大金融业对内对外开放,在加强监管前提下,允许具备条件的民间资本依法发起设立中小型银行等金融机构。推进政策性金融机构改革。健全多层次资本市场体系,推进股票发行注册制改革,多渠道推动股权融资,发展并规范债券市场,提高直接融资比重。完善保险经济补偿机制,建立巨灾保险制度。发展普惠金融,鼓励金融创新,丰富金融市场层次和产品。

完善人民币汇率市场化形成机制,加快推进利率市场化,健全反映市场供求关系的国债收益率曲线。推动资本市场双向开放,有序提高跨境资本和金融交易可兑换程度,建立健全宏观审慎管理框架下的外债和资本流动管理体系,加快实现人民币资本项目可兑换。

落实金融监管改革措施和稳健标准,完善监管协调机制,界定中央和地方金融监管职责和风险处置责任。建立存款保险制度,完善金融机构市场化退出机制。加强金融基础设施建设,保障金融市场安全高效运行和整体稳定。

4. 健全技术创新市场导向机制

建立健全鼓励原始创新、集成创新、引进消化吸收再创新的体制机制。健全技术创新市场导向机制,发挥市场对技术研发方向、路线选择、要素价格、各类创新要素配置的导向作用。建立产学研协同创新机制,强化企业在技术创新中的主体地位,发挥大型企业创新骨干作用,激发中小企业创新活力,推进应用型技术研发机构市场化、企业化改革,建设国家创新体系。

加强知识产权运用和保护。健全技术创新激励机制,探索建立知识产权法院。打破行政主导和部门分割,建立主要由市场决定技术创新项目和经费分配、评价成果的机制。发展技术市场,健全技术转移机制,改善科技型中小企业融资条件,完善风险投资机制,创新商业模式,促进科技成果资本化、产业化。

整合科技规划和资源。完善政府对基础性、战略性、前沿性科学研究和共性技术研究的支持机制。国家重大科研基础设施依照规定应该开放的一律对社会开放。建立创新调查制度和创新报告制度,构建公开透明的国家科研资源管理和项目评价机制。

三、转变政府职能

科学的宏观调控,有效的政府治理,是发挥社会主义市场经济体制优势的内在要求。因此,党的十八届三中全会明确提出,我们必须切实转变政府职能,深化行政体制改革,创新行政管理方式,增强政府公信力和执行力,建设法治政府和服务型政府。

(一)强调转变政府职能的必要性

党的十九届三中全会提出,转变政府职能,优化政府机构设置和职能配置,是深化党和国家机构改革的重要任务。而政府职能定位的转变以及在此条件下对政府机构设置的优化直接关系到国家治理体系的完善和治理能力的提升,对各领域改革发挥着体制支撑和保障作用。因此,我们需要从现代化国家治理体系的建立和中国特色社会主义建设两个维度去理解政府职能转变的必要性。

1. 政府职能的内涵和外延是一个不断演化的过程

政府与市场的关系不仅是理论研究中恒久不衰的话题,也是各个国家发展实践中不断面对和调整的现实。自亚当·斯密以来,政府与市场的关系随着社会经济条件的变化和理论认识的深入而进行着不断地调整,其中政府的职能及其对社会干预的范围也在不断地扩大。在18世纪中叶英国完成工业革命之后,资本主义经济日渐成熟,市场机制趋于完善。西方国家提出"有限政府"论,认为政府就是"守夜人","管得最少的政府就是最好的政府"。至1929年资本主义爆发大危机后,市场完美的迷思消散了,凯恩斯主义认为既然"看不见的手"不会自动地把经济导向稳定状态,那么就应当让政府担当起调节供求关系的部分责任,由此进入政府"全面干预"阶段。但20世纪70年代"滞胀"及两次石油危机的出现宣告了政府也会失灵。于是,新自由主义经济理论成为官方经济学,强调让市场机制重新成为经济运行的基本调节机制,加强市场的作用。但2008年的金融危机显示新自由主义经济理论并非灵丹妙药。实质上,现代资本主义已进入"混合经济"阶段,市场与政府都不是完美的,应进行"适度"的政府干预,进而达到市场与政府的最佳结合。

在现代市场经济发展的一百多年中,早期的政府职能主要局限于弥补市场失灵。之后人们认为,市场无法解决收入分配不公平问题和由经济周期性波动而带来的社会稳定问题,因此,政府的职能进一步扩大到收入分配领域、社会稳定和社会保障领域。具体体现在20世纪以来,一些国家的政府职能日益扩大,逐渐取代了一些市场和私人部门的职能,将政府干预的范围从传统的弥补市场失灵扩大到逆周期,又扩大到保障社会公平和维护社会稳定,政府在提供养老、医保和公立教育等社会项目中的作用不断增强[①]。

2. 我国面临的国际形势

目前我国面临的新形势可以概括为"双重陷阱"和"双后时代"。"双重陷阱"指中等收入陷阱和修昔底德陷阱,"双后时代"指后金融危机与后全球化时代,以及逆全球化与贸易摩擦等,我国新时期面临的外部环境前所未有地复杂化。在复杂的外部环境下,如何实现中华民族伟大复兴的中国梦,构建人类命运共同体,是我们必须面对的理论问题和现实问题。传统的以西方发达国家为主的经验无法提供理论的指导,国情、党情、社情等具体的差异,以及中国曾经的站起来、富起来的发展之路使我们必须进行理论的创新和实践的探索。政府职能的定位和随着形势的不断变迁的改革探索之路,是中国为世界提供一条不同于西方国家走过的传统的工业化现代化之路,是中国对世界的贡献。

另一方面,当今世界面临着规则重构与合作共赢的强烈需求。满足这种

---

① [美]维托·坦茨:《政府与市场》,北京:商务印书馆,2014年。

需求需要国家力量的主导,由此政府作用必须有效提升。从近现代以来政府力量扩张的几次历程来看,无论是20世纪30年代的大萧条时期,还是二战后的经济刺激时期,都是顺应时代发展的现实需求,对各个国家的经济发展和社会稳定起到了重要的作用。这种政府力量的扩张,并不是局限于经济学理论的市场与政府关系的一般范畴,而是在社会发展的新的背景下政府职能内涵的扩展和外延的延伸。

因此,在新的历史时期和我国新常态的形势下,顺应时代的要求,需要以政府职能的内涵与外延为重点,协调并处理好政府与市场的关系。对政府职能的进一步认识,内容上包括有为政府和有效市场两个重大内容。二者是一个有机的整体,不能割裂开来,即政府必须以尊重市场规律、顺应市场趋势、强化市场力量为基本前提,政府的有为需要通过市场的有效来体现。反之,市场主体必须对国家战略诉求有担当、对国家责任有义务、对国家能力有贡献,有效市场必须以顺应政府有为的目标为基本要求,为经济"起飞"向"发达"的顺利转变发挥促进作用。

3. 政府与市场的关系

对于我国的社会经济体制改革而言,我国经济已经由高速增长阶段转向高质量发展阶段,政府与市场的关系构成了经济体制改革的枢纽,进一步理顺政府与市场、政府与社会的关系,其实质是市场还是政府在资源配置中起决定性作用的问题。对这一问题的清楚认识,有助于全面而正确地履行政府职能,也是我国进一步完善社会主义市场经济体制,使市场在资源配置中起决定性作用,更好发挥政府作用的关键环节。

我国社会主要矛盾已经转化为人民日益增长的美好生活需要和不平衡不充分的发展之间的矛盾。人民群众不仅对物质文化生活提出了更高的要求,而且在民主、法治、公平、正义、安全及环境等方面的要求也日益增长。这需要通过改革,使政府机构设置和职能配置适应社会主要矛盾的变化,推动解决发展不平衡不充分的问题。

4. 政府职能转变存在的问题

在社会主义市场经济体制的框架中,企业制度、市场机制和政府管理体制是最重要的三个支柱。而自我国市场化取向的改革进程以来,相对于企业改革和市场体系建设,政府职能的转变存在明显的滞后性。这种滞后性及其所带来的不适应性主要表现在这样几个方面:第一,职能转变不到位,越位、缺位、错位同时存在。政府在经济调节中对微观干预较多,有效宏观调节偏少;直接调控的行政手段较多,利用经济手段、法律手段的间接调节较少;事前审批过多,事中事后监管较少。第二,审批事项过多,效率低下,审批过程不透明,缺乏约束监督。第三,为企业创造竞争有序的市场秩序和政策环境不到位。第四,有法不依、执法不严现象普遍,缺乏问责机制。

因此,转变政府职能是进一步深化经济体制改革和行政体制改革的迫切要求,也是国家治理现代化建设的关键突破口和重要抓手,也是在复杂的国内外环境下努力实现两个一百年的重要制度保障和支撑。

(二)我国转变政府职能的历程

政府职能是指以政府机构为主的行政主体,在依法对国家经济、政治、文化、社会、生态文明建设领域的公共事务进行管理时应承担的职责和承载的功能。政府机构是政府职能的载体,政府机构设置在较大程度上决定着政府职能的履行,有什么样的政府机构组成结构就有什么样的政府职能表现。同时,政府职能由社会公共需求来决定,一个政治、经济迅速发展中的社会,会对政府提出不断增长着的要求。改革开放 40 年来,我国经济、政治、社会等各方面都经历了深刻变革,社会公共需求不断变化,对应的政府职能也应随之不断地变化调整,而政府职能的变化必然要求政府机构不断深化改革与之适应,我国历次政府机构改革都是在这样的逻辑下进行的。由此可见,我国政府机构改革的根本出发点和落脚点是解决社会矛盾,满足人民群众在经济、政治、文化、社会、生态文明方面不断变化的公共需求。

1. 中国共产党对政府与市场关系的认识逐步加深

第一,党的十一届三中全会至十二届三中全会期间,逐步承认"社会主义存在商品经济"且"不可逾越"。十一届三中全会提出了我国经济体制改革的若干措施,诸如下放企业经营管理自主权,解决政企不分、以党代政、以政代企的现象,按经济规律办事、重视价值规律的作用等,这本质上都涉及政府与市场的关系问题。之后认识不断加深,1984 年 10 月,十二届三中全会通过《中共中央关于经济体制改革的决定》,深刻总结党探索社会主义建设道路的实践,提出了"社会主义商品经济"的新概念,并明确指出社会主义经济是"在公有制基础上的有计划的商品经济";"商品经济的充分发展,是社会经济发展的不可逾越的阶段,是实现我国经济现代化的必要条件。只有充分发展商品经济,才能把经济真正搞活,……而这是单纯依靠行政手段和指令性计划所不能做到的。"这些新论断突破了传统观点认为的社会主义只存在商品生产和商品交换,不存在商品经济的认识瓶颈,否定了计划经济与商品经济水火不容、相互对立的传统观点。

第二,从党的十三大到"南方谈话",从根本上解除了把计划经济和市场经济看作属于社会基本制度范畴的思想束缚。长期遭到排斥和束缚的市场的积极作用得到发挥,社会经济发展迸发出新的活力。滚滚向前的改革开放实践,迫切需要党及时作出理论归纳和总结,进而必然推动党对政府与市场关系的认识迈向新水平。1987年党的十三大,对政府与市场关系的认识更进一步,摆脱计划和市场谁"主"谁"辅"的思想束缚,明确提出了"社会主义有计划商品经济的体制,应该是计划与市场内在统一的体制"的新论断。无论是计划还是市场,都只是社会主义国家调节经济发展的形式和手段,没有主次,二者没有本质矛盾,可以做到"内在统一"。这对后来彻底摆脱"计划和市场都具有特定社会属性"的僵化认识起了重要作用。1992年初,邓小平发表了著名的"南方谈话",其中从社会主义本质的高度对政府与市场的关系进行了深刻阐述:"计划多一点还是市场多一点,不是社会主义与资本主义的本质区别。计划经济不等于社会主义,资本主义也有计划;市场经济不等于资本主义,社会主义也有市场。计划和市场都是经济手段。社会主义的本质,是解放生产力,发展生产力,消灭剥削,消除两极分化,最终达到共同富裕。"[①]邓小平的这个精辟论断,使我们在计划与市场关系问题上的认识有了新的重大突破。

第三,从党的十四大到十八届三中全会,建立和完善社会主义市场经济体制的改革,把市场对资源配置的作用由"基础性"升华到"决定性"。随着对政府与市场关系认识的重大突破,一个更深层次的重大理论问题迫切需要党作出明确回答:我国经济体制改革究竟要实现什么样的目标?这一目标的确

[①] 《邓小平文选》第3卷,北京:人民出版社,1993年,第373页。

定,直接决定着政府与市场在资源配置中的角色定位。经过反复地讨论、推敲和酝酿,1992年10月召开的党的十四大对此作了明确回答:"我国经济体制改革的目标是建立社会主义市场经济体制","我们要建立的社会主义市场经济体制,就是要使市场在社会主义国家宏观调控下对资源配置起基础性作用"[1]。明确了社会主义市场经济体制下政府与市场在资源配置中的角色,把党对政府与市场关系的认识推向了一个崭新阶段,从此,中国的改革进入了建立和完善社会主义市场经济体制的新阶段。此后,根据我国改革开放和现代化建设以及建立和完善社会主义市场经济体制的实践,党不断深化对政府与市场关系的认识。从党的十四大到十八大,党对政府与市场关系的认识不断深化,但这些认识还是主要围绕市场对资源配置的基础性作用展开,虽然限定词不断变化,但"基础性作用"作为关键词却并没变。经过十四大到十八大认识上的量变过程,终于在十八届三中全会上,党对政府与市场关系的认识再次实现了飞跃。会议通过的《中共中央关于全面深化改革若干重大问题的决定》指出:"经济体制改革是全面深化改革的重点,核心问题是处理好政府和市场的关系,使市场在资源配置中起决定性作用和更好发挥政府作用。"

第四,党的十九大及十九届三中全会以来的新一轮机构改革又呈现出新的特点。本轮政府机构改革是在深化党和国家机构改革大框架下进行的改革,不再是单纯地建立起完善的中国特色社会主义行政管理体制,而是构建现代化的中国特色国家治理体系。"放管服"改革是近期政府改革的重点之一。为深化"放管服"改革,我国推行了大量简政放权、放管结合、优化服务的举措,着力建设服务型政府。

2. 政府职能转变的行政体制改革进程

为适应从政府职能的转变角度来看,改革开放以后,我国共经历了两次大的政府职能转变:第一次是1978年以后,政府职能由"政治职能"向"经济职能"为重心转移。第二次是2000年以后,实现了"以经济建设为中心"到注重"社会管理和公共服务"职能的转变。而在两次根本的职能转变过程中,随着经济、文化、社会等各领域改革的推进,我们先后进行了8轮比较集中的行政

---

[1] 《江泽民文选》第1卷,北京:人民出版社,2006年,第226页。

体制改革：1982年下放经济财政管理权限，扩大企业自主权；1988年开始提出转变政府职能，裁减专业部门，推进政企分开；1993年进一步改革计划投资、财政、金融管理体制，合并了一些机构，同时把一些专业经济部门转为企业；1998年，进一步撤并国务院机构，大幅精简人员编制；2003年强调要全面履行政府职能，解决经济和社会"一条腿长、一条腿短"的问题；2008年进一步强化政府社会管理和公共服务职能；2013年，启动了以转变政府职能为核心的新一轮改革；2018年十九届三中全会提出深化党和国家机构改革，以进一步转变政府职能，构建和完善国家现代治理能力。

从时间上看，基本上五年一个改革周期，也就是每届政府换届时集中改一次。总体上看，以政府职能转变为主线的政府机构改革，成绩很大、成效明显，主要表现在：政府对微观经济运行的干预逐步减少，社会管理和公共服务职能不断加强；政府组织结构持续优化，机构设置和职责体系趋于合理；行政运行机制日渐完善，行政管理方式逐步转变；法治政府建设全面推进，依法行政不断取得新进展。

（三）党的十八届三中全会以来对政府职能的界定

党的十八届三中全会通过的《中共中央关于全面深化改革若干重大问题的决定》（以下简称《决定》）把政府职能转变列为改革的重要内容，明确要求"必须切实转变政府职能，深化行政体制改革，创新行政管理方式，增强政府公信力和执行力，建设法治政府和服务型政府"。"服务型政府是我国政府职能转变的最终目标"，是行政管理理念转变的重中之重。党的十八大明确提出："推动政府职能向创造良好发展环境、提供优质公共服务、维护社会公平正义转变。"十八届四中全会把依法全面履行政府职能确定为深入推进依法行政和加快建设法治政府的首要任务，明确指出"加快建设职能科学、权责法定、执法严明、公开公正、廉洁高效、守法诚信的法治政府"。相比较之前对于政府职能的界定，《决定》关于政府职能的界定呈现以下新的特点：

1.《决定》把市场在资源配置中的"基础性作用"修改为"决定性作用"

对于市场的作用和政府的作用，做出了一个关键性的新的判断，是对市场作用认识质的飞跃，从而在根本上理顺了政府与市场的关系，对于充分释放市场的活力具有重要的指导意义。同时，也是对政府职能的清晰界定，政府哪些地方该管、哪些领域交于市场去发挥作用，对于转变政府职能也具有重要的理论意义。因此，这个新的判断和定性，有利于在全党全社会树立关于政府和市场关系的正确观念，有利于转变经济发展方式，有利于转变政府职能。

2. 政府职能有了新的表述

过去我们对政府职能的标准表述是：经济调节、市场监管、社会管理、公共服务。《决定》在这一表述基础上进行了深化，概括政府职能为：宏观调控、市场监管、公共服务、社会管理、保护环境。这一新的表述更加科学和清晰地勾勒出市场经济体制下政府职能的准确内涵，也反映出时代发展的新背景和新要求。其中明显的变化是宏观调控替代了过去的经济调节。宏观调控职能的定位，揭示出了政府与经济的核心关系，那就是不能干预微观经济，但又不能无所作为。在健全宏观调控体系方面，包括了宏观调控的主要任务，如保持经济总量平衡，促进重大经济结构协调和生产力布局优化，减缓经济周期波动影响，防范区域性、系统性风险，稳定市场预期，实现经济持续健康发展等。健全以国家发展战略和规划为导向、以财政政策和货币政策为主要手段的宏观调控体系，推进宏观调控目标制定和政策手段运用机制化，加强财政政策、货币政策与产业、价格等政策手段协调配合，提高相机抉择水平，增强宏观调控前瞻性、针对性、协同性。形成参与国际宏观经济政策协调的机制，推动国际经济治理结构完善。还包括深化投资体制改革，确立企业投资主体地位，特别是完善发展成果考核评价体系，纠正单纯以经济增长速度评定政绩的偏向，加大资源消耗、环境损害、生态效益、产能过剩、科技创新、安全生产、新增债务等指标的权重，更加重视劳动就业、居民收入、社会保障、人民健康状况，反映了对环境保护生态文明建设的高度重视。

3. 全面正确地履行政府职能

党的十九大明确指出，中国特色社会主义发展已经进入新时代，社会主要矛盾已经转变为人民日益增长的美好生活需要和不平衡不充分的发展之间的矛盾。习近平总书记在党的十九届三中全会上指出，"深化党和国家机构改革，是坚持和加强党的全面领导、加强党的长期执政能力建设的必然要求"，深刻阐明了党的领导、党的长期执政能力建设同机构改革之间的内在逻辑。在新的时代，面对新的任务，需要在总结以往机构改革经验和教训的基础上，加强党的领导、调整经济管理职能、完善社会管理和公共服务职能、改进地方政府运行效能。2018年进行的党和国家机构改革就是在新时代新任务背景下,以推进党和国家机构职能优化协同高效为着力点,进行的一次系统、深入、全方位的机构改革。

政府的职责和作用主要是保持宏观经济稳定,加强和优化公共服务,保障公平竞争,加强市场监管,维护市场秩序,推动可持续发展,促进共同富裕,弥补市场失灵。政府要做到全面正确履行职能,需要按照以上要求在以下几方面加大改革力度。

第一,坚持党和国家机构改革同步推进和协调配合,加强党的领导地位。"党和国家机构是我们党执政的重要载体。坚持和加强党的全面领导、加强党的长期执政能力建设,迫切要求通过科学设置机构、合理配置职能、统筹使用编制、完善体制机制。"①

第二,优化经济管理部门设置和职权划分,调整和完善经济管理职能。深化党和国家机构改革,有助于处理好政府与市场的关系。完善社会主义市场经济体制的核心是处理好政府与市场的关系。2018年的党和国家机构改革,不断调整经济管理职能,"坚决破除制约使市场在资源配置中起决定性作用、更好发挥政府作用的体制机制弊端,围绕推动高质量发展,建设现代化经济体系,加强和完善政府经济调节、市场监管职能",推动了经济管理部门设置和职权划分的优化。

第三,优化政府综合执法、公共服务机构设置,完善政府的综合执法和公共服务职能。针对我国历次机构改革重视经济管理职能转变和经济管理机构改革的传统,2018年党和国家机构改革突出了政府的综合执法和公共服务职能,在相应的机构设置上进行了优化和强化。

第四,赋予地方政府机构改革自主权,改进地方政府运行效能。针对1982—2013年7次机构改革中出现的不同层级间政府机构设置"上下一般粗"和地方政府缺乏机构改革自主权的问题,2018年党和国家机构改革中做出了较大的调整,赋予省级及以下机构更多自主权,突出不同层级职责特点,允许

---

① 张占斌:《深化机构改革　提升治理能力》,载《经济日报》,2018年3月15日,http://www.qstheory.cn/zhuanqu/bkjx/2018-03/15/c_1122541153.htm。

地方根据本地区经济社会发展实际,在规定限额内因地制宜设置机构和配置职能。

(四)转变政府职能的途径

转变政府职能,优化政府机构设置和职能配置,是深化党和国家机构改革的重要任务。党的十九届三中全会以国家治理体系和治理能力现代化为导向,提出"形成职责明确、依法行政的政府治理体系"的重大任务,为转变政府职能、提高效率效能、建设人民满意的服务型政府指明了方向。转变政府职能是深化行政体制改革的核心,实质上要解决的是政府应该做什么、不应该做什么,重点是政府、市场、社会的关系,即哪些事该由市场、社会、政府各自分担,哪些事应该由三者共同承担。

2016年李克强总理在《政府工作报告》中提出,持续推进简政放权、放管结合、优化服务,不断提高政府效能。要以更实举措深化"放管服"改革。2018年6月全国深化"放管服"改革,转变政府职能电视电话会议上,李克强总理进一步指出,"放管服"改革旨在推动政府职能深刻转变,使市场在资源配置中起决定性作用和更好发挥政府作用,这是一场重塑政府和市场关系、刀刃向内的政府自身革命,也是近年来实现经济稳中向好的关键一招。因此,自党的十八大以来,推动政府职能转变,始终围绕着"放管服"这个牛鼻子,政府把大量不该管的事项交给市场或社会,把生产经营和投资自主权还给企业,工作重点和更多行政资源从以审批发证为主转向创新宏观调控、加强事中事后监管和提供公共服务,长期存在的重审批、轻监管、弱服务得到很大改变,在破解政府职能缺位、错位、越位问题上探索出了一条新路,政府管理理念在进步、管理方式在变革、管理手段在创新、管理效率在提高,公平竞争的市场环境逐步形成。具体可以从以下几个方面进行分析。

第一,简政放权。简政放权的目的是处理好政府与市场的关系。一是持续深化行政审批制度改革,最大限度减少"寻租"空间,从体制机制上堵塞滋生不正之风的漏洞,突破利益藩篱,切实放权于市场和社会。二是要不断提高简政放权的含金量。经过10年的行政审批制度改革,可以说容易取消和下放的行政审批事项都改革完了,剩下的都是难啃的"硬骨头"。深入推进简政放权,关键就是要坚持问题导向,将那些束缚经济社会发展、含金量高、突破价值大的权力取消和下放出去,真正实现"政府的自我革命",激发市场内在动力和活力。三是建立完善政府权力清单制度。推行权力清单制度是进一步加大简政放权力度的重要抓手,是规范权力运行的重要途径和建设服务型政府的内在要求。十八届四中全会明确指出,要推进机构、职能、权限、程序、责任法定化,实施行政权力清单制度,政府部门要切实做到法无授权不可为,行政机关不得法外设定权力,没有法律法规依据不得做出减损公民、法人和其他组织合法权益或者增加其义务的决定。各级政府在全面摸清正在实施的行政审批事项的基础上,建立和完善政府权力清单制度,真正做到"法无授权不可为"。

2013年以来,中央政府以深化行政审批制度改革为突破口,着力推进简政放权、放管结合、优化服务,取得了明显成效。截止到2015年5月底,国务院共取消或下放行政审批事项537项,投资核准事项中央层面减少76%,境外投资项目核准除特殊情况外全部取消,全面清理国务院部门非行政许可审批事项,并不再保留这一审批类别。总体看,政府职能转变主要围绕创新创业的体制机制瓶颈推进改革,符合新常态下激发市场活力和社会创造力的基本需求。

第二,有为政府。政府转变职能,主要是简化及去除一些抑制市场活力的政府职能,但并不意味着政府的不作为,或放任市场的自发性。对于原有的政府对市场的监管缺位,要进一步加强,建立有为政府。加强市场监管需要从几个方面来认识和完善:首先,市场本身的缺陷;其次,社会转型中政府职能的转变;再次,服务于中国经济融入世界,无论是"一带一路",还是中国企业走出去的战略,都存在对世界市场经济规则的理解与遵循的问题。

政府必须成为公共服务和社会保障的提供者以及维护社会公平正义的调节者。公共服务主要包括教育、医疗、城乡公共基础设施和环境保护等,社会保障则主要是失业、养老和低收入群体及特殊困难群体的救助。这些方面都是市场机制难以发挥作用的领域,必须由政府从全社会的利益统筹规划,通过公共财政予以解决。同时政府在利用财政税收等手段,实行社会再分配和转移支付,维护社会的公平正义和协调发展、保持宏观经济稳定、防范金融危机等系统性风险等方面,也面临大量艰巨繁杂的任务,特别是对于我们这样一个发展极不平衡且处在中等收入向高收入过渡的人口大国,政府作用的有效发挥至关重要。因此,政府行政体制改革不是要削弱政府的作用,而是要使政府从经济发展的主体转到社会管理的主体,为经济发展和市场的健康运行创造良好的条件,把竞争性的资源配置交给市场和市场主体,这样才能保证中国经济走上协调稳定、长期可持续发展之路。

第三,职能创新。2000年之后,进行社会管理和提供公共服务成为政府职能转变的主要目标。社会的变迁和市场的演进,面对不断出现的新的问题,在提供公共服务方面需要政府不断地创新。不仅要强化政府在提供公共服务方面的责任,政府要在基本民生保障、基本公共服务以及政府基础性信息平台建设等方面更加积极有为。

一是创新宏观调控方式。精准发力,适时适度进行预调和微调,提高宏观调控的针对性和协调性。二是将政府管理由事前审批更多地转为事中事后监管,堵塞监管缝隙和漏洞,加大对违法违规者的处罚力度,努力做到"宽进严管",着力营造公平竞争的市场环境。三是推广政府购买服务,国务院在提供公共服务手段及方式的创新上,印发了《关于政府向社会力量购买服务的指导意见》,并启动了试点工作,不少地方已经开始实践。四是合理划分中央和地方政府职能,解决错位问题。

第四,服务政府。政府应当强化服务意识,创新服务方式,提高行政办事效率,更好践行全心全意为人民服务的宗旨。在政务服务方面,实施清单管理,探索服务的区域联网,为统一的市场体系的建立创造条件。为群众提供公平可及的公共服务,不断完善基本公共服务体系,调动市场力量增加非基本公共服务供给,更好满足群众多层次多样化需求。打造全国一体化政务服务平台,互联网平台是提升政务服务水平的有效载体,要以国家政务服务平台为枢纽,加快全国一体化政务服务平台建设。

重 点 模 块

四、经济发展新常态下财税体制的深化改革

当前我国经济发展进入新常态,全面深化改革进入关键期,财经形势面临严峻挑战。财税政策作为宏观调控的重要工具,在促进经济结构调整和优化过程中如何发挥作用?经济新常态下财税体制改革的目标和方向是什么?解决这些问题对于全面深化经济体制改革,实现财政和经济的良性互动具有重要的意义。

(一)我国经济发展新常态的内涵特征

1. 经济发展新常态思想的提出

中国经济在经历30多年的快速增长之后,经济发展的基本模式、产业结构以及经济增长动力已经今非昔比。中国经济基本面不仅发生了量的巨变,而且发生了质的飞跃,这就要求我们必须用新的眼光、新的思维去看待和考量中国经济。

2014年5月以来,习近平总书记对中国经济发展新常态作出一系列重要论述,形成了经济发展新常态重要思想。2014年5月,习近平总书记在河南考察时强调,"我国发展仍处于重要战略机遇期,我们要增强信心,从当前我国经济发展的阶段性特征出发,适应新常态,保持战略上的平常心态"。7月在与党外人士的座谈会上,习近平重申了这一观点。

2. 经济发展新常态的内涵特征

经济发展新常态是党中央对我国经济发展阶段的重大战略判断。新常态

究竟"新"在何处？经济发展进入新常态，实质上是指我国经济发展已经进入高效率、低成本、可持续发展的中高速增长阶段。从速度层面看，经济增长速度从高速增长转为中高速增长，经济增长的质量和内涵发生质的变化；从结构层面看，经济结构发生全面深刻变化，不断优化升级；从动力层面看，经济发展从要素驱动、投资驱动转向创新驱动；从风险层面看，生态环境和一些不确定性风险将进一步显现。

（二）确立适应经济发展新常态的财税体制改革目标

在世界经济正处于深度调整，复苏动力不足，地缘政治影响加重，不确定因素增多，推动增长、增加就业、调整结构成为国际社会共识的背景下，我国经济也面临着体制改革、产业转型和结构升级的压力，客观上要求我国的财税体制改革要适应这种新形势。

1. 我国以往的财税体制改革

（1）1994年财税体制改革

财税体制是指政府以税收作为主要财政来源以实现政府职能的相关举措和制度。我国当前的财税体制，创设于1994年税制改革之际。1994年财税体制改革是从统一财务会计制度起步，实行税利分流制度，初步理顺了国家与企业的分配关系，特别是以分税制改革结合转移支付制度理顺了中央与地方的分配关系。这次财税体制改革也是新中国成立以来规模最大、范围最广、内容最深刻的一次财税改革，初步建立了适应社会主义市场经济的财税体制的基本框架。

1994年财税体制改革主要包括两方面的内容：

第一，重新构建了我国的税收制度，建立了以增值税为主体的税制体系。这是一个符合市场经济要求的税制体系，其主要目的是为各种所有制性质的企业建立一个统一的竞争平台。

第二，理顺中央和地方的关系，实行分税制的财税体制。在税制改革的基础上，把税收分成了中央税、地方税、中央和地方共享税，明确划分和规范中央和地方之间的财力分配关系。

（2）1998年以来财税体制改革

1998年以来，我国财税体制改革集中于以支出管理改革为重心，以公共财政为导向,实行了部门预算、政府收支分类、收支两条线、国库集中收付、完善税制等多项改革,提高了财政收支管理的制度化、规范化、科学化水平,构建了公共财政体制的框架体系。

(3) 现行财税体制的不足

历经30多年的财税体制改革虽然取得了重大成就,但是,现行财税体制运行中仍然存在许多不足之处,如政府与市场、政府与社会的功能界定不够明确、政府问责权划分不够清晰、地方税体系不够健全、转移支付制度不够完善、支出管理有待强化、公共财政体制建设不到位等,特别是基层财政困难、大量隐性负债和短期行为特征明显的"土地财政"问题。这些都需要我们在新一轮改革中深入研究,集中力量加以解决。

2. 新一轮财税体制改革的重要变化和突出特征

新一轮财税体制改革是在经济新常态下展开的,党的十八届三中全会确定了全面深化经济体制改革的目标,并将财税体制改革放在了优先推动的位置,把财税体制改革作为全面深化改革的一个突破口。

党的十八届三中全会明确提出:"财政是国家治理的基础和重要支柱,科学的财税体制是优化资源配置、维护市场统一、促进社会公平、实现国家长治久安的制度保障。必须完善立法、明确事权、改革税制、稳定税负、透明预算、提高效率,建立现代财政制度,发挥中央和地方两个积极性。"党的十八届三中全会站在新的历史起点上,以新的理念对深化财税体制改革作了系统部署。这些部署对1994年财税体制改革既是继承,也是发展。新一轮财税体制改革是在中国经济增长发生转折性变化、步入新常态的背景下启动的,是在中国经历了30多年的高速增长后,经济转入中高速增长平台,在以化解过剩产能为核心的经济结构调整过程中展开的。正是在此背景下,新一轮财税体制改革呈现出不同于以往的一系列重要变化和突出特征。

第一,着眼全面深化改革全局,以国家治理现代化为目标定位,在经济体制、政治体制、文化体制、社会体制、生态文明建设体制和党的建设制度等各个领域实现改革和改进的联动,形成改革的总体效果。

第二,在推进国家治理体系和治理能力现代化的棋局上,将财政作为国家治理的基础性和支撑性要素加以打造,并且,将财税体制作为全面覆盖国家治理领域的综合性制度安排加以构建。

第三,第一次以"建立现代财政制度"作为改革的基本目标,进一步强化财政的时代特征,从而使得中国财税体制改革迈上了一个新的台阶。

可见,新一轮财税体制改革是一场关系国家治理体系和治理能力现代化的深刻变革,是立足全局、着眼长远的制度创新。

3. 经济发展新常态下财税体制改革的目标是建立现代财政制度

(1) 建立现代财政制度的重要性和迫切性

财政制度安排体现政府与市场、政府与社会、中央与地方关系,涉及经济、政治、文化、社会、生态文明等各个方面。

当前,我国已进入全面建成小康社会的决定性阶段,既面临前所未有的发展机遇,也面临前所未有的风险挑战,尤其是经济发展不平衡、不协调、不可持续问题仍然突出。这些问题从机制上看,都与现行财税体制改革不到位有一定关系。

深化财税体制改革、建立现代财政制度,是完善社会主义市场经济体制、加快转变政府职能的迫切需要,是转变经济发展方式、促进经济社会持续稳定健康发展的必然要求,是建立健全现代国家治理结构、实现国家长治久安的重要保障。

(2) 现代财政制度的内涵

财政是国家治理的基础和重要支柱,财政制度安排与政治、经济、社会、文化和生态文明等方面紧密联系。

建立现代财政制度就是健全有利于优化资源配置、维护市场统一、促进社会公平、实现国家长治久安的科学的可持续的财政制度。

总体来讲,体系上要统一规范,即全面规范、公开透明的预算管理制度,公平统一、调节有力的税收制度,中央和地方事权与支出责任相适应的制度;功能上要适应科学发展需要,更好地发挥财政稳定经济、提供公共服务、调节分配、保护环境、维护国家安全等方面的职能;机制上要符合国家治理体系与治理能力现代化的新要求,包括权责对等、有效制衡、运行高效、可问责、可持续等一系列制度安排。

(3) 现代财政制度的本质和核心是公共性

现代财政本质上是公共财政,其核心是公共性。它以解决公共问题、满足社会公共需要为职责范围。因此,在建设现代财政制度过程中,要处理好政府与市场的关系,坚持使市场在资源配置中起决定性作用和更好发挥政府作用,明晰政府和市场的边界,区分公共性的层次。

现代财政的整体功能是保证效率与公平的有效融合,形成制度安排。通过提供公共服务,化解经济社会发展中的各种风险,促使公共风险最小化,在提升经济社会发展效率的同时体现社会的公平。

(三)构建现代财政制度的关键在于深化财税体制改革

新一轮的财税体制改革是从全面深化改革的大局出发的,它已成为全面深化改革的突破口。2014年6月30日,中共中央政治局审议通过了《深化财税体制改革总体方案》,该方案概述了未来几年财税改革的路线图。该方案列出了财税改革的三大主要任务,即改进预算管理制度、完善税收制度、建立事权和支出责任相适应的制度。

1. 建立透明预算制度

财政实质上体现了一种分配关系,财税体制则是落实这一分配关系的制度安排。预算作为政府的基本财政收支计划,反映了政府与企业、个人以及政府体系内部之间的利益分配关系。同时,预算又是政府施政的窗口,通过它,人们还能知晓政府要做哪些事、做了哪些事以及效果如何。预算改革,关键是公开透明,建立透明预算制度,这也是百姓最关心的地方。完善政府预算体系、规范重点支出同财政收支增幅或生产总值挂钩事项等,很大程度上则是规范政府体系内部之间的收支行为。预算改革的最终意义在于,政府收支行为需得到社会各界的全面审视与监督,使财政成为阳光财政,确实做到"取之于民,用之于民"。因此,必须改进预算管理制度,强化预算约束、规范政府行为、实现有效监督,加快建立全面规范、公开透明的现代预算制度。

2. 完善税收制度

税收制度是国家按一定政策原则组成的税收体系及各项征收管理制度,是国家经济管理制度的重要组成部分,它随着一国经济运行状况和经济管理制度及管理方法的变化而变化。而税收制度改革就是通过科学合理地设计税收制度和优化税制结构,有效地引导生产要素流动,促进资源优化配置,推动经济结构调整。为了适应"十二五"及"十三五"期间我国经济结构战略性调整的需要，必须不断深化税收制度的改革，其主要内容：

(1) 深化增值税转型，全面完成营业税改增值税的改革目标

2009年1月1日我国全面实施增值税转型改革，增值税由生产型转为消费型，目的是避免生产专业化过程的重复征税，降低企业的负担，鼓励投资和扩大内需。2012年1月1日又开始在上海市交通运输业和部分现代服务业进行营业税改征增值税的试点。营业税改征增值税是推动经济结构调整、促进发展转型的一项重大改革。将增值税引入服务业，消除营业税重复征税的弊端，不仅是完善税收制度的必然选择，也是促进现代服务业发展、推动第二和第三产业融合、培育经济增长新动力的迫切需要。作为收入超5万亿元的第一大税种，如何通过完善增值税政策为企业进一步降低税负，成为市场最为关注的问题。2018年3月28日，国务院常务会议推出了增值税改革，从2018年5月1日起实施：一是降低税率，将17%和11%两档税率下调至16%和10%；二是统一标准，将小规模纳税人的年应税销售额标准统一到500万元；三是试行留抵退税，对装备制造等先进制造业、研发等现代服务业、符合条件的企业和电网企业的进项留抵税额，予以一次性退还。实施上述三项改革措施预计全年将减税超过4 000亿元。

(2) 完善消费税制度，增强调节消费功能

消费税是具有一定调节作用的税种，它既可以增加财政收入，也可以体现国家的产业政策和消费政策，引导消费方向。消费税改革就是要通过适时调整消费税征税项目，并与消费水平和消费结构保持动态协调，以调节消费结构来引导产业结构。消费税改革的重点应该是突出环境保护和资源节约，突出合理引导消费并间接调节收入分配。对明显与国家产业政策相矛盾，又抑制消费和投资增长的税目应予废除，而对高污染、高能耗消费品、奢侈品、高档消费行为应纳入消费税征税范围，并适当提高税负水平。

(3) 减轻小微企业税收负担，带动就业和创业

2011年财政部国家税务总局发布通知规定，符合相关税收政策规定的小型微利企业，自2012年1月1日至2015年12月31日，对年应纳税所得额低于6万元(含6万元)的小型微利企业，其所得减按50%计入应纳税所得额，按20%的税率缴纳企业所得税。2015年8月19日国务院常务会议，决定扩大小

微企业的范围,从 2015 年 10 月 1 日起到 2017 年底,依法将减半征收企业所得税的小微企业范围扩大到年应纳税所得额 30 万元以内(含 30 万元)[①]。同时,延长小微企业流转税减免政策,将月销售额 2 万元至 3 万元的小微企业、个体工商户和其他个人免征增值税、营业税的优惠政策执行期限,由 2015 年底延长至 2017 年底。这一系列税收政策的调整和完善,有利于减轻小微企业的负担,扩大就业,促进小微企业的发展。2018 年 7 月 13 日,财政部税务总局发布关于进一步扩大小型微利企业所得税优惠政策范围的通知。自 2018 年 1 月 1 日至 2020 年 12 月 31 日,将小型微利企业的年应纳税所得额上限由 50 万元提高至 100 万元,对年应纳税所得额低于 100 万元(含 100 万元)的小型微利企业,其所得减按 50% 计入应纳税所得额,按 20% 的税率缴纳企业所得税。

(4) 改革个人所得税制度,增强调节居民收入功能

个人所得税是最能体现调节收入分配差距的税种。个人所得税改革就是要在降低低收入者税收负担的同时,最大限度地利用个人所得税对收入差距的调节作用,加大对高收入者的调节力度,并在征管方面研究新措施、引进新手段。目前,我国各地实行统一的个人所得税纳税标准,对收入较低的西部地区将产生较大益处,西部相当部分中低收入阶层将不必缴纳个人所得税,该地区纳税人的税收负担将减轻,有利于鼓励消费,促进落后地区经济的发展。今后还应该进一步实行综合与分类相结合的征管模式,适时提高费用扣除标准,减轻中低收入者的税收负担。《中华人民共和国个人所得税法修正案(草案)》于 2018 年 6 月 29 日在中国人大网公布,向社会征求意见,对于工资和薪金所得、劳务报酬所得、稿酬所得以及特许权使用费所得等四项劳动性所得实行综合征税,适用统一的超额累进税率。拟将个人所得税税率表一(工资、薪金所得适用)修改为个人所得税税率表一(综合所得适用)。该表所称全年应纳税所得额,是指居民个人取得综合所得以每一纳税年度收入额减除费用 6 万元以及专项扣除、专项附加扣除和依法确定的其他扣除后的余额。专项扣除包括居民个人按照国家规定的范围和标准缴纳的基本养老保险、基本医疗保险、失业保险等社会保险费和住房公积金等;专项附加扣除包括子女教育、继续教

---

① 2017 年又提高至 50 万元。

育、大病医疗、住房贷款利息和住房租金等支出,从而合理调整税负,降低低收入阶层的纳税负担。

(5) 推行"绿色税制",发展循环经济

"绿色税制"是指促进环境保护的税收制度。发展循环经济就是在经济发展中要尽可能减少单位产品的资源及能源消耗,减少污染物排放,减少废弃物产生,积极发展节能环保产业,增强经济可持续发展能力。从长远来看,必须处理好税收制度与可持续发展之间的关系。将绿色税制的理念融入税制改革的过程。基本设想:一是以开征环保税代替征收排污费,强化企业的环保行为,将现行的排污、水污染、大气污染、工业废物、城市生活废物、噪声等收费制度改为征收环境保护税,引导企业和个人节约能耗,减少或不从事破坏环境的生产和消费,促进资源循环利用。二是扩大资源税征收范围,将原油、天然气和煤炭资源税由从量征收改为从价征收,并适当提高税负水平。使资源税在保护自然资源和生态环境方面发挥更广泛的作用。2018年1月1日起,环境保护税开始实施,即自2018年1月1日起,在中华人民共和国领域和中华人民共和国管辖的其他海域,直接向环境排放应税污染物的企业事业单位和其他生产经营者为环境保护税的纳税人,应当依照规定缴纳环境保护税。

(6) 加快房地产税立法,促进房地产市场的健康发展

税收是房地产市场调控的重要工具,加快房地产税立法,有利于引导市场供求关系,抑制住房资源不合理占用,防止住房空置,促进房地产市场稳定健康发展。要坚持积极稳妥的方针,认真总结房产税改革试点经验,在充分论证的基础上清理、归并土地和房屋开发领域种类繁多的税费项目,适当减轻建设、交易环节的税费负担,提高保有环节的税收,完善房产交易税收制度,抑制房地产投机行为。2018年颁布了房产契税新政策,对个人购买家庭唯一住房(家庭成员范围包括购房人、配偶以及未成年子女),面积为90平方米及以下的,减按1%的税率征收契税;面积为90平方米以上的,减按1.5%的税率征收契税(个人购买家庭第二套改善性住房,减按2%的税率征收契税)。

3. 建立事权和支出责任相适应的制度

调整中央和地方政府间财政关系,要完善中央和地方事权和支出责任划

分。立足于建立现代财政制度,在转变政府职能、合理界定政府与市场边界的基础上,充分考虑公共事项的受益范围、信息的复杂性和不对称性以及地方的自主性、积极性,合理划分中央地方事权和支出责任,建立事权和支出责任相适应的制度。营改增后,地方政府丧失了主体税种营业税,重建地方税体系变得十分迫切。十九大报告指出:"加快建立现代财政制度,建立权责清晰、财力协调、区域均衡的中央和地方财政关系。建立全面规范透明、标准科学、约束有力的预算制度,全面实施绩效管理。深化税收制度改革,健全地方税体系。"完善地方税种、拓宽地方税范围成为地方税体系构建的内容之一。

目前地方税体系存在的主要问题是,地方税缺乏主体税种,收入规模小、税源零星分散,调节经济的力度薄弱,一定程度上出现了财权上收、事权下移的趋势,导致地方事权与支出责任的不对等。建立健全规范、完善、相对独立的地方税体系的实质是要在中央与地方之间适度地"分权"与"分利",是正确处理中央与地方财政分配关系的重要前提,也是进一步深化和完善税制改革、建设适合中国国情的公共财政的当务之急。

(1) 适度加强中央事权

将国防、外交、国家安全等关系全国政令统一、维护统一市场、促进区域协调、确保国家各领域安全的重大事务集中到中央,减少委托事务,以加强国家的统一管理,提高全国的公共服务能力和水平。

(2) 明确中央与地方共同事权

将具有地域管理信息优势但对其他区域影响较大的公共产品和服务,如社会保障、跨区域重大项目建设维护等作为中央与地方共同事权,由中央和地方共同承担。2018年2月,国务院办公厅印发《基本公共服务领域中央与地方共同财政事权和支出责任划分改革方案》,将义务教育、学生资助、基本就业服务、基本养老保险、基本医疗保障、基本卫生计生、基本生活救助、基本住房保障8大类共18个事项纳入中央与地方共同财政事权范围,并规范支出责任分担方式,标志着财政事权和支出责任划分取得了新的重大进展。

(3) 明确区域性公共服务为地方事权

将地域信息性强、外部性弱并主要与当地居民有关的事务放给地方,调动和发挥地方政府的积极性,更好地满足区域公共服务的需要。在明晰事权的基础上,进一步明确中央承担中央事权的支出责任,地方承担地方事权的支出责任,中央和地方按规定分担共同事权的支出责任。2017年12月27日国务院发布了《关于环境保护税收入归属问题的通知》,称为促进各地保护和改善环境、增加环境保护投入,国务院决定,环境保护税全部作为地方收入。环保税前身排污费曾是中央与地方的共享税种,环保税收入全部划归地方迈出了地方税拓展的第一步。

总之,在经济发展新常态下,财税体制改革面临着前所未有的机遇与挑战,实现全面建成小康社会、全面深化改革、全面依法治国、全面从严治党的中华民族伟大复兴的战略布局也离不开财税体制的支持,因此,深化财税体制改革势在必行。然而,"健全地方税体系"不能成为地方增收的理由。地方主体税种的形成应以不增加宏观税负为前提,如果要增加税种(例如对个人住房开征房地产税),需以某些方面的减负进行对冲。另外,地方也不是必须拥有主体税种才能使财权与事权相匹配,合理划分中央和地方分享税也是一种办法。值得注意的是地方政府可能倾向于发展更利于增加地方税种收入的行业,使经济结构发生改变,因此保持税收中性是财税体制改革应该重点考虑的因素。

五、实施乡村振兴战略[①]

(一)建立健全城乡融合发展体制机制和政策体系

2008年国际金融经济危机爆发以来,我国经济进入深刻变革调整阶段,特别是2011年城镇化率历史性地突破50%后,我国城镇化建设站在一个新的起点上,如何在城镇化率不断提高的同时更加重视城镇化的质量和水平,成为一个紧迫课题。2012年党的十八大首次明确指出城乡发展一体化是解决中国"三农"问题的根本途径,并提出坚持走中国特色新型工业化、信息化、城镇化、农业现代化道路。2013年党的十八届三中全会通过的《中共中央关于全面深化改革若干重大问题的决定》进一步阐述城乡发展一体化问

---

① 本部分为教育部人文社会科学研究规划基金项目"农民工市民化利益权衡及财政补贴支付的合理化区间研究"(17YJA790001)的阶段性成果。

题,指出城乡二元结构是制约城乡发展一体化的主要障碍,强调必须健全体制机制,形成以工促农、以城带乡、工农互惠、城乡一体的新型工农城乡关系,让广大农民平等参与现代化进程、共同分享现代化成果,并进一步明确坚持走中国特色新型城镇化道路,推进以人为核心的城镇化,推动大中小城市和小城镇协调发展、产业和城镇融合发展,促进城镇化和新农村建设协调推进。2017年10月十九大报告的乡村振兴战略中指出:要坚持农业农村优先发展,按照产业兴旺、生态宜居、乡风文明、治理有效、生活富裕的总要求,建立健全城乡融合发展体制机制和政策体系,加快推进农业农村现代化。十九大报告中讲到优先发展的只有三处,第一处是讲农业农村要优先发展,第二处是讲教育要优先发展,第三处是要坚持就业优先战略。显然,对于农村农业的重视在加强。而从城乡发展一体化到城乡融合发展,体现出新时代农村发展思路的进一步拓展。

1. "三农"问题

"三农"指农村、农业和农民。相应的"三农"问题,就是指农村、农业、农民问题的总称。"三农"作为一个概念则由经济学家温铁军于1996年正式提出,自此渐渐被媒体和官方广泛引用。2000年初,湖北省监利县棋盘乡党委书记李昌平给朱镕基总理写信提出"农民真苦,农村真穷,农业真危险"以及出版《我向总理说实话》后,"三农"问题在社会上引起了广泛反响。中共中央于2003年正式将"三农"问题写入工作报告:坚持把解决"三农"问题放在突出位置,巩固和加强农业基础地位。

农民问题是"三农"问题中的核心,表现为农民收入低、增收难、城乡居民贫富差距大,实质表现为农民权利得不到保障。农村问题集中表现为农村面貌落后,经济不发达。农业问题集中表现为农民种田不赚钱,产业化程度低。解决"三农"问题实质是要促进农民增收、农业增长、农村稳定。这是一个关系13亿人口大国的经济社会国计民生的大问题。

2. 城乡二元结构问题

所谓城乡二元结构,就是在制度上把城镇居民和农村居民按身份划分为两个截然不同的社会群体,公共资源配置和基本公共服务等向城镇和城镇居民倾斜,农村得到的公共资源和农民享有的基本公共服务明显滞后于城镇和城镇居民,农民难以平等参与现代化进程、共同分享现代化成果。①

从工业化、城镇化和农业现代化这"三化"关系看,我国现阶段是城镇化滞后于工业化,农业现代化滞后于工业化和城镇化,"三化"总体上不同步、不协调。改革开放以来相对于工业化和城镇化的发展,我国农业发展的滞后性在加剧;相对于工业化的发展,我国城镇化的滞后性则在缓解。我国城镇化滞后性的减缓主要归因于我国近年来城镇化的加快,但我国这种加快的城镇化却存在明显偏差,集中体现在进城就业农民的身份转变滞后于其职业转变,农村劳动力转移进城速度滞后于城镇空间扩张速度,农民非农化滞后于土地非农化,这些偏差的本质是土地城镇化与人口城镇化不协调。

3. 从"城镇化"到"新型城镇化"到"城乡发展一体化"再到"城乡融合发展"

2002 年,党的十六大提出"统筹城乡发展";2007 年,党的十七大提出"城乡一体化";2012 年,党的十八大提出"新型城镇化",并将"城乡发展一体化"列为党和国家的工作重心之一;2017 年,党的十九大明确提出建立健全城乡融合发展的体制机制和政策体系。从"统筹城乡发展",到"城乡发展一体化",再到"城乡融合发展",本质上是一脉相承的,但是从内容上体现出党中央对于城乡发展失衡问题的重视程度不断提高,对于构建新型城乡关系的思路不断升华。

(1) 定义

根据国家《城市规划基本术语标准》,"城镇化"是指:"人类生产和生活方式由乡村型向城市型转化的历史过程,表现为乡村人口向城市人口转化,以及城镇不断发展和完善的过程。又称城市化、都市化。"目前按中央文件的标准说法,统一使用"城镇化"这个词语。"城镇化"不仅是农村人口向城镇转移,二、三产业向城市集聚,从而使城镇数量增加、规模扩大、现代化和集约化程度提高的过程,而且也是城市文化、城市生产和生活方式、城市价值观念向农村渗透融合的过程。

城镇化在促进经济社会现代化和人类文明发展的同时,也带来了一些弊

---

① 《为什么说城乡二元结构是制约城乡一体化主要障碍》,2013 年 12 月 26 日,http://www.gov.cn/jrzg/2013-12/26/content_2554609.htm。

端和新的矛盾,由此我国提出"新型城镇化战略"。根据《国家新型城镇化规划(2014—2020年)》,"新型城镇化"主要内容包括:有序推进农业转移人口市民化、优化城镇化布局和形态、提高城市可持续发展能力、推动城乡发展一体化以及改革完善城镇化发展体制机制等方面。具体来说,新型城镇化就是要吸取国外的经验教训,消除我国原有城镇化中的矛盾和问题,从国情出发走中国特色城镇化道路。其内涵是:坚持以人为本,城乡统筹发展;引导农村剩余人口向城市转移,并逐步融入城市;优化产业布局,转变发展方式;促进大中小城市协调发展,注重提高城镇化质量;促进经济社会全面发展,提高城乡人民的生活水平。

城乡发展一体化。社会学和人类学界从城乡关系的角度出发,认为"城乡发展一体化"是指相对发达的城市和相对落后的农村,打破相互分割的壁垒,逐步实现生产要素的合理流动和优化组合,促使生产力在城市和乡村之间合理分布,城乡经济和社会生活紧密结合与协调发展,逐步缩小直至消灭城乡之间的基本差别,从而使城市和乡村融为一体。经济学界则从经济发展规律和生产力合理布局角度出发,认为城乡发展一体化是现代经济中农业和工业联系日益增强的客观要求,是指统一布局城乡经济,加强城乡之间的经济交流与协作,使城乡生产力优化分工,合理布局、协调发展,以取得最佳的经济效益。根据官方的解释,城乡一体化发展就是把工业和农业、城市和农村作为一个有机统一整体,充分发挥彼此相互联系、相互依赖、相互补充、相互促进作用,特别是充分发挥工业和城市对农业和农村发展的辐射和带动作用,实现工业与农业、城市与农村协调发展。①

党的十八届三中全会明确提出实现"城乡发展一体化",表明新一届中央政府不仅将沉积已久的问题当作自己任内要承担的任务,更是将无法量化的"过程"改为"目标"。把实现中国"城乡发展一体化"的战略目标确定为自己的战略责任和目标,并落实在制度创新与社会进步的综合实践中。

党的十九大报告提出"建立健全城乡融合发展体制机制和政策体系",这是在总结中外城乡发展经验基础上,着眼于当前城乡关系发展实际和未来新

---

① 《为什么说城乡二元结构是制约城乡一体化主要障碍》,2013年12月26日,http://www.gov.cn/jrzg/2013-12/26/content_2554609.htm。

型城乡关系发展趋势作出的重大战略部署,也是新时代做好三农工作,实现乡村振兴,加快推进农业农村现代化的根本遵循和战略方向。健全城乡融合发展的体制机制和政策体系,是站在新的历史方位实现乡村振兴、满足人民日益增长的美好生活需要的客观要求。①

"建立健全城乡融合发展体制机制和政策体系",就是要充分发挥市场在城乡要素资源配置中的决定性作用,要更好发挥政府在推进城乡基本公共服务均等化的作用,要靠改革破解制约城乡发展的制度障碍。"建立健全城乡融合发展体制机制",要解决的就是政府在"统"方面太强、市场作用偏弱的问题,要打破政府单一主体,打破城乡二元体制、发展农村要素市场,是一次阶段性的转型。②

(2) 城乡融合发展是新时代农村发展战略的根本要求

长期以来,由于城乡二元结构,重工轻农、重城轻乡,造成农业滞后,农村落后和农民贫困等,使解决"三农"问题成为重中之重。推进城乡一体化发展,促进生产要素平等交换,有利于优化农业的产业结构和提高农村生产力。实现城乡发展一体化要把重点放在农村,坚持工业反哺农业、城市支持农村和多予少取放活方针,加大强农惠农富农政策,促使农民收入较快增长,可以大大缩小城乡差距。这样才能形成城乡一体的新型关系,使"三农"问题得到缓和。

"新型城镇化"和"城乡发展一体化"可以为扩大内需和转变经济发展方式提供持久动力,并为全面建成小康社会提供坚实基础。然而,城乡统筹和一体化发展并没有解决城市与乡村两个空间平等发展的问题,农民没有利用土地等资源,充分发展经济,平等参与工业化、城市化的权利,农村自身产业狭窄,整体要素的双向流动,包括土地、资本、劳动等,没有建立起来。在以城市发展为中心的理念下,忽视了城乡板块相互需求、共存共生共荣,导致城市文明统领乡村文明,"城乡统筹"和"一体化"发展并没有使城市和乡村两个板块获得协调、平等和共同的发展,城乡二元分割的结构仍然存在。因此,"城乡融合发

---

① 《建立健全城乡融合发展体制机制和政策体系》,2017 年 11 月 6 日,http://www.moa.gov.cn/ztzl/xy19d/mtjj/201711/t20171106_5861658.htm。

② 刘守英:《乡村振兴与城乡融合》,2017 年 10 月 23 日,http://www.aisixiang.com/data/106548.html。

展"要解决要素流动问题、城乡基本公共服务均等化问题以及破除制约城乡发展的制度障碍。城乡融合的发展过程是要素资源在城乡之间的大发展、大流动,涉及各类主体、各项制度,没有高效率的配置方式,就难以实现融合发展的目的。因此比城乡统筹和城乡发展一体化更强调发挥市场在资源要素配置中的决定性作用,利用市场机制实现取长补短、互通有无、优势互补,做好人财物的有序流动,推动城乡要素平等交换。同时,在公共服务方面加强政府的引导和投入。如果放任城市、乡村自由发展,城镇化的虹吸效应会让乡村一步步走向衰落。破败衰落的乡村不利于社会整体持续、协调、健康发展。因此,必须更好发挥政府在城乡融合发展中的作用,通过建立健全城乡融合发展的体制机制和政策体系,逐步缩小城乡发展差距,推进农业农村优先发展,推动要素资源更多向农村配置,加快推进城乡基本公共服务均等化,加大农村各项事业建设力度。①

(二) 加快构建新型农业经营体系

现在中国农业在 GDP 中的比重已经降到只有 8.5% 左右,农村常住人口按 2017 年的统计已经减到 42.6%,还不到 5.9 亿人。正因为这样,可能会产生这样一种看法,因为农业比重的降低,农村人口的减少,农业的重要性、"三农"问题的重要性是否也会随之降低?但中央仍然提出要坚持把解决好"三农"问题作为全党工作的重中之重,非常明确地针对着在四化同步发展的进程中农业还是一条"短腿",在全面小康社会的建设中农村还是一块短板的突出问题。② 解决这些问题的关键在于农业生产现代化以及农村与市场的对接和渠道畅通,而这些有赖于制度完善及农村新型经营体系的构建。

党的十八大报告强调:"构建集约化、专业化、组织化、社会化相结合的新型农业经营体系","促进城乡要素平等交换和公共资源均衡配置,形成以工促农、以城带乡、工农互惠、城乡一体的新型工农、城乡关系"。

2012 年中央一号文件指出:加快修改完善相关法律,落实现有土地承包

---

① 《建立健全城乡融合发展体制机制和政策体系》,2017 年 11 月 6 日,http://www.moa.gov.cn/ztzl/xy19d/mtjj/201711/t20171106_5861658.htm。
② 熊平平:《三农老兵陈锡文的新角色》,2018 年 3 月 19 日,http://news.sina.com.cn/c/zs/2018-03-19/doc-ifyskeuc3851641.shtml。

关系保持稳定并长久不变的政策。按照依法自愿有偿原则,引导土地承包经营权流转,发展多种形式的适度规模经营,促进农业生产经营模式创新。

2012年中央经济工作会议指出:要在坚持和完善农村基本经营制度基础上,创新农业经营体制,加快发展现代农业。

2013年中央一号文件对创新农业生产经营体制及稳步提高农民组织化程度有大篇幅的论述。主要包括:稳定农村土地承包关系、努力提高农户集约经营水平、大力支持发展多种形式的新型农民合作组织、培育壮大龙头企业。

十八届三中全会《决定》指出:加快构建新型农业经营体系。坚持家庭经营在农业中的基础性地位,推进家庭经营、集体经营、合作经营、企业经营等共同发展的农业经营方式创新。坚持农村土地集体所有权,依法维护农民土地承包经营权,发展壮大集体经济。稳定农村土地承包关系并保持长久不变,在坚持和完善最严格的耕地保护制度前提下,赋予农民对承包地占有、使用、收益、流转及承包经营权抵押、担保权能,允许农民以承包经营权入股的方式发展农业产业化经营。鼓励承包经营权在公开市场上向专业大户、家庭农场、农民合作社、农业企业流转,发展多种形式规模经营。

2014年中央经济工作会议提出:完善农村土地经营权流转政策,搞好土地承包经营权确权登记颁证工作,健全公开规范的土地流转市场。

党的十九大报告指出:构建现代农业产业体系、生产体系、经营体系,完善农业支持保护制度,发展多种形式适度规模经营,培育新型农业经营主体,健全农业社会化服务体系,实现小农户和现代农业发展有机衔接。促进农村一、二、三产业融合发展,支持和鼓励农民就业创业,拓宽增收渠道。

1. 定义

所谓"新型",是相对于传统小规模分散经营而言的,是对传统农业经营方式的创新和发展。新型农业经营体系可以被理解为:在坚持农村基本经营制度的基础上,顺应农业农村发展形势的变化,通过自发形成或政府引导,形成的各类农产品生产、加工、销售和生产性服务主体及其关系的总和,是各种利益关系下的传统农户与新型农业经营主体的总称。①

---

① 《加快构建新型农村经营体系》,2013年6月5日,http://www.scfpym.gov.cn/show.aspx?id=11054。

2. 改革背景

我国改革开放后实行的以家庭承包经营为基础、统分结合的双层经营体制,为我国30多年农业和农村的发展提供了坚实的制度保障。为此,在全面深化农村改革中,应该毫不动摇地坚持以土地家庭承包经营为主体的农村基本经营制度。但是,随着工业化、城镇化的加速发展,农业高成本、高风险、资源环境约束和劳动力短缺的态势日趋明显,当前我国农村正发生深刻变化,农业经营方式面临诸多新挑战,主要表现在:经营规模小、方式粗放、劳动力老龄化、组织化程度低、服务体系不健全。如何破解小规模、分散化,解决小生产和大市场的矛盾,需要农业经营方式的创新及产业链的整合,即十八届三中全会《决定》中所指出的"坚持家庭经营在农业中的基础性地位,推进家庭经营、集体经营、合作经营、企业经营等共同发展的农业经营方式创新",以及十九大报告强调的"完善承包地'三权'分置制度,构建现代农业产业体系、生产体系、经营体系,促进农村一、二、三产业融合发展"。

3. 现状

据统计,到2012年底,我国农村承包集体耕地的农民家庭约2.3亿户,其中有约4 440万户发生了流转出承包耕地的行为(占承包农户总数的19.32%);目前仍在耕地上从事农业生产经营的农民家庭约1.9亿户,他们经营的耕地面积(包括流转来的耕地),占农村家庭承包耕地总面积的92.5%。这表明,农民家庭仍是我国农业中最主要的生产经营主体。但随着农业劳动力的转移和农户承包耕地经营权的流转,其他各类新的农业经营组织形式也在发展。目前,全国已发展起农民专业合作社68.9万个,入社成员5 300多万户;各类农业产业化经营组织30余万个,带动的农户约1.18亿户;此外,据不完全统计,各地仍对农业实行由集体统一经营的村、组约有2 000个,江苏省江阴市的华西村就是其中的著名代表。同时,租赁农户土地从事农业生产经营的工商企业也在逐渐增加,全国约有2 556万亩耕地由企业在租赁经营。[①] 从流转耕地面积占家庭承包经营耕地面积比来看,中国农地流转市场发展迅速。1996年,全国有2.6%的耕地发生流转,到2004年,流转比例快速增加到

---

① 陈锡文:《构建新型农业经营体系刻不容缓》,载《求是》,2013年第22期。

10.5%,然后继续增加到 2010 年的 14.7%。此后,流转市场发展速度不断加快。2014 年流转比例增加到 30.4%,是 2010 年的 2 倍,其间年均流转比例增速达到 14.4%。2015 年后,增速开始变缓,到 2016 年底,发生流转耕地面积占比为 35.0%,意味着全国超过 1/3 的耕地发生了流转。①

4. 农业经营体系创新性探索

从各地探索实践的经验看,目前我国农业经营体系的创新主要有三大类表现形式:一是通过承包土地经营权的流转,扩大家庭经营的土地规模,如发展家庭农场、专业大户等。据统计,到 2012 年底,全国经营耕地面积在 50 亩以上的专业大户已达 287.5 万户;其中,家庭农场 87.7 万户,经营土地面积 1.76 亿亩,户均经营耕地 200.2 亩,年收益 18.47 万元,均明显高于普通承包农户。除了常规的承包土地经营权流转外,近年不少地方农民创造的土地托管、代耕、"土地银行"等形式,也对扩大耕地的经营规模发挥了积极作用。

二是依靠农业社会化服务体系的支持,通过"耕、种、收等主要作业环节靠社会化服务,日常田间管理主要靠家庭成员"的方式,以扩大社会化服务的规模来弥补生产经营主体耕地规模的相对不足,节本增效明显。较有代表性的是,每年夏收季节,农业部门组织数十万台联合收割机实行大范围的跨区作业,使我国 3 亿多亩冬小麦的收割基本实现了机械化作业,既实现了适时收割和减少粮食浪费,又使农户降低劳动强度并增加收入,还明显提高了农业机械的利用效率,可谓一举多得。

三是发展多种形式的合作与联合,既有围绕某些特定农产品的生产、销售、加工而展开的农民专业合作社,也有实行土地股份合作制的农业生产联合组织。它们的共同特点就是着力解决农民一家一户办不了、办不好、办起来不经济的事情。在不少地方,合作社的经济技术服务能力,不仅能够满足自身社员的需要,还能够向非社员提供社会化的服务,从而发挥带动更多农户发展现代农业的作用。②

我国各地资源禀赋差异较大,新型农业经营体系的构建应当因地制宜。在具备实现规模化经营条件的地区,应通过土地确权、搭建土地流转市场、

---

① 郜亮亮:《中国农地流转市场的现状及完善建议》,载《中州学刊》,2018 年第 2 期。
② 郜亮亮:《中国农地流转市场的现状及完善建议》,载《中州学刊》,2018 年第 2 期。

完善职业农民培训体系、构建社会化服务组织等方式大力培育家庭农场、专业大户等适度规模经营主体;而在不具备实现规模化经营条件的地区,发展多样化复合经营主体。同时,经营体系的构建路径也应当因业而异。如在粮棉油等土地密集型产业适宜发展"适度规模家庭农场+社会化服务组织"模式,有利于农业机械化操作、规模化发展,降低平均成本;果蔬等园艺产业作为劳动密集型产品,适合发展"小规模农户+农民专业合作社"模式,小规模农户在园艺产品的品种选择、栽培技术等生产方面更容易实现精细化操作管理,但在适应市场变化、产品商品化处理方面相对缺乏,因此通过联合、合作的组织形式,挖掘农产品附加值,发展农民专业合作社来提升组织化程度,提高产品竞争力是主要路径;畜禽产业适合发展"适度规模养殖户+农业龙头企业"模式,作为资本密集型产品,其对技术、资本最为依赖,龙头企业作为主导控制从生产到销售各个环节,和养殖户通过签订合约进行商品的交易符合客观需要。

农村一、二、三产业融合发展方式灵活多样,形式不拘一格,其主要方式大致有:第一,延伸农业产业链或发展农业循环经济;第二,一、二、三产业的相关产业组织通过在农村空间集聚,形成集群化、网络化发展格局;第三,农村一、二、三产业虽然在空间上分离,但借助信息化等力量实现网络链接,如部分公司+基地+农户、公司+合作社+基地+农户、发展线上线下有机结合的农业等;第四,发展休闲观光农业或创意农业,或打造富有历史、地域和民族特色的特色景观旅游村镇;第五,开发食品短链,用可持续的农业生产方式生产出本地化、可持续、替代性食品。

(三)赋予农民更多财产权利

党的十八大报告指出,坚持和完善农村基本经营制度,依法维护农民土地承包经营权、宅基地使用权、集体收益分配权。

2013年中央一号文件指出,建立归属清晰、权能完整、流转顺畅、保护严格的农村集体产权制度,是激发农业农村发展活力的内在要求。必须健全农村集体经济组织资金资产资源管理制度,依法保障农民的土地承包经营权、宅基地使用权、集体收益分配权。主要包括:全面开展农村土地确权登记颁证工作、加快推进征地制度改革、加强农村集体"三资"管理。

党的十八届三中全会《决定》指出,保障农民集体经济组织成员权利,积极发展农民股份合作,赋予农民对集体资产股份占有、收益、有偿退出及抵押、担保、继承权。保障农户宅基地用益物权,改革完善农村宅基地制度,选择若干试点,慎重稳妥推进农民住房财产权抵押、担保、转让,探索农民增加财产性收入渠道。建立农村产权流转交易市场,推动农村产权流转交易公开、公正、规范运行。

2014年中央一号文件指出,稳定农村土地承包关系并保持长久不变,在坚持和完善最严格的耕地保护制度前提下,赋予农民对承包地占有、使用、收益、流转及承包经营权抵押、担保权能。在落实农村土地集体所有权的基础上,稳定农户承包权、放活土地经营权,允许承包土地的经营权向金融机构抵押融资。在符合规划和用途管制的前提下,允许农村集体经营性建设用地出让、租赁、入股,实行与国有土地同等入市、同权同价,加快建立农村集体经营性建设用地产权流转和增值收益分配制度。改革农村宅基地制度,完善农村宅基地分配政策,在保障农户宅基地用益物权前提下,选择若干试点,慎重稳妥推进农民住房财产权抵押、担保、转让。在赋予农民更多财产权利方面迈出了一大步。

2014年11月中共中央办公厅、国务院办公厅印发的《关于引导农村土地经营权有序流转发展农业适度规模经营的意见》,对农村土地流转的乱象进行规范,设计顶层红线,定调"三个不能搞",划出三条红线,以引导农村土地健康流转。这三条底线为:坚持土地公有制性质不改变、耕地红线不突破、农民利益不受损,要在试点基础上有序推进。

"十三五"规划指出,稳定农村土地承包关系,完善土地所有权、承包权、经营权分置办法,依法推进土地经营权有序流转,构建培育新型农业经营主体的政策体系。

党的十九大指出,巩固和完善农村基本经营制度,深化农村土地制度改革,完善承包地"三权"分置制度。保持土地承包关系稳定并长久不变,第二轮土地承包到期后再延长30年。深化农村集体产权制度改革,保障农民财产权益,壮大集体经济。确保国家粮食安全,把中国人的饭碗牢牢端在自己手中。2017年11月20日召开的十九届中央全面深化改革领导小组第一次会议上,习近平总书记强调,宅基地制度改革不得以买卖宅基地为出发点,不得以退出宅基地使用权作为农民进城落户的条件。

1. 定义

土地承包经营权流转是指通过承包取得的土地承包经营权可以依法采取转包、出租、互换、转让或者其他方式流转。"土地承包经营权流转"最早是1995年提出的,国发〔1995〕7号《国务院批转农业部〈关于稳定和完善土地承包关系的意见〉的通知》中明确提出"建立土地承包经营权流转机制"。依照《土地承包法》《农业法》的相关规定,流转的主体是享有承包经营权的农户,农户依自己的意思对享有的承包经营权以转包、互换、出租、转让或者其他方式流转,任何组织和个人不得强迫或者阻碍。依照《土地承包法》的规定,农户流转承包经营权后可以依法取得转包金、租金、转让费等,这种流转收益归承包方所有,任何组织和个人不得擅自截留、扣缴。

宅基地使用权指的是农村集体经济组织的成员依法享有的在农民集体所有的土地上建造个人住宅的权利。根据我国《物权法》的规定,宅基地使用权人依法对集体所有的土地享有占有和使用的权利,有权利用该土地建造住宅及其附属设施。

关于集体收益分配权,《物权法》第五十九条规定:"农民集体所有的不动产和动产,属于本集体成员集体所有。"农村集体组织的收益是属于全体成员的,农村集体组织收益的分配,如果没有法律的特别规定,就应由享有成员待遇的人共同平等参与分配。

2. 背景

城乡收入差距大,一直是困扰经济社会发展的重大问题。改革开放以来,城乡收入差距大体经历了由"迅速缩小→逐渐扩大→平缓缩小→加速扩大→平稳下降"的变动过程,如下图所示。1978年,中国启动了经济体制改革。20世纪80年代初,农村率先推行家庭联产承包责任制,生产要素开始活跃和流动,农民的积极性空前高涨,有力地提高了农业生产力。由于农民的收入迅速增加,促使城乡收入比值由1978年的2.57缩小到1983年的1.82,成为历史最低点。1984年后,经济体制改革的重心转向城市,国有企业的改革与发展增强活力,效率迅速提高。随之,城镇居民的收入增长速度超过农村,导致城乡收入差距逐步扩大,比值由 1984 年的 1.84 上升到 1994 年的 2.86,高于改革开放前的水平。20 世纪 90 年代中期,中央采取地区平衡发展战略,实施"多予少取"政策,农村剩余劳动力转移到城镇就业,提高农产品收购价格等,使农民收入再度提升,城乡收入差距的比值逐步下降到 2.47。进入 21 世纪以后,由于农村发展滞后、收入分配扭曲等因素,城乡收入差距加速扩大,2001 年突破历史最高点 2.90,从 2002 年开始上升到了 3 以上,2009 年达 3.33。中央采取补农、惠农、富农等一系列政策,使 2010 年至 2012 年呈下降趋势,2010 年为 3.23,2011 年为 3.13,2012 年又降至 3.10。值得注意的是,从 2002 年到 2012 年 11 年中均保持在 3 以上的高位。统计局公开发布的数据显示,2012 年至 2015 年城乡之间居民收入差距有所缩小,城镇居民人均收入与农村居民人均收入的比值从 2008 年的 3.3 下降到 2015 年的 2.73,尽管差距增势被遏制,但仍然处于高位。根据国家统计局 2018 年上半年数据,城镇农村居民收入差异依然较大,城乡居民人均可支配收入比在 2.77 左右①。

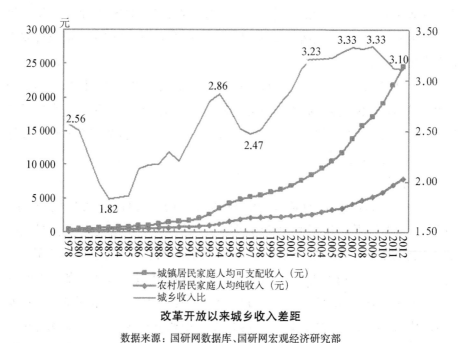

改革开放以来城乡收入差距

数据来源:国研网数据库、国研网宏观经济研究部

---

① 依据国家统计局公布的 2018 年数据计算得出。

改革开放以来,随着市场经济体制的确立,农村居民收入逐步趋向多元化,工资性收入、生产经营性收入、转移性收入和财产性收入都在持续增长。在农民收入构成中,家庭经营性收入占总收入的44.6%,工资性收入占43.5%,农民外出务工人数增加,工资上升对增收的贡献最大,转移性收入占8.7%,财产性收入占3.2%。[①] 当前,农民增收面临挑战,主要原因是农产品价格低位运行、大宗产品进口增加、农民工外出就业人数和收入放缓等。我国经济增长速度由高速转向中高速,依靠工业化、城镇化吸纳农村剩余劳动力就业的能力呈边际递减,促进农民工资增长难度加大。农产品价格走低,持续提高农产品相对价格的政策也将面临转型和调整,持续大幅增加财政"三农"投入空间有限,经营性收入和转移性收入增长速度面临放缓。而农村居民财产性收入是薄弱一环,只占3.2%,扩展的余地很大。

另外,近年来,随着大量农村劳动力向城镇和二、三产业转移就业,农村青壮年劳动力大幅减少,加上农业生产成本不断上升,农业经营效益持续降低,农业劳动力兼业化、老龄化、妇女化问题突出。我国农民"家家包地、户户种田",千家万户的小规模分散经营,难以适应千变万化的大市场,也难以容纳现代技术装备,家庭经营效益也难以提高。"两权"分离实行农户平均承包土地,保障每个农村人口基本生存发展权利,解决了十几亿人口的温饱问题。但在土地分包过程中,不少地方实行水旱、肥瘦、远近搭配,导致承包土地细碎化,全国户均耕地7.5亩,农业生产效率难以提升。

3. 提高农民收入的改革方向

(1) 扩大财产性收入来源

我国法律规定,在坚持农村土地集体所有的制度下,农户对其依法承包的土地享有占有、使用和收益的权利。这实际上明确了两个基本问题:一是明确了农户拥有的是土地的承包经营权,它不改变农村土地的集体所有权;二是明确了对承包到户的集体土地,只要不改变合同规定的用途,承包农户就可以自主选择各种实现土地收益的经营形式。首先,要确权,给农民颁发具有明确法律效力的土地承包经营权证书,明确农地承包经营权的权属特征,防止以农

---

① 陈伯庚、陈承明:《新型城镇化与城乡一体化疑难问题探析》,载《社会科学》,2013年第9期。

村土地属于集体所有为名强征农民的土地。其次,要建立和完善农村土地市场,借助市场价格机制实现土地承包经营权的流转或入股,以实现农民土地的财产性收益。再次,要赋予农地承包经营权抵押、担保权能,实现农地承包经营权的保值增值。构建新型农业经营体系,无论是集约化、专业化的过程,还是组织化、社会化的过程,涉及农地承包经营权的流转、入股和抵押、担保,都是农民土地财产权益实现的过程。在价格形成机制基础上,农地承包经营权的流转、入股要做到依法、有偿、自愿,让农地承包经营者实现农地财产权益或公平分享土地增值的红利;农地承包经营权的抵押、担保要做到手续简便、服务到位,并确保农地农用以及农地承包经营者的权益。

为全面贯彻党的十八大和十八届三中全会、四中全会精神,赋予农民对承包土地的用益物权,盘活农村土地资产,探索农民增加财产性收入渠道,2015年8月国务院印发了《关于开展农村承包土地的经营权和农民住房财产权抵押贷款试点的指导意见》,提出了试点的五项主要内容:一是赋予"两权"抵押融资功能。维护好、实现好、发展好农民土地权益,落实"两权"抵押融资功能,盘活农民土地用益物权的财产属性。二是推进农村金融产品和服务方式创新。在贷款利率、期限、额度、担保、风险控制等方面加大创新支持力度。三是建立抵押物处置机制。允许金融机构在保证农户承包权和基本住房权利前提下,依法采取多种方式处置抵押物,完善抵押物处置措施。四是完善配套措施。试点地区要加快推进农村土地承包经营权、宅基地使用权和农民住房所有权确权登记颁证,建立完善农村土地产权交易平台,建立健全农村信用体系。五是加大扶持和协调配合力度。在货币政策、财政政策、监管政策、保险保障等方面,加大扶持和协调配合力度。

(2) 拓展其他收入来源渠道

目前的措施主要包括优化产品产业结构、推行绿色生产方式、扩大新产业新业态、强化科技创新驱动增强农民的营收能力,并通过调整粮经饲种植结构、规模高效养殖、发展现代食品产业、集体产权制度改革、劳动力转移就业等方面扩展增收渠道。

农民经营性收入。2017年中央一号文件明确指出:推进农业供给侧结构性改革……优化农业产业体系、生产体系、经营体系,提高土地产出率、资源利用率、劳动生产率,促进农业农村发展由过度依赖资源消耗、主要满足量的需求,向追求绿色生态可持续、更加注重满足质的需求转变。具体措施包括:引导农民因地制宜发展特色农业、强调农产品质量和食品安全、积极发展适度规模经营、建设现代农村产业园推动全链条增值、支持农业企业跨国经营、借助"一带一路"让农业走出去、发展农村休闲旅游产业、推进"互联网+"现代农业行动、在优势农产品产地打造食品加工产业集群、支持农技推广人员与家庭农场、农民合作社、龙头企业开展技术合作。

工资性收入。健全农业劳动力转移就业和农村创业创新体制:支持进城农民工返乡创业,带动现代农业和农村新产业新业态发展。鼓励高校毕业生、企业主、农业科技人员、留学归国人员等各类人才回乡下乡创业创新,将现代科技、生产方式和经营模式引入农村。整合落实支持农村创业创新的市场准入、财政税收、金融服务、用地用电、创业培训、社会保障等方面优惠政策。

转移性收入。三项农业补贴"三合一",整合成农业支持保护补贴,支持耕地地力保护和粮食产能提升。体现了"谁种粮多,优先受益",避免财政支农过程中零敲碎打、平均用力。

(四)推进城乡要素平等交换和公共资源均衡配置

党的十八届三中全会《决定》指出,维护农民生产要素权益,保障农民工同工同酬,保障农民公平分享土地增值收益,保障金融机构农村存款主要用于农业农村。健全农业支持保护体系,改革农业补贴制度,完善粮食主产区利益补偿机制。完善农业保险制度。鼓励社会资本投向农村建设,允许企业和社会组织在农村兴办各类事业。统筹城乡基础设施建设和社区建设,推进城乡基本公共服务均等化。

党的十八届四中全会通过的《中国共产党第十八届中央委员会第四次全体会议公报》指出,推动城乡协调发展,健全城乡发展一体化体制机制,健全农村基础设施投入长效机制,推动城镇公共服务向农村延伸,提高社会主义新农村建设水平。

"十三五"规划指出,深化户籍制度改革,促进有能力在城镇稳定就业和生活的农业转移人口举家进城落户,并与城镇居民有同等权利和义务。实施居住证制度,努力实现基本公共服务常住人口全覆盖。健全财政转移支付同农业转移人口市民化挂钩机制,建立城镇建设用地增加规模同吸纳农业转移人口落户数量挂钩机制。促进城乡公共资源均衡配置,健全农村基础设施投入长效机制,把社会事业发展重点放在农村和接纳农业转移人口较多的城镇,推动城镇公共服务向农村延伸。

2015年中共中央办公厅和国务院办公厅联合印发了《关于农村土地征收、集体经营性建设用地入市、宅基地制度改革试点工作的意见》,这标志着我国农村土地制度改革即将进入试点阶段。

同时,习近平总书记在农村工作会议上提出"四个不能"和"三条底线",即土地制度改革怎么改都不能把农村集体经济组织给改垮了,不能把耕地给改少了,不能把粮食给改滑坡了,不能把农民的利益损害了;土地制度改革不能改变土地所有制即农民集体所有,不能改变土地的用途即农地必须农用,不能损害农民的基本权益。

2015年国务院办公厅发布了《关于引导农村产权流转交易市场健康发展的意见》,被称为首部针对农村产权流转交易市场的全国性指导文件。该《意见》明确将土地经营权分离出来,对农村土地流转领域的所有权、承包权和经营权进行了分类指导,强调农村产权交易以农户承包土地经营权、集体林地经营权为主,且不涉及农村集体土地所有权和依法以家庭承包方式承包的集体土地承包权。

2017年着重建立农村集体经营性建设用地入市制度,赋予农村集体经营性建设用地出让、租赁、入股权能,明确入市范围途径。

1. 背景

城乡要素交换不平等由来已久。劳动要素方面,进城务工农民没有实现与城镇职工同工同酬,相同劳动岗位农民工所得收入只相当于城镇职工的一半左右。土地要素方面,农民城乡土地交换中得到的补偿较少。据国务院发展研究中心调查,农民拿到的征地补偿款只占整个土地增值收益的5%至10%。地方行政权力介入低价流转农民农地,城郊城市化进程中,现有征收价格和市场地价差距很大,在农地流转价格和农地被征为国有建设用地过程中都出现不平等交换问题。资金要素方面,农村存款资金大量流向非农产业和城市,农民长期面临"贷款难"的困惑。[1]

---

[1] 《如何推进城乡要素平等交换和公共资源均衡配置?》,2013年11月28日,http://theory.people.com.cn/n/2013/1128/c371950-23682974.html。

公共资源配置重城轻农是城乡收入差距扩大的原因之一。反映在医疗、教育、文化、交通、通信、社保等方面,农村普遍落后于城市。优质的医疗卫生和文化教育资源集中在城市,而广大农村的公共文化设施陈旧落后。在社保方面差距更大,国家为市民提供金额大、受益面广的各类保障,而农民长期以来社保的保障功能较薄弱。近年来,农村的水、电、路、气建设及危旧房改造都有了非常明显的进展。基本社会保障制度在农村已经实现了全面覆盖,基本公共服务的城乡均等化取得较大进展。

2. 存在的问题

我国大体形成了城乡统一的产品市场,但城乡统一的要素市场没有建立起来,城乡土地、劳动与资本等要素之间不能自由流动。劳动力市场的城乡分割尚未消除是众所周知的事实,这种分割是由户籍制度、社会保障制度和教育制度等一系列因素造成的。农村金融市场受到小规模兼业农户比例过大的影响,发展也不均衡。兼业农户对资本需求小,有可能通过非正规金融满足需求,使正规金融的经营成本较高。农民专业合作化不够强大,依靠合作社发展普惠性金融的条件不具备,小农户不得不承受资本价格较高的金融服务。农地流转市场因农地产权不明晰,交易成本高、效率低。原有的土地制度不允许农业经营者之间交易农地经营权,租地是土地流转的主要方式。依靠租地方式扩大农业经营规模的成本高,增大了规模化农业的经营风险。

3. 路径

党的十八届三中全会《决定》指出:"推进农业转移人口市民化,逐步把符合条件的农业转移人口转为城镇居民。创新人口管理,加快户籍制度改革,全面放开建制镇和小城市落户限制,有序放开中等城市落户限制,合理确定大城市落户条件,严格控制特大城市人口规模。"需要在农业转移人口中大规模推行居住证制度,在逐步实现全国社保一体化的基础上,最终用居住证制度替代现行户籍制度。

按照《决定》的要求,"保障金融机构农村存款主要用于农业农村。健全农业支持保护体系,改革农业补贴制度,完善粮食主产区利益补偿机制。完善农业保险制度。鼓励社会资本投向农村建设,允许企业和社会组织在农村兴办各类事业"。为此,我们要大力推进农业金融创新,完善农业金融体系。中央政府在扶贫资金中建立专项基金,与地方政府合作发展小额信贷等普惠性、公共性农村金融。一般商业银行在农村领域的活动完全放开,扩大利率浮动范围,并允许其不介入普惠性、公共性金融活动。

土地要素的市场化以及市场的城乡统一,是《决定》强调的重要改革内容。按照《决定》的要求,今后重点要抓好两个方面的工作:一是通过土地确权,最终建立土地承包经营权永久不变的产权关系,赋予农民更多财产权利;二是《决定》指出"在符合规划和用途管制前提下,允许农村集体经营性建设用地出让、租赁、入股,实行与国有土地同等入市、同权同价",表明农民将得到与土地有关的多种权利,土地将实质上成为农民的财产;城乡建设用地市场的统一,表明国家将打破土地市场的政府垄断,围绕土地而形成的僵化凝固的利益网络将有重大调整。

2017年之后,我国在生产要素流动方面有了新的举措。我们深知,只确权不流转,确权失去意义;只流转不确权,流转没有依据。城乡融合发展,最核心就是确保发展主体和发展资源要素的地位和权利平等,市场优化资源配置,政府在宏观管理方面发挥作用。以推进农业供给侧结构性改革作为主线,需要着重从农村土地、劳动力、资本、技术四个方面来进行全要素体系改革。

一是积极稳妥地深化农村土地制度改革试点。要按照2017年中央一号文件的要求,落实好农村土地集体所有权、农户承包权、土地经营权"三权分置"办法。农村产权流转交易以农户承包土地经营权、集体林地经营权为主,不涉及农村集体土地所有权和依法以家庭承包方式承包的集体土地承包权。二是高度重视和积极培育农业劳动力。劳动力是农业生产的主力军,稳住农业劳动力这支主力军并提高其素质,关系到农业供给侧结构性改革是否能够顺利推进。三是积极加快农村金融创新,扩大农业资本规模,畅通农业融资渠道。资本和资金是农业十分重要的生产要素,资本、资金的充足与否,关系到农业供给侧结构性改革是否能够取得实效、顺利推进。四是积极推动农业新技术的开发利用,加快发展绿色环保农业和低碳循环农业。

六、构建开放型经济新体制

当今世界,经济全球化深入发展的总趋势没有改变。为了适应经济全球化新形势，我们必须推动对内对外开放相互促进、引进来和走出去更好结合，促进国际国内要素有序自由流动、资源高效配置、市场深度融合，加快培育参与和引领国际经济合作竞争新优势，以开放促改革。

（一）对外开放是一项基本国策

新中国成立以来，我国政府就把恢复和发展对外经济关系作为一项重要政策，但由于在一个相当长的时间内，我国经济发展未能从根本上摆脱闭关自守、自给自足的束缚，对外经济关系范围很窄。对外开放政策是在十一届三中全会上制定并明确地向全党提出了大力发展对外经济关系问题。十二届三中全会又提出了"一定要充分利用国内和国外两种资源，开拓国内和国外两个市场，学会组织国内建设和发展对外关系两套本领"。这是党中央在新的历史条件下，总结国内外的经验，为加速我国现代化建设提出的战略决策。

1. 坚持对外开放的基本国策

开放也是改革，改革和开放是密不可分、相辅相成的。中国改革开放40年来，对外开放和改革一起成为当代中国最鲜明的特色，成为推动中国特色社会主义发展的强大动力。在全面建成小康社会、全面深化改革的进程中，必须毫不动摇地坚持对外开放，主要基于以下几个方面的原因：

一是实行对外开放符合社会化大生产向全球扩展的客观历史趋势。科学技术进步和生产力发展推动了生产社会化程度不断提高。在这一过程中，生产的社会分工日益超越一国的界限，国际分工体系逐步形成并不断深化。中国特色社会主义市场经济是建立在社会化大生产基础上的，对外开放政策的实施使国内生产部门融入国际分工体系的步伐加快，有利于实现经济资源的优化配置，提高生产效率，更好更快地发展生产力。

二是实行对外开放适应了经济全球化不断深化的历史趋势。经济全球化是生产力不断发展的必然结果。在经济全球化不断扩大和加深的情况下，各国经济之间日益相互依存，没有任何一个国家可以无视经济全球化的巨大影响。只有顺应经济全球化的趋势，主动实行对外开放，参与到国际经济体系中，才能抓住机遇，趋利避害，共同分享经济全球化可能带来的经济利益。

三是实行对外开放是发展社会主义市场经济的必然要求。市场经济是开放经济，市场的内在活力客观上要求冲破地域和国家之间的限制，在最大范围内促进生产要素的流动与优化配置。市场经济是一种竞争经济,市场主体只有参与国际竞争才能不断增强自身竞争力,在竞争中求生存、谋发展。实行对外开放,中国可以有效利用国际国内两种资源、开拓国际国内两个市场,增强中国企业在国际市场上的竞争力,促进经济发展方式转变,推动产业结构升级,进而使中国经济走上持续健康的发展轨道。

四是实行对外开放是实现经济现代化的必要条件。中国现在正处于社会主义初级阶段,面临着实现工业化和现代化的艰巨任务,存在着资金、技术、人员、管理、装备等方面的困难和不足。实行对外开放,有利于解决这些困难和不足。实行对外开放,可以利用国外资金,加速资金的积累;可以引进国外的先进技术和管理经验,以提高我们的技术水平和管理水平;可以发挥比较优势,通过参与国际分工和交换,获得比较利益;可以购买国外先进的设备和需要的物资,弥补国内的不足;可以更好地吸收世界文明成果,在比较高的水平上起步,加快经济发展,尽快缩短与发达国家的差距。

2. 对外开放取得的成就

(1) 对外贸易成为中国经济增长的重要引擎

自1978年实行对外开放战略以来,我国对外贸易取得了重大成就。1978年,中国货物进出口总额仅206亿美元,2015年进出口总额39 530.3亿美元,是1978年的192倍。世界贸易组织于2016年4月12日发布的报告称,2016年中国继续保持全球货物贸易出口第一大国地位。2016年,全球货物贸易出口额为15.5万亿美元,下降3.3%,进口额为15.8万亿美元,下降3.2%。[①] 我国出口额为2.1万亿美元,占全球份额13.2%,进口额为1.6万亿美元,我国连续八年保持全球第一大货物贸易出口国和第二大进口国地位。中国成为名副其实的对外贸易大国。从贸易依存度来看,中国融入全球经济的程度非常高。

(2) 吸引外资规模不断扩大,对外投资发展迅速

自1978年实行对外开放战略以来,我国在吸引外资方面也取得了重大成就。1983年以前,中国吸引外资很少,对外直接投资也很少。1983年我国吸引外资只有6.36亿美元,对外直接投资只有0.44亿美元。到了2015年我国

---

① 数据来源于国家统计局,http://data.stats.gov.cn/search.htm。

直接使用外资达到1 262.7亿美元,且呈现逐年递增的趋势。1979—2007年,中国实际使用外商直接投资7 602亿美元,平均每年262亿美元,2002年以来利用外资一直居于世界前三位。对外投资从无到有,发展迅速。经过多年的开放积累,2014年我国对外投资规模为1 400亿美元,远高于利用外资的200亿美元,首次成为资本净输出国。2015年,对外直接投资额(非金融部分)达到1 456.7亿美元。从2008年对外直接投资存量为1 840万美元到2015年对外直接投资存量为10 978.6万亿美元,年平均投资额为1 568.4万美元①。据有关部门估计,与吸引外资相比,今后几年我国对外投资的速度还会更快一些。资本输出的扩大,较之以往的商品输出是我国对外开放水平提高的表现。

(3) 积累了巨额的外汇储备

改革开放以来,我国在贸易项目下积累了大量的贸易顺差,在资本项目下同样积累了大量的资本项目顺差,贸易和资本项目的双顺差形成我国外汇储备的主要来源,使我国外汇储备快速增加,1978年以前,外汇储备从未超过10亿美元,直到1983年我国外汇储备只有8.9亿美元,2017年底达到30 807亿美元,39年间增长了约3 000倍。② 巨额的外汇储备增强了中国的综合国力、国际支付能力和抗风险能力。

3. 中国外贸波澜壮阔40年

在中国改革开放的伟大历史进程中,对外贸易始终扮演着重要角色。40年来,中国紧紧抓住全球化快速发展的历史机遇,推进外贸体制改革,根据形势变化调整完善外贸发展战略,激发了企业积极性和创造性。中国外贸持续快速发展,结构不断优化,跃居世界货物贸易第一大国,创造了中国和世界经济发展史的奇迹。

总量突飞猛进。中国货物贸易进出口总额从1978年的206.4亿美元增至2017年4.1万亿美元,增长了197倍,年均增速达到14.5%。改革开放初期,中国货物出口占国际市场份额不足1%。2009年中国出口超过德国,成为世界第一大出口国。2017年,中国成为世界货物贸易第一大国,出口额占世界的12.8%,居第一位;进口额占世界的10.2%,居第二位。

---

① 数据来源于国家统计局,http://data.stats.gov.cn/search.htm。
② 数据来源于观察者网,https://www.guancha.cn/economy/2017_02_07_393039.shtml。

结构不断优化。中国出口商品结构在 20 世纪 80 年代实现了由初级产品为主向工业制成品为主的转变,90 年代实现了由轻纺产品为主向机电产品为主的转变,进入 21 世纪以来,以电子和信息技术为代表的高新技术产品出口占比不断提高。1985 年至 2017 年,中国机电产品出口从 16.8 亿美元增加到 1.32 万亿美元,增长 785 倍,年均增速达到 23.2%,占全球市场的份额从微不足道升至 17% 以上。同期,高新技术产品占中国出口比重从 2% 左右提高到 28.8%。[①]

市场覆盖全球。中国贸易伙伴已经由 1978 年的几十个发展到目前的 231 个。欧盟、美国、东盟、日本、金砖国家等是中国主要贸易伙伴。进入 21 世纪以来,中国与新兴市场和发展中国家的贸易持续较快增长,2000—2017 年,东盟在中国出口市场中的占比从 7.0% 提高到 12.5%,非洲地区从 2.0% 提高到 4.1%。

(二)对外开放的简要历程

改革开放以来,我国通过实施对外开放政策,推动了东南沿海地区外向型经济的迅速发展。特别是邓小平南方谈话和中国加入世界贸易组织之后,对外开放进入了一个快速发展期,沿海、沿江、沿线、沿边、内地的多层次、全方位的开放格局逐步形成,并逐步全面参与经济全球化进程,对外开放进入了新的历史阶段。

1. 沿海开放地区外向型经济的迅速发展

中国对外开放是从沿海地区开始的。1979 年,国家批准广东省和福建省在对外经济活动中率先实行特殊政策和灵活的管理办法。1980 年,深圳、珠海、汕头、厦门四个经济特区成为实施对外开放的试点和窗口。经济特区实行不同于其他地区的特殊政策,包括:提供各种优惠待遇,鼓励外商投资,放松有关外资在经济比重中的硬性要求;在国家宏观经济管理的指导下,经济特区实行以市场机制为主的经济运行体制;给予经济特区政府相当于省级的经济管理权限,对于外事、边防、公安、海关、外汇等经济行政业务,由国务院主管部门结合特区实际情况制定专项管理办法;中央政府对经济特区建设实行各种

---

① 《中国对外贸易形势报告(2018 年春季)》,http://zhs.mofcom.gov.cn/article/cbw/201805/20180502740111.shtml。

政策倾斜。

1984年,国家进一步扩大对外开放的步伐,开放天津、上海、大连、秦皇岛、烟台、青岛、连云港、南通、宁波、温州、福州、广州、湛江、北海14个港口工业城市,赋予其在开展对外经济贸易活动中更大自主权,促进这些城市外商投资活动的发展。1985年,珠江三角洲、长江三角洲以及闽南厦门、漳州、泉州三角地区的51个市、县被开辟为沿海经济开放区。1988年,沿海经济开放区进一步扩展到北方沿海的辽东半岛、山东半岛以及其他沿海的一些市、县。同年,海南省成为新的经济特区。至此,中国的对外开放区域从沿海个别地区和少数城市,扩展到了共有293个市县、2.8亿人口、42.6万平方公里的广大沿海地区。

1994年,国家决定开发和开放上海浦东新区,显示了中国进一步推进对外开放的巨大决心。上海浦东新区的开发和开放,促进了上海经济的产业结构调整,增强了其中心城市的综合服务能力,对上海成长为国际性经济、贸易、金融、航运中心,以及对整个长江流域的经济发展,都发挥了关键作用。

2. 对外开放全面推进

1992年春,邓小平南方谈话以后,中国出台了一系列重大措施,在全国范围内推进对外开放,形成了中国对外开放的又一轮高潮。

在这一阶段,沿江沿边开放,兴建保税区,以及推进外贸体制改革成为对外经济政策的重要环节。1992年,中央决定开放长江中上游的芜湖、九江、黄石、武汉、岳阳、重庆6个沿江城市,沿江开放格局开始逐步形成。随后,珲春、绥芬河、黑河、满洲里、二连浩特、伊宁、塔城、博乐、瑞丽、畹町、河口、凭祥、东兴13个城市为沿边开放城市,对外开放的沿边格局初步形成。在此期间,大连、广州、青岛、张家港、宁波、福州、厦门、汕头、海口等城市相继获得兴办保税区的资质,一大批经济技术开发区也迅速成立,有力吸引力外商投资的活动。至此,中国对外开放已经扩大到了全国各地和国民经济的众多领域,形成了沿海、沿江、沿线、沿边、内地的多层次、全方位开放的格局。

此外,中央还着手外贸体制改革,努力建立适应国际贸易惯例、符合社会主义市场经济要求的新型外贸体制,统一对外经贸政策,提高政策法规透明度,有力促进了对外贸易和利用外资的发展。

3. 加入世界贸易组织的新阶段

2001年11月,中国签署了加入世界贸易组织的协议,同年12月正式成为世界贸易组织成员。加入世界贸易组织,标志着中国的对外开放进入一个崭新的阶段,由自主单边开放转变为中国和世界贸易组织各成员方之间的相互开放。在世界贸易组织体系内的相互开放,使得中国可以享受对外经济交往中的多边谈判成果,扩大国际贸易的市场范围,增加解决贸易争端的协商机制,有利于中国外向型经济的快速发展。同时,加入世界贸易组织,也有助于吸收借鉴世界各国在市场经济制度方面的先进经验和成果,有利于中国社会主义市场经济体制的发展与完善。

总的来说,这一阶段我国对外开放的主要特点为:第一,由地域的全方位开放走向产业的全方位开放;第二,生产和资本国际化程度进一步提高;第三,中国的金融市场不再与国际金融市场割裂,金融市场与世界市场的一体化程度大幅度提高;第四,我国的规章制度进一步规范化并与国际接轨,政府的宏观调控方式发生重大变化。

中国40年的对外开放,中国成功实现了从封闭半封闭到全方位开放的伟大历史转折,利用国际国内两个市场、两种资源的水平显著提高,既加快了自身经济发展,也为世界经济发展做出了重大贡献。

4. "十三五"规划助力对外开放新成就

"十三五"规划是我国经济发展进入新常态之后的第一个五年规划。就对外开放布局来说,"十三五"规划体现出在后全球金融危机时代我国对外开放水平意欲另上新台阶的典型特征,对提高新一轮对外开放质量将产生重要影响。改革开放进入深水区之后,如何提高开放质量,进一步利用开放型经济发展推动国家对外开放整体战略布局的优化升级,成为"十三五"规划研究的重要方向之一。

(1) 积极发展服务贸易,主动融入国际贸易发展的新趋势

当前服务贸易成为新一轮外贸谈判的核心内容。从长远来看,服务贸易将会成为下一轮全球经济合作的重点。根据2015年《世界投资报告》[1]分析,在过去的十年中,投资越来越针对服务行业。在2012年,服务占全球外国直

---

[1] 百度文库,https://wenku.baidu.com/view/e40b2cb6312b3169a551a4c3.html。

接投资的63%,是制造业(26%)的2倍多;初级产品行业占比不足10%。2018年《世界投资报告》发布之后,虽然FDI总体有所下降,但詹晓宁认为跨国企业全球价值链出现数字化、服务化、去中介化、定制化的新趋势①,能否抓住全球服务贸易发展的有利时机乘势而上,关乎我国深化对外开放的质量。针对我国服务贸易发展现状,"十三五"规划中指出:"将发展服务贸易,并支持企业扩大对外投资,培育一批跨国企业。""有序扩大服务业对外开放,扩大银行、保险、证券、养老等市场准入。"据专家预测,到2020年,我国将基本形成以服务贸易为重点的对外开放新格局,预计服务贸易占对外贸易比重将由2014年的12.3%提高到20%左右,从而使我国在推进多边、双边,以及区域性、全球性的自由贸易中,形成新的竞争优势。

(2) 参与国际规则制定,掌握全球经济治理中的制度性话语权

"十三五"规划中写道:"扩大开放领域,放宽准入限制,积极有效引进境外资金和先进技术。""健全有利于合作共赢并同国际贸易投资规则相适应的体制机制。""推动同更多国家签署高标准双边投资协定、司法协助协定,争取同更多国家互免或简化签证手续。"在"十三五"规划建设期间,我国要实现推进区域全面经济伙伴关系协定(RCEP)、中国—海合会自贸区建立、中国—东盟自贸区升级,远期最终推进亚太自贸区(FTAAP)达成的目标,如果条件成熟,中欧自贸区建设也会有所进展。从而中国将为亚太乃至全球的自贸区设置"共同制定的规则",逐步在全球经济治理体系中掌握制度性话语权。

(3) 创建共同体,打造更高层次的开放型经济

针对现阶段对外开放发展现状,我国于2013年提出"一带一路"建设,并随后提出建立亚洲基础设施投资银行的设想,在形成利益共同体的基础上,打造更高层次的开放型经济。并于"十三五"规划中进一步丰富补充:"推进基础设施互联互通和国际大通道建设,共同建设国际经济合作走廊。""加强同国际金融机构合作,参与亚洲基础设施投资银行、金砖国家新开发银行建设。""一带一路"及亚行的顺利推进,有助于中国"走出去"战略的进一步深化。发展更高层次的开放型经济,要求中国在稳出口的同时增加产品的附加值,进一步

---

① 《2018年世界投资报告(中文版)发布 专家把脉中国对外开放新战略》,2018年9月8日,https://news.china.com/domesticqd/10000159/20180908/33835447.html。

把握海外投资机遇,优化双边互利合作结构,推进双方或多方内部市场深度融合。这对拉动西部内陆地区的经济增长具有重要意义,同时也有利于我国改革开放提质增效,打造全方位、高水平的对外开放升级版。

5. 从贸易大国向贸易强国迈进[①]

党的十八大以来,国务院出台了一系列促进外贸发展的政策措施。商务部会同各地区、各有关部门坚决贯彻党中央、国务院决策部署,狠抓政策落实,大力推进国际市场布局、国内区域布局、商品结构、经营主体和贸易方式"五个优化",加快外贸转型升级基地、贸易平台、国际营销网络"三项建设",营造良好的营商环境,切实为企业减负助力,支持企业创新发展,做强一般贸易,提升加工贸易,发展其他贸易,取得积极成效。

一是货物贸易大国地位不断巩固。2009年以来,中国连续八年保持全球货物贸易第一大出口国和第二大进口国地位。在全球贸易持续低迷背景下,中国进出口表现优于其他主要经济体。中国出口占国际市场份额从2011年的10.4%上升至2016年的13.2%。外贸成为促进国民经济和社会发展的重要支撑力量。外贸直接或间接带动就业人数达到1.8亿人左右,约占全国就业总数的23%。2016年,进口环节税收达1.54万亿元,占全国税收收入11.8%。

二是进出口结构持续优化。国际市场结构更加多元,2016年,发展中经济体和新兴市场、"一带一路"沿线国家占中国出口的比重分别达到45.6%和27.7%,较2011年分别提高3.1个百分点和3.8个百分点。国内区域布局更加均衡,中西部地区占全国外贸出口的比重达到15.2%,较2011年提高3.3个百分点。商品结构向价值链高端延伸,机电产品在出口中的占比由2011年的57.2%增至2016年的57.6%,钢材、原油、成品油、煤等产品出口比重下降。经营主体活力增强,民营企业成为外贸发展的重要力量,在出口中的比重首次超过外资企业,由2011年的33.5%上升至2016年的46%,提高12.5个百分点。贸易方式进一步优化,一般贸易快速发展,占出口的比重提高到53.8%,较2011年提高5.5个百分点。

三是外贸发展动能加快转换。外贸企业持续从供给侧发力,加快转型升

---

① 《中国对外贸易形势报告(2017年秋季)》,http://zhs.mofcom.gov.cn/article/cbw/201711/20171102666142.shtml。

级步伐,努力培育竞争新优势,企业创新能力、品牌建设、营销能力不断增强,具有自主品牌、自主知识产权、自主营销渠道以及高技术、高附加值、高效益的产品出口增速高于传统商品。2009年以来,中国连续八年保持机电产品全球第一大出口国地位。跨境电子商务、市场采购贸易等新业态快速增长,有效满足甚至创造了市场需求,成为外贸新的增长点。

四是中国外贸发展惠及全球。中国顺应经济全球化趋势,在平等互利基础上积极同世界各国开展经贸合作,形成了你中有我、我中有你的利益交融格局,对建设相互尊重、公平正义、合作共赢的新型国际关系发挥了重要作用。"中国制造"增进了全球消费者福利,"中国市场"带动了世界各国经济发展。中国政府坚持进口与出口并重,在稳定出口市场的同时主动扩大进口,已经成为世界最大的进口市场之一,进口占全球份额的1/10左右。

(三)努力构建开放型经济新体制

实行对外开放,使中国成功实现了从封闭半封闭到全方位开放的伟大历史转变,中国已经越来越多地融入世界,在促进自身快速发展的同时也为世界的繁荣发展做出了重要贡献。中国对外开放的大门打开就不会关上,不但不会关上,而且会在更大范围、更宽领域、更深层次上开放。党的十八届三中全会着眼长远,明确了构建开放型经济新体制的主攻方向,也立足当前,提出了很多重要举措。

1. 放宽投资准入

现阶段利用外资不是简单的引进资金,更重要的是吸收国际投资中搭载的技术创新能力和先进管理经验,这对我国产业结构调整和经济转型升级至关重要。30多年来,我国制造业的整体竞争力得到极大的提升,跃居全球第一大制成品出口国,得益于制造领域实行了全面而深入的对外开放。相比之下,我国服务业开放程度低,竞争力弱,仍是经济发展中的一块"短板"。壮大和发展服务业需要进一步深化改革、扩大开放。重点是推进金融、教育、文化、医疗等服务业领域有序开放,放开育幼养老、建筑设计、会计审计、商贸物流、电子商务等服务业领域的外资准入限制。服务业不仅要对外开放,也要对内开放。

2. 创新利用外资管理体制

多年来,我们采取逐案审批和产业指导目录的外资管理方式,同时,在一些领域对内外资企业实行不同的法律法规。这种管理方式的优点是产业政策导向性强,缺点是审批环节多,政策稳定性不足,容易导致"玻璃门""弹簧门"等问题,行政成本和营商成本都较高。而世界越来越多国家采取"准入前国民待遇"和"负面清单"的外资管理方式,将禁止或限制外资进入的领域列入清单,未列入的领域外资均可进入,内外资企业享受同等待遇。这种管理方式有利于规范和约束政府行为,为企业创造一个稳定、透明、可预期的营商环境。我国外商投资管理体制改革的方向,就是要借鉴这种管理模式,最大限度减少和规范行政审批,纠正"重事前审批、轻事后监管"的倾向,赋予各类投资主体公平参与市场竞争的机会。建立中国上海自由贸易试验区是党中央在新形势下推进改革开放的重大举措,不仅扩大了服务业市场开放,而且试行了准入前国民待遇加负面清单的外资管理模式。今后国家将在试点基础上,选择若干具备条件的地方发展自由贸易园(港)区,为在全国推行这种管理模式积累经验。

3. 改革对外投资管理体制

从贸易大国到投资大国、从商品输出到资本输出,是开放型经济转型升级的必由之路。近十年,我国对外投资以年均40%以上的速度高速增长,累计对外直接投资超过5 000亿美元,跻身对外投资大国行列。但总体看我国企业走出去仍处于初级阶段,特别是对外投资管理体制建设相对滞后,不能完全适应对外投资加快发展的新形势,在投资审批、外汇管理、金融服务、货物进出口、人员出入境等方面存在诸多障碍。加快实施走出去战略,关键是深化对外投资管理体制改革,放宽对外投资的各种限制,落实"谁投资、谁决策、谁受益、谁承担风险"的原则,确立企业及个人对外投资的主体地位。对此,中共中央、国务院《关于构建开放型经济新体制的若干意见》提出了"三个允许",即"允许企业和个人发挥自身优势到境外开展投资合作,允许自担风险到各国各地区自由承揽工程和劳务合作项目,允许创新方式走出去开展绿地投资、并购投资、证券投资、联合投资等"。这是广大企业和投资人的热情期盼,充分体现了国家支持企业加快走出去的政策导向,必将推动我国对外投资迈上新台阶。

4. 加快自由贸易区建设

与多边贸易体系的开放相比,自由贸易区有对象可选、进程可控的特点,可以起到以局部带动整体的开放效果。目前,我国已经签署了12个自由贸易协定,但与发达国家相比,总体水平不高、规模有限。今后,我们要继续维护多边贸易体制在全球贸易发展中的主导地位,同时要加快实施自由贸易区战略,形成以周边为基础、面向全球的高标准自由贸易区网络,拓展改革开放和国民经济发展空间。要抓紧打造中国—东盟自由贸易区升级版,进一步提升区内贸易投资自由化、便利化水平;积极推进中韩、中日区域全面经济伙伴关系(RCEP)等自由贸易协定谈判,推动亚太经济一体化进程;适时启动与其他经贸伙伴的自由贸易协定谈判。

5. 扩大内陆地区对外开放

当前,我国内陆地区开放型经济发展面临历史性机遇,但由于既不靠海也不沿边,存在开放口岸少、物流费用高、区域转关难等诸多亟待破解的制约因素。扩大内陆开放是一篇大文章,要从体制机制、政策环境等方面下功夫,全面夯实内陆开放型经济发展的基础。要创新内陆加工贸易模式,推进整机生产、零部件、原材料配套和研发结算在内陆地区一体化集群发展,使内陆地区成为沿海加工贸易链条的承接地。要统筹推进内陆地区国际大通道建设,加快建设面向东南亚、中亚、欧洲等地区的国际物流大通道,支持内陆城市增开国际客货航线,发展江海、铁海、陆航等多式联运,形成横贯东中西、联结南北方的对外经济走廊。要推动内陆沿海沿边通关协作,实现口岸管理相关部门信息互换、监管互认、执法互助,扩大"属地申报、口岸放行"等改革试点,使内陆地区货物进出口逐步实现"一次申报、一次查验、一次放行",提高口岸通行效率,降低通关成本。

6. 扩大内陆沿边开放

我国陆路边境总长2.28万公里,同14个国家毗邻,沿边139个县级行政区国土面积合计约200万平方公里,居住着45个少数民族。加快沿边开放,对优化对外开放格局、促进区域协调发展、建设繁荣稳定的边疆具有重大战略意义。近年来,沿边地区对外开放迈出了坚实步伐,但受历史、自然条件和周边环境等因素的影响,沿边地区开放型经济规模总体偏小,经贸合作层次不高,与周边国家合作机制不健全,经贸和人员往来便利化水平亟待提高。目前,我国加快沿边开放的有利条件在增多。周边国家人口众多,能源资源富集,近年来经济普遍发展较快,与我国开展经贸合作的愿望强烈。习近平总书记出访中亚和东南亚国家期间,分别提出共同建设"丝绸之路经济带"和"21世纪海上丝绸之路"的构想,引起相关国家的强烈共鸣,为我国加快沿边开放带来了重大机遇。推进沿边开放要坚持统筹规划、因地制宜、互惠互利、共同发展、东西互动、内引外联的原则,在"边"字上做文章,从合作机制和开放政策上寻求突破。要创新沿边开放政策,允许沿边重点口岸、边境城市、经济合作区在人员往来、加工物流、旅游等方面实行特殊方式和政策,提高贸易和投资便利化水平,培育特色优势产业。要发挥金融对沿边开放的支撑作用,建立开发性金融机构,加快同周边国家和区域基础设施互联互通建设,为沿边开放提供良好条件。要鼓励边境地区与毗邻国地方政府之间建立高效务实的工作机制,及时解决毗邻地区经贸和人员往来中的问题。

7."一带一路"建设取得重要成果[①]

"一带一路"倡议提出几年来,已经取得一批重要早期收获成果,成为各方加强国际合作的重要途径和重要的国际公共产品。按照党中央、国务院的统一部署,商务部加强与相关部门协调配合,深化与沿线国家经贸合作,取得积极进展。

推动与沿线国家交流沟通与务实合作。充分利用双边经贸联委会、混委会等现有机制以及区域次区域合作平台,发挥驻外经商机构作用,加强与沿线国家的交流对话,积极推动政策沟通和战略对接。成功就"一带一路"倡议同欧盟"容克投资计划"、柬埔寨"四角战略"、老挝"变陆锁国为陆联国"战略等对接达成共识,推动"一带一路"倡议同捷克、波兰、乌兹别克斯坦、文莱等国以及欧亚经济联盟的发展战略对接。

促进与沿线国家贸易往来。积极完善贸易投资促进政策和便利化措施,扩大相互市场开放,利用出口信贷、出口信用保险等政策支持大型成套设备出口。积极扩大自沿线国家进口,发展跨境电子商务,支持中欧班列有序发展。开展一系列贸易投资促进活动,举办中国—东盟博览会、中国—亚欧博览会等大型综合性展会,取得了良好的效果。2016年,在国际市场需求持续低迷的情

---

① 《中国对外贸易形势报告(2017年春季)》,http://zhs.mofcom.gov.cn/article/cbw/201705/20170502569655.shtml。

况下，中国与"一带一路"沿线国家贸易合作取得了可喜的成绩。2016年，中国与沿线国家贸易额为6.3万亿元，增长0.6%。其中出口3.8万亿元，增长0.7%；进口2.4万亿元，增长0.5%。

拓展与沿线国家双向投资。商务部会同相关部门，出台完善企业走出去的促进政策和便利化措施，优化对外投资管理模式，强化服务保障，以工程承包为先导，以金融服务为支持，带动装备产品、技术、标准、服务联合走出去，推进国际产能和装备制造合作。2016年，中国对沿线国家直接投资145亿美元，占中国对外投资总额的8.5%。中国与沿线国家新签对外承包工程合同额为1 260亿美元，增长36%。同时，中国不断优化外商投资环境，吸引更多沿线国家企业来华投资。2016年，"一带一路"沿线国家对华投资新设立企业2 905家，同比增长34.1%，实际投入外资金额71亿美元。

打造产业集群式走出去平台。大力发挥境外经贸合作区、跨境经济合作区的载体作用，推动制造业和配套服务业企业抱团走出去并形成产业聚集，促进共同发展，降低走出去的风险。中国企业已经在"一带一路"沿线20个国家建设了56个经贸合作区，涉及多个领域，累计投资超过185亿美元，为东道国创造了近11亿美元的税收和18万个就业岗位。

推动实施一批重大项目。综合利用政策性、开发性、商业性资金，推动重大项目建设取得积极进展。巴基斯坦喀喇昆仑公路二期、卡拉奇高速公路、中老铁路已开工建设，土耳其东西高铁、匈塞铁路等项目正在有序推进。积极发挥驻外经商机构的一线作用，加强对企业的服务和指导，为重大项目建设保驾护航。

"一带一路"早期收获成果丰硕，惠及世界，充分展现出这一倡议的巨大潜力和广阔的前景。中国将秉承共商、共建、共享的原则，发扬丝路精神，加强与沿线国家的战略对接和政策沟通，共同管控风险，进一步深化投资和贸易合作，积极稳妥地推进"一带一路"建设，更好地造福各国人民。

2017年5月，中国在北京主办了"一带一路"国际合作高峰论坛。这是中国首次以"一带一路"建设为主题举办的最高规格的国际论坛，也是中国继G20杭州峰会之后，再次就共同构建人类命运共同体做出的努力和贡献。高峰论坛的举办，对推动更有活力、更加包容、更可持续的经济全球化进程，促进开放型世界经济发展具有重大的现实意义。

动态模块

七、新汇改

(一) 2015 年新汇改

央行 2015 年 8 月 11 日宣布,即日起将进一步完善人民币汇率中间价报价,中间价将"参考上日银行间外汇市场收盘汇率"。当日,人民币汇率下调逾 1 000 点,创下历史最大降幅。8 月 12 日,人民币中间价报 6.330 6,较 11 日中间价 6.229 8 再贬 1 000 余点。8 月 13 日,人民币中间价报 6.401 0,再贬 700 点。新汇改牵动了全球经济。

在外界看来,此番汇改是央行 2005 年汇改后极其重要的一次人民币价格形成机制市场化改革,但在当前出口疲软、人民币面临加入国际货币基金组织(IMF)特别提款权(SDR)风口之际,改革亦引来阶段性持续贬值、资本外流等争议。

央行货币政策委员会委员、北京大学发展研究院副院长黄益平表示,这是央行推进汇率改革的正常举措。调整不是央行要人为来决定汇率,而是去除过去中间价偏离市场价的扭曲现象,是顺应市场的动作,"不存在持续性大幅贬值的可能性"。

汇率中间价,是中国外汇交易中心每天在银行间外汇市场开盘前发布的参考价。根据规定,每天外汇市场交易只能在中间价波动区间进行。当前,人民币兑美元汇率日内波动幅度是中间价上下 2%。

理论上,汇率中间价是由市场决定,但是目前人民币汇率中间价经常与上一交易日汇率收盘价有较大偏差。以 8 月 10 日为例,中间价报 6.11,但是收盘价是 6.21,差了 1 000 个基准点。

黄益平表示,现在中间价和市场价差距挺大,其实造成了贬值预期,不利于市场稳定。价格一直偏离比较大,也表明人民币太强,"盯"美元太紧,间接导致了出口表现不好。"央行要做一次性调整,不太可能给出预期"。

此番"纠偏"有利于提高人民币汇率中间价的市场化程度及其基准性,但是也有市场人士认为,这个时点宣布调整理由并不充分,在经济层面看不到汇改的急迫性,人民币加入 SDR 的考量才是汇改此时出台的最主要原因。

黄益平认为,为加入 SDR 是理由之一,但是经济疲软、中间价偏离市场也是客观事实,更重要的是应从汇率机制改革和金融开放的角度来解读更好。

易纲表示,这次完善汇率的机制基本上是要建立一个更加有效的市场化机制,使未来改革开放的日程持续推进,特别是资本可兑换日程。

那么在完善中间价报价方式之后,未来汇改将会怎样进行?过去十年,央行汇率机制改革一直是围绕让市场机制发挥作用、逐步形成双向波动以及保持汇率基本稳定这三个目标进行。

"未来改革目标还是保持这样的方向。"黄益平表示,下一步汇改最可能是扩大交易波动区间,再往前走更多就是量变,也就是说中间价将更多参考市场因素。按央行易纲所说,理念是"让市场在配置资源中起决定性作用",要加快外汇市场发展,丰富外汇产品,推动外汇市场的对外开放。[1]

(二)九问:我们为什么要汇改?[2]

笔者认为,要想准确评判"811 汇改",必须先准确理解 2005 年的汇改;要想准确理解 2005 年汇改,必须先准确理解 1994 年汇率并轨改革。"不忘初心,方得始终",不妨从追问"我们为什么要汇改"这个问题开始,来看看是不是"因为走得太远,而忘记了为什么要出发"。

---

[1] 《关注人民币新汇改》,2015 年 8 月 14 日,http://money.people.com.cn/n/2015/0814/c42877-27459590.html。

[2] 谢亚轩:《我们为什么要汇改》,2017 年 8 月 20 日,http://money.163.com/17/0820/09/cs97FKEO002580s6.html。

一问：我们为什么要汇改？希望人民币汇率能够浮动。1994年人民币推行汇率并轨改革，将双轨并行的5元人民币兑1美元的官方汇率与调剂中心10元至12元的调剂汇率并轨到8.7，并事实上采取了盯住美元的汇率安排，对稳定和发展当时的国内经济和战胜亚洲金融危机功不可没。2005年8月，考虑到浮动汇率安排在应对外部冲击等多个方面优于固定汇率，能够避免固定汇率（就像赤壁之战前连接的战船）可能导致金融危机的国际传染（火烧连营）和汇率制度的崩溃（断缆舟），中国宣布汇改并正式走向浮动汇率安排。人民币汇率从2005年开始基本呈现持续升值的趋势，最高在2014年初曾升至6.0406。2005年至2015年期间，央行数次调高汇率的日内波幅至中间价基础上的±2%，以期提升汇率的弹性，但目前看这一政策措施的真实效果存疑。原因之一是中间价的形成未真正实现浮动，中间价就像即期汇率的"锚"，锚不开启，即期汇率的波动性难提升。2015年"811汇改"在中间价的形成中引入市场供求因素，真正提升汇率的波动性。即期汇率从汇改初期的6.2097贬值到2017年初的6.9557，再回升到目前的6.67左右。尽管"7"这样的整数点位也许还有心理阴影，但经历了长期和渐进的浮动汇率改革，特别是"811汇改"以来汇率"能贬能升"的实践，社会公众对于汇率波动的耐受度和接受度在上升。

二问：我们为什么要汇改？希望人民币汇率能够由市场供求决定。汇率的浮动只是表象和结果，汇率也不能乱浮动，而是能够跟随国内和国际宏观环境变化，由外汇市场供求所决定的浮动。1994年的汇率并轨合并双轨制汇率，形成单一汇率，为此后的市场化改革奠定基础。2005年和2015年"811汇改"的目标均强调"市场供求为基础"的浮动汇率。衡量汇率由市场决定程度的方法之一是看央行对外汇市场的干预力度，可以观察的指标是外汇占款余额的变化。在多数的情况下，人民币汇率的形成均非完全由市场所决定，要受到央行干预的影响。但2012年下半年和2014年上半年都曾经出现过连续数月外汇占款变化接近于0的情形，表明央行当时已退出常态式干预，汇率由外汇市场供求所决定。"811汇改"后，外汇市场供求明显失衡，汇率呈现单边贬值压力，需要央行持续向市场提供外汇流动性，外汇占款月度最多下降超过7000亿元。不过，2017年7月外汇占款变动已收敛到46亿元，表明央行有望再次退出常态式干预,人民币汇率再次由市场供求决定。

三问:我们为什么要汇改?希望通过汇率浮动维护货币政策的有效性。1994年至2005年,人民币汇率基本盯住美元,但中国当时有比较严格的外汇管制,因而基本可以实现货币政策的有效性。但在2005年以后,特别是随着外汇管制的放松和国际资本流动规模的上升,中国货币政策的有效性受到一定的限制。国际货币基金组织经济学家的研究证明,新兴经济体可以通过提高汇率的灵活性来一定程度上实现与发达经济体利率的脱钩,从而避免完全被全球金融周期所裹挟。社科院肖立晟的研究认为,人民币汇率的波动率仅为新兴经济体平均水平的1/3,而中国短期利率的波动率则为新兴经济体的3倍,汇率弹性的不足制约了货币政策的有效性。他的研究表明人民币汇率的波动性在"811汇改"后有所提升。笔者认为,2011年至"811汇改"前中美10年期国债收益率之间的平均利差为145个基点,"811汇改"后平均利差收窄至99个基点。如果说经济增速的走低是中国在2014年以来多次降息的充分条件的话,汇改后人民币汇率弹性的提升是中国央行在美联储收缩货币政策的条件下采取反方向政策操作,并且中美长债利差能够系统性收窄的必要条件。

四问:我们为什么要汇改?希望通过提升汇率弹性缓解外部冲击。中国所面临的主要外部冲击之一是汇率冲击,以美元指数为代表。事后看,1994年汇率并轨时,恰好是美元指数由弱转强,从80升至2002年120高位的起点。如果不是因为1994年汇率并轨时的一次性调整,那么人民币在此后的7年中跟随美元持续走强很可能对国内经济造成更为严重的通缩效应。美元指数从2002年开始回落,人民币从2005年开启汇率浮动的安排,兑美元开始逐步升值,避免跟随美元对其他货币贬值的幅度过大,影响中国的结构改革。更值得强调的是2014年以来美元指数的再次走强和"811汇改"的作用。"811汇改"前,由于汇率弹性不足,人民币指数从2014年5月的108快速上升到2015年8月的125.9,上升16.5%。"811汇改"后,美元指数曾一度上升到103,但汇率浮动使得人民币指数回落到目前的116。进一步看,由于中国在经济学意义上的"大国"地位和反馈作用,"811汇改"以来人民币汇率的浮动对抑制美元走强冲击的强度方面发挥积极作用。2015年底,美联储副主席Stanley Fischer利用联储的模型测算认为,广义实际美元指数升值10%,美国GDP在之后的三年中下降 1.5 个百分点。"811 汇改"后,人民币汇率参考一篮子货币兑美元的波动进一步加大:美元指数强,人民币兑美元就弱。而人民币在按照贸易加权的广义美元指数中的占比已经从 20 世纪 90 年代后期的不到 7%,上升到目前的近 22%。如果人民币盯住美元汇率,这 22% 部分不随美元变化,美元升值 10% 就可能只导致美国 GDP 下降 1.2 个点。"811 汇改"后人民币兑美元波动性的上升使得强美元对美国经济的负面影响更为显著,弱化了美元指数进一步走强的基础。

五问:我们为什么要汇改?希望汇率的浮动能够为人民币找到一个稳定的"锚"。1994 年至 2005 年人民币汇率盯住美元,以美元为锚。2005 年至 2015 年,人民币虽渐进升值,但仍未摆脱以美元为锚的影响。"811 汇改"通过中间价市场化改革打碎了美元之锚。虽然说"不破不立",但建立一个具有公信力的人民币币值的新锚却绝非易事。现代信用货币的条件下,各个国家的币值本质上都是一个信心问题。人民币的信心从哪里来?该如何"锚定"?归根结底,其信心的来源是保守的货币政策和对内的币值稳定。币值的对内和对外稳定应该是统一的,不少实行浮动汇率的新兴经济体采取通货膨胀目标制,以期通过对内的币值稳定来锚定汇率。"811 汇改"之后公众对于人民币币值稳定所产生的恐慌和寻锚的经验使得中国的货币政策走得更远。中国央行在货币政策目标的关切内容上已从传统的通货膨胀扩展到"通货膨胀+资产价格"两个维度,在政策应对上从一般意义上的货币政策扩展到"货币政策+宏观审慎政策"的双支柱政策框架。笔者甚至认为,这一点可以说是"811 汇改"所获得的最大的成果之一。

六问:我们为什么要汇改?希望通过汇率的浮动促进中国经济结构转型。1994 年的汇率改革纠正了此前存在的人民币汇率高估问题,有助于中国通过发展外向型经济实现全面的工业化和经济的赶超。2005 年以来提升汇率弹性的改革希望通过汇率的灵活调整促进经济结构的转型。中国金融四十人论坛高级研究员张斌博士的一项研究认为,2010 年以后,中国的需求结构已逐步转向以教育、医疗、通信、科研、金融、公共管理和社会组织等人力资源密集型服务的需求。但其供给却不仅受限于技术和人力资本,也受制于过度的政府管制,短期难以提高。这方面的表现之一是"出国旅游热""出国留学热"甚至"出国就医热"。央行行长周小川曾以"中医"来比喻对中国经济结构失衡的纠正,言其温和渐进,讲究君臣佐使的配伍。在这个中医药方中,人民币汇率是其中重要的一味"药材"。与劳动力价格和出口退税等财税政策这些其他"药材"相比,汇率具有可加可减的灵活性、渐进性和可控性等特征,也许更能满足当前供给侧结构改革的需要。

七问:我们为什么要汇改?希望汇率的浮动能够促进国际资本的自由流动。尽管大规模和外生的国际资本流动可能对一国的经济和金融稳定产生冲击,但一般而言,放松外汇管制,实现国际资本的自由流动有利于福利水平的提升,因而可以视为中国中长期改革的一个方向。"不可能三角"理论强调了资本自由流动需要一个浮动的汇率搭配,才能保证货币政策有效性不受影响。国际货币基金2016年《全球经济展望》认为,过去数年新兴经济体的经验表明,有弹性的汇率的确能够减少国际资本外流的冲击。2013年以来,包括中国在内的新兴经济体出现了有史以来最严重的国际资本外流,比较而言,巴西和俄罗斯等汇率弹性更高的经济体,其国际资本外流的规模相对较小。从中国的经验看,1997年亚洲金融危机期间,中国同样出现了明显的国际资本外流压力,为维护固定汇率的稳定,我们当时只能采取严格的外汇管制措施加以应对。2005年到2015年,人民币的渐进升值事实上加剧了投机性的国际资本流入。"811汇改"后中国出现前所未有的国际资本外流,这可以视为人民币汇率这个价格调整不能快速起效的结果,也从反面证明进一步提升人民币汇率弹性的重要意义。

八问:我们为什么要汇改?希望汇率的浮动能够推动人民币资本项目可兑换的进程。国际资本流动是"表",人民币资本项目可兑换是"里",前者是"果",后者可谓是"因"。人民币资本项目可兑换与汇率的市场化决定同样互为表里,但关于两者改革的顺序仍存在巨大争议。中国在1996年实现经常项目的可兑换,但资本项目可兑换的进程则比较漫长。2014年之前,中国主要面临国际资本大规模涌入的局面,因此资本项目可兑换的改革主要侧重于"促流出"。2014年下半年开始,特别是"811汇改"后,中国面临国际资本的大规模外流,在这种情况下改革的侧重点因势利导转为"扩流入",着力推进中国债券市场的对外开放。尽管为防范大规模的国际资本流动冲击,中国采取了一些逆周期宏观审慎的措施,但希望只是安装"纱窗","打开的窗户不会再关上"。

九问:我们为什么要汇改?实践表明,汇率形成机制的改革难以一蹴而就,我们需要一直在路上。此前,关于汇率形成机制改革应该何时推进有两派观点,经济学家艾肯格林(E-ichengreen)认为应该在经济状况好,升值趋势中推动汇率市场化改革,中国其实在2005年到2015年的汇改就属此种情形。而经济学家德特拉贾凯(Detragiache)等发现,在1980年到2005年间,"退出"固定汇率往往在贬值压力情况下实现,"穷"才不得不思变,他们认为升值趋势中难以推行真正改革。"811汇改"以来中国的实践,在一定程度上可以作为这一观点的注脚。

笔者认为,"功不唐捐",过去20多年中国的汇改历程表明,升值预期也好,贬值预期也罢,可能都是人民币走向浮动汇率所必不可少的过程。2016年初,金融市场对人民币汇率一片恐慌的时候,笔者曾将浮动汇率与中国经济的关系比喻为过敏源和有机体,认为中国需要经历一个战胜"浮动恐惧",对浮动汇率"脱敏"的过程。简单说,"过敏"是有机体免疫系统因不能识别过敏源,将其视为异物而产生的不良反应。"811汇改"以来,中国经济主体(有机体),第一次真正接触一个向下浮动的人民币汇率(过敏源),自然将其视为异常现象,视为汇率崩溃和金融体系危机的前兆,因而产生恐慌购汇,加速偿还外债,股票市场"熔断"等不良反应(过敏)。但是,正如越干净的环境中,人越容易过敏一样,人民币汇率向下波动带来的恐慌一定程度上缘于我们"孤陋寡闻",大家没有真见识过"贬值"。如何治疗过敏?办法之一是小剂量频繁接触过敏源,使得有机体的免疫系统慢慢"认识"过敏源,大家成为老朋友,才不会再次出现过敏反应。"811汇改"以来的贬值预期及其带来的一系列调整,也许就是中国经济逐步"认识"浮动汇率必需经历的过程。

(三)新汇改的成果及改革前景

当前多数的分析和评价主要聚焦于"811汇改"所取得的主要成绩。

第一,人民币能贬能升,实现双向波动。人民币兑美元汇率从改革开始时的6.209 7一路贬值到2017年初的6.955 7,贬值幅度达12%。其间,人民币汇率虽在2016年2月至4月等为数不多的几个时段内出现过小幅的回升,但均不持续,也未改变市场预期。真正的变化始于2017年5月中旬,人民币展开一轮持续的回升,升幅超过 3.5%。至此,人民币汇率在汇改两年的时间内实现双向波动。

第二,外汇市场基本实现供求平衡。证据之一是代表零售外汇市场供求状况的银行结售汇逆差规模由 2015 年下半年的月均 600 亿美元,下降到 2017 年上半年的月均 156 亿美元。证据之二是代表央行向市场提供外汇流动性规模的外汇储备变动量(国际收支口径),由 2015 年第三季度最多的减少 1 605 亿美元,到 2017 年第二季度外汇储备不减反增,"811 汇改"以来首次增加 316 亿美元。

第三,人民币汇率形成机制不断完善。根据央行的表述,2015 年 12 月 11 日,中国外汇交易中心发布人民币汇率指数,加大了参考一篮子货币的力度,初步形成了"收盘价+一篮子货币汇率变化"的人民币兑美元汇率中间价形成机制。2017 年 5 月,外汇市场自律机制进一步将中间价报价模型调整为"收盘价+一篮子货币汇率变化+逆周期因子",减少外汇市场中存在的顺周期行为。

第四,人民币汇率单边贬值预期得到分化。虽然不像股票市场中"三根阳线改变观念"那么简单,但 2017 年 5 月中旬以来人民币汇率的持续回升确实开始分化之前的人民币贬值预期。2017 年 8 月 7 日至 11 日这一周,美元指数下降 0.42%,而人民币兑美元汇率上升 0.76%,表明存量结汇和市场供求状况的改变已开始推升人民币汇率。

第五,人民币资本项目可兑换进程继续推进。2016 年 2 月以来,中国债券市场先后经历对外国中长期投资者放开投资额度限制,允许部分投资者进入外汇市场买卖外汇衍生品对冲汇率风险,债券通开通等重要事件,资本项目可兑换进程得以继续推进。

经历 20 多年汇改,今天再次追问:我们为什么要汇改?我们仍然要回答,汇改是为了提升人民币汇率决定的市场化程度,最终实现浮动汇率制度,实现"清洁"浮动,在人民币实现资本项目可兑换及国际资本自由流动的前提下,仍能够保证货币政策的有效性,这才是汇改的"初心"。

从过去的历程看,人民币汇率形成机制改革具有两个非常突出的特点,一是目标明确,始终以市场化和浮动汇率制度为目标,即使再大的内外冲击下也不动摇；二是过程渐进，改革的步伐强调渐进性，在国内和国际经济金融形势发生巨大变化的时候，改革的进程可能会暂停，以期建立一个窗口观察期，但其目的是稳健推进改革。此前，央行周小川行长曾再次强调："人民币汇率改革的方向仍旧是：以市场供求为基础，参考一篮子货币，实行有管理的浮动汇率机制。"有鉴于此，笔者预计近中期，比如"十三五"期间，汇改可能采取的下一步措施包括：以中间价形成机制改革为主，浮动区间的调整和扩大为辅。"参考一篮子货币"的机制仍可能进一步完善（逆周期因子的引入就是例证），比如纳入经济增速和通胀等更多宏观数据。"有管理"，也不可能马上取消，但央行希望退出常态式干预。如果外汇供求形势进一步好转，目前实行的逆周期宏观审慎措施有望逐步取消。利用外国直接投资和开放债券市场是"扩流入"的主战场，仅依靠"控流出"难以实现外汇市场和国际资本流动的平衡。在此条件下，人民币汇率有望实现更大的波动率，打破价位禁忌，能升能贬，真正做到市场主导的双向波动。

八、一言难尽的行政审批

（一）行政审批的"痛"

"行政审批流程太复杂了，一天一夜都讲不完。"2014年的"两会"上，海南省人大代表邢诒川"晒"出了他制作的"行政审批长征图"。长达5页的A3纸张，详细记录着一个投资项目从获得土地到办完手续，需经过30多项审批，盖上百个章，全程最少需历经272个审批日。

【微词典1】 **行政审批**，是指行政机关（包括有行政审批权的其他组织）根据自然人、法人或者其他组织提出的申请，经过依法审查，采取"批准""同意""年检"发放证照等方式，准予其从事特定活动、认可其资格资质、确认特定民事关系或者特定民事权利能力和行为能力的行为。

【微词典2】 **市场准入负面清单制度**，是指国务院以清单方式明确列出在中华人民共和国境内禁止和限制投资经营的行业、领域、业务等，各级政府依法采取相应管理措施的一系列制度安排。市场准入负面清单以外的行业、领域、业务等，各类市场主体皆可依法平等进入。

【延伸阅读】 在 2015 年 10 月 15 日国务院发布的《国务院关于实行市场准入负面清单制度的意见》中,阐明了实行市场准入负面清单制度的意义:

1. 实行市场准入负面清单制度的意义是发挥市场在资源配置中的决定性作用的重要基础。通过实行市场准入负面清单制度,赋予市场主体更多的主动权,有利于落实市场主体自主权和激发市场活力,有利于形成各类市场主体依法平等使用生产要素、公开公平公正参与竞争的市场环境,有利于形成统一开放、竞争有序的现代市场体系,将为发挥市场在资源配置中的决定性作用提供更大空间。

2. 实行市场准入负面清单制度是更好发挥政府作用的内在要求。通过实行市场准入负面清单制度,明确政府发挥作用的职责边界,有利于进一步深化行政审批制度改革,大幅收缩政府审批范围、创新政府监管方式,促进投资贸易便利化,不断提高行政管理的效率和效能,有利于促进政府运用法治思维和法治方式加强市场监管,推进市场监管制度化、规范化、程序化,从根本上促进政府职能转变。实行市场准入负面清单制度是构建开放型经济新体制的必要措施。

3. 实施市场准入负面清单和外商投资负面清单制度,有利于加快建立与国际通行规则接轨的现代市场体系,有利于营造法治化的营商环境,促进国际国内要素有序自由流动、资源高效配置、市场深度融合,不断提升我国国际竞争力,是以开放促改革、建设更高水平市场经济体制的有效途径。

【微链接】 2013 年,李克强总理代表新一届政府在记者招待会上承诺,本届政府任期内,要将行政审批事项减少三分之一以上。当时统计的行政审批事项约 1 700 项。

减少行政审批的落实要推进权力清单、责任清单,"今年是在省一级公布,明年推向市县一级,晾晒清单,让社会监督,也让老百姓明白,权力不能滥用"。李克强总理在两会记者会上的话音刚刚落下,中办、国办就印发了《关于推行地方各级政府工作部门权力清单制度的指导意见》。《意见》的出台,掷地有声,彰显了中央深化行政体制改革、建设法治政府的坚定决心。

一是摸清底数,确定改革的目标和范围。全面摸清现有行政审批事项家底,圈定改革目标,锁定改革底数,面向社会公开,从制度上堵住了各部门随意实施审批的漏洞,有利于压缩权力寻租空间、规范权力运行,是打造权力清单的基础性工作。经过反复核实,确定国务院各部门正在实施的审批事项为1235项,涉及60个部门;地方三分之一以上省份也公布了政府部门的权力清单。

二是减权放权,深化行政审批制度改革。行政审批是政府部门权力的直接体现,精简权力清单体现了政府自我革命的诚意和决心。一年多来,先后取消和下放7批共632项行政审批等事项,不仅在数量上超出预期,含金量也越来越高,呈现出从边缘性事项向核心性事项推进、从局部性事项向全局性事项扩展、从中央向地方拓展、从经济领域向其他领域延伸、从具体措施向制度建设迈进的趋势。

三是严控新增,确保权力公开规范运行。打造权力清单,既要减少存量,砍掉"错装在政府身上的手",也要通过制度建设严控增量,遏制住行政审批边减边增、在清单之外变相审批等问题。2013年9月,国务院印发关于严格控制新设行政许可的通知,对新增行政审批事项的设立标准和程序作出严格规范。2014年4月,发文要求开展非行政许可审批事项清理工作,目的是堵住"偏门",消除行政审批的灰色地带。

从清权、确权,到晒权、制权,权力清单旨在把权力关进制度的笼子,并晾晒到阳光下。此举既告诉群众政府拥有权力的数量、规模和边界,也告诉群众政府行使每一项权力的依据、流程和时限,为公权立规,为市场松绑,为企业助力。

当前,政府职能越位、缺位、错位问题依然突出,打造权力清单、持续深化改革的任务仍很繁重。下一步要坚持量质并进,更好地向市场和社会放权;规范行政权力行使,逐步建立公开透明、便利高效、程序严密、权责一致的行政审批制度;将简政放权与政府机构改革、中央和地方事权划分等有机结合,增强改革的系统性和耦合性。

(二)简化行政审批案例[①]

在澄迈海南生态软件园,注册一家企业要多久?

在填写《企业名称预先核准申请书》、企业核名、线上递交材料、线上审核之后,海南一村一品农业发展有限公司副总经理杨春国不到3小时就拿到了

---

① 董丝雨:《澄迈探索简化审批新模式》,载《人民日报》,2018年5月15日,http://paper.people.com.cn/rmrb/html/2018-05/15/nw.D110000renmrb_20180515_2-13.htm。

企业营业执照。

审批提速,服务提质,源于"放管服"改革的深入推进。2015年6月,海南开展省域"多规合一"试点,近3年来,改革在海南落地生根,取得阶段性成果。在此基础上,澄迈县进一步推进"放管服"改革,探索行政极简审批模式,拆除各类"玻璃门""弹簧门""旋转门",为企业"松了绑",为群众"解了绊",有效激发了市场活力和社会创造力。

1. 一张表格管到底

2017年12月,海南丁宁知识产权代理有限公司的李博来到位于海南生态软件园孵化楼一楼的企业服务超市,准备办理公司的企业信用信息变更业务。在智能排队机领取了"企业服务"的排队号码,几分钟后,企业服务超市的工商窗口就呼叫他前去办理。过了约20分钟,李博顺利办好了相关业务。

"在企业服务超市办理业务的速度很快,整个过程加起来不超过半小时,还有公共电脑和公共打印机供我们随时使用,方便极了。"李博为这样的效率和便利点赞。

提供高效、优质的服务,让企业"足不出园"即可办理工商、社保、公积金等多项业务,这是澄迈海南生态软件园借"多规合一"改革试点的东风,不断创新服务和审批机制取得的硕果。

据了解,为提高办事效率,园区内的企业服务超市对工商、国地税、公安等部门办事流程进行再造,将企业申报材料由原先的78张减少到12张,并以一张表格代替现有的多部门多表。此外,企业提供的申报材料在工商、国地税、公安、商务等部门之间也具有权限互认的功能。

流程再造后,申办企业的整个过程从10个工作日缩短到半天以内。2017年一年,海南生态软件园新增入园企业1 140家,完成固定资产投资34亿元,新增税收3.11亿元;营业收入224.7亿元,占全省互联网产业的50%。

海南生态软件园相关负责人介绍,下一步将实现南海云平台的开发上线,打通各部门的业务流程壁垒和信息数据孤岛,并逐步取消纸质材料的提交。

目前,澄迈正将海南生态软件园试点经验推广到老城经济开发区内的工业项目和政府投资项目,帮助企业顺利入驻、节约成本、加速发展。

2. 推行"极简审批"模式

在海南生态软件园,一块印有"中国智力运动产业基地"的标志牌立于沃克公园的西侧,该项目从签约到落成,仅用了5个月左右的时间。

澄迈县委常委、常务副县长周领军介绍,澄迈长期致力于改善社会投资环境。在相关法律法规允许的范围内,澄迈为社会投资项目提供便捷备案服务,不设置任何前置条件,在"多规合一"的基础上推行"极简审批"模式。例如,项目办理备案、规划、用地、环评、报建等各项审批手续时,在材料手续齐全、符合审批条件的情况下,一律通过在线审批监管平台办理,并要求在3日内办结,这大大节约了企业的时间和人力成本,提高了工作效率。

截至目前,澄迈精简行政审批事项申报材料119项,县、镇两级共244项审批实现全流程"不见面"。通过极简审批改革,社会投资项目审批时间由419个工作日缩短为30个工作日,政府投资项目审批时间缩短为48个工作日,企业登记时限压缩85%。

在极简审批改革的推动下,2017年一年,澄迈县社会投资占固定资产投资比重达90.1%。恒达伟粮食仓储物流(一期)、华能海口电厂光伏发电等7个重大项目竣工,千秋城市广场等30个重点项目动工建设。海南生态智慧新城、中国游戏数码港等55个项目加快推进。引进华为云计算数据中心等省外社会投资项目50个,投资额约306.8亿元。

此外,澄迈县全力推进人才驱动和创新驱动"双驱"发展战略,强调以人才促创新,以创新促发展,出台《关于实施人才驱动和创新驱动发展战略的意见》,设立1亿元"双驱"战略发展基金,编制高层次人才需求目录、建立柔性引才平台等有效措施。

"预计到2020年,澄迈全县人才资源总量将达7.5万人以上,人力资源对经济增长贡献率将达到40%以上。"澄迈县相关负责人说。

九、中国人口老龄化

人口老龄化是我国经济发展新常态的重要特征。国际上通常把60岁以上的人口占总人口比例达到10%,或65岁以上人口占总人口的比重达到

7%,作为国家或地区进入老龄化社会的标准。人口老龄化是人口年龄结构变化所产生的。2019年1月21日国家统计局发布最新人口数据,2018年末,60周岁及以上人口24 949万人,占总人口的17.9%,其中,65周岁及以上人口16 658万人,占总人口的11.9%。[①] 据预测到2025年老龄人口总数将超过3亿人,到2033年超过4亿人,2053年将达到最高峰4.87亿人。也就是说,在未来40年时间里,中国将面临非常严重的人口老龄化问题。

(一)人口老龄化案例:中国最"老"县[②]

如东县隶属江苏省南通市,地处长三角北端,是一个传统农业大县。

如东县曾是全国计划生育"红旗县",从1997年开始已连续18年人口"负增长"。数据显示,2013年末,如东县户籍人口104.38万人,比上年末减少2 200人,人口自然增长率-3.62‰。截至2014年底,如东县60岁以上人口占总人口比重达29.26%,人数已超过28万人,并逐年攀升。在如东县,每10人中,就有3人达到了60岁。如东县已经成为我国人口老龄化程度最高的县,也是中国最"老"的县。

在如东县,80后为主的独生子女,面临巨大养老压力,未来可能需要承担父母、爷爷奶奶、姥姥姥爷的养老义务,一种"倒金字塔"式的养老压力在蔓延。

28岁的王银银是家中80后的第四代人,家中五世同堂,18人吃住一起。家中辈分最高的第一代人"老祖宗"92岁,常年卧床。照顾"老祖宗"的是她的两个70多岁的女儿,是家中的第二代。家里的顶梁柱、经济支柱是"老祖宗"的三个孙儿一个孙女,50后的这一群人共有8个,是家中的第三代。正在为事业拼搏的是80后的第四代人,王银银即是其一,均是独生子女。最幸福的第五代人,仅有王银银4岁的女儿。在王银银家里除了4个年轻人和1个小孩外,几乎都能称得上是老人。加上丈夫家的,王银银有8位老人需供养。

如东县是第21个"中国长寿之乡",这样五世同堂的家庭并不少见。

如东县提前了20年进入老年型社会,正在感受老龄化带来的阵痛。

---

① 国家统计局:《2018年国民经济和社会发展统计公报》。
② 《揭秘中国老龄化最高县城:1个年轻人养8个老人》,2015年4月28日,http://news.sohu.com/20150428/n412043947.shtml。

（二）分析

从上述案例和数据资料可见：当前和今后一个时期,我国人口老龄化发展将呈现出5个特征：即老年人口增长快,规模大；高龄、失能老人增长快,社会负担重；农村老龄问题突出；老年人家庭空巢化、独居化加速；未富先老矛盾凸显。

如此严峻的人口老龄化问题必将带来一些新的矛盾和压力,对经济和社会的发展提出新的挑战,我们必须积极应对,笔者认为应对措施如下：

第一,将实施健康老龄化战略纳入国民经济和社会发展中的长期规划。营造健康老龄化的环境,提高老年人生活质量,使老年人口真正实现"老有所养、老有所医、老有所为、老有所学、老有所教、老有所乐",促使经济社会可持续发展。

第二,建立有中国特色的养老机制。走家庭养老和社会养老相结合的养老道路,建立以家庭养老为基础,社区养老服务网络为依托,社会机构养老为补充,社会保险制度为保障的居家养老体系,把老年人自身、家庭、社会和国家作用有机地组合起来,使之发挥出最佳效用。

第三,积极发展老龄产业。国家要根据人口老龄化发展趋势,围绕老年人物质和精神需求,对一些产业进行结构调整,鼓励和引导老年产品市场的发展,扶持具有福利性质的为老服务产业发展；要充分利用现有社会资源发展老龄产业,多层次、多渠道筹集发展老龄产业的资金,努力提高资金利用率,并在税费征收政策上给以优惠。

第四,建立和完善老年法规体系。加快完善老年立法步伐,形成以老年人权益保障法为基本法的老年法律体系；加大有关老年法律法规的执法力度,依法治理人口老龄化带来的社会经济问题；进一步弘扬中华民族敬老养老的传统美德,营造出健康老龄化的良好社会环境。

十、新型农业经营体系

2014年9月29日,在中央全面深化改革领导小组第五次会议上,习近平同志讲话指出："要尊重农民意愿,坚持依法自愿有偿流转土地经营权,不能搞强迫命令,不能搞行政瞎指挥。要坚持规模适度,重点支持发展粮食规模化生产。要让农民成为土地适度规模经营的积极参与者和真正受益者。要根据各地基础和条件发展,确定合理的耕地经营规模加以引导,不能片面追求快和大,更不能忽视了经营自家承包耕地的普通农户仍占大多数的基本农情。对工商企业租赁农户承包地,要有严格的门槛,建立资格审查、项目审核、风险保障金制度,对准入和监管制度作出明确规定。"习近平同志在讲话中对农业经营主体和农业经营规模等问题做了深刻的阐述。在中国农业和农村未来的发展中,要坚持家庭经营在农业中的基础性地位,推进多种形式的农业经营方式创新,大力培育和扶持多元化新型农业经营主体,发展农业适度规模经营,走出一条有中国特色的农业现代化道路。2015年公布的"十三五"规划中提出:加快转变农业发展方式,发展多种形式适度规模经营,发挥其在现代农业建设中的引领作用。

(一)家庭农场

农业部现已明确家庭农场的概念,第一是农业户籍,第二是适度规模,第三是以家庭成员为主,第四是主要收入来自农业。上海松江在启动家庭农场模式方面起了带头和试点作用。从2007年起,为应对农业劳动力大量非农化及老龄化趋势加剧,上海松江区开始实践百亩左右规模的家庭农场模式。"松江模式"是由当地区政府推动,采取以农户委托村委会流转的方式,将农民手中的耕地流转到村集体。到2011年底,全区耕地流转面积已占全区耕地面积的99.4%。其中,近一半的耕地流向家庭农场。到2012年6月底,总面积为604平方公里的松江区的家庭农场,已经发展到1 173户。国务院发展研究中心农村经济研究部部长徐小青认为,以目前的经营水平来看,一个家庭农场可由夫妇两人经营,他们的年收入可达10万元左右。根据农业部公布的信息,截至2012年底,全国30个省、区、市(不含西藏)共有家庭农场87.7万个,占全国承包耕地面积的13.4%。目前全国5个地方在发展家庭农场方面各有特色:浙江宁波、上海松江、湖北武汉、吉林延边及安徽郎溪。

(二)农业产业联合体

安徽宿州市在培育龙头企业、家庭农场、合作社三大新型农业经营主体的基础上,探索打造农业产业化联合体。联合体中三大经营主体通过签订章程、合同和协议等,确立各方的责权利。近年来,三大经营主体分工协作,通过契约联结、资金联结、资产联结、技术联结、品牌联结等紧密利益联结形式,实现了"1+1+1>3"的融合聚变效应。宿州市委、市政府出台了《关于扶持农业产业化联合体发展的若干政策意见》等文件,市、县区两级财政每年兑现产业化联合体成员各类奖补资金3 600多万元。该市积极探索"去抵押化"信贷模式,建立了有别于工商主体的家庭农场信用评价体系,对AAA级信用的家庭农场,实行无抵押、无担保贷款,2017年发放新型农业经营主体信用贷款、"劝耕贷"、土地承包经营权抵押贷款5亿多元;同时开展农业政策性保险提标扩面试点,将小麦、大豆每亩保险金额分别提高到800元、500元。宿州市依托联合体建设市级以上蔬菜标准园97个、畜禽养殖标准化示范场123个和标准果园59个,全市土地流转率达到46.5%,比2012年联合体创建前增长了325.5%。同时,联合体已成为促进该市农业绿色发展的重要载体。宿州市依托联合体目前已认证"三品一标"330个,中国驰名商标、安徽省著名商标等农产品加工品牌110个,农业生产、生活、生态环境持续改善。①

在发展新型农业经营体制过程中,需要注意三个问题:一是片面追求规模化倾向。我国人多地少,大量农村劳动力还没有转移出去,土地的合理分配,在很大程度上事关社会公平,土地流转要效率和公平兼顾,提倡适度规模经营。二是原先的土地流转更多是户与户之间,现在越来越多的城市工商资本进入农业,对此要设定准入门槛。② 新型农业经营机制发展过程中面临的最主要问题就是贷款难。在经营过程中,流转了数百亩乃至数千亩的新型经营主体,无不需要大量的流动资金,其主要来源只能是贷款。而无论是农业企业,还是专业大户或者家庭农场,他们在生产过程中使用的固定资产,如办公用房、设施用房、农业机械、温室大棚等,都不符合金融机构作为抵押物的条件,因而绝大多数由于没有合格的抵押物而贷不到款。2014年农业银行出台了支持家庭农场发展的专项政策,将家庭农场作为"三农"业务重点支持对象,

---

① 何雪峰:《小生产大市场的有效对接》,2018年7月16日,http://epaper.anhuinews.com/html/ahrb/20180716/article_3680743.shtml.
② 陈锡文:《不鼓励工商资本长期大面积租赁农民土地》,2013年3月5日,http://finance.sina.com.cn/nongye/nygd/20130305/071114718384.shtml.

把农户贷款与结算、理财、咨询等金融服务紧密结合,开展金融服务创新,设计专属金融服务方案,能部分缓解贷款难问题。按照2017年的政策,全国范围内家庭农场可申报的补贴多达8项。

(三)农产品加工园区:产业链前延后伸①

"2017年是'三年行动计划'首战之年,也是实现园区工业经济快发展、大发展的关键之年。"日前,泰兴农产品加工园区管委会主任叶和林在接受采访时表示。据了解,2017年初,泰兴农产品加工园区管委会提出了"三年行动计划"方案,确定了今后三年的主要工作目标和措施。

园区提出2017年创建"省级循环经济示范园区",2018年创成"省级绿色生态工业园"。

此外,针对项目建设,园区提出新开工亿元以上项目,2017年计划完成12个,其中10亿元以上或1亿美元以上项目1个;2018年计划完成15个,其中10亿元以上或1亿美元以上项目2个;2019年计划完成16个,其中10亿元以上或1亿美元以上项目3个。

叶和林说,园区转型升级没有现成的道路可走,没有完整的经验可以复制,一切都要通过解放思想、与时俱进、改革创新来加快探索实践,从而使园区真正成为转型升级、跨越发展的试验田和样板区。着重实现"三个转变":园区发展思路由"管理型"向"经营型"转变,招商理念由"工厂搬运工"向"产业搬运工"转变,用人导向由"论资排辈"向"能上能下"转变。

针对产业定位,泰兴农产品加工园区管委会以突出农产品加工主业,补齐税源经济"短腿",形成传统产业与新兴产业互补互促新优势。以百汇农发、丽佳农牧为依托,延伸肉制品精深加工产业链;以新街、元竹两镇高效农业产业园为依托,延伸果蔬精深加工产业链;以宇宸面粉、普信米业为依托,延伸粮食精深加工产业链。在发展畜禽加工、果蔬加工、粮油加工等农产品深加工业的同时,促进税源经济齐头并进,协同发展。

按照"巩固长三角、拓展珠三角、开辟境外"的思路,把浙江、苏南及上海等地区作为项目招引主阵地。泰兴农产品加工园区一手抓农产品精深加工产业

---

① 《泰兴农产品加工园区启动"三年行动计划"》,2017年6月5日,http://sz.tznews.cn/tzrb/html/2017-06/05/content_1707361.htm?div=-1。

项目,一手抓新兴产业项目的落户,通过引进一批企业,做强园区产业;进一步拓宽境外招商渠道,加强海外项目源拓展,重点组织和开展好赴日韩和欧美等国家和地区的境外招商活动,着力在外资项目上取得新的突破;进一步加强与央企、国企、知名民企负责人的精准对接,开展高效招商,提高项目招引成功率。

园区要发展,服务是关键。叶和林说,泰兴农产品加工园区将按照"包办企业墙外事、帮办企业墙内事"的服务理念,积极创造条件推动企业早开工快开工。围绕加快前期工作进度,优化"一条龙"服务,提高项目审批效率。围绕项目建设需要,积极上争用地指标,做好独立选址、增减挂钩和征地清障交地等工作,帮助协调解决项目开工前的用水、用电等问题。不断健全"一个项目、一名负责人、一套班子、一个时间表、一抓到底"的项目推进机制,力促博发特新材料、沃鸿科技、拓来电子、丽佳禽业、禹铭医疗器械等在建项目早日竣工投产,早日形成增量,确保全年新竣工项目9个以上。同时,建立行之有效的低效企业退出机制,督促已竣工企业严格按照约定协议,尽快达产达效,倒逼低产低效项目主动转型或者"腾笼换凤",提升土地利用效益。

十一、"两权"抵押贷款试点

在2015年8月国务院《关于开展农村承包土地的经营权和农民住房财产权抵押贷款试点的指导意见》公布之前,截至2015年1月,全国已有山东、四川、河南等20多个省份开展试点工作。据《赣州市农民住房财产权抵押贷款试点工作调研报告》显示,试点还存在如下问题:第一,农户贷款需求巨大但又面临重重障碍,三证(集体土地使用证、建设规划许可证和农房产权登记证)不齐是最突出的问题;第二,银行试点热情较高但又面临重重顾虑。如抵押物处置风险,依据相关规定抵押农房的受让人仅限于无宅基地的同村村民,而同村村民因碍于面子等原因购买意愿往往不高。为了规避这一风险,银行对于贷款农户的审核非常严格,对其信用度、创业项目、盈利能力等要进行综合考评;对抵押的农房要求也非常严格,一般要求有一定经济价值,位于圩镇、国道沿线、城乡接合部等处,万一有风险,可将抵押物出租偿还贷款。由于以上原因,农房抵押贷款对象范围受到了很大限制,贷款受众大大减少。

（一）银行层面

一是强化银行的激励力度。协调人民银行运用货币政策工具和信贷政策,积极引导银行开展农民住房财产权抵押贷款工作,对工作成效明显的银行给予再贷款、再贴现等方面的倾斜支持。二是加大银行的保障力度。一方面,逐步提高银行农房抵押放贷补贴,对于没有发生风险补偿的,应提高风险补偿比例；另一方面,可探索引入第三方担保机制,为银行分摊有关风险,相关费用可以由政府进行一定的补贴。三是加大农房抵押贷款的优惠力度。对于农房抵押贷款,要给予农户一定的利率优惠,利率不得高于同等条件下的授信商业贷款。四是完善好抵押农房价值评估体系,各试点地要根据实际情况制定一套评估标准,使相应地点农房价值控制在一定范围内,防止人为因素影响农房价值评估。五是强化银行贷款服务,要实行农房抵押贷款申办全程免费,推行上门服务,对于证件手续齐全的做到限时办结,做好贷款监管,防范放贷风险。

（二）农户层面

一是加大宣传力度,转变意识,将农民住房财产权抵押贷款的有关条件、申报材料、办理程序等内容编印成宣传手册,发放到每家每户,积极动员、鼓励广大农户申办贷款发展产业。二是加大服务力度,对农房抵押贷款农户,有关部门要进行创业帮扶、就业指导,并就资金使用、还贷规划等进行指导,帮助农民更好利用贷款,真正将贷款转化成农户发家致富的重要资源。[①]

（三）取得的进展

经过几年的探索和发展,2017年90%以上的试点县(市、区)建立了农村产权交易中心或土地流转中心；1 180家金融机构建立"两权"抵押贷款管理制度并落地试点业务,对不良贷款容忍度等方面也作了特殊安排；通过引入第三方评估机构等丰富抵押物价值评估方式、采取农村承包土地的经营权抵押物"预处置"模式、设立风险补偿基金等,一些重点难点问题开始破题。

---

① 《赣州市农民住房财产权抵押试点工作调研报告》,2015年1月23日,http://www.gzdw.gov.cn/n289/n433/n661/c12396418/content.html。

据介绍,截至2017年9月末,全国232个试点地区农村承包土地的经营权抵押贷款余额295亿元,试点以来累计发放贷款448亿元;全国59个试点地区农民住房财产权抵押贷款余额196亿元,试点以来累计发放贷款261亿元。①

2018年的中央一号文件明确了农村承包土地经营权可以依法向金融机构融资担保,适度放活宅基地和农民房屋使用权。"两权"抵押贷款试点延期,体现了"两权"抵押贷款试点在促进乡村振兴中的重要性。"两权"抵押贷款试点与农村土地确权登记颁证、农村承包土地"三权分置"等改革密切关联,适当延长试点期限有利于同上述改革有效衔接,也有利于更好地检验贷款质量和抵押物处置机制的稳定性。

中国人民银行有关负责人介绍,试点工作开展两年以来,90%以上的试点县(市、区)建立了农村产权交易中心或土地流转中心,1 180家金融机构建立"两权"抵押贷款管理制度并落地试点业务,对不良贷款容忍度等方面也作了特殊安排。一些重点难点问题也开始破题。

记者了解到,在试点中一些地方引入了第三方评估机构,丰富了抵押物价值评估方式,采取农村承包土地的经营权抵押物"预处置"模式,提前找好抵押物处置接受方,并通过与土地流转经营公司、农业龙头企业、担保公司合作等创新转让模式。在试点的两年间,各地还设立了风险补偿基金,探索引入农业保险和小额贷款保证保险等方式,以降低金融机构风险。而且,通过培育发展农村产权交易市场,一批家庭农场、农民合作社通过"两权"抵押贷款扩大了生产规模,并通过吸纳农民就业和股份分红等形式带动农民增收。②

---

① 《我国"两权"抵押贷款试点取得阶段性成效》,2017年12月22日,http://www.xinhuanet.com/2017-12/22/c_1122154885.htm。
② 《农村"两权"抵押贷试点延期1年》,2018年5月16日,http://www.gov.cn/xinwen/2018-05/16/content_5291262.htm。

文 化 篇

常 规 模 块

一、历史上中国文化与域外文化的交往和融合

中国文化作为人类文明的重要组成部分,既有其自身独特的人文传统、人道精神;同时也在千百年的历史流变中,与域外文明发生着相互交融、相互影响的融通过程。尽管在近代以来,面对"古今中西之争",我们对自己的文化一度产生了怀疑感与失落感,形成了"全盘西化"或"闭关锁国"的两种较为极端的思潮。但是,随着中国社会经济的重新崛起,中国在国际社会中国家地位得到不断的提升与发展,国家形象日益鲜明和突出,我们又重新意识到,中国文化作为民族文化,有着其自身独特的人文传统,在五千多年的文明发展历程中,中国文化之所以能够具有强大的生命力,不仅在于它自身的特质,同样也受益于异域文化积极影响的部分。

(一)中国文化是世界文明的重要组成部分

2014年3月27日,习近平总书记在联合国教科文总部发表主题演讲,在此次演讲中,习近平总书记明确指出:

"文明因交流而多彩,文明因互鉴而丰富。文明交流互鉴,是推动人类文明进步和世界和平发展的重要动力。推动文明交流互鉴,需要秉持正确的态度和原则。"[①]

---

① 习近平:《在联合国教科文组织总部的演讲》,载《人民日报》,2014年3月28日,第3版。

在本次演讲中，习近平总书记将人类文明的特征总结为三点：

"第一，文明是多彩的，人类文明因多样才有交流互鉴的价值……第二，文明是平等的，人类文明因平等才有交流互鉴的前提。各种人类文明在价值上是平等的，都各有千秋，也各有不足。世界上不存在十全十美的文明，也不存在一无是处的文明，文明没有高低、优劣之分……第三，文明是包容的，人类文明因包容才有交流互鉴的动力。海纳百川，有容乃大。人类创造的各种文明都是劳动和智慧的结晶。每一种文明都是独特的。在文明问题上，生搬硬套、削足适履不仅是不可能的，而且是十分有害的。一切文明成果都值得尊重，一切文明成果都要珍惜。"①

习近平总书记的这一演说，立足于整个人类文明发展的高度，提出了不同文明间相互促进、相互融合，共同发展的理念。回顾中国文明的历史发展，也会发现，中国文明之所以能够延续 5 000 多年的历史，一脉相承，正是因为中华文明兼容并包的态度，在自身发展的同时，不断吸收和融合域外文化，形成了生生不息的文化生命。

在联合国教科文组织总部的演讲中，习近平总书记梳理了中国文化与域外文化交流、融合的历史图景。"公元前 100 多年，中国就开始开辟通往西域的丝绸之路。汉代张骞于公元前 138 年和 119 年两次出使西域，向西域传播了中华文化，也引进了葡萄、苜蓿、石榴、胡麻、芝麻等西域文化成果。西汉时期，中国的船队就到达了印度和斯里兰卡，用中国的丝绸换取了琉璃、珍珠等物品。中国唐代是中国历史上对外交流的活跃期。据史料记载，唐代中国通使交好的国家多达 70 多个，那时候的首都长安里来自各国的使臣、商人、留学生云集成群。这个大交流促进了中华文化远播世界，也促进了各国文化和物产传入中国。15 世纪初，中国明代著名航海家郑和七次远洋航海，到了东南亚很多国家，一直抵达非洲东海岸的肯尼亚，留下了中国同沿途各国人民友好交往的佳话。明末清初，中国人积极学习现代科技知识，欧洲的天文学、医学、数学、几何学、地理学知识纷纷传入中国，开阔中国人的知识视野。之后，中外文明交流互鉴更是频繁展开，这其中有冲突、矛盾、疑惑、拒绝，但更多是学习、消

---

① 习近平：《在联合国教科文组织总部的演讲》，载《人民日报》，2014 年 3 月 28 日，第 3 版。

化、融合、创新。"①

在中国文化与域外文化的交流融合中,最具有典型意义的两次大的文化交流均持续了较长的时间,并产生了非常深远的意义与影响。首先,是古代印度传入的佛教文化。佛教文化融入中国后,与中国的儒家文化与道家文化融合发展,最终不仅产生了中国本土化的佛教文化,影响了道教文化的宗教形态,同时也激发了宋明理学的诞生,对儒学的发展起到了关键的刺激作用。其次,是晚清以来,西方科技文明的强力入侵。其实,中国文化与西方文明的接触几乎从未间断,中国的音乐、绘画、文学等艺术,造纸术、火药、印刷术、指南针等发明,都曾影响过西方世界的变革,推动过欧洲的文艺复兴。但是,自17世纪欧洲社会开始发生资产阶级革命以来,资本主义国家开始向外扩张寻求市场,拓展殖民地,对于中国文明的欣赏逐渐转为一种鄙夷。德国古典主义哲学家黑格尔甚至认为"任何进步,都不可能从中国产生。"而在资本主义坚船利炮的冲击之下,腐朽的晚清政府无力对抗,虽然当时具有进步思想的思想家,如魏源、龚自珍等人,提出过"师夷长技以制夷"的自强之道,主动学习和吸收西方的科学技术文明,但是,由于生产力发展与生产关系之间不可调和的矛盾,晚清的改革注定无法成功。直到1919年五四运动爆发以来,中国人开始学习"科学"与"民主",发现并接受了马克思主义的指导。中国共产党更是将马克思主义原理与中国社会实践紧密联系起来,传统的中华文明与现代西方文明有了相互学习、相互融合的新图景。

(二)佛教文化的传入与西方宗教文化和科学技术传入的冲突与融合过程

公元67年汉明帝时期,源自印度的佛教文化就已在中国的文化版图上有了其传入的印记。最早传入中国的印度佛教被称为"浮屠教"。而在中国的新疆地区及广大的西域地区,佛教艺术与文化的传入甚至要更早一些。汉武帝时期,张骞出使西域,佛教文化也在其出使的过程中,被逐渐引入中原。经过汉魏时期的不断传入与融合,佛教最终作为一种宗教意识形态传入中国,形成了"亦宗教,亦文化"的佛教文化。佛教文化的传入,最早受到了来自中国本土

---

① 习近平:《在联合国教科文组织总部的演讲》,载《人民日报》,2014年3月28日,第3版。

文化,尤其是儒家文化的强烈反对。此时的佛教徒通过"格义"的方法将印度的佛教文化与中国传统的儒家文化进行了融合。从老子化胡、孔子入佛等传说中,进行佛教思想的民间传播;也通过《理惑论》《沙门不敬王者论》等论辩,加深不同文化之间义理上的辩论与融合。经历了早期的格义与辩论后,隋唐时期佛教文化逐渐走向繁荣,使中国社会逐渐形成了三教合一的文化氛围。但是,随着佛教的日益强盛,儒家文化也开始不断进行自身反省,唐代思想家韩愈撰写《原道》,认为:

"周道衰,孔子没,火于秦,黄老于汉,佛于晋、魏、梁、隋之间。其言道德仁义者,不入于杨,则归于墨;不入于老,则归于佛。入于彼,必出于此。入者主之,出者奴之;入者附之,出者污之。噫!后之人其欲闻仁义道德之说,孰从而听之?老者曰:'孔子,吾师之弟子也。'佛者曰:'孔子,吾师之弟子也。'为孔子者,习闻其说,乐其诞而自小也,亦曰:'吾师亦尝师之'云尔。不惟举之于口,而又笔之于其书。噫!后之人虽欲闻仁义道德之说,其孰从而求之?"

足以见得佛教文化的广泛影响,以及儒家思想所受到的挑战。韩愈以原道为己任,为宋明理学的兴起破题,至宋初三先生开始,理学逐渐兴起,其背景之一就是反对佛教文化中虚无的意识形态,强调儒家文化中的仁义礼智之道。

而另一方面,佛教也与中国本土文化相融合,形成了禅宗等佛教文化的新形态。禅宗思想又东渡日本、南抵南亚,最终不断地传播到世界各地,可以说是对印度佛教的又一次光大。

除了佛教文化外,基督教文明最早也以"景教"之名于唐代传入中国,虽然这第一次传播较为势弱,但其后伴随着资本主义的向外扩张,基督教再次以极为强势的姿态传入中国。与基督教同时传入的,还有西方的自然科学知识。晚清政府于癸卯年(1904年初)颁布"癸卯学制",改造了传统的中国学术,以分科的方式引入了西方的物理学、化学、数学、医学等西方科学技术,这些现代科学文明都对中国文化的现代化产生了了非常深远的影响。

如果说佛教的传入与本土化,经历了漫长的历史时期,经过了无数的辩难、论证及传播,最终才形成了中国古代社会儒道释三教合一的文化特色;那么,基督教和西方科学技术的传入则是带着典型的强权色彩。从晚清以来,中国文化在面对西方文明时,曾陷入过"保国、保教、保种"的困境之中,经历过不断的尝试、失败、再尝试的过程。面对国家的积贫积弱,中国人迫切地希望能改变,至此便引出了20世纪以来中国文化与西方文化的交流融会。

(三)20世纪以来中国文化与西方文化的交流融会与中国文化的现代化

1919年5月4日,五四运动爆发,中国的青年们第一次高举"民主"与"科学"的旗帜走上街头,号召"打倒孔家店",彻底粉碎"吃人礼教",开启了中国文化现代化的序幕。

五四运动不仅是中国学生爱国反帝反封建的运动,同时也是中国文化要求革新的新文化运动。习近平总书记在《纪念五四运动100周年大会上的讲话》中指出:

"五四运动,爆发于民族危难之际,是一场以先进青年知识分子为先锋、广大人民群众参加的彻底反帝反封建的伟大爱国革命运动,是一场中国人民为拯救民族危亡、捍卫民族尊严、凝聚民族力量而掀起的伟大社会革命运动,是一场传播新思想新文化新知识的伟大思想启蒙运动和新文化运动,以磅礴之力鼓动了中国人民和中华民族实现民族复兴的志向和信心。"

"五四运动,以彻底反帝反封建的革命性、追求救国强国真理的进步性、各族各界群众积极参与的广泛性,推动了中国社会进步,促进了马克思主义在中国的传播,促进了马克思主义同中国工人运动的结合,为中国共产党成立做了思想上干部上的准备,为新的革命力量、革命文化、革命斗争登上历史舞台创造了条件,是中国旧民主主义革命走向新民主主义革命的转折点,在近代以来中华民族追求民族独立和发展进步的历史进程中具有里程碑意义。"[1]

五四运动以来,马克思主义与中国社会的革命实践被紧密地联系在了一起,根据社会存在决定社会意识,社会意识反作用于社会存在的基本原理,中国社会与中国文明都在不断向着现代化迈进。自新民主主义革命胜利以来,在中国共产党的领导之下,中国社会的经济、政治、制度、文化日新月异,以往的文化不自信与对西方文化的盲目追求,也在实践中被不断证明是缺乏远见和深度的。中国文化的现代化,既受到中西方文化交流、沟通的影响,同时也是中国传统文化创造性转化和创新性发展的成果。

---

[1] 习近平:《在纪念五四运动100周年大会上的讲话》,载《人民日报》,2019年5月1日,第2版。

（四）自信与包容：中国文化对域外文化的态度

著名社会学家费孝通先生曾经提出"各美其美、美人之美、美美与共、天下大同"的口号，这一口号恰是中国文化对域外文化积极态度的正确表达。中国文明有着漫长的历史渊源，是根植于农业文明的一大文明。德国哲学家雅思贝尔斯的"轴心时代"理论中，尤其指出作为人类文明的发祥，只有中国文明未曾断裂，一直延续并发展到了今天。虽然，中国文化与域外文化在交流的过程中，曾出现过相互不理解、冲突、质疑等消极的过程，但是，今天的中国文化中不仅吸纳融合了部分域外文化，同时也促进了域外文化的发展，共同构成了世界文化的发展。

"没有文明的继承和发展，没有文化的弘扬和繁荣，就没有中国梦的实现"，习近平总书记在联合国教科文组织总部的演讲中表示："每一种文明都延续着一个国家和民族的精神血脉，既需要薪火相传、代代守护，更需要与时俱进、勇于创新。"[①]

"文化是一个国家、一个民族的灵魂。文化兴国运兴，文化强民族强。没有高度的文化自信，没有文化的繁荣兴盛，就没有中华民族伟大复兴。要坚持中国特色社会主义文化发展道路，激发全民族文化创新创造活力，建设社会主义文化强国。"[②]

文化自信是与道路自信、理论自信、制度自信并重的"四个自信"之一。文化的自信不是盲目的自信，而是建立在对民族文化深刻认识基础上的自信，是古老中国传统文化经历了创造性转化和创新性发展基础上的自信。同样，文化自信亦是包容的自信、交流的自信。它绝非"闭关锁国"式的"孤芳自赏"。

习近平总书记指出："历史和现实都表明，人类文明是由世界各国各民族共同创造的。"[③]

"中华民族有着深厚文化传统，形成了富有特色的思想体系，体现了中国人几千年来积累的知识智慧和理性思辨。这是我国的独特优势。中华文明延

---

① 习近平：《在联合国教科文组织总部的演讲》，载《人民日报》，2014年3月28日，第3版。
② 习近平：《决胜全面建成小康社会 夺取新时代中国特色社会主义伟大胜利——在中国共产党第十九次全国代表大会上的讲话》（2017年10月18日），载《人民日报》，2017年10月28日，第1版。
③ 习近平：《在文艺工作座谈会上的讲话》，载《人民日报》，2015年10月15日，第2版。

续着我们国家和民族的精神血脉,既需要薪火相传、代代守护,也需要与时俱进、推陈出新。要加强对中华优秀传统文化的挖掘和阐发,使中华民族最基本的文化基因与当代文化相适应、与现代社会相协调,把跨越时空、超越国界、富有永恒魅力、具有当代价值的文化精神弘扬起来。要推动中华文明创造性转化、创新性发展,激活其生命力,让中华文明同各国人民创造的多彩文明一道,为人类提供正确精神指引。要围绕我国和世界发展面临的重大问题,着力提出能够体现中国立场、中国智慧、中国价值的理念、主张、方案。我们不仅要让世界知道'舌尖上的中国',还要让世界知道'学术中的中国'、'理论中的中国'、'哲学社会科学中的中国',让世界知道'发展中的中国'、'开放中的中国'、'为人类文明作贡献的中国'。"

"强调民族性并不是要排斥其他国家的学术研究成果,而是要在比较、对照、批判、吸收、升华的基础上,使民族性更加符合当代中国和当今世界的发展要求,越是民族的越是世界的。解决好民族性问题,就有更强能力去解决世界性问题;把中国实践总结好,就有更强能力为解决世界性问题提供思路和办法。这是由特殊性到普遍性的发展规律。"[1]

中国文化的历史实践已经证明,文化的发展既具有特殊的民族特性、国家属性,具有自身的文化基因;同样也需要与不同的文明进行交流与对话。平等的交流、对话,积极的吸纳、改造,自信的转化、创新,都是一种文化生生不息、不断发展的根源。中国文化在与域外文化的交流中,要保持自信心态,也要有开放的胸怀。只有这样,我们的文化才能够在新时代得到更为长远的发展,绽放更为辉煌的生命力。

二、讲好中国故事,提升国家文化软实力

中华巍巍五千年历史悠久,底蕴深厚,素来有"礼仪之邦"的美称。从古至今,中国为世界贡献了无数物质财富与精神瑰宝,古有四大发明、孔孟之道,今有高铁网购、"一带一路",可以说,被世界影响着的中国如今也在影响着世界。

---

[1] 习近平:《在哲学社会科学工作座谈会上的讲话》,载《人民日报》,2016年5月19日,第2版。

但中国的崛起,却未能促使西方世界重构对中国的认同,如前几年在美国街头荧幕播放的中国国家形象片就不曾引发全球性的关注。与此相照应,美国纽卡斯尔大学迈克尔·巴尔教授也曾在《中国软实力:谁在害怕中国》一书中写道:面对中国日益增长的经济实力,欧洲对中国的感觉"并非仅是疑虑,而是恐惧"①。

这些事实也不由得让我们产生以下疑问:为什么中国国家形象片无人问津?为什么欧洲对中国的感觉会是恐惧?为什么中国的强大会引发国际社会对"中国威胁论"的讨论?……最重要的是:为什么中国故事要由外国人来讲述?这些事实及困惑也使我们得出一个重要结论:中国必须要讲好中国故事,提升国家文化软实力。

(一)什么是"软实力"

"软实力"一词由约瑟夫·奈教授首创,代指"通过吸引而不是强制或金钱达到目的的能力,它来自于一个国家文化、政治理念和政策的吸引力","成功不仅取决于谁的军队赢得胜利,而且取决于谁的故事赢得胜利"。② 简而言之,便是"人随我欲",是一种能够帮助国家同化民众的吸引力与导向力。

(二)讲好中国故事的重要性

讲好中国故事,是习近平总书记关于新时代中国特色社会主义文化论述的重要内容。在党的十九大以及一系列重大会议中,他都曾反复强调"要着力推进国际传播能力建设,创新对外宣传方式,加强话语体系建设,着力打造融通中外的新概念新范畴新表述,讲好中国故事,传播中国声音,增强在国际上的话语权"③,要求"讲好中国故事,展现真实、立体、全面的中国"④。

首先,这便于我们积极确证中国在当代国际格局中的角色身份。相较西方发达国家的官方传媒如美联社、BBC 等,我国"外宣"媒体的影响力仍十分有限,中国发出的声音种种回响都处于"少、小、弱"的边缘状态。更为严峻的是,由于西方媒体拥有宽阔的交流渠道,他们往往还会借此反客为主,一跃成为塑

---

① [美]迈克尔·巴尔:《中国软实力:谁在害怕中国》,北京:中信出版社,2013年。
② [美]约瑟夫·奈:《软实力》,北京:中信出版社,2013年。
③ 习近平:《在全国宣传思想工作会议上的讲话》,2013 年 8 月 19 日, http://news.sohu.com/20140809/n403279763.shtml。
④ 习近平:《习近平谈治国理政》,北京:外文出版社,2014年。

造中国形象的主体。在这些源自他者视角的新闻报道的影响下,世界各国也会渐渐被西方主导的"威胁论"同化,模糊对中国角色定位的认知,而这些偏见又会缓慢感染部分国民,让他们对祖国的未来发展产生悲观情绪。

此外,这也有利于我们为世界描绘多面中国的真实样貌。凭借在改革与发展进程中积累下的成功经验,我国如今成就瞩目,正不断临近世界舞台的中央,身处聚光灯下的我们,即将迎来宣扬中国优良传统与制度优势,用中国智慧对治世界难题,大幅提升文化软实力的最佳机遇。当然,在我们积极展示种种发展成果的同时,也不能讳言我国面临的诸多现实挑战,力求帮助西方各国拼凑起他们印象中的"中国形象"碎片,尽可能地为外部世界展现一个相对完整的中国图式。

(三)中国故事的诉说困境

1. 刻板的宣传内容

一直以来,我们都习惯将各式意蕴丰厚的理论议题直接简化为扼要的科学公式,以便获取对现实规律的直观认知。为此,我们在构建中国特色社会主义理论体系,向世界讲述中国故事时,往往也会沿承相同的表达方式,即为追求形式上的简约之美,选用概括性的凝练语言,借此披露其中的思想精粹。但这在打出中国名片,帮助人们记忆内化的同时,也会引发理论被机械肢解的困惑,进而破坏中国故事的整体性。

事实上,不论是我们的指导意识形态马克思主义还是源远流长的优秀传统文化,其精髓都在于它们自身内蕴的"活的灵魂",若执意要用静态定理框定动态思想,反会让中国故事被普遍性所累。

因此,我们在向世界宣讲中国故事时,必须要坚决抵制将其中的基本论断从具体的经验背景中抽象出来,简化为一些公理公式去说明论证一切的宣传方式,避免扭曲中国特色社会主义理论体系的思想真义,力争让世界人民了解到中国故事的原貌。

2. 生硬的传播方式

中国故事无法发挥预期影响力的原因,还要归咎到不当的传播方式中。与西方擅长的柔性灌输相比,中国故事似乎更倚重标语式的号召,难以让人对这些主流话语产生认同感。若我国能在宣传途径上效仿西方,将主导的价值诉求融贯到电影、电视、小说、演讲、辩论等大众形式中,或在如 YouTube、Twitter、Facebook 等全球网络平台上创建官方账号,定期上传关于中国文化的趣味科普视频,线上召开知识问答、原著交流会等实践活动,或与各国官媒展开实时的互动交流,推动各国民众自发走进中国故事,这势必会比纯粹的政治宣传更具力量,也能帮助我们加速突破马克思主义大众化的瓶颈。

  此外,这也源自传播形式的书斋化。目前,人们还不能自如运用中国特色社会主义的理论体系,解答社会发展的重大理论问题和民众聚焦的主要现实困惑。以经济学领域为例,多数学者还是倾向于向西方经济学寻求富强良方,仍较少运用政治经济学剪裁未来发展的具体路向。与此相照应,中国特色社会主义理论体系与现实生活相脱节的现象也同样存在于课堂中,不论是校园德育还是干部学习,师长们对马克思主义的灌输几乎都止步于书面文字,仅要求人们对理论脉络形成初步印象,极少会主动启迪学子动用书中理论,积极思索现实问题。长此以往,这种"学而无用"的挫败感也会令中国故事的影响力大打折扣。

  3. 复杂的传播环境

  首先,由于中国和西方世界长期都身处不同的话语体系与意识形态阵营中,双方势必会在概念表达和思维模式上存在一定的分疏,缺乏有效的对接。因此,当西方发达国家基于自己的认知框架,去重塑中国故事时,往往会夸大中国模式、道路、经验的"异",忽视全球各国共求发展的"同",进而涌现出大量"中国威胁论"或"终结论"的错误思潮。

  此外,"与西方强势媒体相比,我们目前在新闻采集能力、传播能力、辐射能力、技术装备能力,以及重大新闻的自采率、首发率、落地率和国际化人才方面都还有一定的差距。"①人才储备不足、交流渠道有限与文化差异巨大等诸多现实问题,也会导致我国官方传媒无法在风云变幻的国际环境中占据一定的话语权与主动权,只能任由西方媒体以他者的口吻讲述属于我们自己的故事。

  (四)如何讲好中国故事

  第一,我们要注重弘扬主旋律,这才是中国故事不变的底色与内核。因

---

① 徐占忱:《讲好中国故事的现实困难与破解之策》,载《社会主义研究》,2014 年第 3 期。

此,当下的首要任务仍是要努力巩固马克思主义第一话语权的现实地位,坚决抵制那些企图参与乃至倾覆中国现实发展的错误思潮,帮助民众重新挺立起精神的主心骨。同时也要实时关注国外的新闻动态,尝试借助新兴的技术平台与多变的宣讲手段,向国外受众澄清外部负面思潮对中国特色社会主义理论体系的恶意中伤与曲解,力求展现中国故事的真实原貌。

第二,我们也要学会用公正理性的态度讲述中国故事,以更加自信开放的大国心态,从容回应国际上涌现的种种争议与指责。这就要求官方传媒在主动展现中国"正能量"的同时,积极审视自我,主动正视我国在前进过程中展现出的种种不足与缺漏,认清自己与西方发达国家存在的客观差距,平和回应外部世界对中国故事的曲解。当然,为达成这一理想状态,我们还需继续深化理论武装,组织人文社会科学界的学者,一同借鉴他国经验,丰富中国故事的表达方式与理论体系,完善对中国故事的路径探索。

第三,为打破发达国家垄断国际舆论的态势,扭转涉华言论的风向,我们还应该加快媒体"走出去"的步伐,努力培育具有国际竞争力的媒体集团。为此,国家仍要"加强对新技术条件下自媒体传播特点和规律的研究;加强人才队伍建设,培养一大批熟悉全球媒体业和西方媒体运作规则,且能熟练掌握外语与全面准确理解目标受众的高素质国际传播人才"[①],进一步加强智库建设,培养或引进高端翻译人才特别是小语种人才,努力创设能满足现实需要并受国际社会欢迎的中国文化翻译产品。最重要的是,相关政府机构也要学会引导国内传媒人才了解各国的风俗文化、政治形势和政党流派等基本常识,使他们能够基于国外受众的立场,进行更具针对性的文化宣讲。

第四,中国在进行对外宣传时,会更倾向于从宏大叙事的维度出发,进而忽略对基层生活的报道。但就现实影响来看,这种讲述模式的效果并不尽如人意,毕竟,那些有关我国精英人物与重大活动的报道与国外受众的日常生活相去甚远,根本无法促使他们萌生共鸣,令理论入耳入心。因此,在接下来的宣讲历程中,我们或许可以转变思路,将国内普罗大众的奋斗故事推向国际舞台,并借这些故事中共同潜藏的发展愿景,激活世界人民彼此相通的情感脉

---

① 徐占忱:《讲好中国故事的现实困难与破解之策》,载《社会主义研究》,2014年第3期。

搏,以此来超越大洋两岸的文化隔阂与习俗差异。对此,我们不妨可以借鉴一下2017年由教育部国际合作与交流司主办的"我与中国"征文活动,该项目就是通过号召来华留学生讲述自己的访学经历和现实感受,以颇具新意的形式,让世界各国从他者的视角,看到一个别样的中国故事。

第五,我们也要整合社会各界力量,使其汇合成一股共谱中国故事的合力。这就需要政府率先践履,身体力行,努力为建设国际一流媒体创造机遇。官方既可以通过开班,去统一培训政府官员的对外交流能力,提升他们的综合素质;也可以借助设立多样奖项和相关基金会,鼓励并扶持学者进行更加深入的研究;还可以集思广益,积极创设具有国际影响力的相关智库;甚至官方也能以政府的名义,公开选拔能表征中国形象的国际代言人。当然,其余社会个体如公民个人与社会组织也不可置身事外,他们同样也是中国故事的响亮名片,同样需要不断提高自身素质,争取在对外沟通中做到文明得体,有礼有节,以此来显现公民素养,强化中国形象。

三、创新精神对校园文化建设的意义

校园文化,尤其是高校校园文化,是新时代中国特色社会主义文化建设中的一个重要阵地。青年人,正处在思想观念成型的重要阶段,良好的校园文化有利于青年学生树立正确的世界观、人生观和价值观。青年人,也是新时代中国特色社会主义建设的重要力量,在正确的校园文化的引领之下,青年人会在新时代中国特色社会主义建设的过程中发挥更为重要的力量。

(一)校园文化建设的现状

高等院校校园文化,是一个学校内涵建设的主要体现,是校园发展方向、师生价值追求、学术建设需要共同营造出来的文化氛围。校园文化在理论品格上,应首先符合新时代中国特色社会主义建设的时代呼声,培养为新时代建设作出贡献的优秀青年学子;校园文化在路径探索上,应注重学术思想与社会需求的双重要求,能够从品德教育、学术教育、法律法规教育等多重维度入手,不仅培养有德行的青年学子、有素质的青年骨干,同样也要为青年学生树立起正确的价值引导和追求;校园文化在目标建设上,要具有创造性与创新性的趋势,尤其在今天的时代背景之下,既要坚持马克思主义为基本的引领,同时也要把握时代脉搏,培养具有创新精神的青年一代。

在新的历史时期,我们发现高等教育的改革正受到全球化所带来的机遇与挑战。高等教育的繁荣和发展,必须有正确的文化引道。习近平总书记在2018年12月的中国高校思想政治教育工作会议中强调,高校立身之本在于立德树人。他指出:"教育强则国家强。高等教育发展水平是一个国家发展水平和发展潜力的重要标志。实现中华民族伟大复兴,教育的地位和作用不可忽视。我们对高等教育的需要比以往任何时候都更加迫切,对科学知识和卓越人才的渴求比以往任何时候都更加强烈。党中央作出加快建设世界一流大学和一流学科的战略决策,就是要提高我国高等教育发展水平,增强国家核心竞争力。"①

目前来看,我国的高校校园文化建设虽然取得了一定的成绩,但是仍存在着一些问题。如对于形式主义的重视、缺乏批判性思想等,这些问题都应尽快纠正,引起重视。

(二)创新思想对于高校文化建设的重要意义

党的十九大报告提出,创新是引领发展的第一动力,是建设现代化经济体系的战略支撑。2018年9月,"在全国教育大会上,习近平总书记发表重要讲话,着眼我国教育事业的长远发展,对深化教育体制改革作出了重点部署,为坚决破除制约教育事业发展的体制机制障碍指明了方向和路径,对于加快推进教育现代化、建设教育强国、办好人民满意的教育具有重大意义。党的十八大以来,以习近平同志为核心的党中央坚持把教育摆在优先发展的战略位置,全面深化教育领域综合改革,一批标志性、引领性的改革举措取得明显成效。但也要看到,教育改革点多面广线长,需要做的事情很多,目前我国教育还存在一些突出问题和短板。要解决这些问题,就必须大力推进教育体制改革创新,更加注重教育改革的系统性、整体性、协同性,及时研究解决教育改革发展的重大问题和群众关心的热点问题,以改革激活力、增动力。"②

---

① 习近平:《高校立身之本在于立德树人》,载《新华每日电讯》,2018年12月9日,第1版。
② 人民日报评论员:《大力推进教育体制改革创新——论学习贯彻习近平总书记全国教育大会重要讲话》,载《人民日报》,2018年9月17日,第2版。

在这次会议上，习近平总书记特别强调了创新对于教育改革的重要意义和影响。21世纪的世界，是一个时刻充满着变动与挑战的时代，技术革命已经进入到了人工智能时代，世界各国各地区都非常重视科学技术水平的发展和创新的意义。

教育创新首先要进行制度改革，《人民日报》评论员文章指出：

"大力推进教育体制改革创新，就要坚持我国教育现代化的社会主义方向，坚持教育公益性原则，把教育公平作为国家基本教育政策。教育公平是社会公平的重要基础，必须坚持以人民为中心发展教育，努力让每个人享有受教育的机会，获得发展自身、奉献社会、造福人民的能力。要加快建成伴随每个人一生的教育，让学习成为每个人的生活习惯和生活方式，实现人人皆学、处处能学、时时可学；要加快建成平等面向每个人的教育，努力使每个人不分性别、不分城乡、不分地域、不分贫富、不分民族都能接受良好教育；要加快建成适合每个人的教育，努力使不同性格禀赋、不同兴趣特长、不同素质潜力的学生都能接受符合自己成长需要的教育；要加快建成更加开放灵活的教育，努力使教育选择更多样、成长道路更宽广，使学业提升通道、职业晋升通道、社会上升通道更加畅通。"

"大力推进教育体制改革创新，就要坚决贯彻落实深化教育体制改革的重点任务，坚决破除制约教育事业发展的体制机制障碍。要按照习近平总书记提出的明确要求，健全立德树人落实机制，扭转不科学的教育评价导向，坚决克服唯分数、唯升学、唯文凭、唯论文、唯帽子的顽瘴痼疾，从根本上解决教育评价指挥棒问题；深化办学体制和教育管理改革，充分激发教育事业发展生机活力，着眼于'教好''学好''管好'推进改革，提高教育质量；提升教育服务经济社会发展能力，调整优化高校区域布局、学科结构、专业设置，建立健全学科专业动态调整机制，加快一流大学和一流学科建设，推进产学研协同创新，积极投身实施创新驱动发展战略，着重培养创新型、复合型、应用型人才；扩大教育开放，同世界一流资源开展高水平合作办学，提升我国教育的世界影响力。"[1]

---

[1] 人民日报评论员：《大力推进教育体制改革创新——论学习贯彻习近平总书记全国教育大会重要讲话》，载《人民日报》，2018年9月17日，第2版。

（三）高校文化建设的创新途径

高校文化创新在重视教育体制改革创新的同时，也要结合各个地区、各类高校自身的特色进行创新建设。

首先，注重高校文化建设与新时代社会主义建设总体目标相一致。教育是一个复杂的系统，尤其是高等教育，需要注重其质量发展。在高等教育的质量建设中，创新作为一种文化力量，影响着整个高校整体素质的发展。习近平总书记要求，"要努力构建德智体美劳全面培养的教育体系，形成更高水平的人才培养体系"。高等教育是一个国家发展水平和发展潜力的重要标志，教育兴则国家兴。创新文化建设，首当其冲是人才的养成。高等教育培养具有理性精神、文明素养、专业技能以及爱国敬业、爱岗奉献，具有自我表达和社会担当的高品质人才。综合而言，这就是既能创造社会价值又能实现自身价值的创新型人才。

其次，高等教育的文化建设需要落实到学术探究上。学术探索，永无止境，当今时代，世界上的所有国家、政府及教育体系，都投入了大量的人力、物力支持学术研究与创新。学术研究，是对人类精神的守护，是对高等教育的追求。"大学非有大楼之谓也，有大师之谓也。"（原清华大学校长梅贻琦语）崇尚学术研究，就是崇尚对于理论真理的追求。对于真理的追求，是青年人应孜孜不倦追求的目标。

最后，大学精神的回归。大学，就是要培养具有较高道德品行、专业知识技能的新时代创新人才。大学精神的回归，是创新文化构建的最终目的，是抵御当下一些不良社会思潮的利剑法宝。

正因如此，创新性校园文化，需要激发人们的创新意识，鼓励和保障创新行为，为创新提供养分、提供平台。

第一，高校应结合自身特点，设定符合自身办学理念、教育思想和目标追求的创新文化建设。坚持以社会主义核心价值体系为核心，显示学校的发展定位和教学模式，反映大学的办学方向、舆论导向和价值取向，培育学生创新精神和实践能力，坚持与时俱进。

第二，高校应与社会进行合作，创建"产学研"一体的创新机制，开设相关课程，以学术、教学、学生活动、社会实践为平台，坚持"知行合一"原则，将实践贯彻到理论教育之中。

第三，高校创新文化应注重与历史文化、当代文化的有机结合，使传统文化焕发出新的生命力，正确引导当代流行文化的主流价值观。结合地方特色，创立自己的创新品牌。

总而言之，创新精神对高校文化建设具有着重要的意义和价值，它是高校自身文化建设生命力与活力的体现，是新时代社会主义高等教育建设的题中之意。高校作为文化研究的重镇，是人才培养的摇篮，是文化孕育和输出的源头。因此，高校必须注重自身文化的创新研究，发展起全面可持续性发展的创新型文化。

重 点 模 块

四、如何巩固马克思主义在意识形态领域的指导地位

马克思主义理论体系作为国家的意识形态的指导原则,需要被贯彻在教育的方方面面。意识形态教育是当前高等院校教育的核心内容,必须加以重视。加强意识形态教育,尤其是加强和巩固马克思主义在意识形态领域的指导地位,不仅是为高等教育的发展引领方向,更是为广大青年学生指引人生的方向。党的十九大报告指出,"意识形态决定文化前进方向和发展道路","要牢牢掌握意识形态工作领导权"[①],为我们做好新形势下意识形态工作提供了根本遵循。因此,高校思政教育工作任务艰巨、责任重大,在思政教学工作中必须始终坚持和巩固马克思主义的领导地位。

(一) 意识形态的基本内涵

不同哲学派别拥有不同的意识形态表达,如个人信仰、宗教批判、法律等,人的观念亦可以看作是独立于社会历史条件的一种意识形态。马克思主义的意识形态内涵,"一般是指在一定的社会经济基础上形成的系统的思想观念,代表了某一阶级或社会集团(包括国家和国家集团)的利益,又反过来指导这一阶级或集团的行动"[②]。

---

① 方世南:《以社会主义意识形态引领文化前进方向和发展道路》,2018年6月12日,http://theory.gmw.cn/2018-06/12/content-29247471.htm。

② 王浩斌:《社会主义社会文明及其现代化的研究述评》,载《济源职业技术学院学报》,2009年第4期。

它有三个特征：第一是群体性，即不是个别人的思想观念，而是已经被某个群体（阶级或社会集团）所接受的思想观念，代表这个群体的利益并指导其行动；第二是系统性，即不是支离破碎的想法和观念，而是形成了体系；第三是历史性，即是在一定的社会经济基础上形成的。[1]

此外，还需鉴别的概念：个人意识形态与集体意识形态，资本主义意识形态和共产主义意识形态。

（二）马克思主义意识形态

在《德意志意识形态》一书中，马克思曾阐发过唯物史观的基本观点，批判了德国哲学中理论和实践相脱离的现象，展现了其辩证的思维方式和研究态度。

在其中，马克思、恩格斯初步形成了无产阶级的意识形态理论，从而为他们以后的无产阶级革命理论奠定了理论基础。占统治地位的思想不过是占统治地位的物质关系在观念上的表现，不过是以思想的形式表现出来的占统治地位的物质关系。[2]"共产主义和所有过去的运动不同的地方在于：它推翻一切旧的生产关系和交往关系的基础，并且第一次自觉地把一切自发形成的前提看作是前人的创造，消除这些前提的自发性，使它们受联合起来的个人的支配。因此，建立共产主义实质上具有经济的性质，这就是为这种联合创造各种物质条件，把现存的条件变成联合的条件。共产主义所造成的存在状况，正是这样一种现实基础，它使一切不依赖于个人而存在的状况不可能发生，因为这种存在状况只不过是各个人之间迄今为止的交往的产物。"[3]

（三）中国为什么选择马克思主义

第一，近代中国所面临的民族危机以及中国人的"双重超越"理想为马克思主义在中国的传播奠定了思想基础；

第二，"十月革命一声炮响，给中国送来了马克思列宁主义"；

第三，马克思主义的内在逻辑与中国哲学的辩证思想相契合，中国特色赋

---

[1] 王浩斌：《社会主义社会文明及其现代化的研究述评》，载《济源职业技术学院学报》，2009年第4期。

[2] 《马克思恩格斯文集》第1卷，北京：人民出版社，2009年。

[3] 《马克思恩格斯文集》第1卷，北京：人民出版社，2009年。

予马克思主义以内在的生机与活力;

第四,改革开放的实践证明,只有马克思主义中国化才能发展中国,才能发展社会主义。

缺少马克思主义,中国就没有现代化的标尺,就失去了现代化的目标和方向。同样,中国的现代化也不能没有本土文化。抛弃本土文化会使马克思主义失去内在的生机和活力,中国的现代化也终将无法实现。

历史的实践已经证明,现代中国的建立正是在引入马克思主义理论之后才发生的。正是由于中国共产党将马克思主义与中国社会的现实实际紧密结合在了一起,创造了中国化的马克思主义,中国社会才可能摆脱腐朽、落后的封建社会,进入到社会主义社会中。

(四)马克思主义过时了吗?

马克思主义理论本身需要创新,这是马克思本人一贯的理论风格。"马克思主义为什么有那么强大的生命力,有那么强大的影响力,就在于它是一种活的理论,是一种不断发展的理论。所以这个理论要创新,并不意味着马克思主义过时了,我们才去创新。对马克思的个别结论,我们要跟着实践的变化去调整,但是对它的基本理论、基本方法,我们始终要坚持。"[①]

此外,"资本主义在发展过程中,实际上是马克思所作出的一些结论包括对资本主义的批判,才深深地引起了西方世界一些政治家和思想家的警醒……而每当资本主义出现了一些重大问题的时候,人们会想起马克思"[②]。

如何发挥马克思主义在当代青年中的感召力?

第一,在实践中探寻马克思主义真理性和价值性的统一。

第二,科学的世界观和方法论,以及先进的政党组织,是马克思主义赋予人民群众开展斗争,争取现实幸福的两件武器。

第三,青年人积极参加到社会实践中去,在实践中学习马克思主义的方法、践行马克思主义的精神。

[①] 《马克思的思想在当今社会依然闪耀着光辉》,2018 年 5 月 4 日,http://news.cri.cn/20180504/96378b70-350b-835d-868d-7b5048d8be4f.html。

[②] 《马克思的思想在当今社会依然闪耀着光辉》,2018 年 5 月 4 日,http://news.cri.cn/20180504/96378b70-350b-835d-868d-7b5048d8be4f.html。

五、什么是社会主义核心价值观

社会主义核心价值观是社会主义核心价值体系的内核,是实现中国梦的价值引领。研究和探索当代中国社会主义核心价值观,对于巩固马克思主义指导地位,提升国家文化软实力,引领社会思潮、凝聚社会共识与推进中国特色社会主义伟大事业,具有重大意义。

(一)社会主义核心价值观概念内涵

1. 概念

社会主义核心价值观是指人们从自身的需要与社会主义能否满足人的需要以及怎样满足人的需要的角度,对社会主义价值的构成、标准、性质与评价的基本态度与总体看法,考察与评价各种物质的、精神的现象以及主体的行为对社会与个人的意义。社会主义核心价值观是社会主义核心价值体系的内核,体现社会主义核心价值体系的根本性质和基本特征,反映社会主义核心价值体系的丰富内涵和实践要求,是社会主义核心价值体系的高度凝练和集中表达。核心价值体系是社会主义核心价值观的存在基础、展开形态和重要载体,两者相互依存、相互作用、相辅相成、有机统一。

2. 内涵

从党的十六届六中全会提出建设社会主义核心价值体系的命题,到党的十七大和十七届六中全会又先后对这一重大时代课题进行深刻阐述,再到党的十八大明确提出"三个倡导",表明我们党对建设社会主义核心价值体系的认识逐步深化。

党的十八大对社会主义核心价值观的新提法,集中体现了社会主义核心价值体系的丰富内涵和实践要求,成为我们党理论创新的一大亮点。这个概括,顺应了建设社会主义文化强国的需要与社会各界对简洁明晰社会主义核心价值观的热盼,同时也丰富了中国特色社会主义理论体系的思想宝库。

党的十八大提出"倡导富强、民主、文明、和谐,倡导自由、平等、公正、法治,倡导爱国、敬业、诚信、友善,积极培育和践行社会主义核心价值观"。党的十八大提出的"三个倡导",分别从国家制度层面、社会集体层面与公民个人层面概括了全党全社会的价值共识,形成了社会主义核心价值观"三位一体"的科学内涵。三个层面:富强、民主、文明、和谐是国家层面的价值目标;自由、平等、公正、法治是社会层面的价值取向;爱国、敬业、诚信、友善是个人层面的价值准则。这三个层面规范了我们国家、社会与个人的核心价值追求,反映了全国各族人民共同的价值诉求与理想信念,具有鲜明的中国特色,构成了一个具有紧密联系的逻辑整体。

(1) 国家制度层面:倡导富强、民主、文明、和谐

富强、民主、文明、和谐,是我国社会主义现代化国家的建设目标,反映了中国特色社会主义在精神与价值层面的内在规定性,体现了社会主义政治、经济、文化、社会与生态全方位的价值诉求。

① 富强是社会主义现代化国家经济建设的核心价值。富强即民富国强,意味着将实现人民群众共同富裕、提高生产力、增强国家的综合国力作为社会主义社会经济追求的价值目标,也是中华民族梦寐以求的美好夙愿。

② 民主是人类社会的美好诉求。民主既是一种保证人民当家作主的政治制度,又是一种体现人民民主的价值理念。

③ 文明是社会主义现代化国家社会进步的重要标志。文明是社会进步的重要标志,是社会主义现代化建设的重要组成部分,彰显了社会主义的内在诉求。

④ 和谐是社会主义现代化国家在社会建设方面的价值诉求。

(2) 社会集体层面:倡导自由、平等、公正、法治

自由、平等、公正、法治,是对美好社会的生动表述,体现了马克思主义的基本要求,反映了我国社会主义社会不懈追求的理想价值属性,也是我们党矢志不渝、长期实践的核心价值理念。

① 自由是社会主义社会的价值目标。自由是马克思主义追求的社会价值目标,是人类对美好社会的憧憬与共同追求,是社会主义的价值指向与价值旨归,也是"富强民主文明和谐"的现实目标所追求的最高价值。

② 平等是社会主义社会的基本保障。平等是人类不懈的社会价值追求,是社会主义的重要价值导向。

③ 公正是社会主义社会的根本价值理念。公正的本质含义是均衡与合理。

④ 法治是实现自由、平等、公正的基本前提。法治是治国理政的基本方式,建立法治国家已成为当代许多政治家的不懈追求。

(3) 公民个人层面:倡导爱国、敬业、诚信、友善

爱国、敬业、诚信、友善,是我国公民必须恪守的基本道德规范,是中华民族传统美德、社会主义道德与中国共产党人革命道德的精华,也是我们党对马克思主义公民道德与价值理念的新发展。

① 爱国是公民的社会美德。爱国就是热爱自己的祖国。

② 敬业是公民的职业道德。敬业是对公民职业行为准则的价值评价,是职业道德的集中反映。

③ 诚信是人的基本德性。诚信即诚实守信,是中华民族的传统美德,是中国人引以为豪的道德品质,也是社会得以有序运行的伦理基础。

④ 友善是人的善良和宽容凝聚的一种宽厚的德性。

(二) 社会主义核心价值观社会认同的必要性

1. 必要性

文化全球化带给我国社会主义文化建设的巨大震动加剧了我国传统文化的解构,西方文化的浸透和民族传统文化的退化使得相当一部分人在两者价值理念之间游离,导致人们的价值认同发生迷茫、困惑和异化。在市场经济社会里,社会群体的分层性导致社会利益主体的多样性,不同的社会利益主体在社会里代表着不同的价值取向,扮演着不同的角色,使得人们对社会价值的认同也呈现多样性。因此,社会需要一种价值观去引导、规范和调和各个社会利益群体,使之在最大范围内成为社会共识。

2. 社会主义核心价值体系社会认同的意义

一方面,社会主义核心价值观的社会认同能够坚定马克思主义的信仰,增强国家和社会的凝聚力和向心力,为社会全面发展提供精神导航和目标指引。

另一方面,社会主义核心价值观的社会认同能够满足社会个体追求自我发展的内在需求,为他们个人发展提供身份认同感和归属感,满足他们追求社会尊重和社会认可的需要。

（三）社会主义核心价值观的培育与践行

当代中国社会主义核心价值观的培育和践行，具体表现在以下几个方面：

其一，坚持马克思主义的指导地位。培育和践行社会主义核心价值观必须以马克思主义为指导，这是由于马克思主义揭示了人类社会发展的客观规律，是科学的世界观与方法论，具有强大的生命力和感召力，是指引人们推动社会进步、创造美好生活的科学理论，也是当代中国社会主义核心价值观的理论基础。

其二，发展民族的、科学的、大众的文化。坚持社会主义先进文化的民族性；坚持社会主义先进文化的科学性；坚持社会主义先进文化的大众性。

其三，发展面向现代化、面向世界、面向未来的文化。培育当代中国社会主义核心价值观必须处理好民族性和世界性、传统和现代、现实和未来的关系，摒弃那种因循守旧、故步自封的观点，而要做到与时俱进，把握好时代发展的主流与方向。

其四，坚持以人为本，以人民群众的根本利益为旨归，充分发挥人民群众的积极性、主动性与创造性，促进人的自由全面发展。

其五，坚持海纳百川、兼容并蓄的原则，既要继承世界文明成果，也要继承中华民族优秀传统。

当今时代，全球化对社会主义核心价值观既是挑战又是机遇。因此，我们应该学会科学地分析、辩证地看待。培育和践行社会主义核心价值观是一项艰巨的社会系统工程，它是在复杂的国际国内背景下展开的，具有长期性、艰巨性与复杂性的特点。

我们有理由相信，通过党、政府、社会与广大民众的不懈奋斗，在不久的将来，当代中国社会主义核心价值观的培育和践行必将结出累累硕果。中国特色社会主义核心价值观的发展前景必将更加广阔、更加辉煌。

六、如何用社会主义核心价值观引领社会思潮

2014年5月，习近平总书记在视察北京大学时指出："如果一个民族、一个国家没有共同的核心价值观，莫衷一是，行无依归，那这个民族、这个国家就无

法前进。"①培育弘扬、教育引导社会主义核心价值观,是教育工作的最基础任务,必须打下坚实的基础和稳固的根基,使青年一代学习好社会主义核心价值观,以此来应对当前形势下复杂多变的国际局势和多元化的社会思潮。

(一)当代社会思潮的主要特征

社会思潮属于一般意识形态,也是由于社会存在的基本反映。一般而言,社会思潮主要是对社会政治意识、价值思想的反映,它一般呈现出多元化、复杂化的特点,会对人们的一般价值选择产生一定的影响。因此,在新时代中国特色社会主义建设过程中,社会思潮必须受到马克思主义的引导,需要主流意识形态的规范。当社会思潮与主流意识形态发生冲突时,需要由主流意识形态加以引导、规范,不可放任其自流。

目前,国内外的社会思潮大致区分下有十类,分别是:民族主义、历史虚无主义、新自由主义、民粹主义、新左派、普世价值论、新儒家、生态主义、极端主义和道德相对主义。这些思潮中,有一些是我国自身社会意识形态与西方思想交流之下而产生的,也有一些是西方社会中的社会思潮。有些社会思潮对于我国社会文化发展,有一定的积极作用,但是有些社会思潮,如所谓"历史虚无主义""民族主义""新自由主义""普世价值论"则对我国的社会主义建设起到了阻碍的负面效应。目前,在高校中,学生对于社会思潮的认同度有着不同的表现,认同社会主义核心价值观与其他社会思潮之间存在着一些负相关关系,这就说明,我们必须要加强社会主义核心价值观对于社会主要思潮的引导和规范,从而加强大学生自身政治素养的建设。

(二)习近平总书记对于核心价值观的重要理论表述

2014年的纪念五四运动期间,习近平总书记访问了北京大学,并与北京大学师生召开座谈会,在这次座谈中,习近平总书记就核心价值观对于一个民族、国家,对于高等教育,对于青年学习的重大意义,作出了明确的指示。在这次座谈中,他谈到:

人类社会发展的历史表明,对一个民族、一个国家来说,最持久、最深层的力量是全社会共同认可的核心价值观。核心价值观,承载着一个民族、一个国

---

① 习近平:《青年要自觉践行社会主义核心价值观——在北京大学师生座谈会上的讲话》,载《人民日报》,2014年5月4日,第1版。

家的精神追求，体现着一个社会评判是非曲直的价值标准。

古人说："大学之道，在明明德，在亲民，在止于至善。"核心价值观，其实就是一种德，既是个人的德，也是一种大德，就是国家的德、社会的德。国无德不兴，人无德不立。如果一个民族、一个国家没有共同的核心价值观，莫衷一是，行无依归，那这个民族、这个国家就无法前进。这样的情形，在我国历史上，在当今世界上，都屡见不鲜。

我国是一个有着13亿多人口、56个民族的大国，确立反映全国各族人民共同认同的价值观"最大公约数"，使全体人民同心同德、团结奋进，关乎国家前途命运，关乎人民幸福安康。

每个时代都有每个时代的精神，每个时代都有每个时代的价值观念。国有四维，礼义廉耻，"四维不张，国乃灭亡。"这是中国先人对当时核心价值观的认识。在当代中国，我们的民族、我们的国家应该坚守什么样的核心价值观？这个问题，是一个理论问题，也是一个实践问题。经过反复征求意见，综合各方面认识，我们提出要倡导富强、民主、文明、和谐，倡导自由、平等、公正、法治，倡导爱国、敬业、诚信、友善，积极培育和践行社会主义核心价值观。富强、民主、文明、和谐是国家层面的价值要求，自由、平等、公正、法治是社会层面的价值要求，爱国、敬业、诚信、友善是公民层面的价值要求。这个概括，实际上回答了我们要建设什么样的国家、建设什么样的社会、培育什么样的公民的重大问题。

中国古代历来讲格物致知、诚意正心、修身齐家、治国平天下。从某种角度看，格物致知、诚意正心、修身是个人层面的要求，齐家是社会层面的要求，治国平天下是国家层面的要求。我们提出的社会主义核心价值观，把涉及国家、社会、公民的价值要求融为一体，既体现了社会主义本质要求，继承了中华优秀传统文化，也吸收了世界文明有益成果，体现了时代精神。

富强、民主、文明、和谐，自由、平等、公正、法治，爱国、敬业、诚信、友善，传承着中国优秀传统文化的基因，寄托着近代以来中国人民上下求索、历经千辛万苦确立的理想和信念，也承载着我们每个人的美好愿景。我们要在全社会牢固树立社会主义核心价值观，全体人民一起努力，通过持之以恒的奋斗，把我们的国家建设得更加富强、更加民主、更加文明、更加和谐、更加美丽，让中华民族以更加自信、更加自强的姿态屹立于世界民族之林。

建设富强民主文明和谐的社会主义现代化国家,实现中华民族伟大复兴,是鸦片战争以来中国人民最伟大的梦想,是中华民族的最高利益和根本利益。今天,我们13亿多人的一切奋斗归根到底都是为了实现这一伟大目标。中国曾经是世界上的经济强国,后来在世界工业革命如火如荼、人类社会发生深刻变革的时期,中国丧失了与世界同进步的历史机遇,落到了被动挨打的境地。尤其是鸦片战争之后,中华民族更是陷入积贫积弱、任人宰割的悲惨状况。这段历史悲剧决不能重演!建设富强民主文明和谐的社会主义现代化国家,是我们的目标,也是我们的责任,是我们对中华民族的责任,对前人的责任,对后人的责任。我们要保持战略定力和坚定信念,坚定不移走自己的路,朝着自己的目标前进。

中国已经发展起来了,我们不认可"国强必霸"的逻辑,坚持走和平发展道路,但中华民族被外族任意欺凌的时代已经一去不复返了!为什么我们现在有这样的底气?就是因为我们的国家发展起来了。现在,中国的国际地位不断提高、国际影响力不断扩大,这是中国人民用自己的百年奋斗赢得的尊敬。想想近代以来中国丧权辱国、外国人在中国横行霸道的悲惨历史,真是形成了鲜明对照!

中华文明绵延数千年,有其独特的价值体系。中华优秀传统文化已经成为中华民族的基因,植根在中国人内心,潜移默化影响着中国人的思想方式和行为方式。今天,我们提倡和弘扬社会主义核心价值观,必须从中汲取丰富营养,否则就不会有生命力和影响力。比如,中华文化强调"民惟邦本""天人合一""和而不同",强调"天行健,君子以自强不息","大道之行也,天下为公";强调"天下兴亡,匹夫有责",主张以德治国、以文化人;强调"君子喻于义","君子坦荡荡","君子义以为质";强调"言必信,行必果","人而无信,不知其可也";强调"德不孤,必有邻","仁者爱人","与人为善","己所不欲,勿施于人","出入相友,守望相助","老吾老以及人之老,幼吾幼以及人之幼","扶贫济困","不患寡而患不均";等等。像这样的思想和理念,不论过去还是现在,都有其鲜明的民族特色,都有其永不褪色的时代价值。这些思想和理念,既随着时间推移和时代变迁而不断与时俱进,又有其自身的连续性和稳定性。我们生而为中国人,最根本的是我们有中国人的独特精神世界,有百姓日用而不觉的价值观。我们提倡的社会主义核心价值观,就充分体现了对中华优秀传统文化的传承和升华。

价值观是人类在认识、改造自然和社会的过程中产生与发挥作用的。不同民族、不同国家由于其自然条件和发展历程不同,产生和形成的核心价值观也各有特点。一个民族、一个国家的核心价值观必须同这个民族、这个国家的历史文化相契合,同这个民族、这个国家的人民正在进行的奋斗相结合,同这个民族、这个国家需要解决的时代问题相适应。世界上没有两片完全相同的树叶。一个民族、一个国家,必须知道自己是谁,是从哪里来的,要到哪里去,想明白了、想对了,就要坚定不移朝着目标前进。[1]

社会主义核心价值观涉及国家层面、社会层面和公民层面。习近平总书记关于核心价值观的重要表述,还体现在很多重要的讲话中,例如:

"爱岗敬业、争创一流,艰苦奋斗、勇于创新,淡泊名利、甘于奉献"的劳模精神,生动诠释了社会主义核心价值观,是我们的宝贵精神财富和强大精神力量。[2]

"在社会主义核心价值观中,最深层、最根本、最永恒的是爱国主义。"[3]

"我们倡导的富强、民主、文明、和谐,自由、平等、公正、法治,爱国、敬业、诚信、友善的社会主义核心价值观,体现了古圣先贤的思想,体现了仁人志士的夙愿,体现了革命先烈的理想,也寄托着各族人民对美好生活的向往。"[4]

这些重要讲话,都说明了我们必须应用社会主义核心价值观来引领社会思潮。

(三)如何用社会主义核心价值观引领社会思潮

首先,坚持马克思主义的指导地位不动摇。习近平总书记在2016年的哲学社会科学工作座谈会上指出:

---

[1] 习近平:《青年要自觉践行社会主义核心价值观——在北京大学师生座谈会上的讲话》,载《人民日报》,2014年5月4日,第1版。

[2] 习近平:《在庆祝"五一"国际劳动节暨表彰全国劳动模范和先进工作者大会上发表重要讲话(2015年4月28日)》,载《兵团工运》,2015年第5期。

[3] 习近平:《在文艺工作座谈会上发表重要讲话》,新华社北京2014年10月14日电。

[4] 习近平:《从小积极培育和践行社会主义核心价值观——在北京市海淀区民族小学主持召开座谈会时的讲话》,新华社北京2014年5月30日电。

"坚持以马克思主义为指导,是当代中国哲学社会科学区别于其他哲学社会科学的根本标志,必须旗帜鲜明加以坚持。马克思主义尽管诞生在一个半多世纪之前,但历史和现实都证明它是科学的理论,迄今依然有着强大生命力。马克思主义深刻揭示了自然界、人类社会、人类思维发展的普遍规律,为人类社会发展进步指明了方向;马克思主义坚持实现人民解放、维护人民利益的立场,以实现人的自由而全面的发展和全人类解放为己任,反映了人类对理想社会的美好憧憬;马克思主义揭示了事物的本质、内在联系及发展规律,是'伟大的认识工具',是人们观察世界、分析问题的有力思想武器;马克思主义具有鲜明的实践品格,不仅致力于科学'解释世界',而且致力于积极'改变世界'。在人类思想史上,还没有一种理论像马克思主义那样对人类文明进步产生了如此广泛而巨大的影响。"

"马克思主义进入中国,既引发了中华文明深刻变革,也走过了一个逐步中国化的过程。在革命、建设、改革各个历史时期,我们党坚持马克思主义基本原理同中国具体实际相结合,运用马克思主义立场、观点、方法研究解决各种重大理论和实践问题,不断推进马克思主义中国化,产生了毛泽东思想、邓小平理论、'三个代表'重要思想、科学发展观等重大成果,指导党和人民取得了新民主主义革命、社会主义革命和社会主义建设、改革开放的伟大成就。我国哲学社会科学坚持以马克思主义为指导,是近代以来我国发展历程赋予的规定性和必然性。在我国,不坚持以马克思主义为指导,哲学社会科学就会失去灵魂、迷失方向,最终也不能发挥应有作用。正所谓'夫道不欲杂,杂则多,多则扰,扰则忧,忧而不救'。"①

其次,要重视宣传工作,大力拓展社会主义核心价值观的宣传教育渠道。与此同时,也要注意处理好社会主义核心价值观与自由人格培养之间的关系,使学生打心眼里认同社会主义核心价值观,并以实际行动践行社会主义核心价值观。

---

① 习近平:《在哲学社会科学工作座谈会上的讲话》,载《人民日报》,2016年5月19日,第2版。

动 态 模 块

七、现代化过程中传统文化面临的机遇和挑战

从总体上看,国内前所未有的大变革、国际上方兴未艾的全球化浪潮等为优秀的传统文化的现代化过程带来诸多良好机遇,同时也提出了前所未有的挑战。机遇包括国内机遇和国际机遇,相应的挑战也包括国内挑战和国际挑战。

(一) 现代化过程中中国传统文化面临的国内机遇

中国共产党新时期的高度文化自觉为中国传统文化的现代性转化体系提供了内在动力。

文化建设,特别是先进文化的建设对于民族优秀传统文化是非常重要的。社会发展的规律告诉我们,任何社会只有经济的发展和物质财富的积累是不够的,文化的建设同等重要,甚至在一定意义上讲,精神层面具有更加重要的意义,这个意义就在于它是人们存在的意义的根本。而文化的建设不能割断历史和传统,必须是在传统的基础上进行尝试和创新。对文化建设、特别是先进文化的建设的认识更加全面和深入,体现了高度的文化自觉意识。

文化自觉使我们对本民族的传统文化有了更加全面和深刻的认识。文化自信源于文化自觉,只有对本民族文化的过去、现在和未来有着充分的全面的和科学辩证的认识,才能够自觉、自信、义无反顾地以本民族文化为基础,大胆进行创新和创造。因此,全民族的文化自觉将为传统文化的现代化、中华文化

的新发展提供强大的内在动力。

改革开放以来经济又好又快发展为在优秀传统文化基础上坚持和发展中国特色社会主义理论体系提供了重要的基础条件。

经济的发展并不必然带来文化的繁荣和思想的进步,但没有一定的经济基础和在此基础上的综合国力的提升,文化的繁荣和思想的进步就没有强大的实体力量的支撑。因此,经济发展是文化繁荣和思想进步的基础条件。费孝通先生在20世纪末曾经提出:"文化特色的发扬,离不开强盛的国力和文化宽容的环境。如果我们有理由认为,中华民族在新世纪中又将进入一个强盛和民主的时期,我们就应该意识到,生活在新世纪中的中国人正面临着一个充分发扬中华文化特色的历史机遇的到来。"[①]今天,我们完全有理由认为,中华民族继历史上的汉唐盛世之后已进入一个强盛和民主的时期,这为我们充分发扬中华文化特色提供了难得的历史机遇。而中华文化的大发展大繁荣又是中国特色社会主义理论体系丰富和发展的内在要求。

(二)现代化过程中中国传统文化面临的国际机遇

当今世界已进入全球化的时代,经济全球化为中国文化走向世界提供了前所未有的机遇。中国加入世贸组织以来,经济快速发展,这为中国文化走出去打下了良好的经济基础。在同世界各国和地区的经济往来中,文化的重要性也越来越凸显。

文化不仅仅是服务于一定经济基础的上层建筑,更是一个民族、一个国家的象征,是经济发展的互动体。当今世界,文化力量(即约瑟夫奈所说的文化"软实力")已经成为衡量一个国家、民族或地区的综合实力的重要方面。因此,在经济交往中体现出来的文化力量也是综合国力的重要方面,甚至是更加重要的方面。中国文化在世界舞台上的形象深刻影响着世界人民对中国共产党领导下的中国人民及中国文化的认知。提高中国"软实力"就是要向世界展示一个充满活力、富有魅力、极具亲和力的中国文化形象。而要做到这一点,优秀民族传统文化可以起到重要的作用。这一方面促使世界能够站在国际化的高度来看待中国文化,也使我们能够有更高的全球性视野来审视和反思自

---

① 费孝通:《中华文化在新世纪面临的挑战》,载《文艺研究》,1999年第1期。

己的文化。

经济全球化使不同国家和地区的交流空前频繁,在加强各国的经济交往的同时也加强了各国的文化交流,在经济全球化的基础上形成了文化全球化的趋势。

全球化背景下的世界文化发展态势应是各民族文化在交流过程中相互吸收其世界性价值而又保持其本土特色的"各美其美,美美与共"的过程。

文化全球化的到来,促使我们更加自觉地认识自己的文化,认识我们民族文化的过去、现在和未来,从而确立正确的文化意识,通过实现传统文化的时代化来创造我们的中华新文化。同时,文化全球化使我们在同世界各国文化的交流融通中,互通有无,相互学习,吸收异质文化中的普遍性价值,把中国文化中的有益价值传播到世界各地,从而有利于实现我们民族文化的世界化。

(三)现代化过程中中国传统文化面临的国内挑战

一个半多世纪以来的社会变革使传统文化受到了前所未有的冲击。自近代中国社会落后于西方以来,中国人就一直在寻找一条强国之路,及至鸦片战争后逐步沦为半殖民地半封建社会,到后来的帝国主义列强侵凌,国人更是急于寻求救国救民之道。中国传统文化(以传统价值观念为核心)受到了前所未有的挑战。先是在"五四"运动中受到了严重冲击,然后是在新民主主义革命和社会主义革命中受到了革命文化的冲击,更为严重的是,经过"文化大革命"的"洗礼",优秀传统文化及文化传统几乎中断,而传统文化中愚昧、迷信权威、盲目崇拜、专制、官僚主义等负面的东西却戴着"革命"的面纱泛滥起来。中国人对蕴含在传统文化中的价值观念产生了无所适从之感。

虽然,改革开放至今,在理论方面和政策方针等方面,中央屡屡强调"两手抓,两手都要硬",弘扬祖国优秀传统文化、在优秀传统文化的基础上建设社会主义先进文化、中华民族新文化,并制定了一系列文化发展战略,但在实践层面上,仍然存在难以将优秀传统文化融入新文化的建设中等问题。

社会主义市场经济在带来一系列福祉的同时,其负面影响也使传统文化在很大程度上陷入困境。由于市场经济具有追求物质利益的本性,其对社会的负面影响使它与当代中国的文化发展特别是传统文化的现代化之间存在着诸多矛盾,从而对传统文化的现代化提出了严峻的挑战。

市场经济的利益(物质利益)最大化原则对中国传统的"义以为上""以义制利"的价值观提出了挑战,特别是在法制不够健全的情况下,人们的价值观发生了极大的扭曲,在物质利益面前,人们已经难以坚守传统的义利观,甚至许多人为了利益屡屡突破道德底线乃至法律底线。价值观的扭曲导致个人私欲膨胀、利己主义、极端个人主义、享乐主义、消费主义、拜金主义、物质主义等不一而足。人们不仅失去了个人的精神家园,也失去了共同的精神家园。我们不断向世界输出日益完善的物质产品,精神产品匮乏、精神财富缺失却也是事实。导致中国人物质不断富裕、精神日益贫乏的原因很复杂,其中急于解决亿万百姓的吃饭问题而埋头于经济发展,并以物质生产为核心,占领国际消费市场等而导致物质文明与精神文明建设一手硬、一手软是一个重要原因。

(四)现代化过程中中国传统文化面临的国际挑战

文化全球化的过程从起步开始就具有不平等性。西方发达国家(尤其是美国)凭借其强大的政治经济实力通过电影、电视、广播、互联网、书刊等各种媒介,在全球范围内推行其价值观念、思维方式、社会制度、意识形态和生活方式等,以其文化强权干涉别国的文化观念特别是政治观念,通过其文化霸权达到政治霸权,从而获得经济霸权的目的。在这样的背景下,包括中国在内的广大发展中国家在世界上缺乏话语权,因而在文化上处于弱势的地位,有逐渐被边缘化甚至失去文化自主性的危险。这种由少数国家文化霸权主导的文化全球化趋势使世界文化多样性受到威胁,对中国来说,就表现为以传统文化为基础和民族特色的以社会主义先进文化为主导的中华文化受到威胁。

文化全球化使民族国家文化认同出现危机。"文化认同是一种身份的构建和归属,反映了一种共同体意识,是一个国家和民族得以存在和发展的基础,也是一个民族国家富有凝聚力的保障。"[1]我们的文化认同表现为对积多年文明史而形成的中华民族的基本价值和文化符号的认同。几千年来,正是这

---

[1] 卫灵:《增强中华文化认同缘何重要》,载《人民论坛》,2019年第7期。

些不断积淀和发展的民族文化认同,使中华民族的成员不论身处何地,都同甘苦共命运,使中华民族屹立数千年而不倒,中华文化绵延数千年而从未中断。而中华民族的文化认同在全球化背景下出现了严重的危机。

八、继承和发扬传统文化的时代意义

中华文化渊源流长,是人类文明史上的璀璨明珠。中国是世界上唯一文明没有中断的国家,拥有着五千年的灿烂文化。博大精深和兼收并蓄是中华文化的两个重要特征,也是中华文化得以渊源流传的重要原因。今天,中国建设社会主义文化强国,走进世界舞台的中央,必须坚持中国道路自信、制度自信、理论自信,最核心的部分还是文化自信。中国坚持"四个自信",就必须要传承和弘扬中华民族优秀传统文化,促进传统文化的创造性转化和创新性发展,以适应社会发展的需要,体现时代精神的精华。

(一)中华民族优秀传统文化的内涵和内容

文化的产生,是与人类的文明联系在一起的。文化的界定,一直众说纷纭,有着各种不同的见解。一般而言,文化的定义,有着广义和狭义之分。广义上的文化,是人类文明的直接体现,包含着多种形式,物质文明、政治文明和社会文明等。狭义的文化,是除了物质之外的所有精神产品和物质载体。文化的概念不是一成不变的,文化也在随着社会的发展不断变迁。在马克思看来,文化是作为一种社会意识,是社会存在的客观的反映。文化是人类所独有的,它具有属人性的特质,它会因为文化主体的视角、评价维度、价值取向而在发生变化。按照文化的层次来区分,可以分为物态文化、制度文化、行为文化、心态文化四种类型。按照文化的功能来划分,可以分为物质文化、政治文化和精神文化。目前,学界普遍认为,文化是相对于政治、经济而言的人类全部精神活动及其活动产品。

中华民族传统文化是一个复合性概念,是中华民族、传统、文化三个词语组成的复合词。首先中国是一个地理意义上的概念,在几千年的文化传承里,内涵不断变化,最终形成近代中国版图的所辖范围。中国是由统一的多民族组合而成的,中华民族是统一多民族国家最显著的特征。传统是世代延续,从历史沿传下来的思想、文化、道德、风俗、艺术、制度以及行为方式等,具有长期的稳定性。"传统就是一个人的血肉之躯,一种禀赋了始祖历经千万年磨砺,传延至今的优秀神经脉络。"① 中华民族传统文化顾名思义就是中华民族具有传统性的文化和中国特点的传统文化。"中华民族"突出了文化具有的民族属性,体现了中华民族的创造性,指明中华民族是中华民族传统文化的创作主体,"我们的人民是伟大的人民。在漫长的历史进程中,中国人民依靠自己的勤劳、勇敢、智慧,开创了民族和睦共处的美好家园,培育了历久弥新的优秀文化。"② 而"传统文化"则体现文化的历史继承性,中华民族传统文化是民族性和继承性的统一。中华民族传统文化主要指"中华民族在历史发展过程中传承下来的、能够影响整个社会的、具有相对稳定性的精神成果的总和。"③

中国传统文化有着鲜明的基本特征:第一,以德性修养为安身立命之本;第二,以中庸为基本处世之道;第三,以耕读传家为根本的治家之道;第四,以经学为治学之根本;第五,以义利合一为基本的价值追求;第六,以直观意象为基本的思维方式。④ 中国传统文化的这些特征体现了中华民族传统文化顽强的生命力和兼收并蓄的会通精神,中国传统文化主张"天人合一",追求"天人和谐",始终体现着"以人为本"的人文关怀和人文精神。中国传统文化的基本精神包含以"天下国家为己任的爱国精神、追求崇高的人格精神、刚健有为的进取精神、厚德载物的兼容精神。"⑤

综上所述,中国传统文化指的是"以中华民族为创造主体、与晚清以前,在中国这片土地上形成和发展起来的,具有鲜明特色和稳定结构的,世代传承并影响整个社会历史的,宏大的古典文化体系。"⑥

中华民族传统文化博大精深,有着丰富的内容。中国作为一个地理意义上的概念,是与国家政权联系在一起的,从远古部落组织开始到清王朝覆灭,

---

① 曾加荣:《中国传统文化概要》,成都:电子科技大学出版社,2015年,第9页。
② 习近平:《人民对美好生活的向往就是我们的奋斗目标》,载《人民日报》,2012年11月15日,第1版。
③ 杨菀:《浅论优秀传统文化的精神价值与时代意义》,载《领导科学论坛》,2017年第15期。
④ 张应杭、蔡海榕主编:《中国传统文化概论》,杭州:浙江大学出版社,2016年,第18—20页。
⑤ 钟明善等:《中国传统文化精义》,西安:西安交通大学出版社,2001年。
⑥ 赵洪恩主编:《中国传统文化通论》,北京:人民出版社,2016年,第7页。

形成了不同时期的历代文化,按照历史的发展,总共包括下面几种文化:远古文化、夏商周文化、春秋战国文化、秦汉文化、魏晋南北朝文化、隋唐文化、五代两宋文化、辽西夏金元文化、明清文化。中国地大物博、幅员辽阔,也形成了独特的地域文化,按照地域划分,中国形成了中原、齐鲁、荆楚、关中、晋、燕赵、吴越、岭南等文化。随着文明的交替演变,文化的类型也逐渐专门化,按照专题划分,主要分为中国古代文学传统、中国古代史学传统、中国古代哲学传统、中国古代宗教传统、中国古代伦理道德传统、中国古代的艺术传统、中国古代教育传统、中国古代的科技文化传统等。中国作为统一的多民族国家,每个民族都有自己的文化传统,形成了藏族文化、满族文化、回族文化、壮族文化、维吾尔族文化、蒙古族文化等等。

中华民族优秀传统文化来源于中华民族的历史实践,是中华民族在几千年历史发展过程中所产生的包括儒家思想在内的思想文化的总和,是多种思想和学说之间相互交流融合、同其他文化不断交流互鉴而形成的文化。今天,我们"要认真汲取中华优秀传统文化的思想精华和道德精髓,大力弘扬以爱国主义为核心的民族精神和以改革创新为核心的时代精神,深入挖掘和阐发中华优秀传统文化讲仁爱、重民本、守诚信、崇正义、尚和合、求大同的时代价值。"[①]中华优秀传统文化包括中国传统"仁爱"思想、"民本"思想、"诚信"观念、义利观、和合文化和大同思想。

"仁爱"思想。"仁爱"在中国传统文化中具有丰富的意涵。先秦时期,在诸子百家那里,具有不同的表现。在孔子看来,"仁"就是"爱人";孟子提出"仁民爱物"的主张,他认为"君子之于物也,爱之而弗仁;于民也,仁之而弗亲。亲亲而仁民,仁民而爱物。"[②];墨子提出"兼爱非攻"的思想。宋明理学时期,张载认为"天者仁之全体,仁者天之心,一也"[③],"万物本一"而又"一体归仁"。朱熹认为"此心爱物,是我之仁;此心爱物,是我之义"[④],"仁"就是"爱物","爱物"是因为人有"仁义"之心。"仁爱"思想在中国传统文化中有着重要的地位和作

---

① 习近平:《把培育和弘扬社会主义核心价值观作为凝魂聚气强基固本的基础工程》,载《人民日报》,2014年2月26日,第1版。
② 鲁国尧、马智强:《孟子注评》,南京:凤凰出版社,2006年,第249页。
③ 张载:《张子正蒙》,(清)王夫之注,汤勤福导读,上海:上海古籍出版社,2000年,第110页。
④ 黎靖德:《朱子语类》卷15,北京:中华书局,1981年,第296页。

用,是道德伦理传统的基本要求,是以儒家入世哲学的精髓之所在,今天,对于提高公民的道德素质,加强社会思想文化建设起到重要的作用。

"民本"思想。中国传统文化注重以民为本的理念,在政治上的体现最为明显。所谓民本,就是指"民众与君主的关系犹如根与树的关系,百姓是树根,国家是树干,君主只是树枝。国家只有得到民众的支持才能稳定,君主的权力只有得到百姓的拥护才能巩固。"[①]作为统治者,要"爱民""利民",顺从"民意"。中国政治文化提倡"民为邦本,本固邦宁"的主张,注重人民在国家中的地位和作用。"水能载舟亦能覆舟",要求统治者要顺应民意,执政为民。孟子提出"民贵君轻"的社会政治理想,具有浓厚的民本主义色彩,对中国的政治体制和社会进步有着积极的影响。

"诚信"观念。"诚信"是"诚"与"信"的复合型概念,"诚"是人的内在德性,"信"是人的"诚"外在体现,具体表现为"讲信义、守信用、重承诺、言行一致"等等。"诚信"观念,发源于春秋战国时期。"谢于诚归"(《诗经·大雅·崧高》),"诚哉是言"(《论语·子路》)等。"人无不信而立","诚与信是分而为二。合二为一的道德规范"[②],"诚信"是中华民族的传统美德,也是一切道德行为的重要保证,对于构建社会主义和谐社会,推进社会主义核心价值观有着重要的推动作用。

义利观。所谓"义利观"是指人们如何对待伦理道德和物质利益关系问题的观点。孔子提出,"君子义以为质、礼以行之"(《论语·卫灵公》)"见利思义,义然后取"(《论语·宪问》)。孟子认为,"生亦我所欲也,义亦我所欲也。二者不可兼得,舍生而取义也。"(《孟子·告子上》)孔孟的义利观体现了中国传统文化对道德伦理的重视,正确的义利观是君子所追求的道德品质。中国传统文化中的义利观体现了中国人民有"崇尚正义"的优良传统,也体现了中国人民"讲义气"的优秀品质,为今天构建社会主义和谐社会,正确处理人与人、人与社会、人与国家的关系,提供了重要的评价尺度。

和合文化。和合文化表达了"和谐""和睦"之意。"和谐"是中华文化的核心和精髓所在。"'和'的思想,强调世界万事万物都是由不同方面、不同要素

---

① 张岂之:《中国优秀传统文化核心理念读本》,北京:学习出版社,2014年,第177页。
② 张岂之:《中国优秀传统文化核心理念读本》,北京:学习出版社,2014年,第126页。

构成的统一整体。在这个整体中,不同方面、不同要素相互依存、相互影响、相异而合、相反相成"①。而"谐"则是强调在多元的世界中,事物之间的多个要素,在对立的基础上把握其有机统一。孔子强调"君子和而不同,小人同而不和"(《论语·子路》),老子提出"万物负阴而抱阳,冲气以为和"(《老子》第42章)。和合之意,象征着和平、和谐,推动着中华民族传统文化的发展,使得各民族文化交流互鉴成为可能。对整个世界而言,走和平发展道路,是世界各国应该坚持的国际准则,对于构建和谐世界有着重要的启示。

大同思想。"大同"一词,来源于《礼记·礼运》"大道之行也,天下为公,选贤与能,讲信修睦。故人不独亲其亲,不独子其子,使老有所终,壮有所用,幼有所长,矜寡孤独废疾者皆有所养。男有分,女有归。货恶其弃于地也,不必藏于己;力恶其不出于身也,不必为己。是故谋闭而不兴,盗窃乱贼而不作,故外户而不闭,是谓大同。""大同"思想体现了中国人民对理想社会的追求,是一种崇高的社会理想,对社会制度、管理体制、人际关系、社会保障、社会道德和劳动态度进行理想建构。当下,对于全面建成小康社会的目标有着重要的引领作用,同时也对于全球化的时代,"人类向何处去?"给出了中国方案,为推动构建人类命运共同体提供了思想资源和中国智慧。

(二)中华民族优秀传统文化的价值及时代意义

中华民族优秀传统文化是中国人民安身立命的精神家园,也是中华民族的血脉和根基所在。"中华优秀传统文化已经成为中华民族的基因,植根在中国人内心,潜移默化影响着中国人的思想方式和行为方式。"②

中国优秀传统文化"积淀着中华民族最深沉的精神追求,代表着中华民族独特的精神标识,是中华民族生生不息、发展壮大的丰厚滋养,是中国特色社会主义植根的文化沃土,是当代中国发展的突出优势,对延续和发展中华文明、促进人类文明进步,发挥着重要作用。"③党的十九大指出,"文化是一个国家、一个民族的灵魂。文化兴国运兴,文化强民族强。没有高度的文化自信,

---

① 李瑞环:《辩证法随谈》,北京:中国人民大学出版社,2007年,第376页。
② 习近平:《青年要自觉践行社会主义核心价值观——在北京大学师生座谈会上的讲话》,载《人民日报》,2014年5月5日,第1版。
③ 中共中央办公厅、国务院办公厅:《关于实施中华优秀传统文化传承发展工程的意见》,载《人民日报》,2017年1月26日,第6版。

没有文化的繁荣兴盛,就没有中华民族的伟大复兴"①。

2017年,中共中央办公厅、国务院办公厅在《关于实施中华优秀传统文化传承发展工程的意见》指出:"实施中华优秀传统文化传承发展工程,是建设社会主义文化强国的重大战略任务,对于传承中华文脉、全面提升人民群众文化素养、维护国家文化安全、增强国家文化软实力、推进国家治理体系和治理能力现代化,具有重要意义。"②

第一,传承和弘扬中华民族优秀传统文化有利于坚定文化自信。传承和弘扬中华民族优秀传统文化,是时代发展的要求,也是对文明发展规律的深刻把握。"坚定中国特色社会主义道路自信、理论自信、制度自信,说到底是坚定文化自信。文化体现的是深层次的精神追求和坚守。文化自信,是更基础、更广泛、更深厚的自信,是更基本、更深沉、更持久的力量。"③中华民族文化自信的三个重要来源,即中华优秀传统文化、革命文化和社会主义先进文化。中国特色社会主义文化来源于中华民族优秀传统文化,熔铸于革命、建设、改革的伟大实践中去,发展面向现代化、面向世界、面向未来的民族的科学的大众的社会主义文化,使传统优秀文化得以永续发展。

第二,传承和弘扬中华民族优秀传统文化有利于加强思想道德建设。人民有信仰,国家有力量,民族有希望。要提高公民的思想道德素质科学文化素质,必须大力开展理想信念教育,加强爱国主义教育、集体主义教育和社会主义教育,将中国梦与每个人的梦想紧密结合起来。加强公民思想道德建设,要推动社会公德、职业道德、家庭美德与个人品德的全方位联动,形成良好的文化氛围,提高人民群众的思想觉悟,提高全社会的文明程度。

第三,传承和弘扬中华民族优秀传统文化有利于维护国家文化安全。文化多元化是全球化的重要特征,在全球化过程中,必须要牢牢掌握意识形态的领导权,坚持马克思主义的核心领导地位,建设社会主义意识形态,自觉抵制各种错误思潮,推动国家长久治安。

---

① 习近平:《决胜全面建成小康社会 夺取新时代中国特色社会主义伟大胜利》,北京:人民出版社,2017年,第41页。
② 中共中央办公厅、国务院办公厅:《关于实施中华优秀传统文化传承发展工程的意见》,载《人民日报》,2017年1月26日,第6版。
③ 习近平:《习近平谈治国理政》第2卷,北京:外文出版社,2017年,第349页。

第四,传承和弘扬中华民族优秀传统文化有利于建设社会主义文化强国,推进国家治理体系和治理能力现代化。新时代,必须要满足人民对美好生活的需要和广大人民群众的精神文化需求。推进文化体制改革,建立健全现代文化产业体系,提高国家文化软实力。通过大数据网络平台,提高新闻舆论的影响力和公信力,推进网络综合治理体系,营造清朗的网络环境。

(三)如何传承和弘扬中华民族优秀传统文化

习近平指出:"传统文化在其形成和发展过程中,不可避免会受到当时人们的认识水平、时代条件、社会制度的局限性的制约和影响,因而也不可避免会存在陈旧过时或已成为糟粕性的东西。这就要求人们在学习、研究、应用传统文化时坚持古为今用、推陈出新,结合新的实践和时代要求进行正确取舍,而不能一股脑儿都拿到今天来照套照用。要坚持古为今用、以古鉴今,坚持有鉴别的对待、有扬弃的继承,而不能搞厚古薄今、以古非今,努力实现传统文化的创造性转化、创新性发展,使之与现实文化相融相通,共同服务以文化人的时代任务。"①这就要求,在推动中华民族传统文化的创造性转化、创新性发展的过程中,必须坚持中华文化的立场,立足于当代中国现实,结合当今时代条件,不断激发全民族文化创新创造活力,不断铸就中华文化的新辉煌。

第一,中国共产党对于继承和弘扬优秀传统文化高度重视。2017年中办和国办印发的《关于实施中华优秀传统文化传承发展工程的意见》,第一次以中央文件的形式阐述了中华优秀传统文化的传承发展,从根本上体现了我们党深刻的文化自觉。以习近平同志为核心的党中央,非常重视优秀传统文化在中国共产党的文化建设中的重要地位。只有通过将优秀传统文化资源与马克思主义理想信念和马克思主义中国化发展贯通起来,我们党才能够在当前这个文化多元的时代做到文化自信、理论自信,引领整个时代的文化脉搏。中国之所以能够走上一条属于自己的道路,建设和发展新时代中国特色社会主义,正是因为我们拥有与世界其他国家、民族不同的文化传统。习近平总书记一直非常强调,"不忘初心",这个初心既是中国共产党建党90多年历史以来的初心,同时也是中华文明绵延五千年来的初心。文化问题不仅关乎我们党

---

① 习近平:《在纪念孔子诞辰2565周年国际学术研讨会暨国际儒学联合会第五届会员大会开幕会上的讲话》,载《人民日报》,2014年9月2日,第1版。

的道路问题,更关乎出路与发展。中国共产党是中华文明的复兴者,只有这种使命的觉醒,才能够真正发挥党的领导作用和先进性,实现中华民族的伟大复兴。

第二,将优秀传统文化融入社会主义核心价值观的建设当中,有助于新时代社会主义文化建设。社会主义核心价值观不是凭空产生的,而是根据中国共产党、中国人民的辛勤奋斗的历史而产生的。社会主义核心价值观既是当代中国社会价值的领航,更是对中国人民优秀品质的总结。在社会主义核心价值观中,我们可以发现,中华民族延续千年的文明从未间断。古代人民所总结出的优秀文化,被发展和继承,成为了当代中国社会中价值思想的源头活水。宋代大哲学家朱熹曾说过:"半亩方塘一鉴开,天光云影共徘徊。问渠那得清如许?为有源头活水来。"优秀传统文化是社会主义核心价值观的"根"和"魂",而社会主义核心价值观则充分体现了对优秀传统文化的继承和发展。中国传统优秀文化强调个体的修身成德,强调齐家、治国、平天下的一以贯之之道。强调个体、家庭、社会与国家的整体性。《周易》"天行健,君子以自强不息"的精神,是中国人所追求的积极向上的价值观念的核心。中华优秀传统文化作为我们这个民族的文化认同的根基,为社会主义核心价值观提供了肥沃的土壤。正如习近平总书记指出的那样:"一个民族、一个国家的核心价值观必须同这个民族、这个国家的历史文化相契合,同这个民族、这个国家的人民正在进行的奋斗相结合,同这个民族、这个国家需要解决的时代问题相适应。"[①]

第三,对优秀传统文化的创造性转化和创新性发展对于繁荣社会主义文艺至关重要。2015年中共中央发布了《关于繁荣发展社会主义文艺的意见》,该意见指出:"充分认识文艺工作的重要作用。文艺是民族精神的火炬,是时代前进的号角,最能代表一个民族的风貌,最能引领一个时代的风气。文艺事业是党和人民事业的重要组成部分。我们党历来高度重视文艺工作,在革命、建设、改革各个时期,充分运用文艺引领时代风尚、鼓舞人民前进、推动社会进步。实现中华民族伟大复兴,离不开中华文化繁荣兴盛,离不开文艺事业繁荣

---

① 习近平:《在北京大学师生座谈会上的讲话》,载《人民日报》,2014年5月3日,第2版。

发展。举精神旗帜、立精神支柱、建精神家园，是当代中国文艺的崇高使命。弘扬中国精神、传播中国价值、凝聚中国力量，是文艺工作者的神圣职责。"①社会主义文艺的发展，离不开优秀传统文化的滋养。《意见》指出："中华优秀传统文化是中华民族的精神命脉，是我们屹立于世界文化之林的坚实根基。坚守中华文化立场，坚持古为今用、推陈出新，秉持客观科学礼敬的态度，努力实现创造性转化和创新性发展。弃其糟粕、取其精华，从传统文化中提炼符合当今时代需要的思想理念、道德规范、价值追求，赋予新意、创新形式，进行艺术转化和提升，创作更多具有中华文化底色、鲜明中国精神的文艺作品。实施中华文化传承工程，通过国民教育、民间传承、礼仪规范、政策引导和舆论宣传、文艺创作等各个方面，传承中华文化基因。做好古籍整理、经典出版、义理阐释、社会普及工作。加强对中华诗词、音乐舞蹈、书法绘画、曲艺杂技和历史文化纪录片、动画片、出版物等的扶持。发展民族民间艺术，保护和发掘我国少数民族文艺成果及资源，保护和传承非物质文化遗产。实施地方戏曲振兴计划，做好京剧'像音'工作，挖掘整理优秀传统剧目，推进数字化保存和传播。推进基层国有文艺院团排练演出场所建设，政府采购戏曲项目，提供公共文化服务，推进戏曲进校园。扶持中华文化基因校园传承工作，建设一批中华优秀传统文化教育基地。"②近年来，依托优秀传统文化的丰富资源，文艺工作者贡献了非常多优秀的文艺作品。2019 年，依据传统神话故事哪吒改变的动画电影《哪吒》，在短短一个月时间内，票房突破 40 亿元，足以见得优秀传统文化作为一块宝藏，为文艺工作者的艺术创作提供了丰富的资源，并为人民群众提供了优秀的文艺作品。

第四，加强文化交流，促进文化互鉴。中华民族作为世界上历史最为优秀的民族之一，其文化也被誉为世界文明的东方瑰宝。在历史上，中华民族的文化曾经远播全球，不仅影响到东亚、东南亚诸国的文化形成，同时也传播到欧洲，对欧洲近代以来的文艺复兴产生了不小的影响作用，展现出"民族的就是世界的"这一句话的丰富蕴涵。当代中国已经成为全球第二大经济体，在国家建设方面展现出了充分的大国姿态。正因如此，我们在文化方面，更要建设起

---

① 《中共中央关于繁荣发展社会主义文艺的意见》，新华社北京 2015 年 10 月 19 日电。
② 《中共中央关于繁荣发展社会主义文艺的意见》，新华社北京 2015 年 10 月 19 日电。

强大的"软实力",通过交流、对话的方式,让其他民族和国家了解中国文化,让优秀的中国文化走出去,成为当代中国的另一张名片。中华文明一向有兼容并包的精神,因此,才能够始终屹立于世界各民族的文化之林。优秀传统文化的创造性转化和创新性发展,不仅要立足于本国,更要走出去,把我们的优秀文化介绍给世界上更多的人民认识。中华优秀传统文化在今天建设"一带一路"和"人类命运共同体"时具有重要的作用。古代中国通过文化的交流、互鉴,与亚洲、欧洲人民共同铸造了丝绸之路,加强了人类文明的共同发展。当代中国更是要借助"一带一路",与其他民族和国家加强交流与共建,以和平合作、开放包容、互学互鉴、互利共赢为特征,再现"丝绸之路"精神。中华优秀传统文化向来鼓励"协和万邦",通过文化交流与互鉴,人类命运共同体才能够得以建立。2017年初习近平在联合国日内瓦总部全面阐述"共同构建人类命运共同体"理念:"海纳百川,有容乃大。"因此,文化的交流与互鉴,既是中华优秀传统文化在当代中国文化软实力建设过程中的重要举措,亦是中国文化对世界文明、对人类发展的贡献。

九、沿承优秀传统文化,维护中华文明之根

当下,尽管时代主题几经变更,但那已融于整个民族骨血之中的优秀传统文化却始终历久弥新,从未褪色。即便时隔千年,这些响亮的中国故事仍傲然地在光阴的夹缝中流淌,在一代代国人的见证下,它们缓缓地淌过了远古、近代、盛世、天险,将这五千年中所有的经历和记忆尽数糅在一起,直至糅成了这个民族的脊梁,推动着我们的国度不断奋进,立足于世界之林。

由此,守卫这份源远流长的民族记忆,早已成为所有中国人不可推卸的历史使命。不论何时何地,沿承优秀传统文化,维护中华文明之根,都是我们不变的责任与义务。

(一)中国优秀传统文化的界定

那么,究竟什么才是中国优秀传统文化呢?是让人惊叹的器物文明,还是堪称精粹的制度建设?

面对这一个问题,已有百家之言,各自争锋:在张岱年先生的眼中,"中国

文化的优秀传统有丰富的内容,其中最重要的是两个基本思想观点:一是人际和谐,二是天人协调"。而罗豪才先生则认为,"天下一统的国家观、人伦和谐的社会观、兼容并蓄的文化观、勤俭耐劳的生活观"才是中华优秀文化的主要特点……凡此种种,不胜枚举,故在此,我们便结合众位大家之言,为中国优秀传统文化暂且进行这样一个概念的界定:它是中华民族长期发展过程中形成的,有着积极的历史作用,至今具有重要价值的思想文化。

虽说思想家们对于优秀传统文化的定义,观点不一,但迄今为止,人们无不认为这份民族文化为中国的生存与发展提供了巨大的心灵支撑和强大的内在动力,在中华民族五千年文明史上发挥了重要作用。

(二)继承优秀传统文化的现实意义

只是在当代,面对着西方文明越发强势地入侵与广大青少年爱国意识的日趋薄弱,这份传承,显然不会再如同往昔那般,拥有着水到渠成式的轻松。因此,要想继承并大力弘扬中国优秀传统文化,我们就不得不回到传统文化的价值定位问题,即当代的我们究竟是为何而沿承传统文化?

1. 中华民族的精神命脉

"求木之长者,必固其根本;欲流之远者,必浚其泉源。"在巍巍中华五千年的传承历程中,优秀传统文化一直都拥有着这般"本"与"源"式的地位。恰如习近平总书记所言,"优秀传统文化是一个国家、一个民族传承和发展的根本,如果丢掉了,就割断了精神命脉"。显然,这一论断已经无比鲜明地展现了民族传统对于文明发扬的意义。

古往今来,已有无数的历史经验与现实教训表明:唯有不忘初心,才能不惧未来。一个国度应当永远铭记自己的来处与归途,若是长久不愿正视自己的历史记忆而甘愿将过往的发展历程全数抹消殆尽,甚至肆意贬损自身的思想文化。那么,这个民族注定无法依靠自己的力量立足于世。而这样的历史悲剧实则并不罕见,仅以20世纪让无数人为之扼腕的苏联解体为例,这一史无前例的庞大帝国,在其巅峰时期,以一己之力,占据了这个世界的半壁江山,但谁又曾想过,这样的摩天巨厦,终有一天,也会在一夕之间倾覆,溃不成军。究其根本,还在于人们无情地抛弃了建国之初的传统思想,模糊了来路,走上了一条自我否定的道路,泯灭在了历史的烟尘中。

而反观我国,之所以能在这千年间永葆生生不息的活力,有极大一部分原因还是仰仗于文化的沿承。自从千年以前,管子执书而立,高声咏叹出了"国有四维,礼义廉耻,四维不张,国乃灭亡"。我们人文教化的传承篇章便就此开启了,它历经朝代变迁,成就了无数文人墨客修身处世之本,万千武将挥斥方遒的信仰所在。直至现在,那份审慎恭谨依旧留存在这个民族的文化底色中。即便是在当代,面对已经占据了政治上层建筑高地的马克思主义,中国共产党依然时刻谨记要将马克思主义基本原理与包括中国历史文化在内的具体实际相结合,时时刻刻都在做着马克思主义中国化的努力。由此,才有了中国的精神命脉与马克思主义的相融,造就了国家进一步的繁盛。

　　对此,习近平总书记亦有着高度凝练的概括:"从历史的角度看,包括儒家思想在内的中国传统思想文化中的优秀成分,对中华文明形成并延续发展几千年而从未中断,对形成和维护中国团结统一的政治局面,对形成和巩固中国多民族和合一体的大家庭,对形成和丰富中华民族精神,对激励中华儿女维护民族独立、反抗外来侵略,对推动中国社会发展进步、促进中国社会利益和社会关系平衡,都发挥了十分重要的作用。"[①]可以毫不夸张地说,如果没有富有强大生命力的中国优秀传统文化持续不断的丰厚滋养,中华文明或许已经落得与另外那三个古文明同样的命运了。

　　由此来看,优秀传统文化,作为一个民族的文化基因和精神家园,确实是一个国家安身立命的基础、生存发展的支撑、身份归属的标志。我们既然生而为中国人,最根本的,就是我们在诞生之初,便被赋予了华夏人的独特精神世界,日用而不觉。"我们的同胞无论生活在哪里,身上都有鲜明的中华文化烙印,中华文化是中华儿女共同的精神基因。"[②]为此,传承沿承优秀传统文化,维护中华文明之根,是我们不可推卸的责任。

　　2. 文化自信的源流

　　当下,伴随着科技的发展,原本辽阔的大千世界正被逐步统一化为失去地

[①] 习近平:《在纪念孔子诞辰2565周年国际学术研讨会暨国际儒学联合会第五届会员大会开幕式上的讲话》,载《人民日报(海外版)》,2014年9月25日,第3版。

[②] 《习近平会见第七届世界华侨华人社团联谊大会代表》,2014年6月6日,http://www.gov.cn/xinwen/2014-06/06/content_2695778.htm。

理和时间跨越感的小小"地球村"。在这样的境况之下，文化的竞争便显得尤为激烈，无数思想开始涌入世界平台，并在其上激荡碰撞，文明的交融交锋，较之从前，更为频繁。与此同时，在当今和平与发展的时代主题下，思想文化力量在综合国力竞争中的战略地位被进一步凸显。故而，中华民族应如何在世界文化激荡中站稳脚跟、重构自身的文化话语权，已经成了当代一个不可规避的问题。而在这其中，如何坚定文化自信的坚实根基和突出优势，便是最值得人们深思的命题。

那么，我们的文化自信究竟应该从何而来呢？很显然，中华几千年来积累的知识智慧和理性思辨，便是我们最深厚的软实力。

首先，中国优秀传统文化涵盖了我们在这茫茫五千年间所形成的理性思维与文化成果。在这其中，有庄子恣肆魁奇的妙想，那垂钓于笔尖之下"天地万物本自为一"的豁达洒脱，尽显对于大千世界的通彻思考，惊艳了无数后世者；亦有孔子教化世人的思索，和为坚信人性纯善所做出的不懈努力，论语之说迄今为止，仍被人奉为中国经典著作⋯⋯时至今日，我们仍不得不坦然承认，这些思想家们为中华民族思维方式的成长所作出的卓越贡献，使得中国茫茫信仰路得以不断前进。而现在，亦有越来越多的世界学者关注到了我们传承千年的文化宝库，并不约而同地认为，包括儒家思想在内的中国优秀传统文化中，蕴藏着解决当代人类面临的难题的重要启示。可以说，中国优秀传统文化就是我们讲好中国故事的绝佳素材，是中国和中国人在世界舞台上的亮丽名片，是中华民族屹立于世界民族之林的深厚软实力。

其次，中国优秀传统文化积淀着中华民族最深沉的精神追求，代表着中华民族独特的精神标识，其中最核心的内容，无疑已经成为中华民族最基本的文化基因。譬如，修身治国平天下的家国思想，便一直影响着我们的国家，不论是曾经以读书入仕为己任的传统士大夫，还是新文化运动之后纷纷涌现的现代知识分子，他们总是重复做着同一件事，在一种思想体系中寻求全新的精神出路与国家民族的强盛。除此之外，尊时守位、知常达变、开物成务⋯⋯这些也都早已熔铸进了民族的文化底色中，逐渐形成了有别于其他国家的独特标识。

总之，当代的我们完全可以借助优秀传统文化的独特魅力，以文化自信这一更为深沉持久的力量，再构大国崛起的关键一步。

3. 中国梦的丰厚滋养

实现中华民族伟大复兴的中国梦,是近代以来中国人民的共同夙愿,它既体现了当代中国人的理想,也承继了中华民族悠久的历史文化传统。而这一伟大的复兴梦想,必然需要以强大的精神力量为支撑。而毫无疑问的是,中国优秀传统文化中所蕴含的宝贵精神品格、崇高价值追求、丰富思想精华,便可担此大任。故而,在人人都以实现中华民族伟大复兴中国梦为己任的今天,仍需要将中国优秀传统文化薪火相传的决心与毅力。

首先,中国优秀传统文化是治国理政的重要思想文化资源。

若要妥善治理今日的中国,免于重蹈历史的覆辙,则仍需要对我国历代治国理政的探索和智慧进行积极总结。比如,曾经我们闭关锁国的外交政策,让清王朝彻底失去了开眼看世界的机会,终日沉醉于天朝上国的清梦中,最终却不得不在坚船利炮的驱使下,生生地开始了自己灰暗无助的近现代化历程。但也正是这一惨痛的教训,让中国明白了开放的重要性,自此以后,中国便一直积极对外交流,共建人类命运共同体。

由此,在今日,我们仍要重视对中国优秀传统文化的学习,努力挖掘和掌握其中的各种思想精华,以学益智,以学修身,为治国理政提供借鉴。

与此同时,中国优秀传统文化也是涵养社会主义核心价值观的重要源泉。作为当代社会的核心价值标杆,其内涵其实也多来源于传统文化的精粹,例如:富强民主与《管子·形势解》中的治国目标"主之所以为功者,富强也。故国富兵强,则诸侯服其政,领敌畏其威"完美映衬;而文明和谐的理念又与"均无贫,和无寡,安无倾"彼此照应……

总之,"社会主义核心价值观只有根植于中国优秀传统文化的源泉之中,才能成为中国人民的价值追求和行为规范;同样,中国优秀传统文化只有为社会主义核心价值观所继承和升华,并服务于中国特色社会主义事业,才能彰显其当代价值,激发其时代活力,使之传承下去。"①

(三)沿承优秀传统文化的具体路径

由此,继承优秀传统文化的必要性已是昭然若揭,但现实生活中的诸多困

---

① 高长武:《中国优秀传统文化的价值定位》,载《光明日报》,2016年9月5日,第16版。

境与思维误区仍在阻碍着我们发挥优秀传统文化的最大效能,面对这一难题,我们又应当从哪些方面入手呢?

1. 中西文化之辩——学会用中国文化对治现代社会困局

部分传统文化思想或许并不能照应西方文明民主、科学的旗帜,但其在对于人性的全面反思等方面却有着独特的价值。或许,中国文化可以凭借其独树一帜的伦理理念,为越发需求世界共识与国际对话的地球村构建起一种全新的人文主义。

下面,仅以中西双方截然不同的取向为例。

从价值取向而言,西方文化因过于宣扬个人的主体性,反在无形中弱化了对社会和谐与天人统一的强调,洋溢着一定的对抗性。放眼欧美的人格发展学说,几乎都是以自我为基础,将生命的完善形式寄托在个人的冥思或自身与上帝的沟通上。由此,西方文化便分外注重对个性的追求与人性的解放,人们将自己的力量推向极致,笃定人类将无所不能,并由此而反叛神灵,征服自然,令西方文化在尽显锐意进取的冒险精神时,也充斥着浓郁的对立色彩。

但儒家文化却截然相反,它温和谦恭,不论是面对人与人还是人与自然的关系探讨,它的答案都更倾向于和合共生。之所以会出现这样的差异,是因为在中国的文化心理中,个体向来不是一个孤立绝缘的存在,而应被视作一个复杂人际关系中的中心点。也就是说,在国学学者的眼中,社会关系不是会夺人自由的枷锁,而是个体在完善自我时的助缘。因此,中华文化并无十分浓烈的个人主义倾向,反注重包容与和谐,偏重于集体的发展。

我们理应正视这些与西方文明完全相异的文化理念,它们所展现出的独特价值,完全能化为一种新人文主义的源流资源,为世界发展的现代性危机提供良方。或许,就如杜维明教授所总结的那样,"如果人类再向西方过去那样以个人主义为中心,以无限进步、无限发展为最高价值,而不进一步对人进行超越而内在的反思,不对人际关系有一个全面而深入的理解,那么结局可能就是人类的集体自杀。"

2. 中马思想之争——消除传统文化的封建意识形态色彩

在人们为传统文化竭力申辩的过程中,无数被人忽视的文化资源经再度挖掘，重现在世人眼前，但除精粹之外，传统文化与现代社会相悖的元素也被一并发现，一览无余。而在这其中，最值得人们反思并予以消解的，就是被政治儒学发扬到极致的权威主义。如何才能令儒家文化彻底摆脱过去政治宣传式的象征符号，作为一种能完善人格发展的哲学学说重新融入大众，将是马学与儒学和平相处并实现现代融合的关键一步。

要革除传统文化的意识形态色彩，就需要积极引导传统文化与当下的社会主义制度相适应。传统文化学派——政治儒学的重大失误，就在于本末倒置，为原本纯粹的学术思考赋予了极为强烈的政治权利需求，强行令儒学复兴的学派理想凌驾在中国发展的现实道路上，未能基于具体国情去设计出能助益当代社会发展的制度框架。由此，我们还需吸取这一经验教训，时刻警醒各大力图发扬传统文化的国学学派，建设文化强国的核心是发展中国特色社会主义文化，必须以彰显社会主义制度和坚持马克思主义为前提条件。任何思想理念在传扬前，都必须先与我国的现行制度和指导思想相融合，传统儒学也是如此，它不应当成为文化保守主义者侵蚀国家领导权和意识形态话语权的工具，而应为帮助国人正本清源，指明方向而服务。

面对传统文化的种种消极面，我们仍不能停止思考，还需要五四时期式的犀利批判，帮助中华文化的符号系统能得到进一步的过滤，使之更加纯粹化。"打倒孔家店的口号固然有偏激之处，但也起了把儒学和政治化的道德说教区别开来因而对儒家传统文化的真精神有净化作用的功能。严格地说，如果没有五四的反传统（反封建余毒的传统），儒家的真精神就不可能以崭新的面貌起步。"

社会篇

常 规 模 块

如何推进中国特色
社会主义社会建设新发展

进入全面深化改革新阶段以来,中国经济社会发展中出现的新问题、新特点和新态势,对发展战略的选择和社会政策的制定提出了新的要求。作为执政党的中国共产党展开了一系列相应探索,应对我国新形势下社会发展的新特点,是对广大人民群众对美好生活新期待的及时回应。在发展的总体布局上,社会建设成为发展的重要一环,民生工作和社会治理作为社会建设两大根本任务,被放在更加突出的位置。正如十九大报告所言:"必须多谋民生之利、多解民生之忧,在发展中补齐民生短板、促进社会公平正义,在幼有所育、学有所教、劳有所得、病有所医、老有所养、住有所居、弱有所扶上不断取得新进展。"[1]社会建设是中国特色社会主义五大建设的重要组成部分,也是当前推动改革发展,实现全面建成小康社会目标的战略抓手。

一、如何进一步改善和保障民生

"民生是为政之要,必须时刻放在心头、扛在肩上。"全心全意为人民谋利益的宗旨,始终代表最广大人民根本利益的本质,是中国共产党提出民生思想

---

[1] 习近平:《决胜全面建成小康社会 夺取新时代中国特色社会主义伟大胜利》,载《人民日报》,2017年10月28日,第1版。

的根源。习近平同志在党的群众路线教育实践活动工作会议上深刻指出:"我们的党来自人民,植根人民,服务人民,党的根基在人民,血脉在人民,力量在人民,失去了人民拥护和支持,党的事业和工作就无从谈起。"在当前国内外形势严峻复杂的情况下,更要优先保障和改善民生,该办能办的实事要竭力办好,基本民生的底线要坚决兜牢。

(一)教育是民生之根:如何进一步促进教育公平

"建设教育强国是中华民族伟大复兴的基础工程,必须把教育事业放在优先位置,深化教育改革,加快教育现代化,办好人民满意的教育。"[①]教育是立国之本,社会的进步和发展离不开教育。它在一个国家的公共服务体系中起着至关重要的作用。随着社会经济文化事业的发展,人们对教育公平的问题也给予了更多的关注。2017年3月5日,国务院总理李克强在第十二届全国人民代表大会第五次会议上强调:"统一城乡义务教育学生两免一补政策,加快实现城镇义务教育公共服务常住人口全覆盖,持续改善薄弱学校办学条件,扩大优质教育资源覆盖面,不断缩小城乡、区域、校际办学差距。"[②]这是对新时期教育工作提出的新的要求,对提高中华民族整体素质,促进公平正义具有重要意义。

1. 教育公平的内涵及意义

(1)教育公平的理论内涵

历史上教育公平一直被人们提倡,在中国教育公平这一观念可以追溯至孔子,当时他便提出"有教无类"这一观点,即不应因为受教育者的个人差异、家庭环境、智商高低等使某个人、某类人不能得到良好的教育。到18世纪末一些欧洲国家也对教育公平立法,确定了教育公平的法律地位。我国在2010年7月也颁布了《国家中长期教育改革和发展规划纲要(2010—2020)》,《纲要》明确指出要把推进教育公平作为我国的一项基本教育政策。通过分析我国各个时期的教育政策,不难发现教育公平就是国家对教育资源进行的一种

[①] 习近平:《决胜全面建成小康社会 夺取新时代中国特色社会主义伟大胜利》,载《人民日报》,2017年10月28日,第1版。

[②] 李克强:《第十二届全国人民代表大会第五次会议上所作政府工作报告》,据新华社北京2017年3月16日电。

趋于合理、公平的配置规则。这种合理、公平要配适的是社会的需求和发展及稳定,要与经济文化的发展相适应,要能够满足广大人民的发展需求。即教育公平所涵盖的三个层次:确保所有人都能有平等的受教育的权利和义务;为受教育者提供相对平等的机会和条件;教育效果的相对均等,也就是教育结果的公平。①

(2) 推进教育公平的重要意义

科学有序地推进教育公平,是与现阶段我国的教育发展水平与现实紧密结合的。"大力促进教育公平,让每个孩子都能成为有用之才"②,这样的发展目标并不是凭空想象的乌托邦,它是建立在我们国家经济、社会等物质条件不断稳步发展的现实基础上的。一方面,它是建立在我国正处在经济飞速发展、综合国力不断提高、居民生生活水平日益改善、各级各类教育事业都取得了重大成就的基础之上,这些都为教育公平的推进提供了有利条件;另一方面,提出教育公平这一战略目标,主要源于我国地区之间、城乡之间存在的教育质量和教育条件供给的差异性。③ 因此,推进教育公平具有重要的现实意义。一是有利于推动经济和社会发展。实现教育公平是促进经济、文化、科技、社会发展革新的重要基础,教育质量的提升、人民素质的提高,对于增强我国的综合国力,提升我国在国际上的综合竞争力都具有不可替代的作用。二是有利于保障和改善民生。2017 年 3 月 5 日召开的第十二届全国人民代表大会第五次会议特别强调了教育公平的重要性。推进教育公平,直接关乎人民群众的切身利益,是保障和改善民生的重要途径和手段。坚持教育公平,统筹协调发展,才能使得各地区的、城乡间的受教育者都能接受到适时的、适需的教育产品及相关服务,只有这样才能算得上是从根本上改善民生、保障民生。三是有利于实现社会公平、维护社会稳定。推进教育公平集中体现了人民群众的根本需求,教育公平是最基本的社会公平,大力推进教育公平,为人民群众提供相对平等的公共服务,能够最大限度减少社会矛盾,维护社会的和谐稳定,使

---

① 闫冰:《推进教育公平,促进教育均衡发展》,载《才智》,2016 年第 32 期。
② 胡锦涛:《坚定不移沿着中国特色社会主义道路前进 为全面建成小康社会而奋斗》,载《人民日报》,2012 年 11 月 9 日,第 1 版。
③ 卢晓中:《努力办好人民满意的教育——学习〈温家宝谈教育〉》,载《中国高教研究》,2014 年第 2 期。

之成为公平正义坚固的出发点和落脚点。①

2. 教育公平存在的问题

20世纪90年代以来,随着我国经济发展速度的加快和不同地区、社会阶层之间差距的拉大,教育公平问题进一步凸显,使教育不公平的现象成为社会关注的焦点。当前,教育不公平主要体现在以下几个方面:

(1) 地区公平缺失

以矛盾的焦点高校来看,北京、上海等大城市的高校的数目、质量远远大于和高于一般的省市、自治区,这些高校的经费很大程度地依靠的是当地政府的支持,作为回报,在招生政策上表现为向本地区倾斜,划分出很大部分的名额给当地,有些高校甚至大部分在当地招生。这种状况严重影响了很多高校较少的省市、自治区的学生的升学,为了考上大学,只有拼努力、毅力、体力、精力,严重地影响了这些学生的正常发展。此外,在长期倾斜性的经济政策支撑下,造成了我国较大的地区发展差异,地区间居民的收入差异很大,而我们看到在高等教育阶段,教育资源的分配是按照收入来进行的,你要享受高等教育,你必须支付高额的费用(而且这个费用依然在上升),这种状况造成了高等教育资源分配的不公。国家政策失误的后果让一部分老百姓去承担,显然不是一种负责任的做法。②

(2) 城乡教育水平差距过大

长期以来,在城乡二元结构下,教育政策中逐渐形成了以城市社会和居民为出发点的"城市中心"的价值取向:即优先满足甚至只反映和体现城市人的利益。③ 例如,在教育机会均等方面,城乡差别严重:我国广大农村地区绝大多数人口没有学前教育机会;在升学率和升学的可能性方面,农村学生远远比不上城市学生;在教育资源分配上,政府教育经费也主要投资于城市教育;在教学设施和教学质量的比较上,城市教育资源相对集中,师资素质较高,各种教育设施也比较完备,有的城市学校,宽带插口装到了每个教室,铺着塑胶跑道的运动场不止一个,而一些农村中小学,不仅师资素质较低,而且几乎谈不上什么教育

---

① 闫冰:《推进教育公平,促进教育均衡发展》,载《才智》,2016年第32期。
② 钟栎娜:《再论高等教育的不平等现状原因与对策》,载《教育教学论坛》,2013年第29期。
③ 陈成文、曾武成:《教育公平与建设和谐社会》,载《当代教育论坛》,2005年第13期。

设施,有的学校甚至连一个可供学生体育运动的篮球也拿不出。致使广大农村孩子陷入结构性、制度性的机会不公状态,在竞争起点上便落后于城市孩子。

(3) 弱势群体子女教育公平失衡

弱势群体通常是指由于某些障碍或者缺乏经济、政治和社会机会,而在社会上处于不利地位的人群,经济生活的贫困性、生活质量的低层次性、承担风险的脆弱性是其本质特征。弱势群体的不公平表现在社会诸多方面,教育的不公平就是其中之一。在我国转型时期,弱势群体主要由贫困农民、下岗失业者、残障人员以及进城民工等组成。现实生活中,相当多的农村贫困孩子因交不起课本费、杂费而辍学,甚至十几岁的孩子便需要出外打工。城市下岗失业者基本生活来源的现金性收入减少,对子女的教育投资也必然直线下降,下岗失业子女虽然接受义务教育大都不成问题,但是因为大学收费超过了他们的经济承受能力,往往丧失了向上深造的机会。[1] 我国盲聋哑学校较少,残障儿童接受教育比较困难。进城民工子女教育公平问题更是当前实现教育公平的一个新难题,城市居民的系列福利制度及政策排斥作为城乡边缘人群的"进城民工",当地政府可以根据户籍制度理所当然地拒绝为民工子女提供教育服务。根据有关城市流动人口抽样调查,学龄儿童按流动人口的2%—3%计算,估计全国约有200万人左右。[2] 其中很大一部分儿童不能就地入学。即使通过缴纳一笔不菲的"建校费"等进入当地中小学校,但由于缺乏文化上的认同与精神上的不平等待遇,仍然会导致这一部分入学儿童学业成绩不良、辍学率居高不下的状况。从理论上说,改革的社会代价应由全体社会成员来共同承担,但实际上往往是承受力最低的社会弱势群体承受了最大的改革风险冲击。

3. 教育不公平的深层表现

教育不公平的表现是深层次的、多方面的,其中教育政策的非公平导向更值得认真思考。制定和执行教育政策的非公平倾向主要体现在以下三个方面:一是教育政策的精英化取向。精英化在我国不仅反映在高等教育阶段,也反映在初等和中等教育阶段。以高考为指针的考试体系和培养模式,使学

---

[1] 易石宏:《从和谐社会视角看教育公平的实现》,载《湖南商学院学报》,2007年第3期。
[2] 柏杨:《现阶段我国教育公平存在的问题与对策探究》,载《学理论》,2014年第6期。

生从小学开始就参与选拔和竞争,示范学校和重点学校制度更是体现了教育系统的精英主义取向,并为选拔和竞争性考试提供了"用武之地"。二是教育政策的非均衡化倾向。教育系统内部的结构性失衡和差距,是教育不公平的重要表现。具体包括:教育经费分配过分倾向于高等教育,基础教育尤其是农村义务教育投入比例过低;学校之间教育资源分配不公,校校之间差距过大;优质教育资源过于集中,导致恶性的入学竞争;教学过程中的差别待遇,一些初、高中根据学生升学的可能性分层次教学,人为地剥夺了所谓"后进生"的发展机会等。三是教育政策的非民主化现象。教育是关系到百姓切身利益的事业,任何教育改革都应当充分论证,征求各方面的意见,然后做出民主化的决策,否则难以避免教育不公平问题产生。例如,有些省推进的中小学布局调整,目的是提高办学效益、改善办学条件,但却没有照顾到当地农村的实际情况,或配套措施滞后,导致一些农村儿童因上学路远而辍学。[①]

4. 推进教育公平的举措

教育公平是实现社会公平"最伟大的工具"。我们相信,只要制定教育公平政策,构建教育公平机制,创建教育公平发展模式,强弱双赢的局面是可以实现的。

(1) 为教育公平提供政策保障

教育不公平与政策、制度缺失或不健全有关,可以通过政策修补和制度创新来解决,努力为教育公平提供政策保障。坚持教育品质的公平性。国务院《"十二五"国家自主创新能力建设规划》明确把"三通两平台"作为教育信息化建设的重点。教育部《教育信息化十年发展规划(2011—2020年)》对教育信息化的总体战略、发展任务、行动计划、保障措施等作了系统的设计。这些政策文件的发布施行表明教育信息化已经被纳入国家发展的整体战略,为"互联网+教育"提供了良好的政策保障。然而,教育信息化建设推进进度的不均衡是客观存在的,尤其是广大农村地区和山村教学点的教育信息化建设还很薄弱。坚持公共教育经费投入的均衡性和教育收费制度的合理性。政策的倾斜、资金的投入、多部门的协同支撑是贫困地区教育信息化建设的共同需要,

---

① 宋京双:《教育公平存在的问题及其对策》,载《科技信息》,2007年第23期。

而不同地区、不同学校对教育信息化建设的个性需求则各不相同。① 如,西南贫困山区由于地形等自然环境的因素,其农村学校的教育信息化建设的难点更多是网络的接入和基本设备的投入。坚持做到基础教育政策的均衡性和高等教育的透明度。一些薄弱学校由于对口援建省份的支持和投入,教育信息化的基本配置水平与发达地区基本无异,但由于师生信息技术应用能力的不足,导致设备空置和浪费,这类学校的教育信息化建设重点更多的是提升师生的信息技术素养。坚持密切关注弱势群体。民族地区的教育信息化建设可能需要更多的双语数字教育资源。基于此,如何对不同地区、不同学校教育信息化建设进行需求分析,进而有针对性地进行精准投入和精确建设是提高教育信息化建设效能、促进教育公平的着眼点和关键点。

(2) 构建教育公平机制

鉴于我国社会主义初级阶段的国情和建设和谐社会的需要,以及教育不公平现象的存在,必须构建教育公平机制。在 2017 年的两会上,李克强总理强调:"制定实施《中国教育现代化 2030》,我们要发展人民满意的教育,以教育现代化支撑国家现代化,使更多孩子成就梦想、更多家庭实现希望。"②优质数字教育资源的建设和共享是推进教育信息化的基础工程,也是"互联网+"背景下缩小教育差距、促进教育公平的关键环节。目前,通过"优质资源班班通""一师一优课、一课一名师"等活动,优质教育资源的建设数量和覆盖面不断扩大。然而,当我们已经拥有了一定数量的优质数字资源后,如何运用这些资源就成为问题的关键。

(3) 创建教育公平发展模式

加大对国家教育资源分配、城乡分配、区域分配格局的调整力度,把教育资源公平地投放于社会,是贯彻落实中央"三农"政策的具体体现。对于这一问题,教育部发布的《教育信息化十年发展规划(2010—2020 年)》《教育部关于实施全国中小学教师信息技术应用能力提升工程的意见》以及《2016 年教育信息化工作要点》对持续深入推进中小学教师信息技术能力的提升作了顶层设

---

① 宋京双:《教育公平存在的问题及其对策》,载《科技信息》,2007 年第 23 期。
② 李克强:《第十二届全国人民代表大会第五次会议上所作政府工作报告》,据新华社北京 2017 年 3 月 16 日电。

计。然而,在加强顶层设计之外,师生信息技术应用能力的提升还应注重协同推进。①

(二) 医疗是民生之要:如何进一步改革医疗保障制度

十八届三中全会通过的《中共中央关于全面深化改革若干重大问题的决定》指出:"实现发展成果更多更公平惠及全体人民,必须加快社会事业的改革,解决好人民最关心最直接最现实的利益问题,努力为社会提供多样化服务,更好满足人民需求。"②如何进一步改革医疗保障制度,是当下的一个重要话题。尽管中国医改存在着种种现实的困难与问题,但是,医改依然在不断地探索之中,以人人享有健康为目标,要从国民经济和社会发展总体战略高度制定保障国民健康的基本制度,建立符合国情的全民医疗卫生保障体系和有利于人民健康的经济社会发展体系,建立全民参与、全民享有的健康保障体系,让各个社会阶层包括弱势群体都能分享到医疗改革的成果。

1. 我国医疗改革的社会背景

自改革开放以来,我国国民经济得到了飞速发展。但在经济得到发展的同时,我们忽视了社会协调发展,社会结构发生巨大变化,城乡"二元结构"还很严重,新生弱势群体依旧存在,这些严重影响到我国的社会稳定和经济的持续、稳定发展以及和谐社会的构建。2013年,我国各级财政对城镇居民基本医保和新农合的人均补助标准提高到 280 元,新农合政策范围内的住院费用报销比例约为 75%,城镇居民基本医保为 70%。《社会保障绿皮书》报告显示,中国城乡居民人均看病费用支出增加了 19.75 倍,增速远远超过收入增长速度。这不仅给企业、国家和个人带来了沉重的经济负担,同时还带来了严重的经济和社会后果。同时,在卫生领域存在的不公平越来越难以接受,造成了看病难、看病贵以及有病不就医等问题。这与中国飞速发展的经济状况,以及中国的国家性质相去甚远,医疗卫生事业的严重滞后已经成为中国社会和谐发展的瓶颈问题。近三年尽管我们进行了大胆的尝试,但仍属于摸索阶段。③

---

① 俞明雅、叶波:《"互联网+"能促进教育公平吗?——兼论"互联网+"教育公平的挑战与应对》,载《教育科学研究》,2017 年第 4 期。
② 《中共中央关于全面深化改革若干重大问题的决定》,http://cpc.people.com.cn/n/2013/1115/c64094-23559163-13.html。
③ 段宇宏:《浅析我国医疗改革的现状及存在的问题》,载《中国民族医药杂志》,2017 年第 2 期。

2. 我国医疗改革现存的主要问题

(1) 我国政府在医疗改革中的角色定位不够准确

我国医疗体制改革从一开始就确立了市场化的改革方向。市场化运行方式可以实现社会资源的合理配置和提高经济效益,但是也使得医疗资源的分布不平衡。医院走单纯的市场化道路,是政府在这场改革中没有对自己进行正确定位的结果。改革过程中,政府"抓大放小"的方式也是导致医疗卫生服务出现两极分化的直接原因。市场化的改革,令政府淡化了自己在医疗卫生行业的监管责任。医院产权改革中,政府在下放权力的同时,也放弃了自己的义务。造成政府客观上忽略了对医疗卫生行业的监管,用改革国有企业的方法来改革医疗卫生行业,将医疗卫生机构视同于一般的企业,也不尽合理,市场化中政府责任缺失是医疗改革失败的根源。[1]

(2) 社会和政府在对医疗卫生机构的定性上存在偏差

医疗卫生体制改革过程中,医院产权改革的支持者认为,医院应成为市场经济体制下的市场主体,在国家法律规范的框架下,应自主经营、自负盈亏。这实质上也就是把医院看成了一般的营利性企业,削弱了其服务于公众基本健康的目标。由于这种定位上的偏差,医院为了生存,不得不把赢利作为重要目标,使得医疗服务价格和医疗卫生费用迅速攀升,损害了人民群众的利益。实行财政体制改革后,医疗卫生行业的投入主要由地方政府承担,但由于区域经济发展的不平衡,广大的欠发达地区缺乏发展医疗卫生事业的财力,不得不采取"放权弃责"的方法,把医疗卫生机构推向市场,让其纯市场化地发展,加剧了其营利性的发展步伐。[2]

(3) 我国医疗保障制度还存在明显缺陷

原有的农村合作医疗制度在 20 世纪 80 年代初期出现问题,针对广大农村目前的医疗保障现状,政府正在大力发展新型农村合作医疗,但事实上"新农合"给农民带来的希望多而实惠少,农村的医疗保障问题时至今日仍然是我国医疗保障制度的薄弱之处。农村人口因为经济收入较低,一旦生病,极可能

---

[1] 段宇宏:《浅析我国医疗改革的现状及存在的问题》,载《中国民族医药杂志》,2017 年第 2 期。
[2] 刘纯瑜:《加强政府责任,积极推进医疗改革》,载《经济师》,2009 年第 3 期。

"因病致贫"。① 如果不能得到妥善的解决,将会极大危害到我国经济的发展。现行的城镇医疗保险制度的目标人群只包括就业人员及符合条件的退休人员,将绝大部分少年儿童、相当一部分老人以及其他无法就业的人员排除在外。这样的制度必然导致:该人群的医疗需求难以得到制度化保障,个人及家庭面临医疗风险难以化解,从而带来经济、社会方面的消极后果。此外,一部分人有医疗保障而另外一部分人没有医疗保障的情况下,无法避免体制外人员以各种方式侵蚀体制内医疗资源的问题。

3. 我国未来医疗保障改革的思考

党的十九大报告指出:"人民健康是民族昌盛和国家富强的重要标志。要完善国民健康政策,为人民群众提供全方位全周期健康服务。"②

(1) 强化政府职能

首先,强化政府筹资职能。党的十八届三中全会强调:"统筹推进医疗保障、医疗服务、公共卫生、药品供应、监管体制综合改革。深化基层医疗卫生机构综合改革,健全网络化城乡基层医疗卫生服务运行机制。"③医疗卫生应当由政府通过直接筹资和间接投资的方式来降低患者个人直接支付现金的比重。其次,强化政府的分配职能。要确保政府对公共卫生事业的投入。公共卫生事业属于公共产品,因此提供公共卫生服务是政府的基本职能。同时,政府的卫生服务也应投向医疗保险和公共卫生领域,投向低收入和贫困人口等弱势群体,并保证投入到位,这样才能让大多数人得到基本的医疗保健服务。再次,政府要加强监管职能。卫生服务关系到人民生命安全,是专业技术性极强的工作。医疗卫生管理部门应对各种所有制形式的医疗机构,进行严格的规范和监督,促使朝着有利于社会整体利益的健康方向发展。同时,还要制定完善的医疗机构的相关政策和法规,健全管理体制和监督机制,对不同所有制医疗机构一视同仁,享受同等的管理体制和政策待遇,

---

① 段宇宏:《浅析我国医疗改革的现状及存在的问题》,载《中国民族医药杂志》,2017年第2期。
② 习近平:《决胜全面建成小康社会 夺取新时代中国特色社会主义伟大胜利》,载《人民日报》,2017年10月28日,第1版。
③ 《中共中央关于全面深化改革若干重大问题的决定》,http://cpc.people.com.cn/n/2013/1115/c64094-23559163-13.html。

形成公平竞争的外部环境。①

（2）构建多层次的医疗卫生覆盖体系

中共中央关于制定国民经济和社会发展第十三个五年规划的建议指出："促进医疗资源向基层、农村流动,推进全科医生、家庭医生、急需领域医疗服务能力提高、电子健康档案等工作。鼓励社会力量兴办健康服务业,推进非营利性民营医院和公立医院同等待遇。"②中国的城市和农村应该在考虑当地经济水平的基础上,根据各自的能力和需求制定与自身相适应的医疗覆盖体系。农村卫生服务网络,多面对低收入及弱势群体,其医疗卫生体系需要更多地依赖于政府的财政投入,其中少部分费用可以让有支付能力群体共同参与分担。这一方法在鼓励个人参与的同时能提高农村现有的支付水平。费用分担的水平虽然较低,但是仍然可以起到补充作用。城镇中的低收入者、老年人、儿童和残疾人等弱势群体,也需要一个由政府财政支持的卫生服务网络。要为城镇每年医疗救助卫生服务的覆盖水平设定上限,让有负担能力的人群参与较低水平的医疗服务,成本共担不仅可以鼓励个人参与的积极性,有效控制花费,还可以为重大疾病的医疗开销提供保障。基本医疗保险为城镇卫生服务网络提供了一个可操作的框架。③ 它应该在不减弱城市参保人员在参保前所享受到的服务和利益的前提下,覆盖适当的医疗服务范围。

（3）大力发展我国医疗保险

为达到我国全民医保,在保险体系上可以采用医疗救助、社会基本医疗保险、商业健康保险这样不同层次的网络来覆盖全民。医疗改革具体操作方面,也应与社会医疗保障各个层次相对应。社会救助方面应充分发挥政府的作用。社会医疗救助主要是对处于社会底层、没有收入来源或收入很少无力支付医药费及保险费的人采取由国家为其免费提供医疗救助服务,其费用主要由国家来支付。在社会基本医疗保险方面,保险费应由企业、个人、国家、地方政府统筹集资。在商业健康保险方面,则主要由个人支付保险费,以满足多方

---

① 段宇宏:《浅析我国医疗改革的现状及存在的问题》,载《中国民族医药杂志》,2017 年第 2 期。
② 《中共中央关于制定国民经济和社会发展第十三个五年规划的建议》,http://news.xinhuanet.com/fortune/2015 - 11/03/c_1117027676_2.htm。
③ 段宇宏:《浅析我国医疗改革的现状及存在的问题》,载《中国民族医药杂志》,2017 年第 2 期。

面的医疗卫生服务需求。

中国的医改以人人享有健康为目标,要从国民经济和社会发展总体战略高度制定保障国民健康的基本制度,建立符合国情的全民医疗卫生保障体系和有利于人民健康的经济社会发展体系,建立全民参与、全民享有的健康保障体系,让各个社会阶层包括弱势群体都能分享到医疗改革的成果。①

(三)收入是民生之源:如何进一步增加群众收入②

发展经济最重要的目的是什么?说到底就是强国、富民,而这两者是紧密联系的。党的十八届三中全会强调:"着重保护劳动所得,努力实现劳动报酬增长和劳动生产率提高同步,提高劳动报酬在初次分配中的比重。健全工资决定和正常增长机制,完善最低工资和工资支付保障制度,完善企业工资集体协商制度。改革机关事业单位工资和津贴补贴制度,完善艰苦边远地区津贴增长机制。"③这一切无不以增加群众收入为前提。近些年我国的经济发展很快,但是如何让经济发展真正惠及民生,是应该探讨的重要问题。一方面,当前中央越来越重视民生问题,采取了多种措施改善民生。尽管不同利益群体对这些措施的意见不尽相同,但总体上对改善民生的期望值都比较高。另一方面,我们的国力有限,只能量力而行,不可能超过国力的承受能力改善民生,否则将出现新的社会问题。

1. 随着劳动生产率的提高来增加职工的收入

如何让经济发展惠及民生,涉及多方面。排在第一位的,是要能够创造更多的社会财富,提高人民群众的购买力,这是大家最关心的问题。正如党的十九大报告所言,要"完善政府、工会、企业共同参与的协商协调机制,构建和谐劳动关系"④。当前,中国的经济发展模式要由过去的依靠投资、外贸转为依靠消费拉动。实现这一转变,首先要提高人民群众的购买力,提高人民群众的收入,否则依靠消费拉动就无从谈起。人民群众的收入与经济同步增长。在经

---

① 段宇宏:《浅析我国医疗改革的现状及存在的问题》,载《中国民族医药杂志》,2017年第2期。
② 成思危:《如何增加人民群众的收入》,载《当代贵州》,2014年第23期。
③ 《中共中央关于全面深化改革若干重大问题的决定》,http://cpc.people.com.cn/n/2013/1115/c64094-23559163-13.html。
④ 习近平:《决胜全面建成小康社会 夺取新时代中国特色社会主义伟大胜利》,载《人民日报》,2017年10月28日,第1版。

济存量较难调整的情况下,对增量部分的分配要保持合理比例。一般而言,增量分配主要是三个主体:政府、企业、个人。以前由于个人在分配上占的比例较低,导致人民群众的收入增长低于经济增长速度,进而造成在存量比例上,人民群众得到的"蛋糕"相对"缩小"。因此,在增量分配上,我们要调整比例使人民群众保持或超过原有的收入水平。

【案例】 希腊债务危机。2009年10月初,希腊政府突然宣布,2009年政府财政赤字和公共债务占国内生产总值的比例预计将分别达到12.7%和113%,远超欧盟《稳定与增长公约》规定的3%和60%的上限。鉴于希腊政府财政状况显著恶化,全球三大信用评级机构惠誉、标准普尔和穆迪相继调低希腊主权信用评级,希腊债务危机正式拉开序幕。随着主权信用评级被降低,希腊政府的借贷成本大幅提高。希腊政府不得不采取紧缩措施,希腊国内举行了一轮又一轮的罢工活动,经济发展雪上加霜。至2012年2月,希腊仍在依靠德法等国的救援贷款度日。除希腊外,葡萄牙、爱尔兰和西班牙等国的财政状况也引起投资者关注,欧洲多国的主权信用评级遭下调。

【分析】 这次欧债危机中,希腊的问题就是如此。同为福利国家,希腊的社会保障水平和德国基本相当,但人均创造的社会财富只是德国的一半。也就是说,希腊创造的社会财富不足以满足政府的高开支、社会的高福利和人民的高消费,怎么办?只能借债。但希腊又不能创造足够的财富还债,只能借新债还老债。一旦美国的金融危机波及欧洲,希腊借不到钱后,马上就出问题了。因此,改善民生要量力而行,不能把人民群众的"胃口"吊高了,最后却实现不了。希腊的例子,体现的就是这一道理。

那么中国的情况怎么样呢?我们的农业劳动生产率是很低的。我们做过农业生产国劳动生产率的分析,根据世界银行的数据大致可分为三档:第一档是美国、日本、法国,人均每年创造的增加值是3万—5万美元。第二档是土耳其、俄罗斯,人均每年创造的增加值是3 000—5 000美元。第三档是中国、印度、印度尼西亚、尼日利亚,人均每年创造的增加值不到1 000美元。为什么中国的农村富不起来,那么多农民外出打工,就是因为农业本身的劳动生产率太低。我们也分析过工业生产国的劳动生产率,中国的第二产业就业人员约2亿人,创造的增加值大概是22万亿元,大概是德国的1/5、美国的1/8。根据最近国家统计局公布的数据,这一增量的分配除政府、企业所得后,人均收入5万元左右。①

2. 根据CPI调节职工收入

根据CPI(通货膨胀率)来调节职工收入,目前国外都建立了这一条规定,我国也已经规定最低工资按通货膨胀率来调整了,但整体工资暂未实行这一规定。对怎样根据通货膨胀率来调节职工收入,社会上也有不同的呼声。有些人希望工资涨,通货膨胀率小涨。明显这是不大可能的。经济增长和通货膨胀率之间的关系大概有四种类型:高增长高通胀;低增长低通胀;高增长低通胀;低增长高通胀。正常的情况下,经济增长快的时候,通胀率通常也会高。因为经济增长快,也就是就业率升高,工资收入增多,但物质产品供应赶不上,物价必然上涨,导致通胀率提高。我国上一个经济周期通货膨胀率最高曾经达到5.4%,因为经济年均增长率高达1%。但这个经济周期,由于前两年经济增长率为7.6%,通货膨胀率相对也就低下来了。

显然,高增长低通胀是最理想的。但这一定是在通过创新推动,迅速提高劳动生产率的情况下才能出现的。20世纪90年代,美国由于信息技术迅猛发展,劳动生产率迅速提高,曾经出现了高增长低通胀的态势,到克林顿时期从一个赤字国家成了"黑字"国家(即政府收支从亏损转为盈余)。要达到这种情况,需要付出巨大努力。低增长高通胀是最坏的情况,也就是"滞胀",这在拉美国家曾经发生过。

我国现在基本处在正常的情况。根据通货膨胀理论,通货膨胀率3%以下,一般是可以承受的。当然,通货膨胀率小是越低越好,通货膨胀率低于零的话,就会产生通货紧缩。通货紧缩的时候,物价总水平是下降的,经济的发展更是缓慢的。日本就曾经陷入20年通货紧缩,导致与通货紧缩率挂钩的工资水平下降。

3. 增加人民群众的财产性收入

对于增加人民群众的财产性收入,目前还缺乏必要的渠道。股市不乐观,房市增长变缓,一般人民群众也投不起大额资金购房。所以近期支付宝、理财

---

① 成思危:《如何增加人民群众的收入》,载《当代贵州》,2014年第23期。

通等产品会这么"旺"。

如何增加人民群众的财产性收入？提高农民的财产性收入显得至关重要。"要坚持就业优先战略和积极就业政策，实现更高质量和更充分就业。"①中国最大的不平等，应该说是城市居民与农村居民的收入不平等。城市居民的收入大概是农村居民的3倍，购买力是农村的4倍，城市居民享有的文化教育等公共服务都比农村多得多。农村居民的劳动生产率为什么低？是因为农村有大量的剩余劳动力。从经济理论上来说，目前有两类农村剩余劳动力要通过向城市转移，才能够逐步解决农村居民收入低的问题：一是绝对剩余劳动力，这个群体的边际产出为零；二是相对剩余劳动力，这个群体的边际消费为零，只能自给自足。这两类剩余劳动力向城市转移后，余下的农村劳动力可以实行适度规模经营以提高收入。但是，转移农村剩余劳动力到城市以后，必须解决这个群体的就业、社保、住房、子女上学等一系列问题。因此，如果我们能使进城的农民，或者留在农村的农民有一定的财产性收入，对解决此类问题是有帮助的。

另外，由于农村的劳动生产率低，农民从农村转移到城市后，进入第二产业、第三产业，他们所创造的劳动生产率就比单纯地种地高得多，这对国民经济发展也有好处。所以中央把城镇化作为未来十年促进经济发展的重要措施。一方面通过城镇化来解决农村剩余劳动力过多、农村劳动生产率低、农民收入过低等问题。另一方面，通过不断转移农村劳动力到第二产业、第三产业，促使经济发展。

（四）社保是民生之基：如何进一步强化社保功能

"十三五"规划建议强调："建立更加公平更可持续的社会保障制度。实施全民参保计划，基本实现法定人员全覆盖。坚持精算平衡，完善筹资机制，分清政府、企业、个人等的责任。适当降低社会保险费率。完善社会保险体系。"②我国社会保障包括社会保险、社会救济、社会福利、优抚安置和社会互助

---

① 习近平：《决胜全面建成小康社会　夺取新时代中国特色社会主义伟大胜利》，载《人民日报》，2017年10月28日，第1版。
② 《中共中央关于制定国民经济和社会发展第十三个五年规划的建议》，http://news.xinhuanet.com/fortune/2015-11/03/c_1117027676_2.htm。

等有关内容,完善的社会保障制度可以推动社会经济发展,实现社会公平。

1. 我国社会保障发展现状

改革开放以来,我国的社会保障开始进入高速发展阶段,已经初步建立起多层次的社会保障制度。这其中,既有发展的积极经验,也有制度改革中存在的一些问题。

(1) 已经建立多层次的社会保障制度,但发展仍不均衡

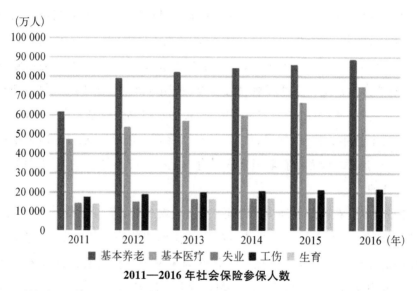

2011—2016 年社会保险参保人数

数据来源:2015 年度人力资源和社会保障事业发展统计公报及 2016 年度统计快报

从 2015 年相关统计公报看,社会保险参保人数逐年增多。在 2016 年的人力资源社保年度数据快报中,我国城镇和城乡居民基本养老保险参保人数已经突破 8 亿 8 000 万人,比 2015 年基本养老保险参保人数多 2 000 万人左右。随着人民生活水平的提高,国家社会经济水平的发展,我国在社会保障财政上的投入也不断增加,社会保障体系也不断完善,社会保障覆盖范围逐年增大,初步建立起多层次的社会保障制度。虽然,我国已经在城市建立社会保险制度,在农村推进最低生活保障制度和合作医疗制度,但相比较来说,社会保障体系发展仍然不均衡。虽然我国已经具备完善的城乡居民基本医疗保险制度,但从整体社会保障制度来看,城市的社会保障制度基本涵盖了养老、医疗、失业、工伤、生育等基本社会保险,而农村只有养老保险和医疗保险。另外,在

相关保险的保障支出费用上,城市也要比农村更多,仅养老保险一项就存在较大差距。据《中国老年社会追踪调查报告》,我国城镇居民社会养老金为每月1 387.2元,农村社会养老保险金仅为141.21元。

(2) 社会保障法制化水平有待进一步提高

从我国社会保障相关法律法规发展来看,从1951年颁布的《劳动保险条例》,1989年的《关于公费医疗保险的通知》,到1999年《失业保险条例》、2003年《工伤保险条例》等内容制定,初步奠定了与我国市场经济体制相适应的社会保障法律基本框架。2011年《中华人民共和国社会保险法》正式施行,以规范社会保险关系,维护公民参加社会保险和享受社会保险待遇的合法权益,使公民共享发展成果,促进社会和谐稳定。此外,《劳动保障监察条例》《全国社会保障基金条例》等社会保障相关法律法规也为完善我国社会保障制度服务。[①] 但与目前我国社会保障制度发展水平相比,我国社会保障法制化水平还有待提高。相对于我国社会保障制度发展水平来讲,存在一定的滞后现象,阻碍我国社会保障事业的深入发展。具体表现在法律体系还不够健全,特别是涉及社会福利和社会救助的相关法律还未制定,通过行政手段很难有效解决社会保障的争议问题。针对我国现行社会保障法律法规现状,应逐步扩大社会保障法律的覆盖范围,在社会保险基金的安全性上也需要有法律制度的保障。

(3) 社保基金支出压力大

我国社会保险基金收支规模逐年扩大,2016年我国五项社保基金收入为5.28万亿元,总支出为4.65万亿元,基本保持收支的总体平衡。但就目前发展来看,我国社保基金支出压力仍然偏大。我国的养老保险制度"以支定收、略有结余、留有部分积累"的筹资模式,随着人口老龄化问题的加剧,养老保险基金的支出压力变大。仅广东一省就统筹130亿元用于部分城市收不抵支的情况。另外,我国社会保险基金仍然以省级统筹为主,难以在全国范围内统筹社会保险基金,造成全国各地社会保险基金结余不均衡情况。就目前发展来看,我国社会保险基金面临长时间内收支平衡风险,社会保险基金支出压力会

---

① 王平荣、卜泳生:《公正司法鉴定中政府的社会保障责任》,载《中国司法鉴定》,2014年第1期。

持续增大。需要通过降低社保费率,来改善我国收支失衡风险。

2. 福利国家社会保障体系建设的经验[①]

福利国家和福利制度是随着欧美发达国家经济发展而出现的,并逐步向发展中国家传播和影响。因此,研究欧美发达国家的福利制度和社会保障体系,对我国社会保障制度的建设和发展有着重要的借鉴意义。

(1) 福利国家

福利国家就是通过国家立法手段而建立起比较完善的相关社会保障制度或体系,简单来讲就是通过政府手段提供的一系列社会福利保障措施。这种模式最主要的特征就是强调"高税收、高支出、高福利",使全民能够不分收入、家庭等因素,享受到国家的福利。[②] 以瑞典为代表的北欧国家是福利国家的典型,瑞典的福利制度是"从摇篮到坟墓",提供全方位的社会保障,福利保障完全由政府主导,为所有社会成员提供教育、养老及其他收入保障的社会保障福利体系。

(2) 福利国家保障体系建设

在福利国家,社会保障制度全民性、社会保障法制化、社会保障利益均等原则,对我国建立和完善社会保障体系有借鉴意义。以瑞典为例,国家制定有关国民福利的政策与体系,建立一套"从摇篮到坟墓"的保障体系,其社保开支已经超过欧洲国家,如英国、美国等,可以说瑞典是当今最有特点也最具代表性的福利国家。

从福利国家保障体系特点来讲,最鲜明的特点就是全民性。福利国家特别是北欧福利国家倡导统一的社会福利和服务保障,不分男女、不分城乡,都享有同等的社会福利保障待遇。福利国家的另一个特点就是高福利。瑞典的社会福利开支占 GDP 的 38% 以上,实行全面免费医疗的挪威社会福利开支占 GDP 的 33% 以上,福利范围包括教育、医疗、工伤、失业、最低生活补助等方面,保障水平非常高。全民性和高福利也带来了高税收和政府负担加重,很多社会福利保障的资金费用都由政府承担,而高福利支出,就需要高税收来维持。

从福利国家保障体系内容来讲,主要包含保障服务、法制化建设以及政府

---

① 孙涛:《福利国家发展的历史轨迹:历史与辩证的考量》,载《国外理论动态》,2014 年第 1 期。
② 彭浩荣:《借鉴福利国家得失健全社保制度》,载《长江日报》,2017 年 4 月 17 日,第 3 版。

职责方面。从保障服务来看,涉及养老、医疗、失业、住房、教育、社会服务等方面,包括生老病死、住房、教育等覆盖范围非常广的福利制度和体系。从法制化建设来看,针对社会保障领域,瑞典政府制定了一整套完善的法律法规,如《医疗卫生服务法案》《养老基金法案》《失业保险法案》《病假保险法》等。完善的法制化建设对于实现社会保障制度的高效性,有非常重要的作用。在政府职责上,中央政府负责社会福利的法律制定和分配相关社会保障资金,地方政府负责落实和监管,以更好地提升社会保障工作效率。

(3) 福利国家保障体系的公平效率问题与改革

当然,福利国家在提供完善的社会福利保障时,也存在着一定的问题,首先面临的就是公平与效率的问题。在社会保障体系中,社会保障的资金是由政府通过向资本征税来提供的,旨在保证公平与效率的统一。但过度的社会保障使国民积极性下降,影响社会公平,降低了社会保障效率。主要表现在就业积极性下降,税收过高,政府财政负担加重等问题。福利国家的保障体系实现要基于一定的高税收政策,而征收高额税费会使国民工作的积极性减弱,同时也影响企业的投资信心,能够提供的就业岗位就会减少。此外,进入21世纪以来福利国家的财政负担越来越重,收不抵支的情况加重了财政危机的风险。一方面,政府对企业的高额税收,带来全民福利保障的负面影响是企业的生产力水平下降,阻碍企业和国家的经济发展。另一方面,政府为实现和继续保持这种福利制度,必须要加大财政投入,从而导致财政赤字问题,这种问题得不到有效的解决,就会增加政府的财务风险,进而引发经济危机等问题。

针对社会保障体系中公平、效率失衡问题,福利国家也开始寻求改革措施完善社会保障体系建设。针对高福利带来的财政收支失衡的情况,适度提高个人社会保障项目缴纳比重,同时减少部分社会保障项目的支出,有利于减轻政府的财政负担。针对高福利带来的国民工作积极性减弱,海外投资者投资热情减退,探索社会公正与经济效率统一机制。国家不是直接提供经济或资金资助,而是鼓励就业,以此提升国民工作积极性。以瑞典养老金改革为例,早在20世纪90年代,瑞典受困于人口老龄化和经济低迷压力,开始寻求养老金改革。养老金作为瑞典福利制度中最大的单项开支,减缓养老金支出的速度可以在一定程度上减轻瑞典整个社会福利制度的支出压力。一方面最低领取养老金的年龄提高到 61 岁,另一方面缩减养老金津贴标准,由相当于以前工资的 65% 下降到 55%。经过一系列的改革,2000 年瑞典养老金支出占国内生产总值的比例为 37.3%,2004 年为 37.8%,随着老龄化加剧,养老金支出仅提高了 0.6%;同时瑞典社会福利支出总体下降了 2%,这也为改变经济低迷压力、促进经济的可持续发展创造条件。针对人口老龄化问题,我国也开始适时地进行延迟退休政策,以确保养老保险基金的平稳运行和可持续发展,保障我国社保体制建设及经济发展。

3. 福利国家社会保障体系对我国社会保障制度建设的启示

党的十九大报告指出:"按照兜底线、织密网、建机制的要求,全面建成覆盖全民、城乡统筹、权责清晰、保障适度、可持续的多层次社会保障体系。"[1]福利国家的社会保障体系建设,特别是福利国家针对高福利带来的公平、效率失衡问题进行卓有成效的改革,对我国建设和完善社会保障制度有一定的借鉴意义。

(1) 协调城乡社会保障体系化

以瑞典社会保障制度为例,国家倡导全民性。作为单一民族国家,瑞典积极推进平等主义社会价值观,提倡社会保障利益均等。无论是事业保险、医疗保险、养老保险都倡导平等机制,在福利保障改革也注重社会公正与经济效率的统一。我国在发展和完善社保制度过程中,要设计全民性的社会保障体系。我国的实际情况,就是要注意协调城乡发展,打破城乡界限,促进全民社会保障体系建设。目前我国社会保障体系仍然割裂城乡的统筹发展,以养老保险为例,包括城镇职工(居民)养老保险,农村养老保险,这几项保险制度不能相互转化,而随着农民工进城打工,城乡不同的养老保险制度缺陷开始显现。在医疗保险领域,我国已经开始推进医保全国联网和异地就医结算工作,在协调城乡社保制度体系化建设中,迈出了坚实的一步。在协调城乡社保制度体系化过程中,应明确中央政府和地方政府的职责,平衡中央政府与地方政府、地方政府之间的利益关系。只有这样才能从战略全局出发,协调城乡社保制度

---

[1] 习近平:《决胜全面建成小康社会 夺取新时代中国特色社会主义伟大胜利》,载《人民日报》,2017 年 10 月 28 日,第 1 版。

体系化建设,从而促进我国社会保障制度可持续发展。①

(2) 推进社会保障法制化

瑞典等福利国家在发展社会保障制度的过程中,非常重视社会保障法律法规的制定,针对具体的社会保障和社会福利制度制定专门的法律法规,使福利保障政策有法可依。② 我国目前的社会保障法律体系仍然不完善,除了已经出台的《社会保险法》,还应制定具体的各社会保险法律、社会福利和社会救济的有关法律法规。只有法律制度健全,才能明确政府、企业和个人在社会保障中需要承担的责任或拥有的权利,才能规范社会保障行为,保证社会保障资金程序正当、使用合理。当然,在社会保障相关法律的实践中,也存在着一定的问题,例如配套政策缺位、操作性差等问题。因此,应积极探索和完善现行法律法规,增强社会保障法规的法律效力与监督体系。

(3) 促进社会保险基金投资多元化

美国作为联邦制国家,相关的社会保障体系也分为联邦和各地方保障体系。为监管社会保险基金,加强社会保险基金投资多元化,美国政府设立信托基金。当信托基金出现结余可以进行相应的投资,包括购买政府债券、市场债券等,同时联邦政府和各地方政府也积极探索社会保险基金投资的优化组合,以促进社会保险积极投资的多元化。就目前社会保障制度发展来讲,社会保险资金来源仍然很单一,也使社会保险资金的支出压力增大。从历年《中国养老金发展报告》来看,我国基本养老金保险支出压力逐年增加,特别是作为养老保险重要补充的企业年金参与率连创新低,多个省份出现养老保险收不抵支的情况。就目前社会保险基金投资现状来看,虽然投资范围涉及存款、国债、股票、基金等,但对于国债、股票的投资比例非常低,相对投资风险加大。因此,探索社会保险基金保值增值需要提上日程。要增强社会保险基金投资管理能力,积极稳妥推进社会保险基金市场化,拓展社会保险基金投资多元化渠道,分散社会保险基金的投资风险,促进社会保险基金保值增值。③

---

① 彭浩荣:《借鉴福利国家得失健全社保制度》,载《长江日报》,2017年4月17日,第3版。
② 彭浩荣:《借鉴福利国家得失健全社保制度》,载《长江日报》,2017年4月17日,第3版。
③ 邓浩鸿:《浅析社保基金的多元化投资与风险控制团》,载《财经界(学术版)》,2016年第2期。

(五)住房是民生之实:如何进一步确保居者有屋

在2017年的两会上,经济增速被淡化,关乎大众切身利益的民生领域成为重点内容。3月14日,根据全国人大审议与全国政协讨论提出的意见和建议,国务院对政府工作报告共作出修改与补充78处,主要涉及房地产、精准扶贫、雾霾治理等社会民生问题。着墨最多的是房地产,不仅补充了"健全购租并举的住房制度""遏制热点城市房价过快上涨",还将"继续发展公租房"改为"继续发展公租房等保障性住房"。① 之所以如此重视,因为房地产不仅是传统"衣食住行"四大民生问题之一,也是影响中国经济的重要行业。高房价对经济的负面影响不言而喻,决策层也一再强调房地产的居住属性。

1. 我国住房市场的现状

住房问题事关民生,既是重要的经济问题,又是重要的民生问题。住有所居是民众的基本需求,居住权是公民的基本权利,关乎人权和社会稳定,这决定了住房市场并非是一个纯粹的私人产品市场,而是具有很强的公共性,决定了房地产业的发展应围绕改善民生这个核心,以服务于实现广大民众住有所居为优先目标。在人类基本需求(衣食住行)中的住房,以及在公民基本权利中的居住权均具有优先位置,因而,住房保障服务自然也应放到优先位置,这点不难理解,"安居乐业,安居才能乐业""小康不小康,关键看住房"。而且,住房是资金密集的消费,是中低收入群体靠自身最难解决、最需要帮助的基本需求。毫无疑问,政府在履职过程中应把做好住房保障服务放在重要位置,应使房地产业的发展真正围绕"住有所居"的目标进行,使"住有所居"确实成为房地产业的出发点和落脚点。与这样的定位相适应的政策必定应该是强化政府的民生责任,大力增加能够满足中低收入住房需求的供给,同时,鼓励住房的适度消费和公平消费,限制住房的非理性消费,抑制住房的投资需求、投机需求,使房价逐步回归合理区间。②

在现实中可以看到,对建设保障性住房多数地方政府积极性不够高,"十二五"规划的3 600万套保障性住房目标缺口巨大,公民的居住权至今缺乏法

---

① 李克强:《第十二届全国人民代表大会第五次会议上所作政府工作报告》,据新华社北京2017年3月16日电。
② 郑玉歆:《我国住房市场的民生定位亟待强化》,载《理论探讨》,2015年第5期。

律保障。住房市场房价高企,一、二线城市的大多数市民买不起住房,直接影响到城镇住房的有效需求,政策性住房远远不能满足刚性需求。但是,政府保持房地产市场平稳健康发展的政策基本上是在维稳高房价、放宽限购、刺激奢侈性和投资性需求,把着眼点更多地放在保增长上,而非放在优先满足基本需求、住有所居目标的实现上。从近几年的发展趋势来看,住房需求的构成也在发生着较大变化。首先,首次购房人群规模稳中有升,但需求增长有限。其次,改善性住房需求上升明显,"卖小买大""卖旧买新",或者直接购买第二套住房的群体在不断增加。再次,拆迁性需求规模出现明显下降,我们以上海市为例(见下图),2005—2009年是上海居民住宅拆迁规模较高的时期,2010年后明显下降,2011—2013年更是屡创新低。①

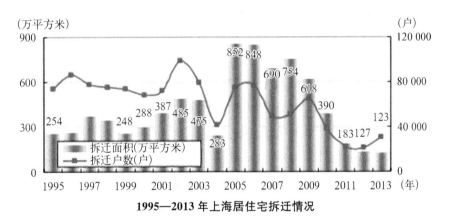

1995—2013年上海居住宅拆迁情况

2. 新加坡居者有其屋的经验借鉴②

李光耀认为,为了让那些自己的儿子必须履行国民服役的父母觉得新加坡是他们自己的国家,值得他们的孩子去捍卫,就必须让新加坡的每个家庭拥有自己的资产,特别是拥有自己的住房。

新加坡在1959年实现自治时,存在着非常严重的房荒。市区有84%的家庭住在店铺和简陋的木屋区,其中40%的人居住在贫民窟和窝棚之内,只有9%的居民能够住上像样的公共住宅。在新加坡政府领导下,通过贯彻落

---

① 郑玉歆:《我国住房市场的民生定位亟待强化》,载《理论探讨》,2015年第5期。
② 吕元礼:《"居者有其屋"的新加坡模式》,载《北京日报》,2014年10月27日,第4版。

实"居者有其屋"政策,二十多年后,新加坡每10名居民当中,就有9名拥有自己的住房。新加坡国家发展部长达纳巴兰曾在一次国会讲话中骄傲地说,世界上没有第二个国家能够像新加坡那样,使得一个国民在离开学校工作两年便可以购置住房。新加坡政府清楚地认识到,房子属于不动产。新加坡有可能垮下来,可是你的房子和地产价格却全靠信心、稳定、秩序和发展前景来维持。

与"居者有其屋"政策紧密相连的是中央公积金制度。新加坡中央公积金制度是一种由国家通过法律加以规定,劳资双方共同缴付款项,政府作保证,以向劳动者提供物质保障为宗旨的强制储蓄制度。制度规定,每个雇员,无论是受雇于政府还是私人,都是中央公积金局的会员。当成为中央公积金局的会员,雇员和雇用自己的雇主都必须按雇员工资的一定比例缴公积金,按月存入雇员名下。公积金存款有利息,按月计算,并入公积金中。雇员所交的公积金可免交个人所得税。由于雇主按雇员工资比例所缴的公积金是给雇员的,所以,这实际上相当于在发给雇员工资之外再按比例多给雇员,以公积金的形式存入雇员名下,雇主不再是这些钱的主人。

由于每个人都有房子和公积金户口,由谁来组织政府,就与人们的切身利益休戚相关。这时候,除非由诚实、有才干和可靠的人来当政,否则,选民本身就会遭殃。因为当政者的政治和政策将影响人们的切身利益。换句话说,当人们有了住房和公积金,他们就将转而投票给能够让他们的住房和公积金保值的执政党——人民行动党。[1]

3. 如何进一步确保居者有其屋[2]

(1) 土地公有制有待完善

房价特别是一、二线城市的房价过高,对于广大民众这已经是不争的事实。房价过高对社会经济发展有着诸多严重的负面影响,其中最直接的一点是造成住房有效需求的减少,使广大民众的基本住房需求难以满足。助推房价提高的一个公认的重要因素是地方政府对土地财政的过分依赖。

任何一个国家土地都是有限的,不论是公有还是私有,都是全体国民所有

---

[1] 吕元礼:《"居者有其屋"的新加坡模式》,载《北京日报》,2014年10月27日,第4版。
[2] 郑玉歆:《我国住房市场的民生定位亟待强化》,载《理论探讨》,2015年第5期。

的公共资源,是公民从事经济、社会、文化活动的生存基础,应作为公共福利有效加以利用,土地的这种公共性要求其使用要从满足社会公共需要出发。因而,在许多土地私有制的国家里也都是强调土地所有权的行使应该增进公共福利,而实行所谓的"土地社会私有制"。也就是说,国家要对土地私有权予以控制,私有土地也不能随意处置。如在经历了地价飞涨的1989年,日本制定了《土地基本法》。此法律提出的公共福利优先(优先提供公共福利性用地),抑制土地投机,土地增值收益回馈社会,扩大公有土地,严格执行土地利用规划等原则,限制了土地私有权,改变了土地私有带来的分配不公,为土地得以合理使用提供了法律依据。

土地的有限性、不可再生性使得土地会随着经济发展不断升值。如果土地是私有的,那么,土地的所有者便会从土地升值中坐享其成,这显然是一种寄生行为。如果土地是国有的,土地升值的收益属于所有国民。政府持有土地收益,可大大提高政府向民众提供公共产品的能力,提高转移支付的能力,这无疑是土地公有制的优势。然而,在实践中,我国公有的土地收益被侵蚀的现象非常严重,这与我国土地制度中土地使用者的使用权过强有关。土地使用者可从土地级差或土地增值中获得巨大收益,此收益并非劳动所得,而是社会转移来的,按理应该以地租的方式归还社会,而在中国,土地增值的收益常常为土地使用者占有(开发商的收益中有很大部分便是来自土地的增值)。再有,在经济适用房、限价房的制度安排中,同样存在这样的问题,几年后可以进入市场的规定,使保障住房的性质由消费变成收益不菲的投资,造成新的分配不公。另外,高房价、低水平征地补偿损害的都是中低收入群体的利益,类似的分配不公比比皆是。可见,我国住房制度的完善必须以土地制度的完善为前提,"让发展成果更多更公平地惠及全体人民"绝对离不开土地使用制度的改革。

完善土地制度,使公共福利优先、公正和效率的原则在土地的使用和收益分配中切实得到实行,使土地公有制优势得到进一步发挥是我国面临的有待解决的重大问题,是有效治理土地财政的必要前提。这必将涉及土地公共性质的定位,财政制度的改革,政府职能的转变,政绩考核制度的改革,土地征收制度的完善,土地出让金收取方式的改革,土地税收制度的改革,土地财政预算管理的完善,土地承租与转让的规制,住房制度的改革等广泛而深刻的内容。至今,很多问题在我国尚未引起足够的重视,研究也很不够。发达国家的土地使用制度经历了漫长的演化过程,其中有大量付出沉重代价的教训非常值得我国借鉴,由于土地不是普通的商品,发达国家土地使用制度的发展趋势普遍是去商品化、强化土地的公共福利性质,这一点值得引起正在大力强调发挥市场决定性作用的我国的充分注意。

(2) 中国政府对住房供给的重大责任

中国政府比世界上大多数国家对住房供给负有更大的责任是由中国国情决定的。中国实行的是土地公有制,其中城市土地属于国有。在我国,建设用地的供给由政府垄断,每年土地供给的多少直接影响到房地产市场住房供给和住房价格,保障性住房的建设更是直接由政府的土地供给决定,我国城镇住房供给不足无疑与土地供给不足有关。地方政府的土地转让收入相当于70年的地租一次性收齐,土地的公共性质决定了要将这笔巨额资金优先用于增进公共福利的支出,保障性住房建设无疑是最合理的用途之一。

中国各级政府在对住房供给负有更大责任的同时,也享有土地私有制国家政府在实现"住有所居"上所没有的巨大优势。土地公有大大降低了实现"住有所居"的成本,而且中国政府还可以很方便地用从高收入群体那里获取的土地收入去帮助中低收入群体,这对于缩小贫富差距意义重大,这是世界上大多数国家的政府所不具备的一个优势。然而,事实表明,这些有利于中国政府履行住房供给责任的优势并未得到很好的发挥。我们看到,政府从房地产发展中获取的巨额收入绝大部分都用在城市建设、推动短期增长上了,仅有很少部分被用在保障房的建设。由于保障性住房欠账过多,"十二五"3 600万套保障性住房的规划非常令人期待。2013年10月29日,习近平总书记在政治局第十次集体学习会上曾强调:"'十二五'规划提出,建设城镇保障性住房和棚户区改造住房3 600万套(户),到2015年全国保障性住房覆盖面达到20%左右,这是政府对人民做出的承诺,要全力完成。"[①]然而,任务完成得并不理想。"十二五"期间五年累计城镇保障性安居工程共新开工约3 970万套,但基本建成仅仅约2 568万套,与建设3 600万套的计划目标相差约1 032万套,缺

---

① 习近平:《要全力完成3 600万套保障性住房》,据新华网,2013年10月30日。

口巨大。

(3) 实施大规模的公(廉)租房工程

为了改变我国保障性住房欠账太多的状况,在我国实施大规模公(廉)租房工程势在必行。我国住房保障制度把租赁型住房(廉租房和公租房)作为保障性住房的主要发展目标已经明确,这无疑是正确选择。与其他保障性住房相比,公(廉)租房的产权清晰、使用权较弱,有利于避免福利依赖以及造成新的分配不公,也更符合劳动力流动的市场经济规律。特别是,政府通过大规模建设公租房和发展住房租赁市场,可以为形成合理的房价奠定基础,将大大提高政府对房地产市场的调控能力,抑制房地产开发商过高的利润,加快一个规范、成熟、多元的住房租赁市场的形成。

鉴于公共工程对经济增长的拉动意义重大,不久前,国务院为应对经济下行压力提出棚户区改造的三年计划,预计共改造1 800万套。然而,棚户区改造与保障性住房建设是有明显差别的,其对象组成比较复杂。这次棚改特别强调货币化安置的政策,使其增加了这项计划拆迁、征地的意味。而且,相当多应享受保障性住房的群体无法包括在棚改中。显然,棚户区改造不能代替公租房工程。2020年我国要实现全面建成小康社会的目标,届时在我国应实现对无力购买或租赁商品房的中低收入群体住房保障的全覆盖或基本覆盖,这意味着"十三五"期间至少要建4 900万套,平均每年差不多要建1 000万套。现在到2020年的时日已经不多,保障性住房的建设应大规模加速进行。

未来5—10年内正是我国处于资金、劳动力较为充裕,建设成本相对较低的时期。各级政府有待进一步强化加快建造保障性住房的责任感,以及机不可失、时不再来的紧迫感,积极拓宽融资渠道,切实解决保障性住房资金问题。无论如何,责任感和紧迫感是问题解决的关键。从现在到2020年每年如果建1 000万套保障性住房,按每套50平方米、每平方米造价2 600元计算,每年需要1.3万亿元资金,这是一笔不少的资金。但可以讲,这在我国是能够解决的,这取决于政府的决心。国际上有大量政府建设和经营廉租房的成功经验可供我国吸取,在此暂不赘述,下面仅对我国政府具有的巨大融资潜力予以简要说明。政府融资渠道一般有三个:一是在公开市场发行债券,向公众举债;二是变卖资产,包括使用外汇储备;三是向央行发行债券,由央行增发货币加以实现。在经济全球化的时代,后两种融资方式中动用外汇储备和央行增发货币(特别是大国使用)会影响国际汇率和价格水平的稳定,而常常被认为是一种不友好的方式。因而,一般情况下在公开市场发行债券应是政府主要的融资渠道。

我国保障性住房建设落后总是被归结为资金问题。实际从根本上,还是对维护公民居住权的认识没到位,没有真正把民生保障放到优先位置,因而表现为责任感和迫切感不足。另外,在融资问题上,政府有必要进一步加强对跨时交换、实现供求平衡的市场经济规律的认识,实事求是,解放思想,减少盲目性,使财政政策手段得到更积极的运用。①

(六)就业是民生之本:如何进一步推进全民就业

《中共中央关于全面深化改革若干重大问题的决定》指出,健全促进就业创业体制机制。"十三五"规划进一步指出,促进就业创业,实施更加积极的就业政策。这为新时期我国积极就业政策改革发展指明了方向。② 积极就业政策即有效促进就业的政策,是指帮助失业者重新就业或为在职人员提供职业培训以提高其就业适应能力的政策和措施。从世界范围来看,大多数国家都从各自实际出发,不断探索建立和完善适合本国国情并具有阶段性特征的就业制度,作为世界第一人口大国的中国也不例外。

1. 改革开放以来就业政策的发展历程

党的十四届三中全会后,国有企业改革进入建立现代企业制度的新阶段,企业用人主体和劳动者择业主体地位相继确立,作为要素市场之一的劳动力市场得以培育和发展,建立与之相适应的就业制度成为积极就业政策产生的基础条件。20世纪90年代,国有企业改革进入实质阶段,伴随着国有企业放权改革出现的大量下岗人员与新生劳动力和农村富余劳动力形成"三碰头"局面,必须采取有力措施来应对当时面临的就业难题便成为积极就业政策产生的社会现实。党的十五届四中全会提出建立市场导向的就业机制,作为市场就业的主体,劳动者不能再靠政府"输血"而需要"造血",这是积极就业政策产

---

① 郑玉散:《我国住房市场的民生定位亟待强化》,载《理论探讨》,2015年第5期。
② 李克强:《第十二届全国人民代表大会第五次会议上所作政府工作报告》,据新华社北京2017年3月16日电。

生的必然条件。

进入 21 世纪,在充分借鉴世界各国经验并总结我国地方实践的基础上,党中央、国务院召开全国再就业工作会议,颁布了《关于进一步做好下岗失业人员再就业工作的通知》,制定具有中国特色的积极就业政策体系,围绕劳动者自谋职业、自主创业,用人单位吸纳扩大就业,政府提供公益岗位安排就业,企业主辅分离、分流转移就业等四条主要就业途径,提出十项促进再就业困难群体再就业的系列措施,使解决下岗职工问题从提供"基本生活保障"转移到"促进就业"轨道上来。经过多年发展,我国目前已确立了"劳动者自主择业、市场调节就业、政府促进就业"的就业方针,就业促进政策的内容及体系日趋丰富和完善。①

2. 当下就业政策存在的主要问题

随着经济改革与社会改革的深入推进,我国的劳动就业和社会公平问题受到社会各界关注。由劳动就业不平等引发的社会公平问题已经成为影响我国社会公平的重要因素。由此造成的一系列问题主要表现在以下几方面:

首先,由产业升级过程中造成的劳动就业矛盾集中。当前我国经济发展正处于转方式、调结构的关键时期,传统的产业结构在升级换代的过程中对劳动者素质的要求正在发生巨大的变化。与此同时,由于劳动者素质的教育、培训机制尚未达到市场经济所要求的水平,造成了劳动力供给与需求之间的结构性矛盾,影响了社会公平。

其次,在我国经济社会各项事业快速发展的背后,由于现有的社会体制机制不健全造成的社会公平问题依然存在。这些问题突出表现在城乡之间、行业之间的收入分配拉大,权力寻租问题增加社会运行成本,同时由于经济发展本身带来的负的外部性增加的生态成本降低了所有社会成员的福利水平,这一系列的问题都降低了社会运行效率,损失了社会公平。

最后,高校毕业生就业问题依然突出。近年来,我国高等教育规模的迅速膨胀满足了越来越多社会成员接受高等教育的诉求,同时也满足了国内经济发展对高素质人力资源的需求。但是,高等教育规模的膨胀也加大了高校毕

---

① 丁芳、张本效:《我国就业救助制度存在的问题及对策浅析》,载《新西部》,2015 年第 11 期。

业生的就业压力,部分行业和领域存在的地域歧视、性别歧视、专业歧视等问题造成了人力资源的极大浪费,导致了社会的不公平。

3. 以大学生就业为例的路径探讨①

"就业是最大的民生,要坚持就业优先战略和积极就业政策,实现更高质量和更充分就业。"②大学生就业创业意识的培养,对于促进大学生全面发展,提高自身竞争力,帮助实现自我价值和职业理想,整体提升一个民族的核心竞争力,具有重要作用。2010年发布的《国家中长期教育改革和发展规划纲要(2010—2020年)》中指出要"加强就业创业教育和就业指导服务",而继2015年首次将"大众创业、万众创新"写入政府工作报告后,2016年政府工作报告中再次强调,要充分释放全社会创业创新潜能,发挥大众创业、万众创新和"互联网+"集众智、汇众力的乘数效应。可以说,目前对大学生就业创业意识的培养在我国各高校中都是一项十分艰巨的任务,从职业规划课程开设、就业创业意识引导、就业创业能力提升和成果孵化,很多高校和政府都采取了很多措施,积极为学生提供就业创业条件和扶持,但如何有效提高大学生就业创业意识,仍需多方协同与融通。作为人才的培养者,高校必须针对学生所存在的问题,适时调整人才培养策略和转变人才培养模式可采取PHP模式。

首先,Plan即指职业生涯规划。培养目标方面:职业生涯规划课程的培养目标应与社会实际需要的目标人才相符合,时刻以社会需求为导向,才能有效地将学生干部的培养与社会的发展有机地结合起来。教学模式方面:单向灌输式的教学模式枯燥无味,学生的主体参与度不高。因此希望既要有教师的课堂讲授,同时也应调动学生的积极性,让其主动地参与到课堂中来。具体可以采用案例讨论、小组辩论、模拟面试、就业实习等更能激发学生积极性的教学方式。课程内容方面:课程内容的设置要有贯穿性,贯穿于整个学习阶段,不能仅仅针对大三、大四的学生群体,应该从头抓起,对学生各个阶段不同情况分别进行研究,全方位、多层次提高学生的就业素质。课程内容的设置还要有针对性,对于不同的成员,结合其自身的特点和所长设立相应的目标,制

---

① 梁俊凤:《大学生就业能力群体差异分析及对策》,载《高校辅导员学刊》,2017年第1期。
② 习近平:《决胜全面建成小康社会 夺取新时代中国特色社会主义伟大胜利》,载《人民日报》,2017年10月28日,第1版。

定职业生涯计划,从而发掘其最大的潜力,最终实现学生的全面发展。

其次,Help 即朋辈模范帮扶。相比于师长的说教,朋辈之间的沟通能够取得更好的成效。因此可以建立一个学生朋辈成长工作室,学生干部自主管理,工作室成员之间可以讨论学习上的困惑,也可以交流分享工作经验。在学生中间形成一种凝聚力,因此在高校学生的培养工作中一定不能忽略学生之间的互帮互助。一方面优秀学生可以帮助他人的过程中不断完善自己,另一方面利用先进模范的榜样示范可以带动有不足的学生发展,全面提高学生群体整体的就业能力。

再次,Practice 即实践。实践出真知。无论在学校学习多久的知识,最终还是要步入社会,以自己所学的知识服务于社会和人民。就业能力强的学生群体不仅要有过硬的专业本领,更应具有较强的工作能力、社会责任意识和优良的个性品质。针对以上四个方面,提出实践四部曲:组织学生参加专业实习,提高专业本领;组织学生参加政府见习工作,增长社会工作才干;组织学生参加志愿者服务活动,提升社会责任感;鼓励学生响应国家的号召,积极参军入伍。

PHP 模式的培养目标是培养一批具备过硬的专业本领、较强的社会能力,还具备较强的思维能力和学习能力、优良的个性品质和自我管理能力的青年。以这些优秀的青年为模范和标杆,感染、熏陶、带动全体同学,最终提高全体大学生的综合素质。

二、怎样构建全民共建共享社会治理新格局

"构建全民共建共享社会治理格局"是党的十八届五中全会在全面深化改革的背景下提出的一项重要战略任务。作为当代中国社会治理模式转型的重要标志和集中体现,它是一种吸纳了相关治理理论的精粹,契合当下中国的国情、社情、民情,强调"全民共建共享"的新型社会治理格局。从技术工具层面看,全民共建共享的社会治理格局并非只是简单地将常规意义上的多元主体参与纳入社会治理框架,而是面向当前中国社会治理领域的一次全面系统的结构化调整和精细化修正,体现了政府、市场、社会及公民协

同参与、风险共担、利益共享的价值目标,[①]这一全新探索对于中国未来政治社会领域的创新变革意义深远。因此,对全民共建共享社会治理格局的内涵进行学理上的厘定,明晰其内生动力和逻辑,进而从中探索中国社会治理格局转型的实践路径,应成为进一步深化治理理论研究与推动治理创新的必然。

(一) 什么是全民共建共享社会治理新格局[②]

1. 何谓全民共建共享社会治理格局

作为现代国家治理体系的核心要素,全民共建共享的社会治理格局是当代中国从传统治理体系向现代治理体系转型的现实选择和重要目标,有助于稳步推进中国政治、经济、社会领域的变革创新过程。因此,厘清全民共建共享社会治理格局的意涵和逻辑,明晰其基本特征,应成为解析中国国家治理体系现代化问题的逻辑起点。在当下中国政治、经济、社会发展的时空情境中,全民共建共享社会治理格局将关注点更多地聚焦于参与主体的"全民性"、过程涵盖的"共建性"和目标锁定的"共享性",[③]体现了这三方面的有机统一。其核心内涵包括以下几点。

(1) 治理主体界定——全民参与

全民共建共享社会治理格局的建构需以多元主体的在场为基础,同时,作为一个多元的复杂社会,现代社会的治理也需要尽可能地动员多元化的主体力量。因此,在界定全民共建共享社会治理格局的主体时必须突破狭隘解读的局限性,从广义的视角理解"全民"二字,既不能简单将其解读为字面意义上的"全体公民"或"全体民众"等人民的集合体,也不能将其狭义地理解为民间社会,[④]而应立足于全民共建共享社会治理格局所强调的共治性和共享性,使"全民"的范畴涵盖现代国家治理体系中的三大主体——政府、市场与社会。

[①] 徐顽强、段首:《国家治理体系中"共管共治"的意蕴与路径》,载《新疆师范大学学报(哲学社会科学版)》,2014年第3期。

[②] 曾维和:《共建共享社会治理格局:理论创新、体系构筑、实践推进》,载《理论探索》,2016年第3期。

[③] 曾维和:《共建共享社会治理格局:理论创新、体系构筑、实践推进》,载《理论探索》,2016年第3期。

[④] 宋学增、蓝志勇:《社会管制的全民共建共享机制:一个分析框架》,载《经济社会体制比较》,2016年第2期。

实现治理主体的多元化是构建全民共建共享社会治理格局的首要前提,当代不同国家的治理实践已经反复证明,在促进社会公共福祉、实现社会和谐发展的过程中,政府、市场和社会这三种重要的结构性力量,缺一不可,各自发挥着不可或缺的功能。因此,这里的"全民"所指应是超越政府对社会自上而下的单边管控模式,将政府、市场与社会三大领域内的公共组织、市场主体、社会组织和公民个人等承担不同职责分工的多元主体力量真正纳入协同治理过程,借助协商、合作、共建、共享等途径,实现社会公共利益的最大化。[1]

(2) 治理过程涵盖——全民共建

在日趋复杂的社会环境下,"全民共建"的实质是将政府部门、市场主体与社会组织等多元力量共同整合到统一的协调治理框架体系内,在提供多元参与保障和激励机制的基础上,在行动层面上展示市场与社会主体的参与治理能量,实现多元主体的有效协作,打造出一个维度多元、空间开阔的包含多中心主体的社会治理新格局,推动社会治理的良序化发展。首先,就具体的运作机制而言,共建意味着政府部门、市场主体和民间力量在社会治理全过程和各环节清晰的角色定位、明确的权责分工和有效的互动参与,其有助于通过不同治理主体间关系的合理定位和必要调整提升社会治理水平和效果。因此,达成"全民共建"格局的基础在于对除政府以外的其他各类治理主体的身份认可和权利、责任确定,以此实现各类主体在各自权责领域内的功能发挥与协同合作。其次,从本质上来看,全民共建是一种建立在利益协商和利益包容基础之上的多元主体集体行动过程,即各类市场、社会主体等利益相关方通过参与到社会治理过程中的不同阶段和环节,在基本公共服务的供给和社会公共事务的决策、规划、执行过程中发挥更大的作用,使治理过程呈现出更强的参与度和更高的融入度。因此,构筑共建格局需要敷设完善而精细的利益协商、利益整合机制,进一步拓展各类主体参与社会治理的必要通道和途径,促进政治、经济与社会领域的协调并进。

(3) 治理目标锁定——全民共享

作为十八届五中全会提出的五大核心发展理念之一,共享以理想道德

---

[1] 曾维和:《共建共享社会治理格局:理论创新、体系构筑、实践推进》,载《理论探索》,2016年第3期。

层面与资源分配层面的公平正义为价值导向,强调以规则、权利和机会的公平为前提,实现全体公民共享经济社会发展成果的美好愿景。增进人民福祉、全民共享发展成果是社会治理的永恒主题,所以全民共享理应成为构建社会治理新格局的应然之选和终极目标。要实现利益共享基础上的社会治理创新,仍需要以政府、市场与社会多元合作的视角为出发点,即在社会治理实践中,各类主体不是以分享利益的个体形式出现,而是以共赢性有机共同体的形式参与其中,无论是政府公共机构,还是企业部门抑或社会组织,各类主体都能够秉持公共精神,彼此包容谅解,共同化解现实的利益矛盾和潜在的利益冲突,力求实现各方利益的相对均衡,最终促进社会发展成果的全民共享。

2. 构建全民共建共享社会治理格局何以必要[1]

当下的中国,急剧的社会转型导致的发展中与非匀质社会并存的状况使社会治理面临极大的挑战,社会建设领域存在一定的内生性风险。在此境况下,构建全民共建共享的社会治理格局,借助成熟完备的制度体系与先进的现代治理技术,以多元治理主体的协同共建实现经济社会发展的成果共享,是主动预防潜在风险、有效化解现实危机,走向社会治理良序和可持续发展的重要战略抉择。

(1) 全民共建共享是对社会治理格局的有序性重构

从理论发展和实践演进的视角来看,中国社会治理体系在改革开放以来的 30 多年间经历了层级递进的转变,随着行政体制改革和社会建设的不断深化,社会治理体系也先后开启了从封闭僵化到开放动态、从碎片化到网络化、从单一主体管制向多元主体协同共治的转变进程,但由于政府部门在社会治理创新方面的理性自觉不足以及其他主客观因素的制约,使得当前多元主体间关系的调整与重组尚未完全到位,进而导致社会治理体系的转型远未达到预设目标,多元主体的协同、共治仍存在诸多障碍,这样一种不彻底的治理转型显然无法满足正处于改革开放攻坚期的中国超大规模社会有效治理的需求。基于此种现实背景,十八届五中全会在准确研判国情、社情和承接多年改

---

[1] 刘雅静:《全民共建共享社会治理格局:概念厘清、内生动力与实践进路》,载《理论月刊》,2016 年第 11 期。

革经验的基础上,提出了"构建全民共建共享社会治理格局"的战略部署,希望以此凝练社会各界的改革共识与行动自觉。就其实质而言,强调全民共建共享是在全面深化改革的情境下,对政府、市场、社会三者在公共领域结构性关系的必要调整与安排,通过对这三类治理主体的相互位势、合作方式、权责关系的精准设定,实现以善治为导向的、以社会公共利益最大化为目标的社会治理秩序的重构。

(2) 全民共建共享是对社会治理核心价值诉求的积极回应

作为国家治理体系现代化的重要组成部分,社会治理的目标和过程蕴含着明确的战略目标和价值诉求。就其基本战略取向而言,增进社会公共福祉始终是社会治理的核心价值和终极目标所在。实践证明,要增进社会公共福祉,必须以从源头上解决发展成果全民共享问题、保障公众利益获得感作为出发点和立足点。中国自改革开放以来,经济社会变革的范畴愈益广泛,在经济建设铸就奇迹的同时,公民价值取向、现实利益关系等也出现了多元化的趋势,因社会结构调整、社会关系重构、资源重新配置带来的利益分化现象日益凸显,利益主体多元化的格局愈益明显,导致因利益分配不均而激发的不同群体间强烈的利益期望和利益诉求随之增长,并由此引发了大量的群体性聚集事件,对经济社会的良性运行和持续发展造成了极为不利的困扰。

(二) 如何提升社会治理的智能化水平

当今世界,"以互联网为代表的信息技术日新月异,引领了社会生产新变革,创造了人类生活新空间,拓展了国家治理新领域,极大提高了人类认识世界、改造世界的能力"①。毋庸置疑,人类社会已经迎来了崭新的社会形态即"智能化社会"。面对互联网这一新工具、新平台和新空间,要想妥善解决和治理好由此产生的新矛盾、新问题和新状况,就亟需提出相应的新思维、新方法和新路径。2015 年 7—8 月,国务院先后印发了《关于积极推进"互联网+"行动的指导意见》以及《促进大数据发展行动纲要》,从国家战略层面将互联网与大数据的发展纳入国家治理体系和规划之中。2015 年 12 月,第二届世界互联网大会的成功举办,彰显我国在更大程度上以全球视角与世界各国共商"网

---

① 习近平:《在第二届世界互联网大会开幕式上的讲话》,新华网,2015 年 12 月 16 日,http://news.xinhuanet.com/fortune/2015/12/16/c_1117481089.htm。

事"、畅谈未来。互联网目前已经由工具、实践层面向政策和制度安排层面转变。因此,认清智能化社会的当前形势,挖掘智能化社会的治理规律,对于我国互联网和社会发展乃至世界话语权的掌握都具有十分迫切和极端重要的意义。

1. 当前我国智能化社会的基本概况

自1994年我国全面接入国际互联网以来,中国社会的经济、政治和文化取得了令世人瞩目的高速发展与长足进步。2015年,全球最大的4G网络在中国建成,自主研发的4G网络标准已成为国际标准之一。与此同时,互联网深刻影响和改变了人们的生产和生活,网络群体迅猛扩大,社会生活空间逐渐转向网络空间,人们的生活方式和个性选择日益多样化。

我国互联网基础设施建设实现了从窄带接入到低速宽带接入再到高速光纤接入的快速演进,网络基础设施规模、宽带用户数、移动宽带覆盖率均居全球首位,互联网成为国家经济社会运行的重大公共基础设施之一①,4G、5G、云计算、物联网、移动互联网、大数据以及智慧城市等新一代信息技术正在推动互联网进入全新的万物互联时代。这意味着,万物感知和智慧控制将变为现实,人、设备和服务之间能够自由连接和沟通,数据能够有效流转和被分析,信息资源能够被无限共享。中国互联网络信息中心(CNNIC)于2016年1月发布的《第37次中国互联网络发展状况统计报告》(以下简称《报告》)显示,我国网民上网由电脑端向手机端迁移趋势明显,在家里、工作单位和公共场所接入互联网比例较高,Wi-Fi无线网络成为人们上网的主要方式。互联网的普及、技术创新与相关应用的发展,丰富了人们获取信息的来源和方式。② 从信息获取类应用的发展状况来看,搜索引擎与前沿技术的融合带来了搜索引擎问答产品和输入模式的创新与完善,使得网民能够更准确和快速地获取各类信息,并有效提升了用户体验。网络社会组织与社会团体是互联网时代虚拟空间发展的特定和必然产物,具有地理跨度广、参与人数众多、组织协调灵活以及活

---

① 《〈中国互联网二十年发展报告〉发布——我国正从网络大国迈向网络强国》,载《中国青年报》,2015年12月16日,第3版。
② 中国互联网络信息中心(CNNIC):《第37次中国互联网络发展状况统计报告》,2016年1月发布,http://www.cnnic.net.cn/hlwfzyj/。

动内容多样的特点。当今中国众多社会公益事业和活动,在没有现实直接领导的情况下,越来越多地通过社交网络平台志愿发起、组织和工作,如近年来出现的微博打拐、微博解救乞讨儿童等活动。事实证明,一些诸如"微动员"的社会自组织形式,不仅运行成本低廉,而且还具有较高的组织效率,构成了社会运行和发展的重要力量之一。

2. 我国社会治理模式现状

国家行政学院发布的《2015中国城市电子政务发展水平调查报告》数据显示,全国36个主要城市的在线服务功能仍有较大提升空间,仅有8个城市平均分达到80分,这表明除北京、上海、青岛等城市外,大部分城市的在线服务仍处于较低水平。[①] 因此,必须使用信息技术武装治理工具,进行电子治理。我国的社会治理模式是政府一元管理模式,即在政府绝对主导下的自上而下的行政管理和社会控制,在具体的治理过程中表现出如下特点:在治理理念上,强调高度集中和统一,把社会稳定和经济效率摆在治理目标的首位;在治理主体上,以政府为核心,市场和个人等其他主体都从属和依附于政府,接受政府的命令、指挥和支配;在治理机制上,通过科层制即垂直型的权力结构、金字塔形的组织结构以及等级森严的官僚体系来调配社会资源,以实现社会稳定和发展的终极目标;在治理内容上,几乎无所不包、无所不管,从而在治理结果上存在大量的"越位""缺位"和"错位"等问题。传统的政府一元管理模式不仅治理主体单一、治理目标单一、治理方式单一,还存在治理理念、治理结构和治理机制老化、固化和僵化等缺陷,极大抑制了社会发展活力,阻碍了我国社会全面、协调与可持续地发展。

3. 提升社会治理的智慧化水平的路径探讨

党的十九大报告中提出未来建设"智慧社会"的要求,这是社会治理发展的新向度。智慧社会不仅需要人类智慧,更需要融合人工智能技术的智慧,具体而言:

(1) 要加大资金和人才在人工智能领域的投入

其一,随着算法的崛起,市场里又多了一股支配力量,先进的计算机技术

---

① 李季、杜平:《2016年电子政务蓝皮书》,北京:社会科学文献出版社,2016年,第15页。

可以让它从数据中获得巨大的利润。①在我国政府大力扶持和企业持续资本投入下,人工智能相关专利申请量已超过14.4万件,占全球申请总量的43.4%,还有一些企业相继发布人工智能芯片。随着5G技术日益成熟,未来还需要加大新一代人工智能技术方面的投入,鼓励智能硬件技术的研发与创新,并适时把已有的专利转换到应用方面。其二,算法及其智能决策程序是由它们的研发者塑造的,开展算法研发与数据采集从业人员的技术和伦理培训,无疑是确保人工智能安全的重要一步。目前我国虽然有71所高校开设了86个与人工智能相关的学科或交叉学科,但大都在起步阶段,未来还需要在核心技术研发、伦理契约支撑等方面加大力度,引领时代发展。

(2) 通过人工智能技术实现智慧政务

一是复杂决策智慧化。据德勤的一份报告显示,"人工智能可以随时浏览数千份文件且丝毫不会感到厌倦,这使政府的管理更加精细和便捷。"一些国家超级计算中心的建立以及诸如Hadoop、Spark、E-Charts等数据分析软件开始普及,使各国政府以前所未有的速度和精度来分析问题和提出政策,人工智能可以在政府大数据的基础上实现复杂决策的功能,并对社会热点问题及社会公共事件的潜在风险作出快速反应。二是智能政务助手。居民可以在任何时间提出问题,智能助手都可以作出友好的回应,并且能够应对多人响应,从而解决政务资源稀缺这一问题。三是意愿聚合。以"云上贵州为例",政府对大量原始数据资源进行"盘活"和"赋能",不断打破政务信息系统之间的壁垒,实现数据共享与开放,构建起以民众为中心的公共服务条款,多维度搜集和分析民众的意愿,进而为解决民众的不同诉求提供便利。②

(3) 通过人工智能技术推动社会治理水平

国外已有很多政府把人工智能应用到社会治理领域,如拉斯维加斯卫生署运用一个智能监测软件,监测食品安全和预防犯罪,可在早期发现食品安全问题;英国警方启用一套智能犯罪预测系统,用来分析刑满释放人员和犯罪嫌疑人的犯罪行为,辨别其社会危险性。我国很多地方也正在探索通过人工智

---

① [美]杰瑞·卡普兰:《人工智能时代》,杭州:浙江人民出版社,2016年,第96页。
② 高奇琦、刘洋:《人工智能时代的城市治理》,载《上海行政学院学报》,2019年第2期。

能技术进行社会治理的实践,以上海为例,2018年就以"AI时代的智慧城市"为主题,探索"一网通办、市民云、智慧公安、健康云、舌尖上的安全"等社会治理新载体,通过人工智能技术提升决策反应能力,维护社会安全稳定,为民众搭建了感知智慧城市建设的一系列平台,有效开启智慧治理的新模式。

(三) 如何提升都市社会治理的法治化水平

总结新中国成立以来的经验教训,按照党的十八届三中、四中全会精神,我们要解决社会矛盾,化解社会问题,必须坚持推进多层次多领域依法治理,努力提高社会治理法治化水平,推进社会治理法治化建设,舍此别无他途。社会治理的法治化建设要求要强化政府作为规则和程序制定者以及矛盾调节和裁判者的角色,强化和完善解决社会矛盾和问题的法治机制,使法治成为解决社会矛盾和社会问题的长效的制度化手段。推进社会治理领域的依法治理建设,应当关注如下几个问题。

1. 转变传统观念,以"治理"为核心

观念是行动的先导,没有好的正确的观念,我们的理论和行动就会出现偏差和失误。多少年来逐步形成并日益强化的既定行政生态使得我们的治理结构发生了严重的扭曲。尽管我们启用了"治理"这样一个具有现代政治取向的概念,但是很多人还是没有确立甚至没能真正理解现代"治理"的内涵和真谛。在重塑政府与社会的关系中,只有重心向社会倾斜,把原来政府管理和控制社会的观念变成引导、服务、规范和整合社会的观念,把政府对社会的统治观念变成政府与社会的合作共治观念,许多社会问题才能解决,许多社会矛盾才能化解,人民才会幸福。

要实现治理理念的变革,把观念变为行动,必须推进社会治理法治化,形成政府、社会、市场、公民个人之间的合作与良性互动的新型伙伴关系。为此,政府必须放下身段,学会尊重,懂得平等对待合作伙伴、管理对象;善于放权,学会为自己减负;同时,政府必须增强自信,信任社会,理解社会,为社会组织创造良好的制度环境,鼓励社会组织的发展,努力为其能力提升创造条件。改革开放的历史告诉我们,只有政府放权,社会才能壮大,社会自身的自我调节能力才能提升。

推进社会治理法治化,需要广泛的公民参与以及主动的、自觉的参与精神。过去改革开放、社会进步,靠的是公众的参与,今后的发展进步同样需要公众的广泛参与。而有序、有效的公民参与,需要相应的制度保障,需要有足够的合法渠道。目前,与公民社会参与的需求相比,我们的法治建设明显滞后,参与渠道远远不够。应当尽快建立和完善公共参与的制度框架,让更多的公民通过合法的方式、制度化的渠道有序地参与公共生活的管理。我们的党是人民的党,我们的政府是人民的政府,人民的希望就是我们的追求,我们的奋斗目标。没有人民的支持,我们将一事无成。[①]

2. 把握社会治理法治化的重点

法治具有明确和务实的价值指引和社会担当、系统和组织化的制度安排和规范表达,需要系统全面推进。当前,提高社会治理法治化水平,应着力抓好以下几个方面。

(1) 提高思想认识

应深刻认识到,推进社会治理法治化,充分发挥法治对人们行为的引领和规范作用,既要坚持解放思想、实事求是、与时俱进、求真务实,强化改革创新意识、开放竞争意识、责任担当意识,加快完善现代市场体系、宏观调控体系、开放型经济体系,为推进国家治理现代化、实现社会治理法治化提供坚实的物质条件;又要坚持一切从实际出发,围绕改革实践总结成功经验,并将其上升到法律规范层面,不断完善中国特色社会主义法律体系,加快建设中国特色社会主义法治体系,为国家与社会治理提供法治保障。

(2) 明确基本目标

法治社会建设是全面推进依法治国的重要组成部分,在法治国家、法治政府、法治社会一体建设中处于基础性地位。提高社会治理法治化水平,是推进法治社会建设的重要举措。提高社会治理法治化水平,一方面要改进社会治理方式,激发社会组织活力,推动社会治理由"强政府、弱社会"向"强政府、强社会"转变;另一方面要进一步确立法治在经济建设、政治建设、文化建设、社会建设、生态文明建设五位一体总体布局中的保障地位,形成国家、政府、社会建设以法治为基本导向的发展模式,推进法治中国建设。

[①] 徐汉明、张新平:《提高社会治理法治化水平》,载《人民日报》,2015 年 11 月 23 日,第 7 版。

(3) 培育良好环境

应着力破除长期存在的管控思维,强化合作意识、协商意识,使法治理念、法治精神内化于心、外化于行。充分发挥政府对法治社会建设的推动作用,提高政府决策效能与效率,使人民群众的合法权利得到充分保障;注重发挥市场这只"看不见的手"的调节作用,通过健全市场规则、规范市场主体行为,营造政府治理与市场治理、社会治理有机衔接、良性互动的法治环境与人文环境,推进多层次多领域依法治理,实现多元治理主体合作共赢。

(4) 加快法制建设

把社会领域的立法工作摆到更加突出的位置,加快推进相关法律的出台和完善。研究出台行政补偿法、行政程序法,修订行政复议法、行政诉讼法、国家赔偿法等。科学界定政府、社会组织、个人在社会治理方面的权利和义务,强化政府的社会治理责任,明确社会组织、个人参与社会治理的权利、义务及程序,实现社会治理权责关系明晰化、法治化,提升社会治理效能,激发社会活力,形成党政善治、社会共治、基层自治的良好局面。[1]

(四) 如何提升都市社会治理的精细化水平[2]

中国共产党第十八届中央委员会第五次全体会议提出了通过社会治理精细化来实现共享发展理念因应了新常态的情势,为全面建成小康社会奠定了基础。[3] 共享发展理念是马克思主义发展观的当代体现,将公平正义、生态主义等价值嵌入发展全过程,明确了发展的主体,关照了弱势群体的个体尊严。而这种人文关怀必须以制度实践的形式展开,社会治理及其精细化为共享发展提供了可能性和操作平台。从社会治理范式的嬗变和国际视野的比照出发,分析社会治理及其精细化的共享发展意蕴和嵌入机理。

1. 范式转变:从粗放管理到精细治理

改革开放的过程伴随着发展范式的转变,从管理到治理的跨越蕴含着新的发展契机。1993 年,十四届三中全会的官方文件中首次使用社会管理一词。

---

[1] 徐汉明、张新平:《提高社会治理法治化水平》,载《人民日报》,2015 年 11 月 23 日,第 7 版。
[2] 参考杨建军、闫仕杰:《共享发展理念视域下社会治理精细化:支持、比照与推进》,载《理论与改革》,2016 年第 5 期。
[3] 《中共中央关于制定国民经济和社会发展第十三个五年规划的建议》,http://news.xinhuanet.com/fortune/2015-11/03/c_1117027676_2.htm。

社会管理因应了这一时期的国家建设目标,即维护社会稳定,推动经济增长。党的十六大之后,国家强调创新社会管理的体制机制,试图在管理范式中寻求发展的动力。"十二五"规划纲要中提出了加强和创新社会管理的社会建设目标,强调协调不同利益群体的关系,吸纳多元主体参与社会管理。党的十八大明确提出了中国特色社会主义社会管理体系的框架,强调以法治建设保障社会治理主体间的权责关系。至此,社会治理的范式呼之欲出。党的十八届三中全会提出国家治理体系与治理能力的现代化,全面推进依法治国成为保障国家治理方式转型升级的有力支撑。针对市场转型带来的社会不稳定和不公平现象,社会管理范式维护社会安定并助推经济总体增长。然而,社会管理范式并不能从根本上解决社会贫困和不平等现象,粗放式的管理手段难以适应提高民生福祉的形势。社会治理范式在这种现实情况下生成,成为吸纳民众广泛参与的制度安排,为社会领域的蓬勃发展奠定了基础。作为一种新的社会治理趋势,精细化治理逐渐进入人们的视线。

精细化思想最先是作为一种企业管理理念,运用在生产的系统管理中。后来,精细化的理念与原则被运用到社会治理活动中,精益求精和创新务实的精神成为推动社会发展的内在动力。相较于粗放管理,精细治理的手段更为专业,成本更为低廉,效果更具有人文关怀。党的十八届五中全会明确提出推进社会治理精细化,体现了中国共产党重视社会公平和社会建设,拓展发展空间的态度和决心。精细化治理中,"精"是指树立精益求精的工作目标。社会发展不是一劳永逸的,而是需要不断追求卓越的过程。社会治理的精细化需要尽早确定整体规划和长远目标,在目标框架下持续改进各个环节,形成持续优化的长效机制。精细化治理中,"细"是指明晰治理事务的具体事项,将其按照一定的逻辑再进行细化分解,直至不能再进行细分。在明晰事务具体事项、流程的基础上进行人员职责的安排,确保社会治理工作有量可考,实现标准化和量化。

2. 视野转换:中国经验的国际比照

从社会管理到社会治理范式的嬗变,从粗放式管理向精细化治理转变是中外社会治理的共同趋势。在一定意义上,国外社会治理精细化的制度设计已经相对成熟,中国社会治理及其精细化在工具理性上仍处于落后阶段。但是,共享发展理念的提出为中国特色社会主义治理体系的全球视野转换提供了契机,即从工具理性、价值理性以及制度理性的维度理解中国经验。

西方发达国家在社会治理体系上注重工具理性的嵌入,工具理性在某种程度上控制着西方人的情感和道德,逐渐成为一种意识形态。为了实施更好的社会治理,他们建立了非常完备的个人信息管理系统,设计公民生活的方方面面,涉及财产、工资收入等经济信息,公民的思想意识以及政治态度也成为管控的内容。西方国家的社会治理精细化体现在这些无形之网中,网络技术和大数据技术的发展为精细化治理提供了可能。但值得注意的是,西方国家花巨资建立和完善的个人信息、系统并非为民众服务,而是资产阶级打击反对民众,维护社会秩序的工具。美国市场经济高度发达,社会治理的信息化程度非常高,但仍然存在着严重的民生分化矛盾,这就在于西方国家的社会治理精细化服务于少数权力和资本的拥有者,社会底层的公民并不能普遍分享到发展成果,诸如占领华尔街的行动不会停止,反而会变得日益频繁。第二次世界大战后,拉美一些国家陷入了中等收入陷阱,原因就在于收入分配不均,贫富差距过大以及公共服务短缺。

中国特色社会主义治理体系的生成有其深刻的社会历史背景,而共享发展理念的意蕴始终贯彻在中国特色社会主义治理体系的生成过程中。新中国成立初期,低下的生产力发展水平并不能实现共享发展的理念,而只能畸形为平均主义,社会建设走向误区,民生问题等社会问题愈加突出。改革开放以来,中国共产党强调了社会主义初级阶段的国情,围绕经济建设中心进行社会主义基本经济制度、政治制度以及文化制度的设计。邓小平在提出以经济建设为中心的同时,还强调兼顾公平的理念。他认为共同富裕是社会主义的本质要求,任何丢失这一根本目标的社会建设都是单纯的发展主义。然而,邓小平民生改善的路径并未得到落实,社会建设明显滞后于经济发展,民生与发展出现强烈的排斥反应。

3. 共享发展理念视域下推进社会治理精细化的路径

"发展—治理"是解决社会治理困境的分析框架,脱离发展的社会治理是空中楼阁,只有推动经济的持续健康、稳定发展,才能为社会治理提供坚实的物质资源。没有治理的发展只能陷进拉美国家的"中等收入"陷阱,科学有效的社会治理体制则是中国特色社会主义发展的强劲动力。社会治理精细化需要多元主体共同发展，互联网、大数据等信息技术为社会治理提供了数字平台，最后通过制度的形式保障公共服务供给，运用法治思维和工具维护主体的权利和尊严。

(1) 多元主体协同治理

传统发展模式下，国家和政府是治理的单一主体，其他社会组织、团体和个人则处在被支配地位。而在现代社会治理模式下，治理的主体则包括国家、政府和社会力量。在共享发展理念维度下，社会治理必须依靠人民，人民是社会治理的力量源泉。十八届三中全会总结改革开放以来的宝贵经验时强调，尊重人民的主体地位、紧紧依靠人民推动改革是社会主义建设事业成功的重要法宝。在处理社会治理的重大问题时，应当站在人民的立场，从人民的利益出发制定措施。社会治理精细化作为体制创新的组成部分，应当认真考虑群众的利益要求，广泛听取群众的意见和建议，完善基层工作流程和各个环节。

多元主体协同治理首先要转变政府的角色和职能，从管理型政府向服务型政府转变，构建多中心合作治理的规则体系，以宏观政策促进微观领域的精细化治理。政府要加快行政体制改革，向社会开放公共资源，逐步分离部分管理服务事项。加强政策引导和宏观治理，为民众提供优质的社会公共服务。其次，加大社会组织的培育力度，重点推进政府购买服务、税收优惠等政策。进一步明晰社会组织与政府的职能边界，划分社会力量参与公共事务治理的领域，合理分担部分政府职能。完善社会组织的登记管理体制，厘清相关职能部门的职责。淡化社会组织的官方色彩，推进社会组织同政府脱钩，控制社会组织的行政化趋势。最后，拓宽民意反映渠道，完善民众参与机制，提供诉求表达、矛盾化解的平台，将共享治理真正落到实处。多元主体协同治理的关键在于弱势群体的利益共享，社会治理精细化应当调整和优化社会阶层结构，从社会保障层面平衡弱势群体与其他群体的关系，协调各种利益表达，构建公平合理的社会阶层结构。

(2) 信息技术构建精细治理平台

当前，我国网民数量已经超过8亿人，手机用户超过12亿人，微博微信用户也达到 5 亿人。随着网民数量的逐渐增多,我国已步入网络时代,网络社会的来临也深刻改变着人们的思维方式和社会交往方式。网络社会互联互通,为社会治理精细化提供了契机,借助互联网等现代信息技术来实现利益诉求的多渠道表达是社会治理精细化的内在要求。社会治理精细化的内容包括基于互联网和大数据技术的精准扶贫、精准医疗、精准教育等社会精准化服务。

构建精细治理平台是一项系统工程,需要政府、互联网行业等主体的共同努力。首先,国家应当推动相关政策和计划的落实,投入政策资金促进互联网行业的持续健康发展;其次,政府应当推动职能部门数据系统的建设,按照共享发展理念加快数据共享进程;再次,加大互联网行业与政府部门的合作,加快科研成果向实践应用的转化速率;最后,实现重点服务领域的突破,提升交通、社会治安等社会服务领域的精准化程度。中国特色社会主义现代化建设以信息化为主要内容,社会治理平台的构建就是为了有效消除信息壁垒,实现信息的互联互通和有效共享。值得注意的是,为避免重蹈西方过度崇拜工具理性的覆辙,社会治理精细化应当在技术与人文之间寻求平衡,让互联网、大数据等技术成为服务民众的工具,而非侵犯公民基本权利的帮凶。承认和疏导多元利益诉求是社会治理精细化的应有之义,否则很容易成为技术枷锁,偏离共享发展的理念价值。

(3) 制度建设和法治化保障群众利益

中国特色社会主义治理体系区别于国外治理体系,核心就在于工具理性、价值理性以及制度理性的立体建构。首先,应当建立和完善弱势群体的利益保障制度。根据经济发展水平持续调整最低工资水平,缩小贫富差距。从制度层面保障弱势群体的基本政治权利,完善信访制度。保障弱势群体的文化权利,使他们平等享有公共文化资源。其次,构建合理的分配调节机制。通过初次分配、再分配和三次分配构建"三位一体"的分配调节机制,实现企业与市场、政府调节与社会参与的有效统一。再次,推动社会治理绩效管理制度化。构建社会治理绩效评估多维指标体系,在严密数据分析的基础上得出评估结论。持续优化评估指标,创新社会治理的流程和方法,实现社会治理各个环节的精细化。最后,推进社会治理操作流程标准化。建立科学合理的社会治理通用标准体系,采取先试点、后推广的步骤,逐渐扩大社会治理的标准化范围,提升社会治理的精细化程度。

提高社会治理的精细化水平,必须要强调法治思维和法治机制。首先,全面推进依法治国是新常态下的重要举措,法治建设关乎改革发展成果是否为全体民众所共享。其次,我国社会治理有浓厚的人治思维,法治建设相对薄弱。最后,社会治理领域宽泛,内容繁杂,社会分工细化要求用法治保障弱势群体的合法利益。这就需要从两方面加以改进:一方面,进一步加大社会治理领域的立法力度,推动有关法律法规的出台,持续关注法律的修正和解释;另一方面,严格执法,按照法律处理社会矛盾和冲突,借助大数据等技术实现社会问题的精细化解。

三、如何打赢输不起的脱贫攻坚战

现行标准下贫困人口全部脱贫是实现2020年全面建成小康社会这一"百年目标"的基本要求。2015年11月召开的中央扶贫开发工作会议提出,要坚决打赢脱贫攻坚战,确保到2020年所有贫困地区和贫困人口一道迈入全面小康社会。"十三五"是全面建成小康社会的关键期,最艰巨最繁重的任务在农村,特别是在贫困地区。中共中央"十三五"规划建议提出了"我国现行标准下的农村贫困人口实现脱贫,贫困县全部摘帽,解决区域性整体贫困"[1]的要求,并提出包括共享发展在内的五大发展理念,是未来脱贫攻坚工作的重要指导。

(一)打赢脱贫攻坚战的总体要求是什么

"让贫困人口和贫困地区同全国一道进入全面小康社会是我们党的庄严承诺。"[2]消除贫困、改善民生、逐步实现共同富裕,是社会主义的本质要求,是我们党的重要使命。改革开放以来,我们实施大规模扶贫开发,使7亿农村贫困人口摆脱贫困,取得了举世瞩目的伟大成就,谱写了人类反贫困历史上的辉

---

[1] 《中共中央关于制定国民经济和社会发展第十三个五年规划的建议》,http://news.xinhuanet.com/fortune/2015-11/03/c_1117027676_2.htm。

[2] 习近平:《决胜全面建成小康社会 夺取新时代中国特色社会主义伟大胜利》,载《人民日报》,2017年10月28日,第1版。

煌篇章。党的十八大以来,我们把扶贫开发工作纳入"四个全面"战略布局,作为实现第一个百年奋斗目标的重点工作,摆在更加突出的位置,大力实施精准扶贫,不断丰富和拓展中国特色扶贫开发道路,不断开创扶贫开发事业新局面。

1. 我国扶贫工作的基本现状

自人类进入文明社会以来,贫困一直是各种社会和经济形态面临的共同难题,减贫和消除贫困是全球共同关注和研究的重大课题。扶贫开发是中国特色社会主义事业的重要组成部分。改革开放以来,我国扶贫开发工作取得了举世瞩目的成就,实现了从普遍贫困、区域贫困到基本解决贫困的转变,为世界反贫困事业做出了突出贡献。但是,当前我国仍然面临艰巨的贫困治理任务,按照调整后的人均 2 300 元贫困标准,2014 年底我国农村仍有 7 000 多万贫困人口、12.8 万个贫困村,贫困地区发展滞后的问题仍然没有得到根本改变。精准扶贫是我国新时期扶贫开发的重大战略转型,是中国政府当前和今后一个时期内治理贫困的战略重点。研究我国精准扶贫政策的科学内涵及其创新路径,有利于更好地把握政策走向,为制定切实可行的精准扶贫措施提供政策建议。

数据显示,2014 年我国农村贫困人口为 7 017 万人,贫困发生率为 7.2%,与 2011 年相比累计减贫 5 221 万人,贫困发生率下降 5.5%。当前,我国已经进入了扶贫开发攻坚拔寨的冲刺期,随着扶贫工作的开展,未脱贫地区和人口大多是难啃的"硬骨头",贫困程度更深,扶贫难度逐渐加大。有调查显示,2011 年至 2014 年,我国的减贫幅度在逐年下降。为了实现"十三五"时期脱贫目标,关键是要增加扶贫财政投入并提升资金使用效率,完善精准扶贫、有效扶贫的工作机制,提升有助于贫困地区主动"造血"的产业扶贫、金融扶贫水平,以教育扶贫与科技扶贫减少贫困"代际传递",提升贫困地区劳动者素质和生产力。习近平总书记指出,全面建成小康社会,最艰巨的任务是脱贫攻坚,最突出的短板在于农村还有 7 000 多万贫困人口。党的十八届五中全会明确,到 2020 年我国现行标准下农村贫困人口实现脱贫,贫困县全部摘帽,解决区域性整体贫困。2015 年,中共中央、国务院作出《关于打赢脱贫攻坚战的决定》,召开中央扶贫开发工作会议,对"十三五"脱贫攻坚进行了部署。

2. 打赢脱贫攻坚战的总体要求

扶贫开发事关全面建成小康社会，事关人民福祉，事关巩固党的执政基础，事关国家长治久安，事关我国国际形象。打赢脱贫攻坚战，是促进全体人民共享改革发展成果、实现共同富裕的重大举措，是体现中国特色社会主义制度优越性的重要标志，也是经济发展新常态下扩大国内需求、促进经济增长的重要途径。各级党委和政府必须把扶贫开发工作作为重大政治任务来抓，切实增强责任感、使命感和紧迫感，切实解决好思想认识不到位、体制机制不健全、工作措施不落实等突出问题，不辱使命、勇于担当，只争朝夕、真抓实干，加快补齐全面建成小康社会中的这块突出短板，决不让一个地区、一个民族掉队，实现《中共中央关于制定国民经济和社会发展第十三个五年规划的建议》确定的脱贫攻坚目标。

（1）指导思想

全面贯彻落实党的十八大和十八届二中、三中、四中、五中全会精神，以邓小平理论、"三个代表"重要思想、科学发展观为指导，深入贯彻习近平总书记系列重要讲话精神，围绕"四个全面"战略布局，牢固树立并切实贯彻创新、协调、绿色、开放、共享的发展理念，充分发挥政治优势和制度优势，把精准扶贫、精准脱贫作为基本方略，坚持扶贫开发与经济社会发展相互促进，坚持精准帮扶与集中连片特殊困难地区开发紧密结合，坚持扶贫开发与生态保护并重，坚持扶贫开发与社会保障有效衔接，咬定青山不放松，采取超常规举措，拿出过硬办法，举全党全社会之力，坚决打赢脱贫攻坚战。

（2）总体目标

到2020年，稳定实现农村贫困人口不愁吃、不愁穿，义务教育、基本医疗和住房安全有保障。实现贫困地区农民人均可支配收入增长幅度高于全国平均水平，基本公共服务主要领域指标接近全国平均水平。确保我国现行标准下农村贫困人口实现脱贫，贫困县全部摘帽，解决区域性整体贫困。

（3）基本原则

——坚持党的领导，夯实组织基础。充分发挥各级党委总揽全局、协调各方的领导核心作用，严格执行脱贫攻坚一把手负责制，省市县乡村五级书记一起抓。切实加强贫困地区农村基层党组织建设，使其成为带领群众脱贫致富的坚强战斗堡垒。

——坚持政府主导,增强社会合力。强化政府责任,引领市场、社会协同发力,鼓励先富帮后富,构建专项扶贫、行业扶贫、社会扶贫互为补充的大扶贫格局。

——坚持精准扶贫,提高扶贫成效。扶贫开发贵在精准,重在精准,必须解决好扶持谁、谁来扶、怎么扶的问题,做到扶真贫、真扶贫、真脱贫,切实提高扶贫成果可持续性,让贫困人口有更多的获得感。

——坚持保护生态,实现绿色发展。牢固树立绿水青山就是金山银山的理念,把生态保护放在优先位置,扶贫开发不能以牺牲生态为代价,探索生态脱贫新路子,让贫困人口从生态建设与修复中得到更多实惠。

——坚持群众主体,激发内生动力。继续推进开发式扶贫,处理好国家、社会帮扶和自身努力的关系,发扬自力更生、艰苦奋斗、勤劳致富精神,充分调动贫困地区干部群众积极性和创造性,注重扶贫先扶智,增强贫困人口自我发展能力。

——坚持因地制宜,创新体制机制。突出问题导向,创新扶贫开发路径,由"大水漫灌"向"精准滴灌"转变;创新扶贫资源使用方式,由多头分散向统筹集中转变;创新扶贫开发模式,由偏重"输血"向注重"造血"转变;创新扶贫考评体系,由侧重考核地区生产总值向主要考核脱贫成效转变。

(二) 实施精准扶贫方略

经过30多年的实践探索,中国逐步形成了具有社会主义特色的扶贫开发政策体系。[①] 2011年以来新的扶贫开发纲要颁布实施和2013年精准扶贫政策的提出,使我国扶贫政策进入以确保全面小康为主要目标的精准扶贫新阶段。中国贫困治理政策的基本按照先"解决温饱"后"全面小康"、先"区域整体"后"精准突破"的逻辑思路部署,贫困治理的政策更加具体、目标更加明确、措施更加精确。这与我国经济社会发展阶段性特征相适应,更符合中国农村贫困问题发展变化的实际。

1. 精准扶贫政策的基本内涵

精准扶贫是新时期我国根据扶贫开发实践和贫困问题的总体特征,以实现全面建成小康社会为根本目标,逐步形成的精准扶贫政策框架(见下图)。精准

---

① 黄承伟、覃志敏:《我国农村贫困治理体系演进与精准扶贫》,载《开发研究》,2015年第2期。

扶贫政策的核心要义在于"扶真贫、真扶贫",改变过去大水漫灌粗放式扶贫方式,将扶贫政策和措施下沉到村到户,通过对贫困家庭和贫困人口的精准帮扶,从根本上解决导致贫困发生的各种因素和障碍,从而拔出"穷根",实现真正意义上的脱贫致富。精准扶贫政策的内容体系包括精准识别、精准帮扶、精准管理和精准考核四项内容。精准识别是实施精准扶贫政策的基本前提,精准识别是指通过申请评议、公布公告、抽检核查、信息录入等步骤,将贫困户、贫困村有效识别出来,并建立贫困户和贫困人口档案卡,摸清致贫原因和帮扶需求。精准帮扶是精准扶贫政策的核心,是在贫困户和贫困人口准确识别基础上,根据贫困的成因采取针对性的措施进行有效帮扶,因贫施策、精准到户到人是精准帮扶的关键,重点通过发展生产脱贫一批、易地扶贫搬迁脱贫一批、生态补偿脱贫一批、发展教育脱贫一批、社会保障兜底一批。精准管理是实施精准扶贫政策的重要保障,精准管理的重点在于扶贫对象精准、项目安排精准、资金使用精准、措施到户精准、因村派人精准、脱贫成效精准。精准考核是提升精准扶贫工作成效的重要手段,是指针对贫困户和贫困村脱贫成效,建立贫困人口脱贫退出和返贫再入机制,完善贫困县考核与退出机制,加强对贫困县扶贫工作情况的量化考核,强化精准扶贫政策实施的效果。适应我国贫困治理形势的变化,精准扶贫政策实现了扶贫对象瞄准化、帮扶措施具体化、管理过程规范化、考核目标去 GDP 化,是新时期我国扶贫开发政策的重大战略转型。①

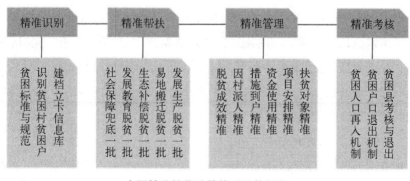

中国精准扶贫政策体系总体框架

---

① 黄承伟、覃志敏:《我国农村贫困治理体系演进与精准扶贫》,载《开发研究》,2015 年第 2 期。

2. 精准扶贫政策难点与实践困境①

我国精准扶贫政策处于探索和完善阶段，根据中科院关于"实施精准扶贫、精准脱贫国务院重大政策措施第三方评估"的调研实践，梳理了政策实施过程中面临的主要问题，总结提出了精准扶贫政策实施的主要难点和要点。

(1) 贫困人口的精准识别标准单一、技术实现困难

当前，精准识别主要根据收入水平制定贫困线识别贫困户。以收入水平刻画和识别贫困程度具有直观、可比等优势，但在识别贫困户时具有一定的局限性，存在一定的难选、漏选问题。究其原因，一是受农村资产信息平台不完善、家庭微观统计体系不健全等方面的影响，难以及时、准确获得每家每户的真实收入情况，以收入标准识别贫困户在实际操作过程中难度较大；二是收入只能反映人类发展和贫困的一个方面，但不能充分反映收入之外其他维度的贫困状况，如能力性贫困，或是因学、因病、因婚导致的支出性贫困。正因为个体真实收入的难测度性和指标的单一性，在贫困户精准识别时，地方才创新提出和实践了"一看房，二看粮，三看劳动力强不强，四看家中有没有读书郎"等更具比较性和操作性的办法。在实际识别贫困户过程中普遍采用群众投票评选方式。与收入水平方式相比，这种方式具有一定的公平性、可操作性，但现有的贫困户识别办法主观性较强，可能造成区域不公平问题。村民代表开会评选，主观性较强，且在利益、权势驱使下容易受人操控。鉴于上级层层下达贫困户指标有限，贫困面广、程度高的地方在评选时有一定难度，难以反映不同区域贫困人口的客观差异状态，同时，因贫困户指标分解造成了产生的区域不公平问题。从农户实地调研情况来看，13.1%的受访农户认为建档立卡工作中漏掉了部分真正需要帮助的贫困户。

(2) 精准扶贫的动态管理考核机制不健全

贫困人口退出机制和再入机制不健全。贫困人口的退出与贫困人口的认定程序大致相似，主要采用自上而下和自下而上相结合的指标分解方法。通常依据扶贫资金投入的重点、现有的经济基础，将脱贫指标下达分解到各乡镇及重点村。一些群众担心这种退出机制会出现少数"被脱贫""假脱贫"现象。

---

① 黄承伟、覃志敏：《我国农村贫困治理体系演进与精准扶贫》，载《开发研究》，2015年第2期。

而"脱贫"人口的自我发展能力和承担风险的能力依然很弱,因灾返贫、因病返贫的概率较高。同时,贫困户退出机制需要贫困户签字,但一般贫困户因考虑享受不到扶贫政策而不愿签字。贫困人口认定"只出不进",缺乏对脱贫人的动态跟踪、精准管理。部分地区返贫率高,没有返贫人口再入机制,群众担心返贫人口能否再次被及时纳入扶贫对象。

3. 精准扶贫政策创新路径

党的十九大报告指出:"要动员全党全国全社会力量,坚持精准扶贫、精准脱贫,坚持中央统筹省负总责市县抓落实的工作机制,强化党政一把手负总责的责任制,坚持大扶贫格局,注重扶贫同扶志、扶智相结合,深入实施东西部扶贫协作,重点攻克深度贫困地区脱贫任务。"[1]

(1) 完善贫困户建档立卡信息,建立多维贫困识别体系

在现有的贫困识别和建档立卡工作基础上,推进建档立卡信息与不动产登记、低保、公安系统等信息的衔接,完善贫困户基本信息。改革单纯以农户年人均收入识别贫困户的方法,建立和完善贫困户多尺度、多维度识别方法。将农户收入能力、可支配能力、消费能力有机结合起来,建立贫困人口识别与评判综合指标体系。重点对贫困户进行分类分层识别,主要依据贫困发生的原因(如因病、因学、因灾、因婚等)构建不同类型的贫困人口动态信息库。结合国际经验,从传统角度考察货币性指标体系的方法已经不能完全适应当前社会对贫困理念、贫困测度的要求。亟需结合联合国千年发展目标和我国全面建成小康社会的战略目标,以及各地精准扶贫对象识别的经验与问题,研究构建适用于我国国情特色、时代特点的贫困综合测度方法,积极探索多元化的精准扶贫、精准脱贫评价指标体系和考核办法,为精准扶贫、精准脱贫提供基础支撑。

(2) 健全精准扶贫动态监管目标考核体系

贫困人口只有"有进有出"才能实现真正精准。为切实做好精准扶贫、精准脱贫工作,应在现有建档立卡基础上,建立贫困村、贫困户"有出有进"识别退出与再进入机制,防止摊指标、造数字、被脱贫。以农村地区家庭日常实际

---

[1] 习近平:《决胜全面建成小康社会 夺取新时代中国特色社会主义伟大胜利》,载《人民日报》,2017年10月28日,第1版。

生活成本为参照,明确贫困户的退出标准,创建退出机制。建立脱贫户生计特征定期监测体系,对脱贫户的生计状态实施动态监测和评估,将返贫农户及时纳入扶贫对象。根据监测、评估数据,及时提供相应的扶持措施,着力降低贫困地区农户返贫率。

(3) 制定精准扶贫责任清单和进度协调计划

加快完善专项扶贫、行业扶贫、社会扶贫的多元协作机制,研究制定专项扶贫和行业扶贫责任清单及考核目标。根据2020年现有标准下贫困人口全部脱贫的总体目标,按照全国扶贫开发任务分工,进一步明确国务院扶贫办以及各相关责任部门精准扶贫的每一项责任,形成详细的责任清单,避免扶贫任务重复或者遗漏,精准扶贫才能精准脱贫。[①] 应研究制定精准扶贫的任务完成进度计划,明确任务和责任的完成次序,严格控制完成时间,避免相互推诿现象。进一步研究制定社会参与扶贫指导意见,明确社会参与扶贫的重点与导向,科学指导社会资金和扶贫资源投向最需要的地方,避免扶贫资源的重复或低效使用,提高扶贫开发资源配置与资金使用成效。

(4) 加快推进精准扶贫各项配套政策和制度创新

加快推进农村土地制度、金融制度和社会保障等相关制度改革,优先在贫困地区典型县域开展政策试验和制度改革试点,激发贫困地区要素资源市场,释放发展活力。加快推进农村土地管理制度改革,结合贫困地区土地利用特点及问题,重视盘活贫困地区农村低效闲置土地,建立跨区域的耕地占补平衡制度,增加农民资产性收入,减少扶贫项目土地使用限制。对精准扶贫过程中异地搬迁、光伏扶贫、危旧房改造等需要占用土地、占补平衡的建设项目,应在用地指标供给、规划调整、行政审批等方面予以特殊倾斜,确保扶贫建设项目如期保质完成。创新国家政策性银行机制,建立精准扶贫专项基金制度。加大对贫困地区扶贫企业、农户的金融扶持力度,破解扶贫企业资金短缺、贷款困难的主要困境,取消公益性项目的基层资金配套政策。不断创新扶贫小额信贷金融扶持政策和实施模式,丰富金融信贷产品,建立完善的农户授信机制,让真正需要资金的贫困户直接获得无担保、无利息的贷款,做到金融扶持

---

① 李小云:《精准扶贫才能精准脱贫》,载《人民日报》,2015年11月6日,第2版。

资金到户到人。进一步创建和完善贫困地区社会保障、社会救助、商业保险体系。不断完善农村社会保障体系,增加精准扶贫保险种类,多样化投保档次,贫困地区政府出资补助为特困人口购买新型农村医疗、养老保险。适应扶贫攻坚克难的新形势、新要求,加快完善社会救助体系,及时为突发重大伤病、重大灾害或其他重大变故家庭提供救助。完善农村房屋、农业、畜牧等财产险和政策性保险,减轻或避免重大自然灾害对受灾人口的经济冲击。加快制定低保线、贫困线划定标准,出台贫困线、低保线"两线合一"实施办法和保障措施。

(三)如何建立健全脱贫攻坚支撑体系

在各个阶段采取了一系列的扶贫、脱贫政策作用下,效果比较好。但与此同时,我国现阶段贫困问题的特征发生了相应的变化:我国扶贫开发总体上已经从以解决温饱为主要任务的阶段转入巩固温饱成果、加快脱贫致富、改善生态环境、提高发展能力、缩小发展差距的新阶段。由绝对贫困转向为相对贫困,致贫原因复杂化、扶贫难度加大等。因此,如何应对我国现阶段的贫困问题,成为国家和政府扶贫工作的重心。建立健全脱贫攻坚支撑体系是我国当前时期扶贫开发的重大战略政策,是国家当前和今后一个时期内治理贫困问题的战略重点,有其必要性。

1. 提出建立健全脱贫攻坚支撑体系

2013年11月,习近平总书记在湖南湘西考察时,提出"扶贫要实事求是,因地制宜,要精准扶贫,切忌喊口号,也不要定好高骛远的目标",这是国家领导人首次提出扶贫要精准扶贫。精准扶贫概念的提出是相对于过去的粗放型扶贫,重点强调了扶贫工作要转向"精准",从"大水漫灌"转为"精确滴灌"。2014年初,中共中央办公厅、国务院办公厅印发《关于创新机制扎实推进农村扶贫开发工作的意见》(中办发〔2013〕25号),把精准扶贫工作机制确立为国家新阶段扶贫开发工作的六大机制之一。因此,我国开始在全国范围内推动精准扶贫工作,精准扶贫政策也成为我国现阶段应对贫困问题而采取扶贫、脱贫、开发的核心。2015年,党的十八届五中全会召开并提升"十三五"规划,进一步提出全面实施精准扶贫、建立健全脱贫攻坚支撑体系。

2. 建立健全脱贫攻坚支撑体系的内涵

根据国务院关于印发"十三五"脱贫攻坚规划的通知(国发〔2016〕64号)精

确识别、精确帮扶、精确管理、精准考核的治贫方式进行了阐述。有效实施精准扶贫政策需要做到如下：精准识别是首要工作，精准识别是指通过贫困户申请、群众评议、公告公示、抽查核验、录入信息等一系列步骤，将贫困户、贫困村进行有效识别出来，并建档立卡，清晰致贫成因和帮扶需求；精准帮扶是核心，在精准识别的基础上，根据致贫成因有针对性地采取措施进行精准帮扶，重点通过"五个一批"（发展生产脱贫一批、易地扶贫搬迁脱贫一批、生态补偿脱贫一批、发展教育脱贫一批、社会保障兜底一批）；精准管理是重要保障，精准管理的重点在于"六个精准"（扶贫对象精准、项目安排精准、资金使用精准、措施到户精准、因村派人精准、脱贫成效精准）；精准考核是重要手段，既对贫困户考核，又对扶贫干部考核，是指针对脱贫成效，建立贫困人口和贫困村"退出—进入"动态机制，在扶贫工作上加强对贫困县情况的量化考核，强化政策实施效果。精准扶贫政策适应我国贫困治理形势的变化，实现了扶贫对象瞄准化、帮扶措施具体化、管理过程规范化、考核目标去GDP化等目标，是当前我国扶贫开发政策的重大战略转型。

3. 建立健全脱贫攻坚支撑体系的主要内容[①]

（1）加大财政扶贫投入力度

发挥政府投入在扶贫开发中的主体和主导作用，积极开辟扶贫开发新的资金渠道，确保政府扶贫投入力度与脱贫攻坚任务相适应。中央财政继续加大对贫困地区的转移支付力度，中央财政专项扶贫资金规模实现较大幅度增长，一般性转移支付资金、各类涉及民生的专项转移支付资金和中央预算内投资进一步向贫困地区和贫困人口倾斜。加大中央集中彩票公益金对扶贫的支持力度。农业综合开发、农村综合改革转移支付等涉农资金要明确一定比例用于贫困村。各部门安排的各项惠民政策、项目和工程，要最大限度地向贫困地区、贫困村、贫困人口倾斜。各省（自治区、直辖市）要根据本地脱贫攻坚需要，积极调整省级财政支出结构，切实加大扶贫资金投入。从2016年起通过扩大中央和地方财政支出规模，增加对贫困地区水电路气网等基础设施建设和提高基本公共服务水平的投入。建立健全脱贫攻坚多规划衔接、多部门协

[①] 刘军林：《我国精准扶贫政策分析》，载《合作经济与科技》，2017年第4期。

调长效机制,整合目标相近、方向类同的涉农资金。按照权责一致原则,支持连片特困地区县和国家扶贫开发工作重点县围绕本县突出问题,以扶贫规划为引领,以重点扶贫项目为平台,把专项扶贫资金、相关涉农资金和社会帮扶资金捆绑集中使用。严格落实国家在贫困地区安排的公益性建设项目取消县级和西部连片特困地区地市级配套资金的政策,并加大中央和省级财政投资补助比重。在扶贫开发中推广政府与社会资本合作、政府购买服务等模式。加强财政监督检查和审计等工作,建立扶贫资金违规使用责任追究制度。纪检监察机关对扶贫领域虚报冒领、截留私分、贪污挪用、挥霍浪费等违法违规问题,坚决从严惩处。推进扶贫开发领域反腐倡廉建设,集中整治和加强预防扶贫领域职务犯罪工作。贫困地区要建立扶贫公告公示制度,强化社会监督,保障资金在阳光下运行。

(2) 加大金融扶贫力度

鼓励和引导商业性、政策性、开发性、合作性等各类金融机构加大对扶贫开发的金融支持。运用多种货币政策工具,向金融机构提供长期、低成本的资金,用于支持扶贫开发。设立扶贫再贷款,实行比支农再贷款更优惠的利率,重点支持贫困地区发展特色产业和贫困人口就业创业。运用适当的政策安排,动用财政贴息资金及部分金融机构的富余资金,对接政策性、开发性金融机构的资金需求,拓宽扶贫资金来源渠道。由国家开发银行和中国农业发展银行发行政策性金融债,按照微利或保本的原则发放长期贷款,中央财政给予90%的贷款贴息,专项用于易地扶贫搬迁。国家开发银行、中国农业发展银行分别设立"扶贫金融事业部",依法享受税收优惠。中国农业银行、邮政储蓄银行、农村信用社等金融机构要延伸服务网络,创新金融产品,增加贫困地区信贷投放。对有稳定还款来源的扶贫项目,允许采用过桥贷款方式,撬动信贷资金投入。按照省(自治区、直辖市)负总责的要求,建立和完善省级扶贫开发投融资主体。支持农村信用社、村镇银行等金融机构为贫困户提供免抵押、免担保扶贫小额信贷,由财政按基础利率贴息。加大创业担保贷款、助学贷款、妇女小额贷款、康复扶贫贷款实施力度。优先支持在贫困地区设立村镇银行、小额贷款公司等机构。支持贫困地区培育发展农民资金互助组织,开展农民合作社信用合作试点。支持贫困地区设立扶贫贷款风险补偿基金。支持贫困地区设立政府出资的融资担保机构,重点开展扶贫担保业务。积极发展扶贫小额贷款保证保险,对贫困户保证保险保费予以补助。扩大农业保险覆盖面,通过中央财政以奖代补等支持贫困地区特色农产品保险发展。加强贫困地区金融服务基础设施建设,优化金融生态环境。支持贫困地区开展特色农产品价格保险,有条件的地方可给予一定保费补贴。有效拓展贫困地区抵押物担保范围。

(3) 发挥科技、人才支撑作用

加大科技扶贫力度,解决贫困地区特色产业发展和生态建设中的关键技术问题。加大技术创新引导专项(基金)对科技扶贫的支持,加快先进适用技术成果在贫困地区的转化。深入推行科技特派员制度,支持科技特派员开展创业式扶贫服务。强化贫困地区基层农技推广体系建设,加强新型职业农民培训。加大政策激励力度,鼓励各类人才扎根贫困地区基层建功立业,对表现优秀的人员在职称评聘等方面给予倾斜。大力实施边远贫困地区、边疆民族地区和革命老区人才支持计划,贫困地区本土人才培养计划。积极推进贫困村创业致富带头人培训工程。

(四) 我国"十三五"脱贫攻坚的规划怎样

"十三五"时期是全面建成小康社会最后冲刺的五年。目前,我国还有7 000多万贫困人口,贫困地区和贫困人口是全面建成小康社会目标中的最大"短板"和薄弱环节。实现贫困地区和贫困人口的脱贫致富,要提高财政资金投入与使用效率,避免扶贫资金"碎片化";要通过产业扶贫、金融扶贫,变被动"输血"为主动"造血";要实施教育扶贫与科技扶贫,提升贫困地区劳动力素质,避免贫困"代际传递";要完善扶贫工作与退出机制,提高扶贫有效性和精准性;要倡导社会各类群体参与扶贫及区域协作扶贫。

1. "十三五"脱贫攻坚的战略布局

"十三五"脱贫攻坚的指导思想是:全面贯彻落实党的十八大和十八届三中、四中、五中全会精神,以邓小平理论、"三个代表"重要思想、科学发展观为指导,深入学习贯彻习近平总书记系列重要讲话精神,围绕"四个全面"战略布局,牢固树立并切实贯彻创新、协调、绿色、开放、共享的发展理念,充分发挥政治优势和制度优势,把精准扶贫、精准脱贫作为基本方略,坚持扶贫开发和经济社会发展相互促进,坚持精准帮扶和集中连片特殊困难地区开发紧密结合,坚持扶贫开发和生态保护并重,坚持扶贫开发和社会保障有效衔接,咬定青山不放松,采取超常规举措,拿出过硬办法,举全党全社会之力,坚决打赢脱贫攻坚战。

"十三五"脱贫攻坚的总体要求是:切实落实领导责任,切实做到精准扶贫,切实强化社会合力,切实加强基层组织。不断完善政府、市场、社会协同推进的工作机制,形成专项扶贫、行业扶贫、社会扶贫三位一体的工作格局,实现经济社会的包容性发展,提升市场机制的益贫性,让发展成果更多地惠及穷人,走共同富裕之路。要采取超常举措,拿出过硬办法,按照精准扶贫、精准脱贫要求,用一套政策组合拳,确保在既定时间节点打赢扶贫开发攻坚战。

"十三五"脱贫攻坚的总的目标任务是:到 2020 年,稳定实现农村贫困人口不愁吃、不愁穿,义务教育、基本医疗和住房安全有保障。实现贫困地区农民人均可支配收入增长幅度高于全国平均水平,基本公共服务主要领域指标接近全国平均水平。确保我国现行标准下农村贫困人口实现脱贫,贫困县全部摘帽,解决区域性整体贫困。

具体任务主要有五项:一是制约贫困地区发展的基础设施瓶颈问题基本得到解决。具备条件的行政村基本实现通水泥公路,根据自然村的条件可分别通硬化路和沙石路,广播电视和宽带基本实现全覆盖,全面解决无电人口用电、困难家庭危房改造和农村安全饮水问题。二是基本公共服务主要领域指标接近全国平均水平。义务教育水平进一步提高、普及高中阶段教育、每个有劳动力的贫困家庭至少掌握一门劳动技能。医疗、养老、低保对贫困人口全覆盖。三是贫困地区特色产业进一步发展,生态环境恶化的趋势得到遏制。四是精准扶贫、精准脱贫机制更加成熟定型,扶贫政策与农村社会保障制度衔接更加顺畅,贫困地区农村层组织更加健全,扶贫开发法治化程度进一步提高,城乡统筹的扶贫制度和政策体制基本建立。五是贫困人口的收入显著提高,生活水平明显改善。

2. 实施"十三五"扶贫开发的对策思考[①]

第一,加大财政扶贫开发投入,整合各类扶贫资金,研究贫困地区扶贫线

---

① 辜胜阻:《阻断贫困代际传递 推进包容性增长》,载《中国国情国力》,2015 年第 9 期。

和低保线"两线合一"的实施办法,促进低保政策与扶贫政策的衔接。

为扶贫工作提供更多资金支持,既要提高扶贫资金投入的数量,也要提升扶贫资金的使用效率与监管水平,更好地发挥扶贫资金的作用。

首先,要建立和完善专项扶贫资金倍增机制,加大对贫困地区转移支付力度,提高扶贫项目补助标准,为贫困地区的减贫脱贫工作提供稳定充足的资金来源和保障。贫困地区的基础设施建设与医疗、卫生、教育、就业等公共服务的供给离不开财政的支持。要继续加大中央与省级财政的投入,提高移民搬迁、新村建设、通村公路、沼气、水利等项目的补助标准,并使扶贫项目的补助标准与物价水平相挂钩,为贫困地区的基础设施建设提供充足的资金支持。要加大新型农村合作医疗和大病保险制度向贫困人口的倾斜,加大对贫困人口的医疗救助力度,降低贫困人口的医疗负担,有效解决贫困人口"看病难、看病贵"的问题,防止因病致贫和因病返贫。要加大就业专项资金向贫困地区的转移支付力度,增加贫困地区的各类培训资源供给,建设基层就业服务平台,帮助贫困人口实现就业。

其次,要按照"统一规划、集中使用"的原则对扶贫资金进行综合管理,避免扶贫资金使用的"碎片化",提升资金使用效益。要明确扶贫资金管理使用的"高压线",推进扶贫资金运作的公开化、透明化,防止资金的浪费、流失等问题;要尊重和发挥贫困群众的知情权、参与权、选择权和管理监督权,使各项惠民政策、项目和工程,最大限度地向贫困地区倾斜,使扶贫资源真正落实到贫困人口,真正用于解决贫困人口和贫困地区发展的迫切需求。

再次,要研究贫困地区扶贫线和低保线"两线合一"的实施办法,统筹低保资金与扶贫开发资金,通过对低保线的贫困人口实行应保尽保实现其脱贫。开发式扶贫所针对的是农村低收入人口,强调的是低收入人口的发展权;低保制度是社会保障体系的重要方面,所针对的是农村绝对贫困人口,强调的是贫困人口的生存权。实现两项制度有效衔接工作的核心是建立和完善贫困人口识别机制,关键环节是明确低保救助和扶贫开发的扶持对象,使低保制度担当起维持低保对象生存这项"兜底"性任务。湖北省一些地方(如钟祥市柴湖镇)通过最低生活保障、精神救助、建立五保户集中供养场地等,对丧失发展能力的孤独等贫困人口全面兜底脱贫,确保实现对低保户、五保户,因灾、因伤、因残、教育致贫以及失独家庭保障和救助的全覆盖,这一做法值得借鉴。

第二,提升产业扶贫水平,疏通扶贫开发金融血脉,打造产业扶贫与金融扶贫联动的"造血"式扶贫开发模式,培育贫困户的内生发展能力。

产业扶贫对实现贫困地区的主动脱贫与可持续发展具有重要意义。要根据贫困地区的资源禀赋状况与环境特征,因地制宜发展特色产业,积极培育富民主导产业和龙头企业,发挥其对贫困人口的组织和带动作用,促进特色农产品加工、农村电子商务及物流配送等产业发展,通过完善农业产业链增加贫困人口的农业收益,通过本地产业发展吸纳更多的贫困劳动力就业。要对已有成功的产业扶贫模式与案例进行总结与积极推广,提升区域产业发展水平,增强"造血"能力。如山西省天镇县利用其区位优势和富余妇女劳动力资源,打造"天镇保姆"品牌,成功输出2 800名妇女在北京、太原等地就业,每年带回劳务收入8 000万元,相当于全县财政收入的一半,实现7 000多人的精准脱贫。甘肃省关中一天水经济区设立果品专项扶持资金,加大对农村果品、蔬菜等的扶持力度,鼓励和引导农民创办生产种植型、市场流通型、贮藏加工型、技术服务型等多元化、多类型的农民专业合作社,提高了农民的组织化程度和市场竞争力,积极推广"龙头企业+合作社+基地+农户"经营模式,让农民更多地从产业链条的各个环节分享利润。湖北省恩施州大力发展乡村旅游,旅游扶贫成为全州扶贫攻坚的重要抓手和平台。湖北省钟祥市柴湖镇在推进移民脱贫减贫过程中,通过大力发展高效农业,推进花卉、蔬菜、水果、药材四个万亩基地建设,提升产业基础,并鼓励返乡大中专毕业生、大学生村官、优秀农村青年带头创业,以创业带动当地发展与贫困人口就业。

资金是影响贫困地区产业发展水平的关键要素之一,产业扶贫要与金融扶贫联动,共同构建"造血"式的扶贫开发模式。金融部门作为金融扶贫的主要参与主体,能够有效筛选、发现示范带动效应明显的扶贫项目,并发挥信贷资金的杠杆撬动作用,广泛吸收社会资金为扶贫开发提供支持,有利于带动贫困群体创业脱贫的积极性,构建内生、可持续的脱贫机制。为此,要构建攻坚扶贫的金融支持体系,打造包括商业性、政策性、合作性、开发性等各类金融在内的多层次、广覆盖、互为补充的金融扶贫体系,调动各类银行、农村信用社、小额贷款公司、融资担保公司、保险等金融机构共同参与金融扶贫。

第三,推进科教扶贫,以教育发展提高贫困人口的综合素质,以科技推广提升贫困地区的生产力,促进贫困地区的可持续发展,避免贫者从暂时贫困走向长期贫困和跨代贫穷。

推进科教扶贫有利于充分调动贫困人口的积极性和创造性,增强贫困人口的自我发展能力。劳动者受教育水平是影响个人收入的关键因素,发展教育是减贫脱贫、切断贫困代际传递的根本之举。因此,要合理分配政府、非政府组织以及教育机构在扶贫体系中的职能,根据贫困地区的文化环境和经济社会发展水平,构建系统的有针对性的教育扶贫模式。

一要加大对贫困地区的教育经费投入。建立多渠道的农村义务教育经费筹措体制,鼓励社会力量捐资助学;做好贫困学生及贫困学生家庭识别建档工作,加大助学体制精准扶贫的力度,建立长效的扶贫助学资金,对家庭经济困难的学生实施普通高中免除学杂费、中等职业教育免除学杂费等政策;完善教育基础设施建设,创造良好的办学环境;通过积极推广农村学校"营养午餐"计划,推进农村中小学生营养改善工作。

二要提升师资队伍素质,从而提高贫困地区教育的质量。通过教师补助、编制倾斜、职称评聘放宽、荣誉奖励等措施以及各类专项特惠性政策吸引并留住教师,通过发达地区的对口支援、短期集中培训、远程培训等手段提高教师队伍素质,强化教师队伍建设。

三要发展多层次的教育,提高教育扶贫的效率。通过充分利用中小学布局调整的富余资源及其他资源开展学前教育,建设普惠性幼儿园,形成县、乡、村学前教育网络;通过向薄弱学校倾斜、向农村倾斜、向中西部倾斜"三个倾斜",促进义务教育的均衡发展,发挥农村贫困地区义务教育在教育扶贫中的重要作用;通过推动普通高中多样化发展,推进人才培养模式多样化,促进学生全面有个性的发展;通过定向招生计划和中西部高校建设,扩大贫困地区学生接受高等教育的比例;通过集中办学、民汉合校、"双语"教育,扩大少数民族学生受教育的比例;通过大力发展适应当地社会经济发展需要的职业教育,增强学生的职业技能,提高就业率。

第四,完善扶贫工作机制,健全扶贫信息服务平台和扶贫瞄准机制,精准识别贫困人口,并建立扶贫退出和一定期限内财政补助政策的延续机制,提升扶贫工作的精准性与有效性。

要进一步推进贫困人口识别与建档立卡工作,建立和完善贫困户的动态信息系统,改变"大水漫灌"式的扶贫模式,在精准识别的基础上实现精准扶贫,提高扶贫工作的有效性。建立健全"精确瞄准、定点清除、分级负责"机制,加强贫困人口动态管理,对每个贫困村、贫困户建档立卡,完善省、市、县三级扶贫开发统计与贫困监测制度。首先,要建立驻村联户制度。强化脱贫工作责任考核,落实帮扶责任人,统筹扶贫政策措施,加强督查问责,确保帮扶效果。如恩施州采取"统筹组织驻村部门、统筹安排驻村干部、统筹安排专项资金、统筹落实帮扶政策、统筹开展考核评价、统筹督办帮扶责任"的"六统一"办法,实现了贫困家庭稳定脱贫致富。其次,要加强对扶贫工作绩效的社会监督。广泛听取贫困地区群众对扶贫工作的建议和意见,建立扶贫政策落实情况和扶贫成效的第三方评估机制。再次,要高度重视扶贫脱贫激励机制的建设。切实提高贫困地区基层干部和优秀人才的工资待遇,完善人才激励机制和服务保障体系,在薪酬待遇、津补贴、编制倾斜、职称评聘等方面给予特殊政策,引导和激励基层干部和优秀人才在贫困地区安心工作,带领贫困人口脱贫致富奔小康。

同时,要完善扶贫退出机制,建立脱贫时间表,明确脱贫减贫责任,改变对贫困地区政府官员考核标准,把减贫人口规模、贫困人口收入增长水平、返贫人口比率等指标纳入考核范围,引导树立以民生建设为重点的政绩观,做到"扶真贫,真扶贫"。根据中央扶贫开发工作会议要求,扶贫退出既不能拖延,也不能急躁,要设定时间表,也要留出缓冲期,在一定时间内实行"摘帽"不摘政策。在扶贫退出过程中,非常重要的是建立脱贫"摘帽"的激励机制和一定期限内财政补助政策的延续机制,保证扶贫退出区县的相关扶贫政策及财政转移支付在一段时间内的正常延续,使贫困区县顺利度过"过渡期",防止出现返贫问题。2015年贵州省有10个国家级扶贫开发重点县主动申请摘掉贫困"帽子",正是由于贵州承诺"原有扶持政策保持不变",提高了贫困县脱贫"摘帽"的积极性和发展信心。①

---

① 辜胜阻:《推进"十三五"脱贫攻坚的对策思考》,载《财政研究》,2016年第2期。

四、如何构建中国特色公共安全体系

良好的社会秩序和有保障的公共安全是经济社会发展的基本条件,公共安全体系是政府依据相关法律法规建立的,意在为社会公众提供安全的生存与发展环境的一整套体制机制。习近平总书记在《切实把思想统一到党的十八届三中全会精神上来》中指出:"真正实现社会和谐稳定,国家长治久安,还是要靠制度,靠我们在国家治理上的高超能力,靠高素质干部队伍。"[①]在当今时代,由于快速的社会变革而引发的各种危机事件将人类社会带入了一个真正的"风险社会"。风险社会的本质特征是"不确定性",即对风险难以进行有效预测与控制。鉴于此,政府管理者乃至社会公众风险认知能力的提升成为改善公共安全治理效果的关键。近些年来信息技术的发展特别是"互联网+"时代的来临带来了数据与信息处理方式的根本性变革,这也对传统的公共安全治理实践带来了新的机遇与挑战。根本来看,互联网时代的最大特征是对各种类型数据价值的深层次挖掘,是信息社会中科技理性的高度彰显。

(一)如何保障国家网络信息安全

互联网治理已成为发达国家与发展中国家都在面临的世界性难题,网络安全作为一国经济社会发展的重要保障,成为在非传统国家安全领域竞争的新焦点。因此,我们要有一套适应互联网时代的保障公民政治安全的宏观制度构想,加强国内制度建设维护网络空间国家主权安全,基于网络空间主权的国际合作,最终建构一套民众广泛认同的互联网时代国家安全价值观。

1. 国家网络信息安全的提出及其主要内容

2014年2月27日,中央网络安全和信息化领导小组成立。[②] 2015年3月召开的"两会"上,李克强提出制定"互联网+"行动计划,随后国内出台了一系列"互联网+"相关政策文件(见下表)。随后,在党的十八届五中全会上,提出"实施网络强国战略"。

---

① 习近平:《切实把思想统一到党的十八届三中全会精神上来》,http://cpc.people.com.cn/n/2013/1231/c64094-23993888.html。
② 《中央网络安全和信息化领导小组成立:从网络大国迈向网络强国》,新华网2014年2月27日。

2015年国内十大"互联网+"相关政策文件

时间	政策文件
2015.01	国务院关于促进云计算创新发展培育信息产业新业态意见
2015.05	商务部"互联网+流通"行动计划
2015.06	国务院关于积极推进"互联网+"行动指导意见
2015.06	互联网等信息网络传播视听节目管理办法(修订征求意见稿)
2015.06	关于放开在线数据处理与交易处理业务外资股比限制的通告
2015.06	中华人民共和国网络安全法(草案)
2015.07	关于促进互联网金融健康发展的指导意见
2015.09	新广告法
2015.09	国务院关于印发促进大数据发展行动纲要的通知
2015.10	关于实行市场准入负面清单制度的意见

然而,根据世界经济论坛发布的《2014年全球信息技术报告》,在148个国家和地区中,2014年中国网络准备度得分为4.1,名列第62位,比2013年下降了四位。[①] 为此,实施网络强国战略,必须正视中国与发达国家在互联网方面的差距,进而采取有效措施弥补短板。具体内容如下:一是改善互联网商业和创新环境,深化互联网管理体制改革,简政放权、放管结合、转变政府职能,进而能理顺互联网管理体制。二是夯实网络基础设施,加快实施"宽带中国"战略,推进"三网融合"。对于城市,应把网络基础设施作为市政基础设施之一,对于农村,应把互联网服务作为基本公共服务。三是发展数字内容产业,要尽快制定国家层面的"公共数据资源开放条例",明确公共数据资源开放方式和程序,让公共数据资源开放工作于法有据。四是提升网络经济影响力,只有推动"互联网+传统产业"发展,改变目前电子信息制造业、软件产业、通信业割裂管理的局面,大力培育和发展新硬件产业。五是提高互联网应用水平,应实施"互联网扫盲"行动,通过政府购买服务的方式,组织社会团体、商业培训机构等开展城乡居民网络基础知识和基本技能培训。

调查显示,95.9%的手机网民在2015年遇到过手机信息安全事件,

---

① 金江军、郭英楼:《互联网时代的国家治理》,北京:中共党史出版社,2016年,第35页。

CNCERT/CC 共接到网民举报的网络安全事件 54 937 起。而据公安部统计数据显示,2015 年我国公安机关共侦办网络违法犯罪案件 173 万起,抓获犯罪嫌疑人 29.8 万人。① 伴随着互联网于 20 世纪 90 年代中期快速发展而来的思想、服务与言论的大爆炸之所以可能,是因为国家并没有对此做好准备以及国家并不掌管网络。② 在互联网治理中,任何向国家的让步都会产生深远的影响。一旦我们认可在互联网内容管制中的国家利益,我们将不可避免地背离互联网提供的全球信息获取权。梵·迪克指出:"互联网活动的四种约束力量:法律,互联网管理机构、用户社群的行为规范,市场和整个互联网技术结构。"③因此,我们要有一套适应互联网时代的保障网络信息安全的宏观制度构想,这样才能得到民众的认同。(如下图)

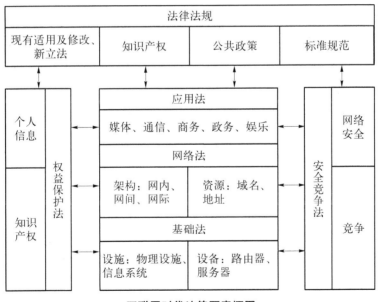

互联网时代法律要素概图

---

① 中国互联网络信息中心:《2015 年中国手机网民网络安全状况报告》,中国互联网络信息中心,2016 年 4 月发布。
② [美] 穆勒:《网络与国家:互联网治理的全球政治学》,周程等译,上海:上海交通大学出版社,2015 年,第 221 页。
③ [荷] 简·梵·迪克:《网络社会——新媒体的社会层面》,蔡静译,北京:清华大学出版社,2014 年,第 141 页。

2. 网络公民隐私保护制度的构建

表面上看,新技术的出现会增加隐私和安全问题隐患,随着政府机构加强对敏感信息的处理,这些问题更加令人担忧。人们会理所当然地认为,通过远程服务商存储信息或使用服务看起来会增加风险。大多数人对他们自己的台式机和笔记本电脑上的安全更有信心,因为这些电脑在自己的掌控之中。毫无疑问,无论存储平台是什么,都需要有力的隐私保护和安全防护制度。为此,深度介入式管理、适度脱离的自省、服务式的技术应对都是必需的。①

(1) 执政党深度卷入式的协调管理

在应付移动互联技术所引发的负面社会效应这一点上,没有哪个机构能比政府的行为更加行之有效。信息传输的无障碍,给移动互联网的法律监管带来麻烦。信息传播的源头难以捕捉,信息传输的渠道难以控制,信息传输的效果更是难以预料和想象。法律的监管不仅无力,而且苍白贫血。这也决定了移动互联时代,网络监管不能再走强制的老路,而最好是转向一种迎合的姿态。即在尊重信息自由运动的前提下,分流处理信息的方法。但是,隐私保护法规必须寻求隐私、安全和创新之间的平衡。过多地重视隐私,意味着我们会失去协作与信息共享带来的好处。随着众多新应用走向人与人之间的连接以及数据之间的互联,我们迫切需要寻找一种方法来实现隐私、安全和创新三者的价值最大化。太多的计算系统无法做到彼此互通,从而使得那些需要通过信息系统的互联来实现数据组链接和交易处理的能力丧失殆尽。② 所有机构都容易受到来自受信任的内部人员的攻击,但是将数据放到云上会增加错信的成本。一个提供缜密严谨的身份接口和明确访问控制系统的云平台,能够有效限制访问并增进用户的责任心。不过,云平台是一个复杂的统一数据系统,允许更多用户通过各种应用程序访问不同分类的数据,因而确实很难做到适度限制访问并侦测数据滥用情况。在保护隐私和安全方面,访问控制是一个关键措施。如今,保护隐私是一项具有挑战性的工作,因

---

① 马丽:《移动互联时代公民隐私泄露危机及其应对》,载《编辑学刊》,2015 年第 6 期。
② [美] 韦斯特:《下一次浪潮:信息通信技术驱动的社会与政治创新》,廖毅敏译,上海:远东出版社,2012 年,第 173 页。

为人们会主动通过社交网站、博客、互联网和电子通信手段将信息放在公共场合。公共信息的泛滥凸显了信息系统中访问控制的重要性。政府或管理部门不再是外围的猎手,而是深度卷入的参与者。在信息传输中充当的是第三方平台,负责在信息传授双方中间完成对信息的甄别和筛选。保障信息传播者的传播权利,也保护信息接收者信息获取的安全性,对公民隐私信息也起到一定的过滤和筛选效果。因此,这种迎合是对技术特性的迎合,绝不是对技术缴械投降。

(2) 互联网运营商友好服务式的技术应对

如今,网络隐私泄露问题已经对运营商的收益构成了威胁,用户的满意度关乎运营商的收益额。用户隐私信息泄露引发其对运营商的不满,导致其减少甚至放弃对运营商经营的网站或应用的使用,这对运营商来说,是巨大的灾难。因此,保护用户隐私,在运营商是有利可图的。就运营商而言,明白自身的存在价值固然重要,巩固这种地位的意义更加重大。保证自己不利用用户的隐私信息谋取利益是最起码的职业操守,应当成为网络行业的自律信条。在防范公民暴露隐私信息方面,运营商要把握"服务为主"的理念,以满足公众的信息需求为要旨。在此基础上,研究开发针对移动互联的用户信息保护程序,设置必要的信息校验端口,分类筛选信息内容,防范用户泄露自身的隐私。在防范网络黑客攻击、侵害公民隐私这一点,运营商则应发挥自身的技术优势,围堵网络漏洞,不给黑客可乘之机。

(3) 公民自身适度脱离式的自查自省

于个人而言,移动互联的最大意义在于身心的深度卷入。网络对人的影响和控制已经到了时时刻刻、无处不在的程度。这一点,恐怕是很多人都未曾想过的事情。在移动互联技术包围下生存的现代人,想要与互联网保持距离确实比较困难,但并非绝无可能。教育的力量已经为人们所熟知,我们不妨从媒介素养教育谈起。在移动互联时代,媒介素养教育应该使人们对移动互联技术以及互联网本身有更加清晰的认识,让他们从被动的信息接收者成长为精明的传媒消费者。在移动互联网的信息裹挟中,懂得如何保护自我,发展自我。说到法律意识,作为现代公民的重要理性特征,从来就不缺乏。移动互联时代,公民的这种法律意识应体现在对隐私权利的知悉和隐私侵害的惩戒方面。明白"法"的界限,才能时刻警示自己。在现实世界与虚拟世界高度关联的情况下,这点尤为重要。

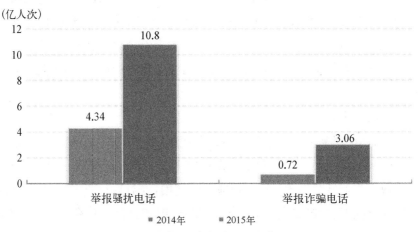

全国骚扰、诈骗电话发生的情况

数据来源:腾讯手机管家

3. 创新互联网执政安全监管体系的宏观构想

针对互联网时代给党的执政安全带来的隐患,当务之急是针对当前互联网监管制度存在的内在缺陷,有针对性地进行制度创新。

(1) 完善互联网监管法制

几乎在每一个历史时期,法律和公正都被新兴技术远远抛在后面,因为新的科技在法律应用到自身之前,必须要确立自己的地位。[1] 互联网是没有中心的组织,必须从外面进行控制。这是一个人民普遍容易犯的错误。[2] 一是要提升法制级别和健全法制类别。一方面,尽快提升互联网监管的法制级别。需要全国人民代表大会或全国人大常委会尽快出台一部专门的互联网监管法律,以法律形式明文规范三网融合的目的意义、指导思想、基本原则,明确规范不同业务行政主管部门对互联网的监管职权、监管职责、监管程序、监管方式

---

[1] [荷]简·梵·迪克:《网络社会——新媒体的社会层面》,蔡静译,北京:清华大学出版社,2014年,第136页。

[2] [荷]简·梵·迪克:《网络社会——新媒体的社会层面》,蔡静译,北京:清华大学出版社,2014年,第141页。

手段等,通过提升监管法制级别的方式,大力加强监管法制的普遍约束力。另一方面,适当健全互联网监管的法制类别。通过出台《互联网监管法》,适当健全完善相应的行政法规、行政规章以及其他政策规范性文件。二是拓宽监管法制的内涵与外延。监管法制的相关条文中,应该明确规定不良服务节目所要承担的责任义务。除此之外,监管法制还应该将某些特殊的网民群体和某些特定的网民合法权益纳入监管范围。比如,应该为青少年儿童制定相应的法律规章,对这些特殊群体进行大力保护;应该针对"公民身份信息数据"制定相应的保护条例,重点保护公民的特定合法权益。

(2) 构建互联网的协同监管机制

基于协同理论和治理理论形成的协同治理理念,强调治理主体的多元性、平等性、协同性和有序性。很多安全讨论最终都归结到互联网上的身份问题上,这一点也不奇怪。这一问题涉及对用户身份及行为的验证。但是,这一问题不像技术布道者们惯于认为的那般简单,即只需要找到一种"身份管理解决方法"。真正重要的是,在身份鉴定者、被鉴定的个人或实体机构,一个或一系列组织之间建立的关系,[①]对于互联网的监管可以借鉴协同治理的思想,构建政府、社会、行业协会、公众等多元主体的监管机制。一是强化"体制内"监管机制是贯彻落实监管目标的重要保障。从法定监管资格来看,业务行政主管部门是行使监管职权的合法主体,属于"体制内"监管主体,它们应该责无旁贷地肩负起监管职责。二是加强行业自律机制。在今后的互联网监管过程中,行业组织应该根据行业自身特点,按照相关监管法律法规,依法依规对广电网、电信网以及互联网上的新媒体服务节目进行严格试听。网络版权治理也同样需要面对各种制度观念之间的竞争和冲突。版权保护的根本目的是在版权所有者和大众市场之间达到一种平衡。但是,传播伦理所倡导的信息公开以及新闻发表自由都会与版权保护之间发生利益冲突。而且即使在版权保护制度观念的内部也会产生更为细分的权力冲突。三是强化公民监督机制。我们更有理由将这一广大的群体纳入网络监管的体系中来,充分调动广大网民参与监督的积极性,切实拓宽网民参与监督的顺畅渠道,让网民将不合法或者

---

① [美]穆勒:《网络与国家:互联网治理的全球政治学》,周程等译,上海:上海交通大学出版社,2015年,第221页。

不良互联网服务节目及时快速地反馈给具有行政处罚权的行业主管部门,这也是实现监管目标的重要途径。①

(二)如何强化国家食品药品安全

十八届四中全会提出,要依法加强食品药品安全等重点问题治理,依法推进多层次多领域治理,坚持依法治理、源头治理、系统治理、综合治理,切实提高我国社会治理法治化水平。国民经济和社会发展"十三五"规划纲要强调,要加快完善食品监管制度,健全严密高效、社会共治的食品药品安全治理体系。② 食品药品安全问题治理研究是现实针对性很强的学术问题,对食品药品安全问题进行学理性分析与解答,无论是对于化解和引导食品药品安全社会预期、增进食品药品安全治理能力建设,还是对于实现食品药品安全治理理论与实践互动创新,都具有重要的现实意义和学术价值。

1. 食品药品安全方面现存问题评估

(1)食品药品安全是一个经济利益问题

马克思说:"人们奋斗所争取的一切,都同他们的利益有关。"③人们在现实生活中奋斗所努力争取的一切,都同他们现实的物质经济利益有关。马克思、恩格斯通过批判性地考察人们社会现实生活中的物质经济利益关系问题,创立了揭示人类社会发展规律的唯物史观,完成了人类思想史的伟大变革。经济利益问题是人类社会现实生活的根本问题,是推动人类社会发展进步的强大动力。所以,经济问题也是一个利益问题。就"非法疫苗安全事件"来说,据有关媒体报道,2010年以来,庞某和她医科学校毕业的女儿孙某一起从她们的上线疫苗企业以及其他非法经营者手中非法购进了多种成人、儿童用二类疫苗,并在未经严格冷链存储运输的条件下销往各地,涉案金额达几亿元。涉事母女、医药企业、医疗院所等不可谓不知道自己正在买卖、交易和使用的是临近有效期的甚至是潜藏失效风险隐患的关乎人命健康的人用疫苗。但巨大的利益诱惑驱使她(他)们纷纷选择遮蔽疫苗潜在的隐患风险,表现了对人民群众生命健康的极

---

① 张仁汉:《视听新媒体协同监管体系建设研究——以国家文化安全为视角》,载《社会科学战线》,2016年第6期。
② 《中共中央关于制定国民经济和社会发展第十三个五年规划的建议》,http://news.xinhuanet.com/fortune/2015-11/03/c_1117027676_2.htm。
③ 《马克思恩格斯全集》第1卷,北京:人民出版社,1956年,第82页。

大漠视,凸显了不健康的市场"劣币驱逐良币"、信用缺失、"失灵"等现象。

(2) 食品药品安全是一个监管问题

我国传统的分类监管和分段监管相结合、以分段监管为主的食品药品安全监管的政府单中心治理模式越来越难以有效回应食品药品安全领域的系统性多维度风险,而多主体多中心协同共治的现代食品药品安全治理机制还未真正形成,其在应对食品药品安全问题上的作用亦未有效发挥。本案"非法疫苗安全事件"中,据有关媒体报道,庞某原是某市人民医院的一名药剂师,非法贩卖疫苗时间已经长达5年之久,销售网络遍布全国10多个省市,渠道上线下线主体众多。人们不禁要问,如此大规模如此长时段的非法贩卖关系人民群众生命健康安全的疫苗经营活动为何就能大行其道呢?监管在哪里呢?恐怕本案"非法疫苗安全事件"还存在明显的监管不力、漏洞、不作为等人的因素问题。正如李克强总理对此案件作出的重要批示指出的那样:此次疫苗安全事件引发社会高度关注,暴露出监管方面存在诸多漏洞。

(3) 食品药品安全是一个社会问题

随着我国社会主义市场经济改革进入换挡调速的转型期,市场机制本身带来的利益主体多元化趋势愈发明显。随着社会利益格局的变迁,多元的社会利益主体必然会寻求多元的利益表达,也不可避免地产生不同甚至矛盾的利益要求,这些矛盾就是诱发社会问题的导火索。正如马克思所指明的那样,世界并不是某一独特利益的天下,而是许许多多利益的天下。那么,食品药品安全领域作为社会肌体的一部分,也必然存在多元的利益主体、多元的利益矛盾,这些利益矛盾不能有效化解和协调就成为诱发食品药品安全问题的原因。联合国粮农组织和世界卫生组织曾深刻且有洞见地指出,如果没有所有利益相关者例如农民、企业和消费者等的合作与积极参与,这种性质的强制管理是无法完全实现其目标的。食品药品安全监管呈现出从政府部门监管为主向重视发挥社会力量作用转变的总体发展态势。①

2. 如何强化国家食品药品安全

(1) 发挥市场在资源配置中的决定性作用,构建企业主责的市场机制

改革开放的成功实践充分证明了社会主义市场经济是我国经济快速发展

---

① 陈锡文、邓楠:《中国食品安全战略研究》,北京:化学工业出版社,2004年,第45页。

最为重要的制度选择。但转型期的我国市场机制还不成熟,还不能真正实现市场在资源配置中起决定性作用,还不能充分实现"优胜劣汰、公平竞争和优质优价"的机制效应,还在一定程度上存在由于信息不对称、政府干预过多、违法成本低等原因而产生的"劣币驱逐良币"怪现象,劣质商品把优质商品排挤出了市场,极大地挫伤了优质企业对质量追求的积极性。这是导致市场中优质商品(食品药品等)规模萎缩,劣质商品大行其道的重要原因。因此,充分发挥市场在资源配置中的决定性作用恰逢其时、迫在眉睫。市场经济是竞争经济,也是法治、信用、信息经济。企业是商品的生产者、经营者,也是利润的受益者,是市场的主体,理应对伪劣商品侵权责任负主要责任。发挥企业主责的市场机制作用,关键是要实现充分的优胜劣汰竞争机制效应,淘汰落后、伪劣商品企业,激励先进、优质商品企业。充分发挥优胜劣汰竞争机制作用的前提是市场环境公平公正,市场信息公开涌流且易获取易识别。所以,要加快探索实行差异化商品标识标准制度和建设企业商品信息平台。使那些违法犯罪、信誉不良、坑蒙拐骗、假冒伪劣等失范的食品药品生产经营企业或个人无处藏身、无处作假并受到法律制裁,直至被淘汰出局;同时,保证那些守法、诚信经营的食品药品生产经营企业或个人获得公正评价、出彩胜出,成为市场经济的真正主体。这就从源头上保障了食品药品安全。

(2) 更好发挥政府作用,构建政府主导的监管机制

发挥政府这只"看得见的手"的依法有效监管作用。加强食品药品安全监管体制机制建设,整合监管力量资源,创新监管手段方法,主导和引领食品药品安全战略的实施。坚持依法治理,加强食品药品安全方面的监管规章、标准与制度建设,增强相关法规的可操作性和实效性,强化食品药品安全监管的主体责任。提升监管队伍素质与能力,树立监管就是服务的理念,加强全过程全领域监管,切实提高食品药品安全监管效能。建立健全食品药品安全信息披露、反馈与报告制度机制,实施食品药品安全大数据战略,为食品药品安全风险防范、预警和监管提供信息与数据支撑,确保食品药品安全监管的信息可追溯。食品药品安全治理也存在多种力量,各种力量由于主体利益诉求的不同而作用于治理上的效用也不尽相同。因此,具体到当前中国社会生活现实,必须在党的领导下更好发挥政府在食品药品安全治理中的主导作用,通过政府

来整合各种食品药品安全治理机制和力量以形成协同共治的合力。

(3) 激发社会活力,构建社会参与的协同机制

其一,积极发挥食品药品行业协会自律机制作用,理顺政府与食品药品行业协会之间的关系,积极发挥行业协会专业与信息优势,加强行业协会自律监督与处置作用,确保食品药品行业的绿色健康发展。特别要鼓励行业协会引领行业标准的制定与革新。美欧日等发达国家、地区一贯地通过标准来引领、激发企业的创新活力,利用标准控制价值链高端,通过控制创新高端支撑国家强大。这些标准主要由非政府的专业机构、产业联盟、社会团体制定,属于自愿制定、执行的规范性文件(团体类型标准)。其二,发挥消费者参与治理机制作用,依法保障消费者知情权,加强对消费者食品药品安全知识的宣传和教育,培育消费者食品药品安全风险识别能力,鼓励消费者参与食品药品安全治理和监督企业违法行为,使消费者真正成为食品药品安全问题的最终评价者与治理的受益者。强大国家依托于强大消费者,消费者是市场中最活跃的因素。只有消费者强大、洞若观火,企业才不敢懈怠,才能不断革新技术、提高产品质量,才能淘汰劣质品企业,促进产业与经济的发展。当今强国的消费者,都有强的行动力。其三,积极鼓励新闻媒体发挥"社会守望者""社会雷达""社会监视器"的社会角色作用,对食品药品安全问题事件进行充分披露、追踪报道,对相关涉事方给予持续的压力,形成强大的舆论监督震慑力。新闻媒体唯有保持"社会守望者"的神圣角色,坚守法律的底线,才能克服其局限;唯有科学、客观、公正地报道食品药品安全事故,才能脱离恶意炒作的困境,才能有效履行媒体的社会责任。其四,重视发挥专家学者智库作用。专家学者代表国家的高端智库,引领着国家的教育走向和人才培养的方向。食品药品安全治理人才是关键,教育是基础。从大国崛起的成功经验来看,国家治理强大的关键是人才、根基是教育,尊重人才、重视教育是大国崛起的普遍经验。

(三) 如何提升国家新兴技术战略安全

时至今日,互联网、大数据、机器学习等技术快速迭代升级,日益推动人工智能时代从专家预测变为现实。众多企业和个人更是把智能技术的商业逻辑推向极致,致使人工智能的不确定性风险也对国家主权、社会关系、法律秩序及执政环境等带来了深远影响,深度影响国家战略安全。

1. 智能技术时代国家安全命题的提出

在词源上,国内外对"安全"的理解基本相似,都将其释为"不存在危险""免于威胁"等,吉登斯、贝克等人进一步把"国家安全"看作实现其他国家利益的基本前提和主权国家最基本的需求。随着经济社会的快速发展,"人工智能"(Artificial Intelligence,AI)已成为各学科研究和应用的热点,我们可将其简单定义为,利用各种信息技术模拟、延伸和扩展人类智能的理论、方法、技术及应用系统。从定义可知,人工智能不单是一项技术,而是包括机器视觉和听觉、自然语言处理、机器学习等技术的总称;它是把"人工"方式作用于信息技术的前沿领域,以其延伸人类的智能思维,是"特定目的的人"。自20世纪40年代图灵提出的"图灵测试"以来,在计算机、生物技术等推动下,人工智能日益向多学科技术应用发展。[①] 特别是在近年来信息技术加速发展和社会急速网络化背景下,大数据、云计算、智慧决策等使每个行为体都日渐成为"信息化的社会人",民众的行为轨迹也不断向非结构化发展,进而推动人工智能技术步入高速发展的轨道。

人工智能不仅帮助人类应对各种复杂环境及繁琐任务,也正在对政治领域进行前所未有的"赋能",它使单个的政治行为体依附于社会关系网络上,接收信息、吸取资源和发挥权力效应。与传统的人口学变量的定量分析不同,大数据、云计算、机器学习等智能技术可以将数以亿计的政治行为体抽象成社会的"节点",通过分析信息中节点的度数、介数和接近度来揭示民众参与和政党认同等,这为政党提供了新的技术支撑和智慧渠道,正如政党研究者吉姆·尼科尔森所言,"这是一个新的世界,数字化或死亡。"

2. 智能技术时代国家安全的现实考验

技术变革具有两面性,人工智能也不例外。依托智能技术推动的社会变革在给政党政治带来机遇的同时,如果对技术的驾驭能力缺失,算法偏见、技术操纵等很大程度上会对社会治理、国家主权等方面的安全带来诸多新困境。

(1)资本运作逻辑加剧社会治理危机

人工智能系统大都由市场主体加以开发设计,在商业化争夺日渐稀缺的

---

① 尼克:《人工智能简史》,北京:人民邮电出版社,2017年,第8页。

注意力资源驱动下,多数信息都是用来休闲和消费的,资本逻辑带来的后果是社会的"泛娱乐化"和"信息功利化"趋势。其一,海量数据需求导致智能技术很大程度侵犯个人隐私。"媒体宣传和政治信息传播通过复杂的数据库技术获取选民的隐私,从而更具针对性。"由于没有关于人工智能技术安全的道德认知和法律规范,各种智能平台都在不停地收集个人信息,使我们处于享受信息公开衍生的利益与期望保护自己隐私的矛盾中。从2017年的Gmail和雅虎账户售卖事件、2017年的谷歌多起数据违规事件可以看出,人工智能时代的个人隐私安全日趋严峻;仅2018年我国发生了包括十几亿条快递公司的用户信息、2.4亿条某连锁酒店入住信息、900万条某网站用户数据信息、某求职网站用户个人求职简历等数据泄露事件。其二,资本的趋利性正在不断危及广大民众的社会生活。在人工智能技术的影响下,传统时代的人口红利可能会变成"不良资产",基于机器学习的人工智能决策系统不同于传统的人脑决策,它提供的最佳方案更多是取决于研发者的利益最大化;此外,人工智能算法的逻辑基础本身蕴含着不确定性,如果机器开始进行自我编程,对它进行有效的制度监管和社会伦理制约将变得非常困难。一些学者认为,当社会发展越来越依赖人工智能时,因其决策系统并不受人类的价值观念、经验法则、道德法制等因素的制约,最终可能会出现颠覆人类价值的实施方案,这也使学术界日益对阿西莫夫的"机器人三大定律"提出质疑。[1]

(2) 智能技术不确定因素威胁国家主权安全

智能技术在给人类带来便利的同时,信息被广泛记录引发的数据泄漏、钓鱼软件、诈骗信息、黑客攻击等隐私问题也层出不穷,并日益成为摆在我们时代的难题,这使人工智能安全的重要性一再被提及。一方面,传统的"不完全信息博弈"的形态加剧了人工智能技术的不确定性。如2018年7月美国公民自由联盟(ACLU)指出,亚马逊人工智能Rekognition软件错误地将30名国会议员定为犯罪分子等案例。早在1989年,国际象棋大师古德科夫和机器人对弈被机器人电击致死;2018年3月,美国Uber无人驾驶汽车撞死一名横穿马路的女子造成重大交通事故;医疗、传媒、电信等国家服务性行业领域也正

---

[1] 吴冠军:《神圣人机器人与"人类学机器"——20世纪大屠杀与当代人工智能讨论的政治哲学反思》,载《上海师范大学学报》,2018年第6期。

面临越来越多的 APT 攻击风险,这一定程度上加剧了"技术恐怖"现象。另一方面,一些国家和组织也把目光投向智能武器领域,以期最大限度地获得战场优势。但在应用中,很多国家意识到机器算法"训练"大批量智能化武器在战场的副作用,以美国为例,美军在近年来运用无人机对阿富汗恐怖组织进行的 300 多次打击中,智能技术竟误杀平民 1 100 多人;此外,"通俄门"牵涉出俄罗斯以政治广告和网络水军渗透"脸书"(Face-book)等社交网络平台并干预美国大选的事件,表明国际社交网络已成为国家之间进行信息战的新型工具与武器。还有,类似于 WannaCry 和 NotPetya 的网络武器泄露,已经给国际安全造成了严重威胁,恐怖主义组织转入互联网更深层面,如果更具危害的自主性智能武器一旦被恐怖组织掌握,其给国家主权安全带来的威胁将会更加严重。

3. 维护智能技术时代国家安全的对策思考

当下,中国人工智能企业数量已达 1 011 家,居世界第二位。习近平总书记于 2018 年 10 月主持中央政治局集体学习时,专门研究人工智能发展现状和趋势。

(1)筑牢执政党领导下的人民安全观

要保障人工智能时代的政治安全,必须坚持党在人工智能时代的引领作用,同时以为人民群众服务的理念为根本。具体而言:一方面,高度重视智能技术在政治安全中的应用,积极出台人工智能发展规划。以人工智能技术领先的德国为例,在 2018 年 9 月出台的《高技术战略 2025》中,将人工智能技术视为一种能够决定德国创新国家地位的"未来能力"。习近平总书记指出:"人工智能发展应用将有力提高经济社会发展智能化水平,有效增强公共服务和城市管理能力。"为描绘我国人工智能未来发展方向,国务院出台了《新一代人工智能发展规划》,15 个省(市)也发布了人工智能发展规划,很多地方还明确了产业规模和发展目标。未来还需要各级党政机关和大型企业强化人工智能思维,深入探讨在发展中国特色社会主义事业中如何更好地运用人工智能技术。另一方面,坚持国家安全依靠人民的理念,加强人工智能领域的制度设计。目前全球已有 120 多个国家和地区先后颁布并实施了智能信息保护法律,以欧盟为代表,2018 年 5 月专门通过了《通用数据保护条例》,该条例的适用范围极为广泛,所有涉及欧盟成员国的信息收集、传输、保留机构都要受到这一条例的约束。我国于2018年5月正式实施国家标准《信息安全技术个人信息规范》,这为人工智能的安全应用提供很大契机;未来还需要加强个人信息安全方面的法治建设,可以通过借鉴欧盟等做法适时出台我国的《个人信息保护法》,同时应在《促进新一代人工智能产业发展三年行动计划(2018—2020年)》等规划基础上,探讨智能技术应用到政治安全的相关制度规范,从制度上预防相应政治风险发生。

(2) 要加大资金和人才在人工智能领域的投入

如前所述,这里不再赘述。

(3) 要不断提升军事智能化水平,维护我国主权安全

随着智能武器的广泛应用,将继续拉大技术优势国与弱国之间的武力差距,技术优势国能以很小的代价达到"先发制人"的效果。2017年,美国国防部启动名为"马文"(Maven)的人工智能项目,该项目将利用人工智能辅助无人机识别目标,从而实现无人机远程精准打击,一旦该项目付诸实践,将成为人工智能介入真实战场的首个案例;联合国"致命性自主武器系统问题政府专家组"在2018年4月召开会议,专门讨论智能武器问题,80多个国家官员及专家参与并发表了本国对智能武器的立场。因此,我们也要密切关注人工智能在军事领域的应用,不断对装备系统、作战指挥等进行智能化升级,以期不断提升我国国防现代化水平,从而维护国家主权安全。

【案例】 绿盟科技"智慧安全2.0"战略首发上海[①]

4月21日,绿盟科技"智慧安全2.0"全国巡讲活动在上海拉开序幕。本次活动以"智网络·汇安全"为主题,旨在分享企业新一代信息安全架构及建设思路,除主会场外,还针对不同行业需求设置了金融、合作伙伴及企业智慧安全三大专场,就新形势下的安全管理和防护技术展开讨论。"互联网+"背景下,"智慧安全2.0"是绿盟科技转型升级关键一环。习近平总书记指出,网络安全的本质在对抗,对抗的本质在攻防两端能力较量。而这种能力的提升,体现在"智慧安全2.0"上就是一个安全管理变被动为主动的转变,不管业务如何

---

① 《绿盟科技"智慧安全2.0"战略首发上海》,载《中国信息安全》,2017年第5期。

变化,边界如何模糊,都可以做到智能、敏捷、可运营,帮助用户做到安全无忧。

绿盟科技高级副总裁崔培升表示,安全云化、安全大数据化、安全服务化、安全高端化正在成为安全发展的主旋律,绿盟科技"智慧安全2.0"战略重在国家主管机构、产业联盟体系、行业客户群体、科研教育机构等领域,全面、快速推动安全运营服务平台建设,不断提升关键信息基础设施方面的服务能力。绿盟科技高级副总裁叶晓虎指出,在安全威胁层出不穷的今天,企业长期承受着日常运维繁重,高级攻击手段防不胜防,黑产链条完整严密、效率高,投入不足、安全团队能力不足,勒索软件和DDoS攻击等五大困扰,"智慧安全2.0"是新IT环境下企业整体运营升级换代的一次契机,它为企业安全防护实现智能、敏捷、可运营,为企业用户解决后顾之忧。

与传统专注安全硬件产品不同,"智慧安全2.0"战略紧密围绕用户需求,大力提升云端的安全能力,将技术、产品和服务、解决方案、交付运营等各个环节结合起来。态势感知帮助客户未雨绸缪、软件定义为安全运维带来敏捷应变、纵深防御给企业安全带来弹性和生存能力,这是"智慧安全2.0"最为重要的三个成功因素。据悉,继上海首站之后,绿盟科技"智慧安全2.0"全国巡讲将在北京、福州、厦门、西安、哈尔滨等全国各区域近30座城市陆续展开。

生 态 篇

常规模块

一、从工业文明走向生态文明

（一）现代工业文明的发展及其引发的生态危机

从 20 世纪 60 年代，美国生物学家蕾切尔·卡逊出版了《寂静的春天》这一震动全球的著作以来，关于生态危机与人类存续的反思引起当代社会的广泛关注。追究生态崩溃的历史可以看到，在近两三百年中，现代工业文明的发展与生态问题的出现和加剧有高度的同步性。其中，现代工业文明的生产方式导致生态危机产生，消费方式与思维方式又进一步加速并恶化了生态危机。几乎以肉眼可见的速度，现代工业文明在不断吞噬自然，也在不断吞噬人类的未来。

1. 第一次工业革命与生态危机初现

以蒸汽机发明为代表的第一次工业革命作为人类科技史上的巨大革命，是资本主义真正开端。从此，机器生产取代原先低效的手工生产，生产方式发生根本性变革，生产效率获得极大提升，人类得以更广泛地开发和利用自然资源，发掘自然的潜能，同时创造巨大的物质财富和精神财富。可以说，第一次工业革命开创了近代工业文明的发展模式，确立了资本主义经济和政治制度，正如马克思和恩格斯在《共产党宣言》中说的："在它不到一百年的阶级统治中所创造的生产力，比过去一切世代创造的全部生产力还要多，还要大。自然力的征服，机器的采用，化学在工业和农业中的应用，轮船的行驶，铁路的通行，电报的使用,整个大陆的开垦,河川的通航,仿佛用法术从地下唤出来的大量人口。"

但是,工业革命真的能把人类引向光明的前途吗?诚如恩格斯所言,工业革命所产生的生产方式"都仅仅以取得劳动的最近的、最直接的效益为目的。那些只有在晚些时候才显现出来的,通过逐渐的重复和积累才产生效应的较远的结果则完全被忽视"。这里,恩格斯所指的"较远的结果"除了表现为资本主义生产方式对人的压迫和剥削,同时也指向工业化大生产所带来的严重的生态环境问题。从19世纪下半叶开始,生态危机开始如乌云般笼罩在人类的头上,"人类好像在一夜之间突然发现自己正面临史无前例的大量危机:人口危机、环境危机、粮食危机、能源危机、原料危机等",而这仅仅是自然报复人类的开始。

2. 第二次工业革命与生态问题的集中爆发

较之第一次工业革命,第二次工业革命完全依靠科学理性的现实应用而掀起了生产力与生产方式的全面变革,其标志就是电力的广泛应用。同时内燃机、新交通工具的创制以及新通信手段的发明,加之现代化学工业的创立开始让人坚信"人是自然的主宰"。科学技术的转化,高新技术不断涌现直接推动生产速度的大大加快,在物资极大丰富的背景下,资本主义步入"黄金时代",这一时期也可以说是现代工业文明的鼎盛期。人类沉浸于这一自身所缔造的繁荣之中,尚无暇顾及盲目发展给自然以及人本身带来的灾难。

然而,一味地无视并不代表事实不存在。就工业文明本身而言,其建立的基础除了科学技术,还在于有足够的自然资源支撑,而自然资源中的大部分是不可再生的,加之科技的进步尚未能在短时间内研发出可替代的资源,因此,从源头上说,工业文明的基础是不稳固的。与此同时,工业文明在经过第二次工业革命的助推,进入更为快速全面的发展,与之相伴随的对自然资源的消耗也是空前,同时,经济的快速发展也大大刺激人们的消费欲,由此产生的大量废弃物连同工业生产活动的排泄物一起使得人与自然陷入尖锐的矛盾之中,不仅大大破坏了人与自然的生态关系,也破坏了人类生存和发展的基础。对此,恩格斯早已预言:"我们不要过分的陶醉于我们对自然的胜利。对于每次这样的胜利,自然界都对我们进行了报复。每次胜利,在第一线都确实取得了我们预期的结果,但是在第二线和第三线却有了完全不同、出乎意料的影响,它常常把第一个结果重新消除。"

恩格斯的论断并非空穴来风,历史的发展再次印证他的先见。较之第一次工业革命的结果,第二次工业革命给人类带来的打击是空前的,因此这一时期正是生态危机集中爆发期。"旧的危机波及全球尚未度过,新的危机又接踵而至。"1930 年,比利时马斯河谷毒烟雾事件在一周内致死 60 余人;1943 年,美国洛杉矶爆发光化学烟雾事件,直接导致 400 多人死亡;1952 年,英国伦敦毒雾事件,造成 12 000 多人丧生,举世震惊;1956—1968 年期间,日本接连爆发工业废水污染致死 2 000 多人,重金属镉污染致死 200 多人,石化企业废气污染致使近万人罹患哮喘,米糠油混入多氯联苯导致近万人中毒等恶性生态事件。

上述所列还仅仅是有世界影响的环境污染"八大公害"事件,除此之外,尚有数以千计的生态事件在资本主义国家中爆发,不仅让人类付出难以挽回的生命代价以及巨大经济损失,更是真正给人类敲响了环境污染与生态危机可以在短时间内造成大量伤亡与损失的警钟。自此,人类开始意识到应该重新反思人和自然的关系,重新思考人应该采取何种态度与方式与自然相处。无疑,改变人类此前盲目发展经济,只求一味索取,一味享受的生产和生活方式,实现生活、生产、生态的"三生共赢"才是唯一出路。

(二) 人类生态意识的觉醒

1. 全球环境意识的觉醒

"意识是存在的反映",同样,环境意识的产生说明世界环境问题的日益加重。现代世界遭遇有史以来从未有过的生态破坏与环境污染问题,势必推动全球环境意识的觉醒。人们,尤其是提前享受资本主义全面发展胜利果实的资产阶级国家不约而同地意识到,世界人口剧增、资源枯竭、能源短缺、生态破坏、环境污染等困境正在转化为巨大的经济压力,同时威胁人类的自身生存,以致进一步导致世界陷入资源争夺的不安宁之中。

以 20 世纪 60 年代美国生物学家蕾切尔·卡逊《寂静的春天》为代表,西方学者最先对人类生产和生活方式进行反思和批判,并热切呼唤重新回归人与自然的和谐相处。受此影响,西方发达国家最先发起反对环境污染的"生态保护运动",要求政府采取有力措施治理和控制污染;各个领域的科学家针对工业生产对环境所造成的破坏进行揭露和批判。环境保护运动的兴起引发大众的观念变革,越来越多的民众开始意识到环境污染的严重性。随后,也就是1972年,在瑞典斯德哥尔摩召开了第一次国际环保大会,总共113个国家出席会议,会上通过《联合国人类环境会议宣言》,达成只有一个地球的共识。1982年,联合国环境规划署在肯尼亚首都内罗毕召开特别会议。会上发表《内罗毕宣言》,在肯定第一次国际环保大会以来的环保工作的同时,对全球环境的状况做了深入分析,进一步唤起各国对生态保护的关注。1992年,1 575名世界顶级科学家联合签署并发表了"世界科学家警告人类声明书",提醒各国"人类与自然处在相互冲突之中。人类的活动给环境主要资源造成严重的、经常是无可挽回的破坏。如果不加遏制,我们许多行为将使我们所期待的未来人类社会和动植物世界处于危险境地。……因此,我们想要避免这种发展模式所可能带来的崩溃,就必须进行根本改变"。

与上述活动相伴随的是人们积极参与现实的环境保护工作,包括制定各类工业生产的标准,签订《京都议定书》等限定各国工业废物排放的协议。另外,新能源技术的革新与应用受到各国的普遍重视。自然保护区的设立、物种繁殖计划的开展、濒危生物保护工作的落实,大量非政府环保组织的兴起,绿色生产与生活方式的倡导等说明环境意识、生态意识的觉醒是全方位的,从最开始的被动向之后的自觉主动转变,同时,各国间的通力合作,生态公正、生态安全等议题的展开也意味着全球环境意识开始由现象向理论作纵深发展。

2. 生态危机产生根源的理论反思

尽管全球持续性的环保活动不断进行,人们的环保意识有明显提升,环保工作取得一定成效,但人类依然面临严重挑战,不仅旧的生态事件尚未解决,同时,又不断出现新的生态危机。面对如此境况,生态学家和环保主义者反思生态危机产生的根源,希望从理论上把握生态问题产生的关键,以为现实的生态保护提供可能的指导。其中,尤以罗马俱乐部的研究最具代表性。20世纪70年代,作为罗马俱乐部的代表作,《增长的极限》一书在对全球人口、工业污染、资源消耗等因素分析的基础上,提出已有的工业社会增长趋势若不改变,地球上的增长极限将在今后100年中发生。之后又在1992年发表的《超越的极限》中进一步重申他们的观点,认为现状并不乐观,并提出IPAT公式,即"I(环境影响)＝P(人口数)×A(富裕程度)×T(技术因素)"来对生态危机作综合的考察。

不过,罗马俱乐部的观点并未成为共识,因为,其所考量的影响环境的三因素中,较之人口数,富裕程度也就是发达工业社会的消费与技术在环境破坏中往往发挥更重要的作用。故而,不能基于这一简单的公式,便认为人口快速增长的第三世界国家当比发达国家对全球的环境问题负更重要的责任。美国生态学者约翰·福斯特就指出:IPAT公式只能解释环境破坏的原因,但对深层根源的解释效力不够。福斯特认为,对资本积累进程的分析才能真正洞彻环境问题的根源:"所有这些因素(P、A、T)都深受生产、强权与不平等的全球动态影响",因此,"我们必须从资本主义运动规律本身"来分析当前的环境问题。

在福斯特之后,熊彼特更进一步阐释了资本主义对环境的"创造性破坏"过程,即资本主义尽管能够将原料和劳动以不同方式结合起来生产商品,但这仅仅是一种表面的能力,本质上,资本主义破坏了除它本身之外的所有要素,包括社会、自然、人等,并逐渐被同化。因此,熊彼特提出,要发现当代生态危机的深层原因需要"超出生物学、人口统计学和技术等因素之外",深入到人类社会本身,尤其是工业文明主导下的现代生产方式中去进行探讨。无论是工业文明还是资本主义制度本身都将追求无限扩张、利润增长和资本的积累视为最高目标。资本主义制度扩张有其必然性和不可遏制性,这本身就与地球生态系统的有限性构成深刻的矛盾。由此可见,全球生态危机的主要历史根源是"资本与自然之间的致命冲突"。

福斯特和熊彼特等人的观点是富有洞见的,他们直指生态危机的根源所在正是目前主宰全球的资本主义生产方式及其与之相伴随的制度基于进步、发展、利润等观念而对整体生态造成不可逆的破坏。这一矛盾无疑是不可调和,这成为摆在各国尤其是西方发达国家面前的难题,由此而涌现出各种生态理论,以期在可能的范围内对制度作出修正,尽管这种尝试未见得是成功的。

（三）西方主要生态理论述评

1. 生态学与生态文明两个概念之间的关系

生态学的概念是在 1866 年由德国科学家恩斯特·海克尔首先提出。生态学起初主要被界定为研究生物之间的相互关系以及生物与它们所生活其中的环境之间的关系的一门科学。就生态学的研究对象而言，可分为植物生态学、动物生态学、微生物生态学等。就生态学的研究水平来说，可分为分子生态学、个体生态学、种群生态学、群落生态学、生态系统学等。"现代生态学已成为学科门类齐全、层次分工明确的一系列学科的总称，打破了原有的学科结构和门类，成为与自然科学、社会科学、思维科学、数学科学、系统科学、行为科学、军事科学等相平行的科学——生态科学。"[①]

20 世纪 60 年代以来，伴随着资本主义国家严重的经济危机、能源危机和环境污染，生态学逐渐脱离生物学领域，上升到对人类与自然界之间的本质关系的研究，从而催生了生态经济学、生态政治学、文化生态学、人类生态学等多种现代生态学的分支。在生态学政治化、社会化的过程中，生态革命作为一种激进的社会改革要求的产物在西方国家蓬勃展开，并逐步形成了颇有影响的"绿色运动"。在绿色运动的推动下，生态学的研究深入到哲学和伦理学的维度，产生了生态哲学、环境伦理学等新兴学科。

生态哲学、环境伦理学介于哲学、伦理学与生态学之间，主要研究关于生态系统的世界观、价值观等方面的问题。西方生态哲学界一般分成两派，持非人类中心主义的一派对于自然界的整体性、自主性、差异性特点的研究投入了很大的精力，并提出了动物解放论、动物权利论、生物中心主义和生态中心主义理论，其核心思想在于论证人之外的自然界的各种存在物都具有内在价值和权利。非人类中心主义者认为，解决生态问题和生态危机的关键，就在于走出人类中心主义，抛弃唯有人本身才有内在价值的论调。这一派的主要代表为各种生态主义者、绿色主义者。

另外一派是持现代人类中心论的一派，他们也对人类中心主义进行了反思，认为人类中心主义可分成传统和现代两个类型，传统类型的人类中心主义

[①] 张云飞：《唯物史观视野中的生态文明》，北京：中国人民大学出版社，2014 年，第 29 页。

持有的是狭隘的自我观念和需要观念,而现代人类中心主义则把人类的根本利益和长远利益作为自己的出发点。现代人类中心论认为,应该抛弃传统人类中心论,因为这是生态问题的根源,但是不能抛弃现代人类中心论,因为这是生态运动的内在动力和基础。持有这类观点的主要代表是各类激进的非马克思主义者。

至于生态文明,从狭义上来说,是指文明的一个方面,反映了人类处理人与自然关系所达到的文明程度,从广义上来说,意味着继农业文明和工业文明之后的人类社会发展的新阶段,意味着生态产业为主要特征的文明形态。需要注意的是,生态文明与农业和工业文明的不可分割性,只有在这个意义上,才能理解生态文明概念的确切含义。这里,生态文明理论与人类生态学基本上可以在同等的意义上来使用,但不可把生态学等同于生态文明理论,因为生态学中有一些生态中心主义的观点,这些观点对人类文明和进步的观念持有比较严重的怀疑态度,这些观点主张人类应抛弃文明,回到原生态的自然界中去。

如果我们要把生态文明理论与生态学的概念在同等意义上理解,就必须把握这两个概念之所以统一起来的历史过程。

2. 生态马克思主义

(1) 生态马克思主义的定义

生态马克思主义是当代国外马克思主义中最有影响的思潮之一。大多数学者认为,生态马克思主义致力于用马克思主义的观点分析生态危机,是马克思主义指导下的一种社会主义思潮,是把生态学与马克思主义相结合而用马克思主义分析生态危机的根源及其解决路径,它在本质上是反对资本主义的生态学。不论在概念上采用"生态马克思主义"或是"生态学马克思主义",仅为译法的不同,学者们对其本质与内核的把握则是一致的——生态马克思主义或多或少都有着马克思主义的"基因"。[①]

(2) 生态马克思主义的产生背景及其理论渊源

① 生态马克思主义的产生背景

20世纪50、60年代,资本主义社会进入发展的黄金时代,人们的生活条件

---

① 巩永丹:《新世纪以来国内生态马克思主义研究综述》,载《高校社科动态》,2015年第1期。

大为改善、生产能力大为提高；但与此同时，大规模的环境污染也在愈演愈烈，自然生态的破坏越来越呈现出其全球性特征。自然环境的破坏引发了世界范围内的生态运动，绿色政党逐渐形成并且影响渐大，但值得关注的是虽然进行了大规模的、声势浩大的绿色运动，各国政府也出台了一些政策来保护环境，但是生态问题不仅没有解决，反而愈加严重。另外，不仅资本主义社会中出现了大规模的环境污染现象，苏联、东欧等社会主义国家的社会生产也带来相当严重的污染，这引起了人们的反思：为什么在社会主义国家中也会出现人与自然之间关系不和谐的现象？在此种环境背景下，生态马克思主义和生态社会主义等理论应运而生。①

② 生态马克思主义的理论渊源

同许多理论一样，生态马克思主义的产生既有其深刻的现实背景，又有一定的思想渊源。生态马克思主义者批判地吸收了马克思主义经典著作中关于人和自然关系的论述，并将之作为自己学说体系自然观方面的内核；同时，为了批判资本主义的反生态取向，还借鉴了西方马克思主义的法兰克福学派对工具理性的批评思想；此外，还吸取了现代生态科学方面的理论成果以充实其生态社会主义理论。

第一，马克思主义关于人和自然的论述。如何理解人和自然的关系对于处理生态环境问题至关重要。生态马克思主义虽然并不完全认同马克思主义的自然观，但是它又同时承认，马克思、恩格斯关于人和自然关系的相关论述（包括自然观）是具有相当高度和深度的。马克思主义的自然观具有唯物性、辩证性和社会历史性的特点，其中沟通此三者使其成为一个有机的整体，或者简单地说，连接人与自然之间关系桥梁的则是劳动或实践。马克思主义自然观的许多观念为生态马克思主义直接继承，如自然的唯物性，劳动在人与自然之间的中介作用，人与自然的关系反映人与人的关系，必须掌控自然以满足人类利益，必须通过集体控制才能实现自然的解放等。一些马克思主义的研究方法也被生态马克思主义所继承，如逻辑与历史相统一的方法、唯物辩证的方法等。

---

① 侯子峰：《生态学马克思主义研究》，首都师范大学，2012年。

第二,法兰克福学派对工具理性的批判。法兰克福学派关注于社会批判和意识形态批判,其目的是捍卫自由和现实中的人道主义。法兰克福学派的生态思想主要内含在它对理性或工具理性的批判之中。它的出发点在于分析给人类历史进步带来革命性意义的启蒙理性何以成为束缚人、控制自然的工具。

第三,生态科学的理论成果。在1866年德国生理学家恩斯特·海克尔(Ernst Hackle)在《有机普通形态学》一书中,第一次将其定义为:研究生物体与其周围环境之间相互关系的科学。"生态学"(Ecology)起初是生物学的一个分支,早期研究的主要目标是动植物个体或群落与周围环境的相互关系。进入20世纪60年代以来,包括全球变暖、水土流失、生态系统退化、生态系统多样性丧失等一系列全球性生态环境状况的恶化,引起人们反思:只依靠生态学或只在生态学领域去研究生态破坏问题是远不够的。因此,现代的生态学科科学研究也广泛考虑人类活动所引起的因子。生态自然科学的发展为生态社会科学的形成、发展与繁荣提供了材料。后者不断地从前者中吸取营养,并更多站在人类学或社会学视角进行理论分析,形成了一系列生态社会科学,包括生态哲学、生态伦理学、生态美学、生态法学、生态文艺学等。

(3) 生态马克思主义发展历程

生态运动和生态学理论对西方资本主义造成了很大的冲击,但这不能动摇资本主义生产方式的决定性地位,也就是说,资本主义社会下的生态学不可能推动以生态文明为不可分割的组成部分的经济社会建设。生态文明顶多是资本主义的点缀。

为了改变这种状况,从20世纪70年代开始,以亚当·沙夫、鲁道夫·巴罗为代表的一批共产党人加入绿色运动之中,成为"生态马克思主义者"。波兰的哲学人学派的主要代表人物亚当·沙夫是真正意义上的第一个生态马克思主义者,他以一个共产党人和马克思主义者的身份参加了罗马俱乐部的工作。前东德共产党人鲁道夫·巴罗则最早谋求红色与绿色的结合。在他们之前,对生态马克思主义作出决定性贡献的是马尔库塞和施密特。马尔库塞详细地研究了《1844年经济学哲学手稿》中的关于人与自然相互关系的思想,而施密特1962年《马克思的自然概念》所阐述的马克思的自然观,系统而全面地研究了马克思的唯物主义与自然及与社会的关系，从而对当前美国生态马克思主义的最新进展有重大启示作用。20世纪80年代，以马克思主义理论解释当代生态问题，为克服人类生存危机寻找一条通向新社会的现实出路。这一时期使生态马克思主义理论化的是两部分人，一部分是来自北美的加拿大人阿格尔1979年《西方马克思主义概论》和美国人威廉·莱斯《自然的控制》以及1988年《满足的极限》；另一部分是来自欧洲的阿什顿、博克金、哈维、高兹。20世纪90年代以后，生态马克思主义进入一个飞速发展的阶段。生态马克思主义成了西方马克思主义中最有影响的一个派别，在生态哲学领域，大有红色后来居上的趋势。奥康纳1999年《自然的理由》，佩珀1993年《生态社会主义：从深生态学到社会正义》，福斯特1998年《马克思的生态学》，伯克特1999年《马克思与自然》等都是这一时期的代表作品。

随着生态学理论和实践的不断深入，在工业资本主义的老家，激进的绿色主义理论与实践正在不断地发展。在意大利、法国、西班牙、葡萄牙，以及斯堪的纳维亚国家，红色主义者和绿色主义者都以各种不同的方式在联合起来。在亚非拉国家，数以千计的政府或非政府组织以及几十个政党也在推进着思想渊源上既与生态学又与传统的政治左派相关的行动计划。

在生态运动取得重大进展的同时，人们也不得不面对着一个严重的事实，即当代环境和生态问题仍然以不可遏止的速度和规模在威胁全球人类的生存和发展，目前的生态运动仍然存在着很多问题：生态运动组织之间缺乏统一的行动和纲领，马克思主义与生态学的基本观点之间有许多误解和分歧。在全球化的时代，任何生态方面的反思和行动，都必须考虑到全球新自由主义的传播和发展的现实，都必须从世界资本主义的基本矛盾出发。因此，澄清对唯物史观的各种误解和偏见并推进唯物史观理论体系的建设，具有非常重大的现实意义。

西方生态马克思主义从生态学和社会关系的角度去批判资本主义，既严厉批判了资本主义的经济、政治、文化问题，又批判了其生态问题，从而对资本主义的合法性作出了全面的否定。同时，生态马克思主义又极力重新剖析马克思主义与生态学的关系，就对社会主义者重新反思国际共产主义运动的历史和现实提供了重要的理论借鉴价值。

关于生态马克思主义的具体发展,从思想的内在逻辑来看可分为两大阶段,其中,第一阶段主要有下列代表人物和代表性观点。

第一,阿格尔的异化消费论。1979年加拿大年轻的马克思主义者阿格尔写了一本书,叫作《西方马克思主义概论》,第一次提出了生态马克思主义的概念。阿格尔在那个年代试图解答为什么资本主义能够保持长期发展而不倒的问题。他认为,马克思的资本主义生产力和生产关系必然发生矛盾,从而发生经济危机,导致资本主义崩溃的理论已经被资本主义化解了,化解的手段就是异化消费。异化消费是指人们为补偿自己那种单调乏味的、非创造性的且常常是报酬不足的劳动而致力于获得商品的一种现象,它以消费者的虚假需要为出发点,以炫耀性消费、面子消费等为形式。由于异化消费,经济危机的主要原因即生产出来的产品卖不出去的问题就得到了解决,因为人们的需求已经没有了限制,成了无穷无尽的了。我们可以到商厦看一看,一、二楼往往充斥着女性的化妆品和服饰,以及女性和男性的奢侈性用品。很多妇女幻想住别墅,因为其放置服饰的空间永远不够用。阿格尔认为,资本主义虽然通过异化消费化解了消费不足的经济危机,但却导致了过度生产带来的生态危机。

第二,奥康纳的两重矛盾理论。美国垄断学派的马克思主义者奥康纳是当今生态马克思主义的重要代表人物之一。他不完全同意阿格尔的观点。他认为,异化消费实际上仍然会造成经济危机,因为异化消费需要国家财政和金融的运作才能完成,当消费者不能够支付信贷费用的时候,经济危机会以更猛烈的金融危机爆发出来。因此,他提出两重矛盾理论,主张当今资本主义同时包含着第一重矛盾和第二重矛盾,前者指生产力与生产关系的矛盾,后者指生产与生产条件的矛盾,且第二重矛盾较第一重矛盾更为根本。资本主义的生命力,在很大程度上是由于资本把生态成本转化为社会成本而得以维持的。在资本主义社会,第一重矛盾和第二重矛盾相互交织,促使生产力形式、生产关系形式和生产条件形式更加社会化,这便内含着一种转向社会主义形态的可能性。

第三,佩珀对多布森的批评。安德鲁·多布森是英国生态主义理论的重要代表,戴维·佩珀则是英国生态社会主义理论的重要代表。多布森主张生态主义是一个独立的意识形态,主张自然内在价值论,和以增长的限制为核心的后现代主义发展战略。他认为这与自由主义、保守主义、社会主义等传统意识形态具有本质区别。佩珀则从该理论的经济基础的角度,批判了这一理论所谓的独立性,指出其问题和缺陷表现在:生态中心主义的二元论性质,生态主义意识形态的无政府主义根基,生态主义政治战略的乌托邦特征。他主张从现代人类中心主义出发,促成红绿融合。佩珀认为,马克思的历史唯物主义是推动红绿联盟的最强有力的人类中心主义思想。马克思的这一思想从人类的生产实践出发,从社会与自然相互中介的角度,来探讨人的问题和自然的问题,这就为人类解决人与自然之间的矛盾问题提供了广阔的思路。

第二阶段的生态马克思主义以福斯特和伯克特为代表,致力于阐发马克思与生态学的内在统一。

批判马克思的人甚至一些生态马克思主义者认为,马克思早期具有生态学思想,比如,《1844 经济学哲学手稿》《德意志意识形态》《共产党宣言》等著作中都有,但以后就比较少。福斯特和伯克特通过系统深入的研究,断然否定了上述观点,提出了马克思的生态学这一概念。这一概念包含着两层意义:第一,马克思自始至终都是一个生态学家,他在晚年对生态学问题进行了更加细致深入的思考,《资本论》及其手稿既是一部经济学、历史学、政治学、社会学、哲学著作,也是一部生态学著作;第二,马克思虽然没有深入涉及当代生态学的细节,但因为他对资本主义进行了深刻而又宏大的分析和批判,因而其著作明示的和隐含的生态学体系在生态问题的原因、本质和解决方法等方面的认识远比当代各种生态学具有优越性。福斯特和伯克特的研究提出了下述几个观点:

第一,历史唯物主义与社会生态学的统一。

福斯特、伯克特证明了,历史唯物主义内含着社会生态学的维度。社会生态学有四个原则:第一个原则是,社会生态学应该是一贯社会的和唯物主义的。历史唯物主义以现实的人为出发点,而现实的人是从事着具体的物质生产实践的人,这一出发点与社会生态学的第一个原则是完全一致的,从而既扬弃了粗俗的唯物主义和偏激的社会建构主义,也扬弃了人类中心主义与生态中心主义之争。第二个原则是社会生态学应该运用一种整体的但又有差异的和关系性的方法对待人类生产。马克思满足了第二个原则。他从人和人类生产的必要条件之间的历史的具体的阶级差异的关系意义上对待社会和自然,这就是整体层次。同时,与上述过程相反,物质世界的自然和社会的多样性决定着资本主义的社会经济形式的差异性。第三个原则是社会生态学应该同等地对待定性分析和定量分析。马克思的这一分析,主要表现在劳动价值论和剩余价值理论方面,这是解剖社会关系的一把利剑,这也是历史唯物主义作为社会生态学的一把抓手。通过这一方法,既能揭示生态危机的本质,也能掌握生态危机的量度。第四个原则是社会生态学应该具有教育意义,它应该能够焕发人们保护生态环境的激情。历史唯物主义指出了资本剥削雇佣劳动和自然被简化为资本积累的条件之间存在着必然的联系,这就为阶级斗争和环境斗争提出了联合起来的绝对命令。

第二,资本主义基本矛盾理论的生态学维度。

福斯特、伯克特重新解读了资本主义基本矛盾的内涵,批驳了把资本主义基本矛盾与经济危机、积累危机等同起来的做法,通过对马克思的晚期文本的严格、系统和深入的分析,得出了这一观点——为利润和为需要的生产的冲突,生产条件与生产者和他们的共同体的分离,社会生产和私人占有之间的对抗,都是资本主义基本矛盾的等价表述。无论使用哪一种表述,这种资本主义生产的真正限制,明显地包含了资本在追逐利润基础上对自然条件的占有,包含了与此相随的这些条件对生产者的需要和作为整体的社会生活过程的异化。简言之,社会化大生产和私有制的冲突这一资本主义基本矛盾与生态矛盾是相互渗透的,福斯特和伯克特还梳理了散见于《资本论》及其手稿中的生态危机分析,从而有力地证明了马克思的资本主义基本矛盾理论的一以贯之的生态学维度。

第三,劳动价值论的生态学维度。

马克思劳动价值论的价值分析方法有三个层次:第一,它指认了在价值、使用价值、交换价值这三个因素中,价值起决定作用,而因为劳动生产是价值的实体,所以,生产就起决定作用。指出这一劳动决定论,不是马克思的创造,而是配第、魁奈、斯密、李嘉图等经济学家的成就。但他们由于缺乏德国辩证法的素养,不能把价值分析的整体性结构说清楚,造成了内在的难以克服的困境。为了克服这一困境,走向了新古典经济学的形式主义,用价格计算代替价值计算,从而放弃了价值的决定作用。第二,价值对交换价值、使用价值的主导地位说明,为了利润的生产对为了使用的生产在资本积累中的优越性,价值时而体现为货币形式,时而采取商品形式,但最终的目的是不断增殖的自身。这个基本结构表明,用交换价值、地租来保护自然是无济于事的,因为交换价值从属于价值增殖的目的,价格越高,开采量越大,价格越低,使用量大。而且价值也不能衡量使用价值的质的丰富多样性。第三,最重要的方面是价值因素之间的矛盾和冲突。价值(交换价值)和使用价值的矛盾和冲突,是资本主义积累过程中贯彻始终的矛盾,也是资本主义生态危机的内在根源。

福斯特、伯克特认为,劳动价值论表明,资本主义无法遏制生态危机爆发的趋势,因此必须把劳动价值论所赖以衡量财富尺度的劳动时间扬弃,以自由时间来衡量财富尺度,才能实现人与自然、人与人的统一。

第四,马克思不是普罗米修斯主义。

伯克特指出:"可能对马克思的最普遍的生态批评是,在赞赏作为共产主义前提条件的资本主义生产力的发展时,马克思陷入了'普罗米修斯主义的'或者说'生产主义的'历史观。"伯克特这里所说的普罗米修斯主义的历史观,指的是把历史看作人类支配和征服自然的过程的观念。"把马克思标示为普罗米修斯主义者的批评家一般地认为,马克思预示了共产主义条件下人类对自然的不停息的甚至不断增强的统治,而共产主义本身则被设想为这样一个社会,在那里,随着资本主义提供的机械化技术的进一步发展所导致的劳动时间的减少,每单位的物质生产和消费水平将不断提升。"[1]简言之,生态批评家一般把普罗米修斯主义历史观划分为生产主义和消费主义这两个方面。伯克特认为,这些批评家的主要问题在于不能抓住"现实的人及其历史发展"这一核心主题,从而不能把握马克思体现在生产和消费观上的生态学思想。

对马克思诟病比较多的是《资本论》第三卷的这样一句话:"发展社会劳动生产力,是资本的历史任务和存在理由。资本正是以此不自觉地为一个更高级的生产形式创造物质条件。"这里马克思似乎把资本主义为共产主义提供不受限制的物质基础当作资本的历史使命。但福斯特、伯克特证明,马克思对资

---

[1] Paul Burkett, *Marx and Nature: a Red and Green Perspective*, Basingstoke: Macmillan Press, 1999, p.147.

本主义的先进性的肯定，不是对生产主义的肯定，马克思真正要说的是，资本的历史任务在于通过发展生产力来超越人与自然的狭隘关系，从而为人的全面发展创造条件，因此，马克思并没有在资本主义对自然的统治中看到直接通向共产主义的高生产和高消费的路径的质的基础。马克思对历史进步的信念也不依赖于由资本主义造成的反生态的大规模消费。伯克特认为，批评者持这一观点是由于其忽略了马克思对资本主义创造的人的发展潜力的估价和马克思对资本主义消费关系的性质的批评。马克思在肯定消费是人的本性的实现方式的同时，也批判了消费中存在的奢侈消费和自然必要性消费之间的对立问题，在肯定消费对工人的需要提升的意义时，也批判了工人消费的低劣性。在这些估价和批评中，马克思不仅没有丝毫消费主义倾向，反而处处体现出从人的自然和社会本性的角度考虑消费问题的生态意识。

第五，共产主义与生态学的一致。

生态学家们提出了七个标准来衡量生态社会：

其一，社会管理原则，即社会是生态价值的代理者和维护者；

其二，社会应该广泛建立和传播生态知识；

其三，生态社会应该建立风险厌恶原则；

其四，生态社会必须建立广泛的合作；

其五，生态社会应该尊重社会和自然的多样性和变化性；

其六，生态社会应该建立和秉持基本的生态道德；

其七，生态社会应以人的发展的含义来建立财富概念。

这七个标准是生态学界对生态社会的衡量标准达成的共识。伯克特认为，共产主义建立了"生产者和生产条件之间的崭新的联系，彻底地消除了劳动力的商品性质，构筑了全新的公共产权体系"[①]。在这一联系的基础上，社会通过合作性的民主方式生产具体的使用价值，这种生产是由生产者共同体执行的有计划的生产，摒弃了以阶级对立为基础的雇佣劳动、市场和国家等社会形式。马克思经常在联合生产的主要目的和手段的意义上来解释这些基本特征（这也是人的自由发展的主要目的和手段），即联系、公有制、计划、使用价

[①] Paul Burkett, *Marx and Nature: a Red and Green Perspective*, Basingstoke: Macmillan Press, 1999, p.230.

值、人与生产条件的统一等特征都是联合生产与人的自由发展的目的和手段。从这个角度来看,共产主义社会是完全与上述七个标准相符合的。他同时主张马克思的共产主义社会所具有的生态意义远远超出以往公认的评价,马克思的共产主义社会虽然完全建立在资本主义所创造的物质财富的基础之上,但是,共产主义社会的公有制、计划经济、强调使用价值和自然的内在价值、生产和消费方式、民主和平等的社会结构等内容,都是与生态价值观念相一致的。

3. 非人类中心主义

(1) 非人类中心主义的内涵。

非人类中心主义的中心词"非人类中心"是一个具有否定性质的词汇,它与"人类中心"是对立的。两者的核心区别在于"人"在其思想中的地位。也就是,是否以人类作为中心的评价标准。所谓人类中心主义,是一种"人是万物尺度"的观点,它的实质是,一切以人为中心,或一切以人为尺度,为人的利益服务,一切以人的利益出发。"人类中心主义"的合理性在于,它可以充分发扬人的主观能动性,使人从自然界的严酷压迫下解放出来,但在环境污染、生态破坏的挑战下,传统人类中心主义的局限性日趋暴露。

非人类中心主义正是在人类反思面临的一系列生态环境问题的大背景下,以及人类的生态环境保护活动需要谋求正当合理的理论支撑的过程中产生的。它认为自然界的利益高于人的利益,人的一切活动应以自然界的利益与需要为前提来开展。

梳理历来的非人类中心主义,主要有以下三种观点:第一,有关如何认识人与自然关系的观点主张,包括人与自然关系的应然和实然状态,以及这种认识对人行为的价值影响和规范作用。第二,人类不是自然界的唯一核心和主导,自然发展有其自身的需要和利益,人类的价值和需要不是衡量人类行为的唯一尺度。第三,人类应该从根本上尊重自然,维护自然整体利益是一种天经地义的伦理价值和道德规范。

(2) 非人类中心主义的主要流派

非人类中心主义主要有以下几种流派:第一,动物解放/权利论。动物解放/权利论是现代西方环境伦理学的流派之一,主张亦同样适用于人类的道德,强调尊重动物生存和发展的权利。其代表人物有澳大利亚学者辛格和美国学者雷根。一般动物保护主义者都是这一主义的忠实支持者。第二,生物中心论。其代表学说是施韦兹"敬畏生命"的伦理学和泰勒的"生命平等主义"伦理学。该流派主张应把道德关怀的范围扩展到所有生命。强调有机体个体的价值和权利,认为生物个体的生存具有道德优先性。第三,生态中心论。该流派取一种整体主义的伦理倾向,即强调生物物种和生态系统的价值和权利,认为它们都是具有道德优先性,都是道德关心对象。利奥波德《沙乡年鉴》中涉及的"大地伦理学"为该流派的确立奠定基础。而由挪威学者纳斯首先提出的"深生态学",并经奈斯、德韦尔、塞申斯等人的努力而发展成为该流派另一重要学说。

(3) 非人类中心主义的理论渊源与发展

非人类中心主义理论思潮的产生有深厚的思想历史渊源。在东西方的思想史上,关于人与世界或自然的关系的讨论一般有两派观点,一者认为"人是世界的统治者",而另一则主张"人与自然是和谐一致的"。而后者随着人类自我反思领域与深度的不断拓展逐渐成为较为主流的观点。这一观点的最早提出者可上溯至古希腊的恩培多克勒,并经过柏拉图、埃里金纳的进一步转换而发展为大宇宙与小宇宙这一对范畴,即人类所处的这个世界只是一个"小宇宙",而人类之外还有更大的世界存在,也就是"大宇宙",并且人的"小宇宙"从属于"大宇宙",是部分和整体的关系,两者需要和谐一致才能使得整个"大宇宙"运行得更加顺畅。而我们中国古代的哲人也有相似的论断,认为人与自然应该是和谐一体,其中,儒道共同主张之"天人合一"思想就与古希腊先哲的"小宇宙""大宇宙"思想有异曲同工之妙。他们认为,宇宙自然是大天地,人则是一个小天地,人和自然在本质上是相通的,故一切人事均应顺乎自然规律,达到人与自然和谐。除此之外,"天人调谐""物我齐一"也是对此的典型表述。

具体到非人类中心主义的发展,作为一股思潮,主要经历了"孕育""形成""系统发展"三个阶段。18世纪到20世纪初是孕育期。彼时,鉴于西方一些工业化国家为发展经济而大规模破坏森林,污染环境,许多学者开始对传统的发展模式和发展观提出质疑,并重新反思人与自然的关系,逐渐汇成一场环境保护运动,而带有反"人类中心主义"倾向的著作也于这一阶段相继问世,如美国学者乔治·珀金·玛什(George Perkins Marsh)的《人与自然》(1864)、美国学者威廉·詹姆斯(William James)的《人与自然：冲突的道德等效》(1910)等。上述著作为后续的"非人类中心主义"思潮的发展奠定了逻辑起点。

20世纪初到20世纪中叶是"非人类中心主义"的形成阶段。这一时期的主要代表人物有两位：一是法国哲学家阿尔贝特·施韦泽(Albert Schweitzwer)，他在《文化与伦理》(1923)一书中提出了一个涉及一切生物的道德原则——"敬畏生命"，同时倡导一种"敬畏生命的伦理学"；二是美国伦理学家奥尔多·利奥波德(Aldo Leopold)，他的《沙乡年鉴》(1949)的出版宣告"大地伦理"的问世，他主张把权利、良心等概念扩大到自然中去，倡导一种"完整形态的尊重存在的伦理学"。

20世纪下半叶至今则是其系统发展时期，主要代表人物和著作有挪威哲学家阿恩·纳斯(Arne Naess)的《浅层与深层：远距离生态运动》(1973)、澳大利亚学者彼得·辛格(Peter Singer)的《动物解放》(1975)、美国学者霍尔姆斯·罗尔斯顿(Holmes Rolston)的《存在一种生态伦理学吗？》(1975)、美国学者保尔·泰勒(Paul Taylor)的《生物中心主义的平等》(1981)和汤姆·雷根(Tom Regan)的《为动物权利的辩护》(1985)等。这些著作的出版对"非人类中心主义"思潮的发展起了直接的推动作用。以"人与自然和谐相处"为中心的"非人类中心主义"就此成熟起来，至今一直在不断演化，在此基础上甚至还发展出了"超人类中心主义""走出人类中心主义"等内涵更加丰富的关于"人与自然关系"探讨的思潮。

(4) 非人类中心主义的当代价值与困境

非人类中心主义是在研究人与自然关系过程中产生的一种新的认识论倾向，无论是从非人类中心主义的形式和实质，还是从其产生的理论和现实背景来看，其核心问题依然是如何正确认识人与自然的关系、生态世界的发展规律，以及如何推动自然生态有序发展。诚然有部分激进的学者把一切危机的根源归结于人类的存在，有历史虚无主义的倾向，但从整体上看，除去这些激进的观点外，非人类中心主义者并没有完全否定人类发展的客观性和必然性，其反对的是人类在认识体系和价值体系中的唯一性，在这一点上，非人类中心主义者坚持的是一种所谓"超越式"的眼光，把人类的发展作为影响整个生态世界发展的要素之一予以考虑,他们从人与自然关系应然状态的角度出发,认为人类的发展必须符合自然生态发展的内在要求,而自然的发展才是主体性的发展,否则就是人类在自然道德上的"逾越",现阶段对于人与自然关系的改变不是为了促进人类更好地发展,而是为了维护自然生态的本身价值。

非人类中心主义的学说是在现代社会生态危机严重、人类的可持续发展受到严重挑战的背景下产生的,是一种危机下的反思,由于这个特点,使非人类中心主义在树立危机意识上具有先天的优势,同时,由于非人类中心主义把保护生态自然摆在十分重要的地位,推动了人类生态意识的觉醒,使人们对于生态问题有了更加深刻的认识。因此,非人类中心主义观点的提出,对于我们正确认识人与自然的关系,尤其是合理应对生态危机、实现生态平衡具有十分重要的理论价值和实践意义。

非人类中心主义的理论价值,为我们进行生态新思考提供了一种新途径,但这一理论观念仍然存在着一定的认识论、价值论、方法论以及道德关怀拓展方面的逻辑漏洞。在认识论上,非人类中心主义犯了主客混淆不清、认识方式前后矛盾的问题。非人类中心主义同意"主观见之于客观"的观点,必须确定人的主体性,但是它的基础理论之一又是价值先于人而存在,人没有特殊性,认为人是从属于自然的一部分,显然存在矛盾。从方法论上看,非人类中心主义者在处理人与自然关系的问题上坚持"敬畏生命"的实践方法论。"敬畏生命"的伦理学认为:"善就是保护生命,恶就是毁灭生命和妨碍生命",要对大地心存敬畏。但是"敬畏生命"的伦理学对生命的界定是值得商榷的,并且走向极端也难以与生态系统生成毁亡,相互依赖的客观规律相统一。

4. 绿色政治学理论

(1) 产生背景

一是生态环境破坏。环境破坏的历史可以说与人类的发展相伴随,然而,大规模的环境破坏和衰退却发生在工业革命之后,特别进入到 20 世纪,环境破坏的程度大大超过以往任何时代。

二是环境议题关注。工业化时代人类对环境的大规模破坏导致了公共大众环境关注升温,1962 年,美国的女海洋生物学家雷切尔·卡逊(Rachel Carson)发表了《寂静的春天》。书中,作者强烈批判了人类对自然的统治,与此相对照地，讴歌了生命世界，从而引起人们广泛关注，一种新生态观念由此萌生。

(2) 绿色政治的兴起

20世纪70年代以后，以罗马俱乐部的《增长的极限》为代表的一系列研究报告明确提出，人类未来生存的危机将是环境危机，工业化导致的资源过度消费和人口急剧膨胀正在破坏地球的生命支持系统，从而引起了各国政府和国际组织的广泛关注。

20世纪70年代以来，绿色和平组织在西方发达的工业化国家大量兴起，他们不仅提出环境生态化的要求，而且将之提升为一个政治性问题，由此为政治领域注入生态意识。其所提出的生态政治理论主张建立一种符合生态的分散化经济、社会和政治结构的模式，强调社会和政治民主以及权力分散，追求公民的自由平等。

应该说，绿色政治学理论的产生是当代资本主义经济所导致的经济结构和社会结构自我转化，从而引起政治观念和价值取向发生变化的结果；是对传统物质主义支配下的经济发展模式给全球生态系统造成严重破坏的反应；是新的社会力量和政治要求与传统政治主题和政治制度发生冲突的结果。①

(3) 主要内容

第一根支柱：生态学（绿色意识形态）。基于世界是统一整体的立场，绿色政治学主张生态平衡的维护不仅是环境课题，同时也是重大的政治问题。绿党作为这一政治主张的代表性政党，在其施政纲领中明确倡导生态优先原则，同时，反对破坏生态系统的稳定性，反对掠夺自然资源。

第二根支柱：社会责任感。绿色政治学认为，"生态和社会领域共属于一个不可分割的领域，自然界的组织无论如何都是与人类的组织相联系"。因此，生态平衡原则应为社会平衡原则涵摄。而为实现社会平衡有赖社会责任感的树立，并具体表达为维护人与人、人与自然之间的平等和谐关系以达成社会公义的实践过程。

第三根支柱：基层民主。民主作为现代政治的重要理念同样为绿色政治

---

① 蔡先凤、成红：《论当代西方绿色政治理论的形成和发展》，载《世界经济与政治》，2003年第9期。

学所吸纳以作为其主要的政治价值主张。不过,与传统政治民主不同的是,绿色政治学的民主观是基层民主观。而这一理念的溯源可上溯至20世纪70年代欧洲的市民运动以及美国的民权运动、生态运动等政治运动。

第四根支柱:非暴力。人与人之间、人与自然之间的应然状态在绿色政治学看来应始终保持平衡与尊重的状态,因此暴力是绿色政治学批判的另一项重要内容。与之相反,绿色政治学主张非暴力作为处理人与人、人与社会、国家与国家、人与自然的重要准则与手段,其关于非暴力的定义主要包含三个方面:一是通过和平的政治行动来完成和实现绿色革命;二是反对国家暴力;三是反对战争,维护世界和平。[①]

第五根支柱:女权主义。绿色政治同时将其关怀的范围拓展到女性,反对女性压迫、剥削与对女性的暴力是其中重要内容。

(4) 范式变化

一是从社会批判转向社会参与。鉴于20世纪90年代后"可持续发展"理念大放异彩,统合现实活动与未来发展成为社会普遍共识,同时绿党自身开始更深入地发挥其政治影响力,甚至直接作为执政党主导国家决策,绿色政治学一改此前传统政治学的深生态学立场,即反对科学至上主义和技术中心论,以及与此相关的"现代化""现代文明""社会进步"的主张,并对社会持激进的批判立场,而是转向更为切实缓和的政治主张,即基于对工业社会以及资本主义生产方式对生态环境带来负面影响以及现有国家政治模式在缓和乃至解决上述问题过程中的无力的清醒认识,绿色政治学不再单纯地"反对社会进步",而是倡导广泛的社会参与以确保可持续发展责任的履行。

二是从分散行动转向共同责任。在绿色政治学的基本范式中,强调分散化的生态自治原则一直处于核心的地位,早期的德国绿党把这一原则作为理论的"支柱"之一,并认为建立由生态的和文化的(如语言、风俗习惯等)标准来决定较小的"居民单位",才能保证世界安全与和平。就欧洲而言,可建立若干"生态文化区",如弗里斯兰地区(德国与荷兰之间)、佛兰德地区(比利时和法国之间)、阿尔萨斯——洛林地区(德国和法国之间)、德雷克兰德地区(德国、

[①] 蔡先凤:《当代西方生态政治理论述评》,载《武汉大学学报(社会科学版)》,2003年第2期。

法国和瑞士之间)。绿党据此提出以不结盟的"分成为地区的欧洲",来取代现存的欧共体组织,并希望这一模式能最终成为"全球模式"。长期以来,"全球性的思考,地方性的行动"这句口号几乎已成为绿党的标志。但是,这种理想化的"乌托邦"显然与现实民族国家的利益、传统和格局相矛盾,并造成了绿色运动的挫折。20世纪90年代中后期以来,全球化趋势日益明显,成为任何一种政治力量也无法阻挡的潮流。在绿色政治学内部,单纯反全球化的声音日渐减少,更多的是进一步承认全球合作或全球管理对于保护生态环境的重要意义,在谋求多样化的基础上强调"全球责任"作为基本的价值原则,主张发达国家对发展中国家的援助,并在区域化的基础上重塑全球秩序。[①]

三是从价值绿化转向政策绿化。"核心绿色价值"(coregreen values)是绿色政治学理论来源中重要而具特色的部分,早期绿党大都通过一系列"核心绿色价值"来表明自己的纲领和立场,包括"生态智慧""草根民主""个人与社会责任""非暴力""分散化""社团经济""后男权价值"或"女权主义""尊重多样性""全球责任""关注未来"等。然而,这些价值因过于抽象,而被人们认为仅仅是提出了问题却没有给出答案,绿党的形象也因为缺乏具体的政策建议和改革方案而常被描述为"不负责任的反对党"。随着绿党越来越多地进入议会并成为执政党联盟的成员,绿党内部充分认识到具体的政策建议比含糊的意识形态口号更加重要,因此,绿党根据形势尤其是选举形势开始考虑更为灵活的政策,并将视角从生态问题扩大到范围更广的社会、政治、经济、文化问题,提出了诸如具体到如何缩短工作时间、创造更多就业机会之类的政策。[②]

(5)影响与评价

绿色政治学理论的产生和兴起作为20世纪中后期人类历史发展的重大事件,对传统的价值观念、社会和经济发展模式以及国际交往都产生了深远影响,在促进人类对传统工业文明的反思的同时,推动其进一步审视和调整自身的行为方式和发展方向。[③]

---

① 李刚:《西方绿色政治学:范式变化与理论前景》,载《东南学术》,2004年第2期。
② 李刚:《西方绿色政治学:范式变化与理论前景》,载《东南学术》,2004年第2期。
③ 许开轶:《试析当代西方绿色政治理论的形成与影响》,载《南京师大学报(社会科学版)》,1999年第4期。

传统的价值观念在绿色政治学理论的影响下逐步更新,其中绿色生态意识的加入极大丰富了前者的内涵,并成为人类宝贵的精神财富,指导着各国可持续发展战略的实施,同时,进一步在联系日益紧密的国际关系中扮演重要角色。

在生态运动和绿色政治的推动下,环境问题进一步成为国际社会关注的政治问题。1972年6月联合国在瑞典斯德哥尔摩召开第一次人类环境会议,通过了《人类环境宣言》;1992年6月在巴西里约热内卢召开联合国环境与发展大会,通过了《里约宣言》和《21世纪议程》;2002年8月在南非约翰内斯堡召开了可持续发展世界首脑会议,通过了《约翰内斯堡可持续发展宣言》。不仅如此,环境外交已成为国际外交的一个崭新领域,对各国政治力量对比乃至世界发展进程发挥重大影响。

二、马克思、恩格斯的生态思想

(一) 马克思、恩格斯生态思想的理论渊源

无论处于何种文明阶段,人类均与自然保持着紧密联系,在前工业文明时代更是如此,故基于对自然的详细研究,人类形成一套相对完整而系统化的生态思想体系,即自然哲学观。随着社会的进步,这一套自然哲学体系也从粗糙、低级向精致、高级的形态发展,而这构成了马克思、恩格斯生态思想的坚实基础。具体来说,在马克思、恩格斯之前的自然哲学大致经历如下几个发展阶段。

1. 古希腊罗马的"万物有灵"生态观

西方思想的发端可追溯到古希腊,而当古希腊被古罗马统治,其文化思想又逐渐向外传播,并成为古罗马思想的支柱,因此,从某种意义上说,古希腊、古罗马的思想是同源的,具有内在的一致性。在古希腊和古罗马人看来,自然界是一个不断运动且充满灵魂的有机体,并且,他们将运动视之为世界存在的根本方式。最早对"自然"作出哲学思考的古希腊哲学家泰勒斯、阿那克西曼德与阿那克西美尼等通过对世界本原的探索证明世界是不断运动的,其中,泰勒斯认为"水"是世界的本原,而水的不断流动性正预示着世界的流变性,而阿那克西曼德则以"无定"为世界的本原,认为"无定"是不断变化、不停运动的,阿那克西美尼则主张事物的本质是"气",它是不断变化和运动的。在他们稍

后的哲学家赫拉克利特则直接将世界的本原定义为不断燃烧的火,而其流变性正好比不断奔腾的河流,"人始终不能两次踏入同一条河流"。以上述哲学家为典范,古希腊的自然主义哲学流派强调世界本原的探寻,并认为世界的本原也就是世界的灵魂,或者说"神",是不可测量的无限存在,在此本原的统摄下,世间万物被普遍联系为一有机的充满秩序的整体,不同存在物之间相互联系、相互影响、相互作用。

2. 近代西方哲学的机械生态观

随着14—16世纪文艺复兴,紧接着之后的科学革命、宗教改革运动以及启蒙运动,人类开始从中世纪神学的囹圄中摆脱出来,真正转向人自身,强调理性之于人的重要意义。而自然科学也在理性的感召下冲破神学束缚,获得全方位的发展。这期间涌现的大量科学家要求借用人的理性来取代神的意志,用人的眼光来看待和思考世界。受之影响,近代思想一方面极为重视对自然的研究和探索,强调要把握世界的内在规律;另一方面,机械观盛行,认为事物的运动不过是位置的改变,生物有机体的生命同样也符合机械过程。进一步地,人和自然的关系被确立为一种单纯的主客体关系,自然成为一种人之外的,可以被人认识和利用的对象,人可以随意改造利用自然以满足自身需要。

3. 德国古典哲学时期的生态观

马克思、恩格斯思想的直接导源是德国古典哲学,而德国古典哲学向来非常强调思辨性和抽象性,这在马克思、恩格斯的思想中也能见到。按照学者的看法,德国古典哲学关于生态的看法主要可以区分为以康德、谢林、黑格尔为代表的唯心主义辩证生态哲学和以费尔巴哈为代表的直观唯物主义生态哲学。其中,唯心主义辩证生态哲学主要包括两方面内容:一是自然是精神发展的产物,自然需借助精神才能获得理解;自然是辩证运动的有机整体。直观唯物主义则是站在对黑格尔唯心主义思想批判的基础上提出,要根据现实情况来理解自然,以及人与自然的关系。对自然,直观唯物主义从思维和存在的关系角度认为自然是世界的根据,存在是思维的基础,而存在只以自身为基础,同时提出自然是哲学和科学的基础与对象,而人只有通过对自然的认识才能理解自身的本质,从而突显自然的意义。可以说,直观唯物主义观点非常接近马克思主义自然人化思想。

任何思想都不是凭空产生,而必须建立在前人研究的基础之上,于马克思、恩格斯的生态思想而言亦如此。他们以古希腊、古罗马、近代西方哲学以及德国古典哲学中所蕴含的生态思想为基础,突出唯物辩证法和唯物史观作为理论支撑,进一步对人、自然和社会的有机统一关系进行思考,并基于资本主义所带来的环境问题的反思而发展出对后世影响深远的生态思想。

(二)马克思、恩格斯生态思想的基本内容

纵观马克思、恩格斯经典著作,并未有对生态文明作系统研究,但在其所著《1844年经济学哲学手稿》《德意志意识形态》《资本论》《晚年笔记》等均可见不少极富预见性的生态思想。其中,人和自然的辩证统一关系,资本主义生产方式作为生态危机的制度根源,科学技术的双面性以及生态危机的最终解决是其生态思想的核心。

1. 关于人与自然的辩证统一关系

马克思、恩格斯认为,处理生态问题的关键就在于理解人与自然的相互关系乃是和谐共生、辩证统一的。首先,从存在的角度说,自然是先于人的意识而存在,即使在人产生之后,自然界也有其自身发展规律,不以人的意志为转移,相反人是属于自然的,是作为自然的一部分而存在。其次,人类的实践活动离不开自然,前者以后者为活动对象,期间,人通过劳动来改造自然,但始终不应将自然视为人的附属物,而应通过科技手段积极寻求人和自然的和谐发展。对此,恩格斯进一步强调将自然看作敌人的态度是错误的,相反"我们必须时时记住:我们统治世界,绝不像征服者统治异族人那样,绝不像站在自然界以外的人似的,——相反地,我们连同我们的肉、血和头脑都是属于自然界和存在于自然界;我们对自然的整个统治,是在于我们比其他一切动物强,能够让认识和正确运用自然规律"[1]。再次,人的存续当以与自然相互协调为前提。恩格斯极为关注某些区域人对自然的破坏而反导致自身灾难的历史事实,以说明人对自然的不当干预只会招致严重后果。因此,恩格斯反复告诫人类:"我们不要过分陶醉于我们对自然界的胜利。对于每一次这样的胜利,自然界都报复了我们。"[2]所以人和自然的交互关系决定人必须承认自身与自然

---

[1] 《马克思恩格斯全集》第2卷,北京:人民出版社,1995年,第384页。
[2] 《马克思恩格斯全集》第20卷,北京:人民出版社,1971年,第519页。

的一致性,摈弃"那种把精神和物质、人类和自然、灵魂和肉体对立起来的荒谬的、反自然的观点",而是应当尊重自然,保护自然,学会与自然和谐相处。

2. 资本主义生产方式作为生态危机的制度根源

关于这个问题的思考,马克思、恩格斯实质上是在探寻生态危机的原因。两人考察了资本主义制度,尤其是资本主义生产方式后提出生态问题不仅仅是社会问题,更是经济问题和制度问题。其中,对资本主义生产方式,马克思、恩格斯一方面肯定其对人类生产力的巨大推动作用,同时也强调其内在的局限性和反生态性。马克思敏锐地指出,在资本主义条件下,生产目的不再是为了获得使用价值,而是为了取得价值和剩余价值,后者的积累是无止境的,从而导致资本主义生产盲目无限地扩大,并且在缺乏监管的情况下,在生产过程中把污染物排放到环境中也变得理所当然。在利益驱动下,资本家会选择性忽视资本主义生产给生态环境造成的破坏,也很难看到不断扩大生产模式与自然资源有限性和自我恢复周期性之间的矛盾,由此破坏了人和自然的正常的物质交换关系,使得人和自然处于相互威胁的紧张关系:"资本主义生产使它汇集在大中心的城市人口越来越占优势,这样一来,它一方面聚集着社会的历史动力,另一方面又破坏着人和土地之间的物质交换,也就是使人以衣食形式消费掉的土地的组成部分不能回到土地,从而破坏土地持久肥力的永恒自然条件。"[①]资本主义生产方式是资本主义制度的重要组成部分,在马克思、恩格斯看来,正是由前者所构筑起来的资本主义制度造成对环境的巨大破坏。因此,人与自然对立状态的消弭不可能在资本主义制度内部寻求,而是应跳出资本主义制度来重塑人与人的社会关系,"对我们直到目前为止的生产方式,以及同这种生产方式一起对我们的现今整个社会制度实行完全的变革",才能实现人与自然在更高层面的和谐共生的图景。

3. 科学技术的双面性

马克思、恩格斯所处的时代恰好是处在第一次工业革命阶段,随着以蒸汽机为代表的科技手段的运用,在极大提高社会生产力的同时,也不可避免给生态带来灾难。面对科技的两面性,马克思、恩格斯提出,一方面要重视科技对

---

① 《马克思恩格斯全集》第 23 卷,北京:人民出版社,1972 年,第 552 页。

社会生产力的推动作用,因为伴随每一次科技重大发现,唯物主义都要改变它的形式,从而推动人类世界观和思维方式以及认识世界、改造世界能力的极大进步。另外,在生态方面,科技的恰当运用则将帮助人类协调自身与自然的关系。马克思很早就注意到科技进步能够实现废物循环利用以节约资源,防治环境污染:"化学工业提供了废物利用的最显著的例子,它不仅仅找到新的方法来利用工业的废料,而且还利用其他各种各样工业的废料。"①不仅如此,马克思、恩格斯还认为,科技手段的发明可以有效减少废物,从而在源头上减少对自然环境的污染与破坏。另一方面,在资本主义生产方式下,科学技术的性质出现蜕变,成为促使工人异化的剥削工具。随着现代生产机器的大量应用,不仅没有将工人从原先繁重的劳动中解放出来,反而使之成为机器的附属品,人性遭到消磨和摧残。因此,对科技的负面效应应当有充分的警惕。

4. 生态危机的最终解决

在马克思、恩格斯的生态思想中,关于生态问题根源的思考使之认识到资本主义制度本身的弊端不可能使之自觉地调节人与自然的关系,因此,要实现人与自然关系的最终和解,只有变革资本主义制度,实现共产主义制度才能最终获得达成,并实现自然界的"真正复活"。因为唯有"这种共产主义,作为完成了的自然主义,等于人道主义,而作为完成了的人道主义,等于自然主义。它是人和自然界之间、人和人之间矛盾的真正解决"。一旦进入共产主义社会,马克思认为,每个人都将成为社会化的人,社会生产也不再是单个人的行为,而是有计划的共同协作。在这个过程中,人们将生产中的消耗降到最低,把对自然的负面影响降到最小,人和自然的物质变换趋于合理化。② 并且,劳动成为人的第一需要,通过劳动,人开始真正成为全面发展的自觉的人,自然被纳入到人的自由实现,由必然王国进入自由王国的观照之下。

(三) 马克思、恩格斯生态思想的当代价值

1. 生态危机的解决基于恰当处理人和自然的关系

人和自然的关系从根本上来说应是相互依存、和谐共生的。人作为自然的存在物,离不开自然的滋养,而自然因为有了人的参与而获得改变,彰显意

---

① 《马克思恩格斯全集》第46卷,北京:人民出版社,2003年,第117页。
② 冯淑慧:《生态危机视阈下的马克思恩格斯生态思想探析》,载《求实》,2015年第2期。

义。在生态文明之前的原始文明、农业文明以及工业文明,人与自然的关系处理都存在某种程度的偏离,人或者因其对自然认识的有限性而对自然界盲目敬畏,认为人只能顺从自然,才能得到其恩赐和庇护,或者凭借科技而逐渐加深对自然规律的认识,转而将自然作为可以控制、可以征服的对象,从而陷入对自然的任意攫取之中,反而遭到自然的报复。很显然,两种都不是恰当处理与自然关系应有之态度。马克思、恩格斯关于人和自然关系的思想充分说明生态危机的解决首先需要人类必须摆正自身位置,正确认识自然的内在规律,提高人认识和改造自然的能力,从而实现人与自然和谐共生。

2. 将生态危机解决和社会问题解决有机结合起来

在马克思、恩格斯看来,资本主义制度和生产方式加剧人与自然关系异化,因此,变革资本主义制度才是解决生态危机的关键。资本主义生产目的不是为了满足人的基本需要,而是为了获得剩余价值,资本利润最大化才是资本主义生产方式关注的焦点。因此,资本主义制度及其生产方式本身就与生态环保不相容的,存在必然矛盾。而要解决生态危机,按照马克思、恩格斯的想法必须变革资本主义制度,构建社会主义制度,才能改变资本增殖的本性,解决资本主义制度造成的生产无限性和地球资源有限性的矛盾。

3. 辩证看待和运用科学技术,充分发挥科技在生态保护方面的积极作用

马克思主义认为,自然界自身固有规律决定它并非任人摆布的客体,而是有其自主性,因此人类对科技的研发不能只着眼如何控制和改造自然,而应当考虑如何保护自然,促进人和自然的和谐发展。[①] 马克思、恩格斯非常重视科技在解决生态危机方面所发挥的作用,但同时也看到了科技手段的不恰当应用给生态造成的灾难。问题的关键不在科技手段本身,科技的价值是中性的,不能对人类实践活动作出判断和选择。实则,资本主义制度才是生态危机的根源。由此,我们需要认识到一方面生态危机解决不能简单通过新技术的开发实现,后者只能为延缓生态危机提供技术保障,故不应将其作用作绝对化处理,另一方面,科技进步确实能够提升人类处理生态危机的能力,但必须将之置于良性的开发和利用之中。

---

① 程昆:《马克思恩格斯生态思想的当代价值》,载《求实》,2014 年第 7 期。

重 点 模 块

三、我国面临的主要自然生态环境问题

（一）我国的气候问题

1. 气候问题的现状

气候问题是世界各国都关心的重要议题，近年来气候变化状况不容乐观，各个国家也在积极应对气候变化问题，但气候问题发展仍不断有新的情况、新的问题出现。

美国环保局 2016 年 8 月发布的一系列气候变化图表涉及温室气体排放、大气中二氧化碳浓度、温室气体辐射效应、全球升温幅度、年均降雨量、海洋热含量、海洋外表温度、海平面变动情况以及南北极冰层覆盖情况等指标。其中，温室气体包括二氧化碳、甲烷、氮氢化合物、氟化物等，较之 1990 年，2010 年温室气体排放量至少提高了 35%，达到 460 亿公吨，而二氧化碳是首要温室气体，排放量增加了至少 42%，即从 18 世纪的 280 ppm 增加到 2015 年的 401 ppm，而增加的量大部分都由人类活动造成。由此带来的温室气体辐射效应，2015 年较之 1990 年同比增长 37%，全球气温也以每十年 0.15°F 的速度递增。因全球变暖，海洋温度上升所导致的两极冰山融化，冰川面积缩小也是气候变化引发的新问题。由此带来的进一步影响是年均降雨量的增加，由 1901 年开始，每十年增长 0.08 英寸，而海平面改动也在呈逐渐上升趋势。

综合来看，气候问题最突出的是全球变暖，其次是温室气体大量排放所造

成的温室效应,由此而来的是生态系统一系列连锁反应以及严重的生态灾难,包括极地冰盖融化、极端天气增多、某些地区气候异变、海平面上升、农业与畜牧业生产面临挑战等。1750年,即工业革命的初起时,全球平均气温为13.5℃,而2000—2010年间,全球气温为14.5℃,上涨1℃,引起了一系列环境变化后果,其中最突出的是海平面上升威胁全球经济的核心地带,即沿海城市金融和工业中心的安全,当然更威胁这些地区居民的安全。气温升高引起了更严重的荒漠化,这使中东、非洲等国家的宗教原教旨主义有了更活跃的条件。

如果与工业革命以前相比,全球变暖超过2℃,全球温度就将达到过去500万年以来最高的水平,后果不堪设想。因此,科学家们普遍认为,必须将全球变暖限制在2℃以内,以避免气候变化所带来的危险后果,如果与工业革命以前相比,全球变暖超过3℃,北半球将不再有大面积的冰川存在,全球海平面将上升25米,淹没目前约有10亿人口的沿海地区。亚马孙森林将退化为草原。亚洲各主要河流的水量将大幅度减少。欧洲地中海沿岸、美国西部、非洲大部和澳大利亚都将沙漠化。不仅如此,还可能引起全球生态系统全面崩溃,从而导致全球温度进一步大幅上升。例如,亚马孙森林崩溃后,将释放出大量的碳,可能导致全球温度再增加1.5℃。格陵兰岛的冰川和北冰洋的海冰融化后,北极圈周围将不再有大面积的冰反射阳光,而是会吸收更多的太阳能,加速全球变暖。北极地区变暖后,当地的冻土将逐步融化,原来被冻土覆盖的有机物将分解,释放出更多的二氧化碳和甲烷,全球生态系统将开始崩溃,带来空前巨大的生态灾难,由此引起的连锁反应将可能使最终的全球变暖达到6℃甚至更高。那时,地球陆地表面的绝大部分地区将不再适合人类生存,人类文明将崩溃。因此,针对全球变暖,联合国每年都会召集世界各国首脑参加气候大会,希望到21世纪末为止将气温控制在不超过工业革命前的2℃、3℃。然而实际情况是,近年来世界二氧化碳排放量迅速增长,要防止全球变暖超过2℃在事实上已经没有任何可能性,目前的焦点转化为如何防止超过3℃。

2. 当前气候问题所带来的挑战

全球气候变化对我国的气候有着广泛而深刻的影响,同时,我国自身经济发展模式也进一步加剧目前所面临的气候挑战。按照学者姜海如与黄玮的观

点,我国气候正面临如下挑战①:

第一,全球变暖对我国气候安全构成重大威胁。世界气象组织发布的2015年气候状况声明:受人类活动和厄尔尼诺的影响,2015年是有现代气象记录以来最热的一年。而我国气候变暖趋势与全球保持一致,2015年较常年偏高0.95℃。我国科学家预测,因全球变暖带来的我国升温幅度比全球平均水平高,气候安全风险显著加大。

第二,极端气候事件频发。近50年来,我国极端气候事件的强度与频率有明显变化,具体表现为极端暖事件增多,极端冷事件减少,高温热浪和干旱发生频率更高,时间更长,陆地强降水事件增多等,这直接导致了我国区域性洪涝和干旱灾害增多增强,北方更为干旱,南方洪涝、台风灾害以及季节性干旱日趋严重,低温雨雪和高温热浪等极端天气频发,严重影响到经济发展和人们生活的有序展开。2011—2015年,我国因极端气候事件造成的经济损失年均达到3 800亿元。

第三,城乡气候环境恶化,扩大气候安全风险。我国在推进工业化和城镇化发展的初期,对人居气候环境和气候安全未给予足够重视,由此带来一系列安全隐患甚至灾害。2015年,全国有154个城市由于暴雨出现城市内涝,受灾人口高达255万人,而高温热浪袭击的城市经常发生电网告急而限电停电的情况,大大影响了人们的正常生活和工作。一些地区因为水污染造成的空气恶臭,蚊虫携带病毒,造成疟疾、登革热等传染性疾病时有发生则进一步威胁到人们的健康生存。

第四,排放存量的惯性和经济社会发展的刚性增加气候安全风险。随着经济发展,对温室气体排放还存在刚性增长。按照国家《应对气候变化报告(2013绿皮书)》以及气候专家的估计,即使中国能源活动严格按照节能减排政策开展,也将在2025—2040年前后,碳排放将达到峰值,由此带来严重的气候安全风险。

第五,气候治理复杂性同样加剧气候安全的不确定性。气候安全问题的出现是近200年中全球排放失控的结果,其中发达国家在这个过程中负主要

---

① 姜海如、黄玮:《构建我国气候安全战略的思考》,载《中国发展观察》,2016年第15期。

责任,但气候治理实质上涉及全球参与以及规则的共同制定与遵守。鉴于国情不同,利益诉求差别,对气候治理带来非常多不确定因素。自20世纪90年代,全球着手治理气候以来,尽管取得一定成效,但整体进展缓慢,气候治理和降低气候安全风险可谓任重道远。

由上述我国所面临的气候问题挑战可见,我国气候安全问题非常复杂,其产生的原因既有历史,又是现实,既有全球,亦有区域,由此带来的气候治理要求多方面兼顾,即在温度上升,减少温室气体排放的同时,又不能影响整体发展,在对治重点区域气候问题的同时,又需要注意平衡全国乃至全球的气候情况,这无疑对我国未来发展以及国际地位的提升是极大的挑战。

(二)我国的环境污染问题

1. 环境污染的概念

环境污染是指自然的或人为所造成的破坏,即向环境中添加某种物质而超过环境的自净能力,或由于人为的因素,环境受到有害物质的污染,使生物的生长繁殖和人类的正常生活受到有害影响,而使环境的构成或状态发生变化,环境素质下降,并扰乱和破坏了生态系统和人类的正常生产和生活条件的现象。

2. 环境污染的分类

环境污染可以按照要素、人类活动、污染源区分为三类。其中,按照环境要素可区分为大气污染、水气污染、土壤污染、噪声污染、农药污染、辐射污染等。按人类活动则可区分为工业环境污染、城市环境污染、农业环境污染、海洋污染等。至于第三类,即由污染源所划定的分类则包括化学污染、生物污染、物理污染(噪声污染、放射性、电磁波)、固体废物污染、能源污染等。

3. 我国环境污染的总体现状及主要表现

(1) 总体现状

第一,污染范围广。

一是地域广,从经济发达的东部地区和南部地区向中西部地区和北部地区迅速蔓延至全国。二是空间广,从天空到海洋,从陆地到河流,从地表到地下,空气、水源、土壤,都存在不同程度的污染。

第二,污染程度高。

(2) 主要表现

第一,大气污染。

定义:大气中一些物质的含量达到有害的程度以致破坏生态系统和人类正常生存和发展的条件,对人或物造成危害的现象。

危害:一是危害人体健康;二是危害动植物生长繁衍;三是影响气候,包括减少到达地面的太阳辐射量、增加大气降水量以及酸雨危害面积。

我国大气污染现状

近年来,我国大气污染情况仍然严重,并呈现季节性、区域性、持续性等特点,尤以大中城市雾霾、光化学烟雾等问题最为突出,成为我国未来发展亟待解决的重点问题。按照环保部门检测数据显示,目前,我国大气污染状况不容乐观,污染物以 PM2.5 和 O_3 为主,其中,2014—2016 年三年中,全国大中城市的 PM2.5 年均值达标率仅为 10.71%,这说明我国颗粒污染物的治理虽取得一定成效,但形势依然严峻。值得注意的是,随季节更替、气温升高和光照加强的影响,O_3 开始取代 PM2.5 成为部分地区首要污染物,而这一点尚未引起相关城市注意。

从污染物的南北分布看,平均起来,北方的污染物浓度均高于南方,其中尤以 PM2.5、PM10 和 SO_2 最为突出,这与北方冬季取暖大量燃烧煤炭有直接关系,同时我国大型煤矿企业亦多分布在北方地区,而北方工业城市较多的现实也进一步加剧了 PM2.5、PM10 和 SO_2 等指数居高不下。从 2014—2016 年 PM2.5 的年均浓度看,北方地区中,以华中、华北等地最高,至于 PM10 同样也是华北地区情况最严重。另外,温室气体 NO_2 和 CO 也多集中在北方地区,呈现东北>山东>华北的分布趋势,并且治理呈现并不显著。

但是,也应该看到,自 2012 年以来,借 PM2.5 引起人们广泛关注的契机,大气污染的治理工作开始受到重视,PM2.5、PM10 等颗粒物的整治在全国铺开,并取得较为显著的效果。按照最新的《2016 中国环境状况公报》显示,较之 2015 年,338 个有 PM2.5 监测的城市的平均优良天数同比上升 2.1%,其中京津冀、长三角、珠三角三个主要的城市群集中区的优良天数较之 2015 年都有稳步提升。另外,全国范围内有 84 个城市环境空气质量达标。

【案例 1】 我国的雾霾事件

随着我国经济的发展,高能耗、高污染产能的扩张,以及人民生活水平的提高,乘用车数量的增加,近年来国内雾霾事件频发,造成严重大气污染,雾霾对人类的危害日渐成为公众以及媒体关注的焦点。从最开始国外运动员来中国戴口罩被指责到国内公众对雾霾危害的认识的提升,自我保护意识增强也从一个侧面说明雾霾对我国影响不断加深。

截至 2016 年 12 月,持续性雾霾灾害将近 101 万平方公里,占全国面积的 1/9,而受影响最大的城市基本集中在京津冀地区,另外长江中部以及东南沿海甚至珠江地区大型城市都受到不同程度的影响。雾霾的污染物组成主要是二氧化硫、氮氧化物挥发/半挥发性有机物以及可吸入颗粒物,它们通常以热溶胶的形式存在。衡量雾霾的主要指标 PM2.5,其来源主要有火力发电、工业生产、汽车尾气、物质燃烧、二次生成、道路扬尘等。

过去十年中,我国相关学者研究证实了雾霾对人体健康的损害。其中,气溶胶粒子可对人体呼吸系统、心血管系统、免疫系统、生殖系统、神经系统和遗传系统产生有害影响。其中,$2.5\ \mu m \leqslant$ 粒径 $\leqslant 10\ \mu m$ 的颗粒物,能够进入上呼吸道,而雾霾的主要组成部分,即粒径 $\leqslant 2.5\ \mu m$ 的颗粒物,绝大部分能通过人体支气管直达肺部,甚至直接进入人体血液循环。如果细颗粒物携带污染物,还可能损伤支气管黏膜,加重慢性阻塞性肺炎、哮喘、过敏性鼻炎等呼吸系统疾病。另外,雾霾天气的发生还会障碍行车视线,威胁城市道路、高速公路、航空港、海港、航道的安全。[①]

根据 2016 年 12 月的监测数据,全国空气质量日均值达到重度及以上的城市共有 90 个,而严重污染的城市共有 42 个,其中,最为严重的区域主要集中在京津冀地区,南方城市空气质量要优于北方,并且其雾霾天气有不少是冷空气南下带来北方雾霾所致,因此,北方尤其京津冀的地区的空气质量改善亟待进行。

【案例 2】 1952 年英国伦敦烟雾事件

1952 年冬季,地处泰晤士河谷地带的伦敦被大量燃煤排放的粉尘所笼罩,加之无风,致使粉尘积聚,全城能见度仅几米,城市交通陷入瘫痪。更为严重

---

① 魏嘉、吕阳、付柏淋:《我国雾霾成因及防控策略研究》,载《环境保护科学》,2014 年第 5 期。

的是,4天时间引发的直接死亡人数高达4 000多人,并在之后两个多月,因受烟雾影响而病情加重致死人数上升到8 000多人。

之后,专家的调查结果是,造成此次事件的原因主要有两个:冬季取暖燃煤排放的烟雾是元凶,而逆温层现象则是帮凶。煤炭燃烧产生的二氧化碳、一氧化碳、二氧化硫以及二氧化氮等为人体吸入后会引发支气管炎、肺炎和心脏病。

受此次事件影响,英国政府推出了严厉的治污方案,并通过一系列严格的空气污染防治法,比如《清洁空气法案》《空气污染控制法案》《环境法》《公共卫生法》等,从20世纪50年代一直延续到21世纪初,并动员全社会广泛参与,同时加强城市公共交通建设,提升汽车尾气处理,并加大节能减排力度,提升国家政权在大气污染治理上的管控与引导力度,从而使全国的空气质量从20世纪90年代开始有所好转。

【延伸阅读】

①《2017年大气污染防治工作简报》(http://www.mep.gov.cn/home/ztbd/rdzl/dqst/jb/)

②《大气污染防治行动计划》(http://zfs.mep.gov.cn/fg/gwyw/201309/t20130912_260045.shtml)

③《〈大气污染防治行动计划〉实施情况中期评估报告》(http://www.mep.gov.cn/xxgk/hjyw/201607/t20160706_357205.shtml)

第二,水污染。

定义:由有害化学物质造成水体使用价值降低丧失,甚至污染环境。

主要污染物:酸、碱、氧化剂,以及铜、镉、汞、砷等化合物,苯、二氯乙烷、乙二醇等有机毒物等。

分类:城市水源与农村水源。

城市水源:城市生活污水与工业废水的任意排放严重污染了城市周边河流和地下水源。三卤甲烷、氯乙酸、重金属及有机物等含量较高,加大了水质致畸、致突变的风险,严重影响了居民健康状况。[1]

---

[1] 吴晓红:《我国水污染现状及治理措施》,载《环境与发展》,2017年第3期。

农村水源：偏远地区的农村依然采用深井取水，水源流动性差，更易造成重金属富集，危害人体的神经、泌尿、生殖等系统。并且从总体来说，农村水源安全不及城市，北方不及南方。①

水污染的成因：生活污染、工业污染以及农业污染三方面。其中，生活污染包括城市生活产生的各种污水、粪便、垃圾等，其中含有大量氮、磷、硫等元素和各种类型的致病菌，一旦这类生活污水接触到水源就会对其造成污染。工业污染主要是指工业生产中产生的工业废水与污水，而造纸、纺织以及食品加工等部门是产生工业废水的主要行业。农业污染则主要指农业生产过程中，农田耕种、施肥以及养殖场的有机废物带入土壤或者水体中，造成地下水以及江河湖海水的污染。②

危害：首先是对人体的危害，其次是对生态环境的危害，另外还包括对工农业的危害。关于水污染对人体健康的危害，显而易见，通过饮用水，污水中的重金属、有机物以及致病菌等会进入人体，损害人体器官，导致腹泻，甚至引发肝炎、肠胃炎、肿瘤等恶性疾病。而水体污染一旦超过水体本身的自净能力，污水中大量氮磷元素促使藻类生长，水中含氧量下降，则会进一步使得水体中生物死亡，造成对生态平衡的破坏。另外，被污染的水质被运用在工业和农业生产中会造成机械寿命缩短、农作物产量和质量下降。

我国水污染现状

水污染作为主要的环境污染之一，不仅对人体健康造成极大损害，同时也限制了经济发展。目前，全国各地区都出现不同程度的水污染现象，保护水体环境，治理水体污染成为我国目前一项长期的工作。综合来看，我国目前水体污染主要有以下几类：

首先，江河湖泊污染。中国所有河流总长度目前为 150 万千米，其中大部分河流位于东南地区，而经济发展水平与废水排放强度随着水资源量不同而逐渐变化。其中，七大河流基本能够保持良好水质，而城市河道污染则成为突出问题，往往流经城市或工业区的河流受污染较严重，从而影响到一些支流的水质。另外，水质方面差异明显，水质较差的地区同时也是水资源最为短缺的

---

① 吴晓红：《我国水污染现状及治理措施》，载《环境与发展》，2017 年第 3 期。
② 吴晓红：《我国水污染现状及治理措施》，载《环境与发展》，2017 年第 3 期。

地区,在我国主要集中在东北部和西南部。部分河流中游水质随季节流量变化而出现不同程度变化,一般流量大的时期水质较好。①

除了河流之外,我国也有丰富的湖泊资源,其中超过 1 平方公里的天然湖总体面积就达到 2 300 万平方公里。较之咸水湖,淡水湖受污染情况严重。因连接河流的大部分为淡水湖,而河流水质受污染后,也会影响到与之有水体交换的湖泊水质。一般来说,大湖入口水质受污染明显,一些中小湖泊也有不同程度的污染。与河流一样,接近城区的湖泊受污染明显,或者出现不同程度的富营养化。

其次,水体污染另外一大问题是地下水污染。这部分水体因隐藏于地下,其污染问题不易为人们所注意,而造成长期污染,缺乏治理的现实。按照水利部于 2016 年 4 月公布的《地下水动态月报》,目前我国河流湖泊水约有 70% 监测点不达标,而地下水则高达 60% 监测点水质不达标。尽管,水利部门明确表示,其所检测的主要还是集中在北方地区的浅层地下水,而作为饮用水的深层地下水,总体水质较好,但从其检测的结果可以看到,浅层地下水水质较差,而其通过渗透作用到深层地下水,必然也会影响后者的水质。按照中国著名环保公益组织——公众与环境研究中心最新的《中国地下水污染状况图》可以看到,全国不同地区均存在不同程度的地下水污染,其中,50% 城市地下水污染严重,从点状污染带走向带状污染,甚至是面状污染。而污染最严重的主要集中在大城市的中心区以及近郊污染排泄区,有很多地下水已经无法饮用。这当中尤以东北地区最为严重,大量重工业的发展以及油田开发造成当地地下水严重污染。另外,在我国华北、长三角、珠三角、西北部工业集中区以及中部地区,地下水含有大量亚硝酸盐,铅、铬等重金属,污染严重。

由此可见,江河湖泊以及地下水污染情况基本能够说明,我国水体污染严重是一个不争的事实。

【案例1】 松花江重大水污染事件

2005 年 11 月 13 日,中石油吉林石化公司双苯厂苯胺车间发生爆炸事故,释放出约 100 吨苯、苯胺和硝基苯等有机污染物。这些污染物流入松花江,导

---

① 戚靖远、卓贵辉:《对中国水污染现状的研究与分析》,载《科学家》,2017 年第 15 期。

致松花江发生重大水污染事件。为此哈尔滨市政府随即决定,于11月23日零时起关闭松花江哈尔滨段取水口,停止向市区供水,哈尔滨市的各大超市无一例外地出现了抢购饮用水的场面。

【案例2】 湖北宜昌河流污染事件

2013年2月16日,湖北宜昌市点军区桥边镇太平村、石堰村、偏岩村等村庄,居民将各种垃圾倾倒在河流岸边或者溪沟里,造成水污染,令人触目惊心。夏季洪水时,这些垃圾将被冲洗进入长江,造成长江水体污染。

2015年4月27日,湖北宜昌长阳县蒙特锰业化工污染,周边溪水污染变黑变臭,并流入母亲河清江,导致江水污染。

【案例3】 福建泉州河流污染事件

2015年3月9日,福建泉州惠安县螺阳镇锦里村后坊旧桥处,50多头死猪被抛尸于桥下林辋溪中,致附近水体污染,恶臭扑鼻。

【延伸阅读】

①《2017水污染防治工作简报》(http://www.mep.gov.cn/hjzli/swrfz/swrfzxdjh/index.shtml)

②《水污染防治行动计划》(又称"水十条")(http://www.gov.cn/zhengce/content/2015-04/16/content_9613.htm)

第三,土壤污染。

定义:当土壤中含有害物质过多,超过土壤的自净能力,引起土壤的组成、结构和功能发生变化,微生物活动受到抑制,有害物质或其分解产物在土壤中逐渐积累通过"土壤→植物→人体",或通过"土壤→水→人体"间接被人体吸收,达到危害人体健康的程度,或影响土壤本身的生产力就是土壤污染。

污染物种类:重金属、硝酸盐、农药以及持久性有机污染物、放射性核元素、病原菌、病毒以及异形生物等。

污染物来源:农业物资(化肥、农药、农膜)、工企三废(废水、废渣、废气)、城市生活废物(污水、固废、烟气、尾气等)。

污染的性质:无机污染、有机污染和生物污染。

危害:① 土壤正常生产力和生产功能失调,导致粮食减产、耕地减少,耕地生产力下降,制约土壤可持续利用;② 农产品安全失去保障。土壤污染直接导致农产品品质不断下降,危害人体健康;③ 生态环境出现连锁反应。土壤污染不仅使得土壤性质恶化,植被减少,生物多样性降低,同时还经过地球化学循环过程而引起大气、地表水、地下水污染以及人畜疾病等次生环境问题,威胁生态安全和生命健康。

我国土壤污染现状

随着中国经济高速发展,土壤的开发强度随之增大,向土壤排放的污染物也越来越多,导致土壤污染日益严重。而防止土壤污染,保护土地资源已成当务之急。

当前,中国土壤污染呈现多样化特点,具体表现为土壤污染面积增加,土壤污染物种类增加,土壤污染类型增加,土壤污染物含量增加以及城市土壤污染严重。由此造成的土壤污染程度加剧已对生态环境、食品安全和农业可持续发展构成威胁,并造成每年直接或间接经济损失上百亿元。另一方面,土壤污染防治基础薄弱,包括对土壤污染基本情况尚未全面掌握,未有完善的法律法规对土壤污染进行防治和监管,再加上资金投入不足,技术的限制,社会对土壤污染的严重性认识不足使得防治措施未能落到实处,反过来又加深了土壤污染问题。

【延伸阅读】

①《2017年土壤污染防治工作简报》(http://www.mep.gov.cn/hjzli/trwrfz/index.shtml)

②《污染地块土壤环境管理办法》(http://www.mep.gov.cn/hjzli/trwrfz/201701/t20170118_394953.shtml)

第四,固体废弃物污染。

定义:在生产和生活及其他活动中产生的丧失原有利用价值或虽未丧失利用价值但被抛弃或者放弃的固态、半固态和置于容器中的气态物品、物质以及法律、行政法规规定纳入固体废弃物管理的物品、物质对环境造成污染,对人类生存构成危害。

分类:

工业固体废弃物(在工业、交通等生产过程中产生的固体废物):冶金工业固体废弃物、能源工业固体废弃物、石油化工固体废弃物、矿业固体废弃物。

生活垃圾：街道垃圾、一般垃圾、厨余垃圾、包装物、废品等。

危险废弃物：急性毒性、易燃性、反应性、腐蚀性和疾病传染性固体废弃物。

农业废弃物：植物纤维类废弃物、畜禽粪便。

危害：侵占土地、污染大气、水体、土壤，影响生活环境卫生，危害人体健康，危害生物。

我国固体废弃物污染现状

2015年，中国工业企业（包括乡镇企业）的固体废弃物和危险废弃物的产量分别是23.1亿吨和0.57亿吨。农业固体废弃物包括牲畜禽类粪便26亿吨，农作物秸秆7亿吨，蔬菜废弃物1亿吨，林业废弃物0.5亿吨。整体呈现总量大，增长速度快，但综合处理水平低的特点。其中人口基础大导致固体废弃物产量和堆积量大，且国民环保意识较低，处理工艺相对较落后，固废处理部门覆盖率低，城市垃圾处理系统不完善，未有健全的法律法规应对固废问题等因素是造成我国固废问题日益严重的主要原因。

【延伸阅读】

《2016年全国大、中城市固体废弃物污染环境防治年报》（http：//www.zhb.gov.cn/gkml/hbb/qt/201611/t20161122_368001.htm）

第五，噪声污染。

定义：凡是干扰人们休息、学习和工作以及对你所要听的声音产生干扰的声音，即不需要的声音，统称为噪声。当噪声对人及周围环境造成不良影响时，就形成噪声污染。

污染源：交通工具如车辆、船舶、地铁、火车、飞机等产生的噪声；工业噪声，如工厂各种设备；建筑噪声（建筑机械发出的噪声）；社会噪声（包括社会活动、家用电器、音响设备等发出的噪声）。

危害：首先是危害人类身心健康。一般来说，如果人置身在70分贝左右的区域，就会心烦意乱，而长时间置身于90分贝区域，则会直接导致听力受损。而如果长期处在噪声的环境中，则会引发一系列心脑血管疾病、学习障碍、耳病等。

我国噪声污染现状

在 2016 年由环保部发表的《中国环境噪声污染防治报告》中明确说目前全国有 25% 的城市噪声监测不达标,而所有省会及大城市中,只有拉萨达到一级标准,大部分则在二级,甚至更低。具体来说,全国大部分城市白天噪声为 54.1 分贝,道路噪声污染在白天甚至可达到 67 分贝。在 2014、2015 年两年中,噪声污染监测处于两极的,也就是一级和五级的城市数量没有变化,但在二级、三级、四级的城市明显增加。同时,全国接到的关于环境投诉中有超过 30% 为噪声投诉,而建筑噪声污染投诉比例最高。另外,社会生活噪声也是被投诉最多的之一,并且呈不断上升趋势。

另一方面,由于噪声污染本身即时性的特点,造成污染难以为人们所认识,从而使得噪声污染治理难度较一般可见污染更大,不仅未有明确的法律法规予以约束,同时执行上的不足,综合防治意识和防治行动的欠缺也使得我国噪声污染至今未得到有效治理。

应该看到,噪声污染随着我国经济的发展由此前偶发性转变为常时性,对人们生活工作质量造成越来越大的影响,应给予足够的重视,并采取行之有效的防治方案。

【案例 1】 2013 年,湖北武汉鼓楼区广场舞音乐噪声达到 95 分贝,严重影响周边居民正常生活和健康。

【延伸阅读】

《噪声污染导致的疾病负担》(http://discover.news.163.com/special/noisepollution/)

第六,海洋污染。

定义:海洋污染是指人类直接或间接将有害物质或能量引入海洋环境,改变海洋原来状态,破坏海洋生态系统,危害海洋环境,损害生物资源,危害人类健康,妨碍捕鱼和人类在海上的其他活动。

污染源:

陆地污染:陆地江河湖泊水体污染流入海洋,沿海农田施用化学农药,海岸弃置、堆放垃圾或废弃物等。

船舶污染:船舶出海后因各种原因向海洋排放油类或其他有害物质。

海上事故：船舶搁浅、触礁、碰撞以及石油井喷和石油管道泄漏等。

海岸或近海工程建设：海岸或近海工程对海岸、滩涂以及潮下带及其底土造成破坏，影响到海洋生态平衡，同时建设所产生的建筑垃圾亦造成海洋污染。

危害：局部海水富营养化；海洋生态破坏，生物多样性下降；海洋生物死后产生的毒素为其他生物食用后影响健康；破坏海滨旅游景区的环境质量，失去应有价值。

我国海洋污染现状

目前，我国海水总体质量较好，且近几年状况稳定，按照《2017中国生态环境状况公报》，海域符合一类水质标准，达到96%的面积比率。二、三、四类水质近几年较稳定，受污染程度不大。劣四类水质与2016年相比减少3 700平方公里，但占到一定比例，说明海水受到一定程度污染，其中渤海、黄海劣四类水质面积逐年减少，而东海与南海的劣四类水质面积有增加趋势。同时，近海海域海水环境污染依然严重，主要分布在胶东湾、渤海湾、莱州湾、江苏沿岸、长江口、杭州湾、浙江沿岸、珠江口等近海海域。主要污染元素为无机氮、活性磷酸盐和石油等。从2011年到2017年，我国四大海域活性磷酸盐的情况以东海污染最为严重。至于石油污染，是和开采地的情况密切相关，目前我国近海石油主要产区集中在渤海，这在一定程度上造成渤海石油污染比较严重，并且还有逐年增加态势，其次是南海、黄海和东海相对较轻。

海水富营养化问题在我国整体呈现下降趋势，截至2016年，春季和夏季，呈富营养化的海域面积分为是72 490平方公里和70 970平方公里，与上年同期相比，富营养化面积减少6 780平方公里。不过，轻度污染面积则有所扩大，如此不稳定的污染情况，对污染治理造成一定难度。

海洋垃圾是我国近年来面临的最为主要的海洋污染，渐成顽疾。2017年，国家海洋局通报我国近海海域的海洋垃圾情况。从监测结果看，我国海洋垃圾密度较高的区域主要分布在旅游休闲娱乐区、农渔业区、港口航运区以及紧邻海峡。近海海域垃圾以塑料制品为主，占到84%，其次是泡沫类或木制品，占9%，主要为聚丙烯泡沫、塑料袋、塑料瓶等。67%的海洋漂浮垃圾源于陆地人类活动，并且呈现逐渐增长态势。另外，海滩垃圾中也以塑料垃圾数量最多,占68%。91%海滩垃圾来自陆地。至于海底垃圾,分布相对较少,以塑料类、木制品类和玻璃类垃圾数量最多。

【案例1】 2011年9月17日,国际海洋日,深圳市大鹏半岛金沙湾区,300名志愿者和50名潜水蛙人志愿者一天时间捡到海洋垃圾2吨。(http://news.163.com/11/0918/17/7E8HB4QO00014JB5.html)

【案例2】 2011年10月15日,温州乐清湾,三网渔获六成是海洋垃圾。(http://hzdaily.hangzhou.com.cn/dskb/html/2011－10/21/content_1155263.htm)

【延伸阅读】

①《中华人民共和国海洋环境保护法》(修正案)(http://www.npc.gov.cn/npc/flcazqyj/2016－09/02/content_1996540.htm)

②《2016年中国海洋环境状况公报》(http://www.soa.gov.cn/zwgk/hygb/zghyhjzlgb/201712/t20171204_59423.html)

(三) 我国的生物多样性减少问题

生物多样性是人类社会赖以生存和发展的环境基础。围绕这一国际社会环境和发展研究的热点问题,联合国发表的《生物多样性公约》以及"千年发展目标"都将生物多样性和减少贫困作为未来发展的重要目标。而国际上研究普遍认为生物多样性与贫困之间有着密切联系,相互影响,因为贫困地区的发展多依赖自然资源,会造成自然资源的过度开发和利用,从而导致生物多样性减少,生态退化;另一方面,生物多样性的保护对减少贫困造成阻碍。因此,如何平衡生物多样性保护与贫困减少是摆在各国面前的重大难题。

1. 生物多样性定义

蒋志刚在《保护生物学》中将生物多样性定义为生物及其环境形成的生态复合体以及与此相关的各种生态过程的综合,包括动物、植物、微生物和它们所拥有的基因以及它们与其生存环境形成的复杂的生态系统。[①] 生物多样性具体可以分为遗传多样性、物种多样性以及生态系统多样性三个方面。

---

① 蒋志刚:《保护生物学原理》,北京:科学出版社,2014年。

2. 我国生物多样性的特点

我国是地球上生物多样性最丰富的国家之一,生物多样性专家把中国生物多样性排在12个全球最丰富国家的第5位,在全世界占有十分独特的地位。总体来说,我国生物多样性呈现以下特点:

一是物种高度丰富。我国拥有复杂多样的生态系统类型,其中高等植物35 000多种,居世界第三位;脊椎动物6 400多种,占世界总数13.7%。

二是特有属、种繁多。中国高等植物特有种最多,约17 300种。581种哺乳动物中,特有种约110种。同时,我国生物遗传资源丰富,是水稻、大豆等重要农作物的起源地,也是野生和栽培果树的主要起源和分布中心。①

三是区系起源古老。由于中生代末中国大部分地区已上升为陆地,在第四纪冰期又未遭受大陆冰川的影响,所以各地都在不同程度上保存着白垩纪、第三纪的古老残遗成分。如松杉类植物,世界现存7个科中,中国有6个科。动物中的大熊猫、白鳍豚、羚羊、扬子鳄、大鲵等都是古老物种。

四是生态系统的类型丰富。中国具有陆生生态系统的各种类型,包括森林、竹林、灌丛、草原和稀树草原、草甸、荒漠、高山冻原等。② 由于不同的气候、土壤等条件,又进一步分为各种亚类型约600种。除此之外,中国海洋和淡水生态系统类型也很齐全。

五是空间格局繁复多样。中国地域辽阔,地势起伏多山,气候复杂多变,从北到南,气候跨寒温带、温带、暖温带、亚热带和热带,生物群落包括寒温带针叶林、温带针阔叶混交林、暖温带落叶阔叶林、亚热带常绿阔叶林、热带季雨林等。

3. 我国生物多样性现状③

一是部分生态系统功能不断退化。我国人工林树种单一,抗病虫害能力差。90%的草原不同程度退化。内陆淡水生态系统受到威胁,部分重要湿地退化。海洋及海岸带物种及其栖息地不断丧失,海洋渔业资源减少。

---

① 柏成寿、崔彭:《我国生物多样性保护现状与发展方向》,载《环境保护》,2015年第7期。
② 徐卫华、欧阳志云、黄璜,等:《中国陆地优先保护生态系统分析》,载《生态学报》,2006年第1期。
③ 根据《中国生物多样性保护战略与行动计划(2011—2030年)》。

二是物种濒危程度加剧。据估计,我国野生高等植物濒危比例达 10.9%,其中,裸子植物、兰科植物等高达 40% 以上。野生动物濒危程度不断加剧,有 233 种脊椎动物面临灭绝,约 44% 的野生动物呈数量下降趋势,非国家重点保护野生动物种群下降趋势明显。

三是遗传资源不断丧失和流失。一些农作物野生近缘种的生存环境遭受破坏,栖息地丧失,野生稻原有分布点中的 60%—70% 已经消失或萎缩。部分珍贵和特有的农作物、林木、花卉、畜、禽、鱼等种质资源流失严重。一些地方传统和稀有品种资源丧失。

4. 我国生物多样性问题的成因及危害

主要包括自然和人为两方面。自然原因主要是物种本身的生物学特性和环境突变两方面。其中,物种本身生物学特性包括物种形成和灭绝的自然过程,物种对环境适应能力较差。环境突变则主要是地震、水灾、火灾、暴风雪、干旱等自然灾害引发的环境急遽变化,对生物生存造成威胁。

人为原因主要包括人类因对生物多样性重要性认识不足而对生物多样性保护意识淡薄,再加上片面重视经济发展,过度开发生物资源,从而造成生态环境破坏,物种减少,另外,人类活动所造成的环境污染,对外来物种入侵问题重视不够以及制度不健全都会造成生物多样性减少的问题。

生物多样性下降最直接的危害是物种面临灭绝威胁,物种减少,生态环境丰富性减弱;其次是大气层成分、地球表面温度、地表沉积层氧化还原电位以及 pH 值等方面产生不利影响,由此带来一系列气候问题,进一步威胁包括人类在内的生物生存;再次是危害与生物相关的土壤、水体等,对生态环境带来不利影响;最后是从生物资源利用的角度说,生物多样性减少会造成可资利用的生物物种资源减少,影响人类发展。

5. 我国生物多样性保护现状

从 20 世纪 90 年代开始,我国逐渐对生物多样性以及生物安全问题产生重视,于 1994 年 6 月颁布《中国生物多样性保护行动计划》。经过二十多年的努力,计划中所确立的七大目标基本实现,26 项优先行动基本完成,对我国生物多样性保护工作的开展起了积极推进作用。按照《中国生物多样性保护战略与行动计划(2011—2030 年)》,我国目前生物多样性保护初见成效,在制度建设、保护计划实施、保护工作机制完善、基础调研以及科研和监测能力提升、就地保护工作、国际合作与交流等方面取得显著进展。

但需要看到,我国目前生物多样性保护仍面临巨大问题和挑战。资金和项目实施监督机制缺乏、公众生物多样性保护意识不足、行动计划中部分项目实施效果欠佳、外来物种入侵、转基因生物安全等诸多问题造成我国生物多样性下降的总体趋势仍未得到有效遏制。资源过度利用、工程建设以及气候变化严重影响生物生存及生物资源的可持续利用,生物物种资源流失严重的情形未有根本改变。同时,更为重要的生物多样性保护和经济发展之间的矛盾仍然存在,生态补偿机制不完善和公共协商机制的缺乏使得生物多样性保护与扶贫工作在中国很多地区难以切实协调展开。

上述问题和挑战对我国今后生物多样性保护提出更高要求,需要协同全社会乃至国际力量来共同推动这一工作的开展。

【案例1】 我国大熊猫野外每个种群只数很少,遗传多样性程度低,加上野外繁殖难度高,野外仅有1 864只。大熊猫现仍处于易危状态,圈养大熊猫面临生物多样性减少的问题。(http://www.baidu.com/link?url=AFIbeKa-Wgp-taffxzmKzfWPhpgiyrZVfZHJdanz68kzbKgCHLQQINFGHdGXybGsgASNJC2gJ9USFGf4vgxdoK&wd= &eqid= c94c196200047c9b000000045a64412a)

【延伸阅读】

《中国生物多样性保护战略与行动计划(2011—2030年)》(http://www.zhb.gov.cn/gkml/hbb/bwj/201009/t20100921_194841.htm)

(四)我国的自然资源的过度利用开发问题

我国的自然资源从总量上看在全世界国家中并不占据优势,而我们要以占世界9%的耕地资源、6%的水资源、4%的森林资源、2.5%的石油天然气资源、不到9%的铁矿资源养活占世界22%的人口,则反映我国自然资源不足与社会发展之间巨大的张力。我国自改革开放以来,随着工业化和城市化进程的加快,资源消耗急剧增长,再加上对土地、森林、水、矿等资源不合理开发利用,进一步导致我国自然资源的紧张,由此带来的生态环境恶化,湖泊、江河、湿地面积缩小,沙漠化、荒漠化加剧,生物物种不断减少等问题成为阻碍我国可持续发展最主要问题之一。

1. 土地资源

我国土地资源人均占有量小。全国总土地面积960万平方公里,其中,耕地面积仅为10%,森林面积仅为12%,可利用的草地面积仅为23%,其中农业用地比例远低于世界平均水平的66%。随着近年来城镇化进程不断推进,房地产经济飞速发展,我国农业用地总面积不断减少。据《2016中国国土资源公报》数据显示,截至2015年底,全国共有农用地64 545.68万公顷,其中耕地13 499.87万公顷,园地1 432.33万公顷,林地25 299.20万公顷,牧草地21 942.06万公顷。2015年全国因建设占用、灾毁、生态退耕、农业结构调整等原因减少耕地面积30.17万公顷,通过土地整治、农业结构调整等增加耕地面积29.30万公顷,年内净减少耕地面积4.35万公顷。另外,从耕地质量来看,全国耕地平均质量等级为9.96等,3 658.46万公顷为一到三等土地,占耕地总面积27.1%,四到六等耕地面积为6 088.44万公顷,占总耕地总面积45.1%,剩下的3 752.96万公顷为七到十等土地。

另一方面,由于历史原因,我国的林地和草地资源曾遭到严重破坏,而对这些土地资源的不合理利用所带来的负面影响近几年进一步显现,如早期为拓展耕地而砍伐森林、侵占草地,由此造成的水土流失、土地沙化日益严重,而基于生态系统联动效应,又进一步造成次生灾害,包括山体滑坡、泥石流、地震、沙尘暴等灾害,影响土地资源的有效利用。

2. 矿产资源

我国目前矿产资源总量丰富,种类齐全,但分布不均,开发利用耗费率过高,损失浪费严重,综合利用率低是主要问题。全国目前矿产开发综合回收率仅为33%—50%,换言之,剩下的50%—66%都是浪费的,并且能耗惊人。我国矿产资源主要以共生、伴生矿为主,一般开采过程中往往采用采主弃副或采副弃主的方法,绝大部分矿产都不能得到有效的综合回收利用,回收系数远低于发达国家。另外,矿产资源开发造成的环境破坏和污染也并未减轻。在矿产采、选、冶过程中,废石、尾矿、尾砂占用了不少可改造为良田的地面,废水漫流对河流等水源亦造成污染,另外还包括大气污染、危害生物生存环境等问题。

3. 水资源

水作为人类赖以生存的基础之一,基本贯穿在人类日常生产生活的方方面面。可以说,水资源问题是所有生态问题的重中之重,与社会经济发展、人类生命息息相关。合理利用水资源能够推动经济发展,提高社会生产力,而滥用水资源,超过水的自生自净能力,则会带来生态破坏、生态落破坏、社会动荡等诸多问题。

中国水资源同其资源一样,存在人均占有量少、分布不均、循环利用率低等问题。其中,就人均占有量少来看,淡水资源在我国总量为28 000亿立方米,占全球的6%,而人均仅为2 300立方米,仅为世界人均水平的1/4,可以说是全球水资源最贫乏的国家之一。世界上有超过10亿人无法获取足量而且安全的水来维持他们的基本需求,其中约有1/5生活在我国。分布不均则主要包括时间和空间两方面。从时间的角度说,我国的降水具有明显的雨热同期的特征,夏季降水占全年的47%,其中北方地区占到62%。从时间上看,我国的大部分地区冬季、春季的降雨量都相对较少,夏季以及秋季的降雨量相对充沛,每年5月份到9月份的降水量大致占全年降水量的70%以上,还会出现暴雨大暴雨等极端天气,降雨量所占的比重就更大,而10月到次年的4月经常会出现冬春连旱的天气。① 从空间的角度说,我国水资源总体呈现南多北少、东多西少的特点。长江流域及其以南地区,水资源约占全国水资源总量的80%,但耕地面积只为全国的36%左右;黄、淮、海流域,水资源只有全国的8%,而耕地则占全国的40%。② 水资源和人口以及耕地的分布不协调,严重影响水资源的利用。再次,就水资源循环利用率低来说,工业生产用水效率低,导致成本偏高,产值效益不佳,单方水的GDP产出为世界平均水平的1/3。农业灌溉水有效利用系数为0.48左右。全国大多数城市工业用水仍然浪费严重,平均重复利用率只有30%—40%。2009年全国城市生活污水集中处理率平均为63.42%,更是无法与先进国家相比。

从我国水资源利用总体来看,主要面临水体污染、水资源短缺、水生态退化、洪水及城市内涝严重等挑战,结合我国水资源的总体情况,需要在技术、体

---

① 苏云森:《水资源状况及开发利用分析》,载《中国高新技术企业》,2012年第11期。
② 段桂兰:《基于可持续发展的水资源配置探究》,载《黑龙江科技信息》,2013年第8期。

制、管理、节水意识提升等方面做进一步工作。

四、迈向生态文明的中国特色社会主义

(一) 社会主义生态文明是中国共产党作出的伟大创新

1. 全球生态治理的主要经验及教训

进入工业文明以来,生态问题日益成为人类社会面临的重要问题。环境污染、气候变暖、生态破坏等越来越成为威胁人类生存发展的重要因素。鉴于生态问题的全球化,使得全球环境合作成为应对生态危机的必然选择。西方发达国家作为三次工业革命的先导,在提前进入工业文明,享受文明果实的同时,也同时承受着工业文明所带来的种种生态问题的威胁,因此,西方发达国家比我们要较早意识到和谐人类与自然的关系,解决环境问题,消解生态危机的重要性。鉴于西方发达国家走的是一条"先污染后治理"的路子,故在环境保护的具体措施及成效有较多值得我们借鉴的经验与教训。其中,比较重要的有:

(1) 加强生态制度建设,建立健全法制以保护生态环境

经过几十年的发展,发达国家基本建立了较为完善的制度与法律体系以确保环境保护措施的顺利执行。其中,美国的环境立法强调要以科学数据作为支撑,借由生态制度和使用实用技术的一体化以提升和完善生态法律体系。法国则在之前法律的基础上出台《国家环境义务法》,从能源、住房、交通、城市规划、自然资源、垃圾处理、监管、税收等方面制定257个具体条目,使得环境保护目标与措施进一步明确化。而德国则从20世纪70年代就开始着手环境立法工作,并于20世纪90年代将环境保护写入《基本法》,明确国家在保护自然方面担负不可推卸的责任,并进一步将环境保护要求扩大到全社会各个领域,联邦以及各个地方与环保相关的法律法规达8 000部,各项法律规定极为清晰详细,从而有效减少甚至避免法律上的漏洞以及执行上的随意性。另外,日本则在1967年颁布了《公害对策基本法》,从污染控制角度明确国家和地方政府以及企事业单位、公共团体乃至个人环保职责。后又在1993年,出台了《环境基本法》,进一步明确了环境保护基本方针与构想。

(2) 充分利用环境科技,提升环保水平

目前,环境科技的研发与应用成为世界各国促进可持续发展的最重要手段之一,与此同时,环境科技内容不断增多,手段和方法不断创新正在大大提升全球环保工作的水平。就实质而言,环保科技的核心就是运用各种技术手段解决各种对环境产生的危害因素,从而达到环境保护的目的。现阶段的环境科技主要包括预防、清除和还原三大技术。其中,预防领域比较有代表性的有计算机通信、卫星遥感以及"数字地球"等高科技成果,便于我们建立高效灵敏的环境检测和预警系统,同时准确预报各类环境灾害以及全球环境变化趋势。在这方面,尤以美国的技术水平最为突出。至于清除技术则主要涉及污染物的处理。而三类环境技术中以还原技术应用最为广泛,同时也是前景最好。在这方面做得比较好的有日本和德国。其中,日本在今年最新研制出废纸循环利用技术,即已使用过的打印纸通过可再生纸制造机 Paper Lab 实现循环利用,其采用技术名为干纤维(Dry Fiber Technology)技术,过程中只需要用到少量的水,且基本不产生污染物,大大提高了纸张的循环利用效率。

(3) 加强区域合作,共同参与环境治理

生态问题的产生很多时候是由某个国家或区域造成的,但其影响并不会局限在当地,因环境本身的公共资源属性、外部性、空间外延性,决定了环境问题的影响是区域性的,甚至是全球的。因此,解决环境问题,改善生态不能只依靠制造生态问题的国家或地区,还需要各国、各区域的通力合作,共同参与环境治理。为此,自20世纪70、80年代,全球即在气候、水资源保护、新能源开发、生物多样性保护等方面展开广泛的合作。其中,气候领域是表现最为突出的,先后签订了《联合国人类环境会议宣言》《内罗毕宣言》《里约宣言》等一系列宣言,在达成环境保护共识的前提下,进一步缔结了《京都议定书》《联合国气候框架公约》等,动员各方积极关注并参与气候变化的治理,同时努力探索经济发展和低碳转型的新模式。至于具体国家,也在积极开展政府与企业、公民社会的合作。其中,像德国就基于合理多元的环境治理结构的构建,将政府规制、公民参与和企业合作相结合,从而极大地推动了生态价值观的形而上建构与科技—经济手段的形而下创新与推行。可以说,广泛合作原则成为德国环境政策三大原则之一,引领环保工作在各个领域的展开,并取得良好成效。

(4) 发展绿色经济,反哺环保事业

环境治理和经济发展之间究竟应当如何平衡依赖,如何看待两者间的关系?不可否认,环境问题在经济发展过程中产生,也必须回到经济发展过程中去进行解决。目前,关于两者的关系,全球几乎都认为是可以协调一致,相互促进的,而非相互矛盾,充满张力,并且经济手段也被世界公认为是解决环境问题的最好方法。发展绿色经济、反哺环保事业成为各国政府的施政目标之一。其中比较有代表性的像德国、日本、美国等纷纷选择以社会生态市场经济的发展模式来解决传统经济与环境此消彼长的发展困境,希望通过经济手段和技术创新来促进环境保护与经济增长的良性可持续发展。在出台生态税、环保法的基础上,积极鼓励和扶植环境友好型企业的发展,监督企业在废料回收和循环经济方面的执行力度,同时积极拓展绿色经济发展模式,并将之与传统的农业、工业等紧密结合,在保护环境的同时,发掘其中的经济价值,助推经济增长、民生改善。

(5) 开展全民环保教育,动员社会广泛参与环保事业

环保教育随着全球环保意识的觉醒而全面铺开。通过政府政策的支持与引导,以学校教育为主导,联合社会各方资源及民间力量,各国正积极推进环保意识与生态道德内化为公民的环境道德素养。具体措施包括将环境教育置于学校教育的优先战略地位,并将环境教育贯彻到学校、家庭、社会的全过程,同时积极开展环境教育实践,推动户外环境教学活动,并通过与非政府组织的合作,将环境教育与现实的环保实践相结合,借由亲身体验实现环保意识的树立与环保实践的自觉。

全民环保教育的开展所达到的直接效果是大大提升公众环保意识和环保参与热情。自20世纪70年代以来,西方发达国家经历了自下而上的草根环境运动,大量民间性的环保组织成立。环境关切从最初的围绕"增长的极限"和环境污染进一步转向生态灾难的拯救。道德抗议、大众动员作为最初环保方式慢慢衍生为以环境联盟间的联合行动为主要方式,并且更为重要的是,直接通过绿色制度建设对国家治理发生作用,实现环保事业的飞跃发展。

从环保意识的觉醒到环保事业在全球的全面展开,从纯粹解决环境污染

到力求实现人口、资源、环境协调可持续发展战略,可以说,全球环境治理在不断走向成熟。然而,这种发展是不平衡的,诚如有学者指出的,发达国家和发展中国家环境治理与环境破坏的矛盾,全球环保共识与不同国家基于利益而产生的环保分歧使得全球环境治理在取得成效的同时也面临不少困境。①

第一,尽管国际社会共同致力环境保护,但生态环境恶化趋势并未得到有效遏制,生态危机尚未得到有效解决。其中,温室气体排放量持续增长是比较突出的问题。较之 2015 年,2016 年全球平均二氧化碳浓度已上升至 403.3 ppm,打破前者 400 ppm 的记录,达到工业化前水平的 145%,而由此带来的全球变暖、海平面上升等亦创历史新高,厄尔尼诺现象加重。与此同时,全球物种不断减少,土地转化和退化致某些自然生态环境系统减少 20%,全球每年丧失数百万公顷的森林。自然资源变得稀缺,截至 2016 年,至少有 28 亿人生活在水资源紧张的状况下,如果不实施有效的措施,2030 年,资源短缺的情况还将加剧。

第二,全球环境治理机制落后,难以在短期内实现向可持续发展转变。目前全球的环境治理主要由联合国环境规划署统一安排,但因其部门分散,工作机制僵化,缺乏充足的资金支持,大大削弱其在全球环境治理中的号召力。与此同时,理论和实践的差距、制度和技术支撑不足等问题也不足以为全球生态环境改善提供保障。

第三,各国基于利益、价值观的分歧,以及对权力的角逐,并未能在全球环境治理中形成足够的合力。其中,发达国家和发展中国家关于环境危机的成因以及由此而来的责任划分上存在巨大的争议是关键问题。发达国家往往不承认自身的历史责任,在全球环境治理的现实行动上偏向保守消极,并试图将责任推给发展中国家。而后者则不得不面对发展经济和保护环境的双重任务。与此同时,在发达国家内部,关于谁在全球环境治理中拥有主导权,具体的治理模式和机制设定亦存在纷争,而发展中国家内部对各自所应负担的责任亦有不同看法。

第四,科技、资金、人才等环境治理要素不足,影响全球环境治理效力。面对当前全球生态的复杂情势,在加强国际合作的同时,现实行动中必然要求投

---

① 叶琪:《全球环境治理体系:发展演变、困境及未来走向》,载《生态经济》,2016 年第 32 期。

入大量的人力、物力、财力以及一系列的配套的改革与服务。而这在发达国家和发展中国家内部均存在实现难度。前者是具体执行中缺乏强制力和约束力而有逃避约定的情况,发展中国家则多将有限的资源集中于经济发展,而影响到可持续发展在本国的推行。

综合而论,全球环境治理之所以进展缓慢,陷入困境,主要在于利益冲突和责任意识缺失导致的合作不畅,而这需要各国秉持包容发展、互利共赢的理念,在领导机构构建、明确责任、健全合作机制、加强监管、加大资金和技术投入等方面通力合作,才能将全球的可持续发展建设推向深入。

2. 社会主义运动存在的主要问题

马克思主义发展史是对社会基本矛盾理论,即生产力和生产关系、经济基础和上层建筑的矛盾运动的理论的理解和运用的历史。由于社会主义革命和建设主要是在经济发展落后的第三世界国家进行的,因而,以苏联、中国、古巴等为代表的第三世界社会主义国家在理解和运用社会基本矛盾理论方面既有贡献,也有局限性。其贡献毋庸置疑,简单地说,开创了一条不同于资本主义生产方式的具有各自民族特色的社会主义道路,局限性则在于,这些国家都没有经历过资本主义卡夫丁峡谷的磨难,因而对资本主义生产方式的生态后果缺乏应有的认识。简言之,对历史唯物主义的基本范畴,即劳动、生产力、生产关系的理解都比较狭隘,没有充任认识到人与自然的物质变换这一意义,没有理解自然生产力,没有理解生产关系的自然限度。由于这些国家的不发达,因而为了在短时期内赶超资本主义国家,就把经济的、生产力的、科技的问题强调过了头,有的时候竟然产生了人定胜天的观念,这就在社会的各个层面造成了一些生态问题,比如苏联的切尔诺贝利核事故和中国一些大坝的环境问题。通过生态马克思主义,我们可以清楚地看到,这些问题的产生,与人们对马克思主义创始人的生态学思想没有达到充分的理解相关。中外马克思主义者现在基本上达成了共识,即马克思主义是从哲学到经济学和政治学的各个层面都贯穿着生态学的思想的。

3. 构建社会主义生态文明的提出

(1) 我国提出构建社会主义生态文明

由于我国社会主义市场经济建设的历史只有二十多年,市场经济与生态环境问题之间的关系还没有充分地表现出来,因此,中国特色的社会主义路线,起初是没有系统的生态学的。相反,在西方,由于市场经济的发生发育有了几百年的历史,市场经济与生态环境问题的关系就表现得相对全面和彻底,马克思主义理论家们就可以在这个基础上对生态环境问题进行系统和深入的批判,从而建立既有理论深度又有实践操作性的生态马克思主义理论。但是,"生态文明绝不是将外部资源机械地引入到中国,也不是将历史资源简单地延伸到现实,而是在建设中国特色社会主义伟大实践中形成的一个创新成果。"[①]因此,早在20世纪50年代以来,随着我国经济的发展,我国实际上已经开始有意识地探索社会主义生态文明的构建之路,从最初设置组织机构来开展生态环境保护工作,到将"计划生育"列为国策,到后来的"三同步"方针的提出,可持续发展战略的制定以及科学发展观的提出,一直到十八大将生态文明建设纳入社会主义现代化建设总体布局,并提升到战略层面,十九大将生态文明建设作为中国民族永续发展的千年大计,融入"五位一体"的总体布局,以支撑中华民族伟大复兴的中国梦,不仅是对当代世界发展实践和发展理念的借鉴,同时也是符合中国国情,响应人民意愿的重要举措。我国构建社会主义生态文明建设思想的提出和发展有其历史必然性和理论创新性。

(2)中国特色社会主义生态文明的内涵

从人类文明的发展形态而言,生态文明是继原始文明、农业文明、工业文明之后的新的人类文明形态。较之工业文明,生态文明以尊重和维护自然为前提,强调人与自然、人与人、人与社会和谐共生、全面发展、持续繁荣,它以建立可持续的经济发展模式、健康合理的消费模式以及和睦和谐的人际关系为主要内涵,倡导人的自觉与自律,倡导人与自然环境的相互依存、相互促进、共生共融,追求人与自然协调发展的行为准则,致力于建立健康有序的生态机制,实现经济、社会、自然环境的可持续发展。[②]

具体到中国特色社会主义生态文明的内涵,主要指中国特色社会主义生态有机体和社会有机体的和谐统一。它包括三方面内容:生态文明意识、生

[①] 张云飞:《唯物史观视野中的生态文明》,北京:中国人民大学出版社,2014年,第49—50页。
[②] 王学俭、宫长瑞:《马克思恩格斯生态思想及其中国化实践路径》,载《上海行政学院学报》,2015年第11期。

态文明制度和生态文明行为。其中,生态文明意识主要指人们进行社会主义经济建设和社会活动过程中,始终将有利于生态文明建设作为一切行动的根本出发点和落脚点,从而预先考虑生态环境和正确对待生态问题的社会主义观念,包括文明的生态意识、健康的生态心理、良好的生态道德以及体现人与自然平等、和谐的正确价值取向。生态文明制度则是在中国特色社会主义理论指导下,以解决以建设资源节约型和环境友好型社会为重点,以减少生态环境的破坏和污染、维持自然系统的物质循环和生态平衡为目标,制定的一系列制度。而生态文明行为则是在生态文明意识和生态文明制度及中国特色社会主义基本理论的指导下,人们在生产实践和社会生活中推动生态文明进步发展的活动。①

(3) 我国提出构建社会主义生态文明的理论意义和世界价值

我国提出构建社会主义生态文明是对马克思主义哲学的新发展。生态环境并非依赖于意识而存在,乃有其客观的存在性。物质运动的规律同时包括了生态规律,而人与自然的和谐共生则是尊重自然规律的延伸。可持续发展、生命共同体等一系列观念则反映了人与自然相生相长,紧密依存的联系。同时,马克思主义矛盾理论也因人与自然矛盾的解决而得到丰富与发展。另外,科学发展观、"环境生产力"则为马克思主义生产力理论注入了生态内涵。

构建社会主义生态文明是传统天人合一思想基于当代实践的创造性转化和创新性发展。②"天人合一"思想最早由庄子提出,后被汉代思想家董仲舒发展为天人合一的哲学思想体系,并经由儒释道三家的共同阐释,而成为中国传统文化的重要组成部分,而在社会、经济、政治、文化和教育等方面对中国人的生活产生广泛影响。按传统的解释,"天人合一"中的"天"包含"主宰之天""自然之天""义理之天"等内涵。随着时代发展,第一重含义已不再适合当今的需要,而"自然之天"和"义理之天"所代表的自然与德性向度,两者所引导出的通过尊重自然规律、发展伦理德性以实现与自然的和谐统一依然对我们今天较强的理论指导意义。构建社会主义生态文明的提出则是对这一古老传统现代

---

① 王学俭、宫长瑞:《马克思恩格斯生态思想及其中国化实践路径》,载《上海行政学院学报》,2015年第11期。
② 乔清举:《着力构建社会主义生态文明》,载《学习时报》,2017年11月24日。

继承和发展,因其不仅具有以人与自然、人与人、人与社会和谐共生,良性循环的内涵,同时还包括了人、自然、社会全面发展,持续繁荣的基本宗旨。按照党的十八大对生态文明的定义,社会主义生态文明乃是"人类为保护和建设美好生态环境而取得的物质成果、精神成果和制度成果的总和,是贯穿于经济建设、政治建设、文化建设、社会建设全过程和各方面的系统工程,反映了一个社会的文明进步状态","天人合一"思想经过社会主义生态文明而有了新的内涵,并且,不再是一个笼统的理念,而经由与经济、政治、文化、社会结合成为国家的战略思想与系统工程,成为更富有实践性的理论形态。

中国构建社会主义生态文明是对世界生态文明建设的重要文献。生态文明建设作为一个世界性难题,只有依靠社会制度的变革才能得到最终解决。当今世界,资本主义生产方式是经济发展的主要模式,资本主义自身不会主动放弃这一带来无限利润但同时又对环境造成极大破坏的生产方式,因此全球环保事业可谓举步维艰。在这种背景下中国的社会主义生态文明建设实践将为全球生态文明建设提供宝贵的经验。

(二)社会主义生态文明建设的推进与深化

1. 十八大前我国的生态文明新思想

自新中国成立以来,生态文明建设就日渐受到重视,从前期的思想探索到后来生态保护工作现实展开,经过几代领导集体的努力,我国社会主义生态文明建设正日益走向深化。其中,毛泽东和邓小平分别作为党的第一代和第二代领导集体核心,前者提出设置专门组织机构来保障环境保护工作的开展,后者则进一步确立自然环境保护与建设长远规划,并推动自然环境保护法制化和生态环境建设健康发展。① 江泽民同志作为党的第三代领导集体核心,从中华民族更好生存与发展出发,基于马克思主义基本原理和时代特点,提出"保护环境的实质就是保护生产力","环境意识和环境质量如何,是衡量一个国家和民族文明程度的一个重要标志"。继他们之后,我国在十八大前所提出的社会主义生态文明新思想最主要体现在"可持续发展战略"和"科学发展观"两方面。

---

① 王学俭、宫长瑞:《马克思恩格斯生态思想及其中国化实践路径》,载《上海行政学院学报》,2015年第5期。

(1) 可持续发展的提出

第一,可持续发展的提出背景。在全球面临经济、社会、环境三大问题的情况下,人们在反思生产方式、生活行为以及对现实和未来的忧患中提出了可持续发展的观念。1962年,美国女科学家卡逊发表环境科普著作《寂静的春天》,描绘农药污染带来的可怕景象,唤起人们对生态的关注。1972年6月,联合国在瑞典斯德哥尔摩召开第一次人类环境会议,会议通过《人类环境宣言》。该宣言向全球呼吁:现在已经到达历史上这样一个时刻,我们在决定世界各地的行动时,必须更加审慎地考虑它们对环境产生的后果。

第二,可持续发展概念的正式提出。可持续发展(sustainable development)亦称"持续发展"。1987年挪威首相布伦特兰夫人在她任主席的联合国世界环境与发展委员会的报告《我们共同的未来》中,把可持续发展定义为"既满足当代人的需要,又不对后代人满足其需要的能力构成危害的发展",这一定义得到广泛接受,并在1992年联合国环境与发展大会上取得共识。

第三,可持续发展的核心与实质。可持续发展的核心思想是,经济发展、保护资源和保护生态环境协调一致,让子孙后代能够享受充分的资源和良好的资源环境。

(2) 中国可持续发展战略提出的内容和意义

第一,可持续发展战略的内涵。可持续发展战略,是指实现可持续发展战略的行动计划和纲领,是多个领域实现可持续发展战略的总称,它要使各方面的发展目标,尤其是社会、经济与生态、环境的目标相协调。具体包括以下几方面内容:

首先,在经济方面,可持续发展鼓励经济增长,而不是单纯强调环境保护,取消经济增长。可持续发展观是用来指导发展的,不能离开发展这个主题,离开了发展这个主题就没有意义了。

其次,在生态方面,可持续发展要求经济建设和社会发展要与自然承载能力相协调,经济发展和人口、资源、环境相协调,不断保护和增强发展的可持续性。

再次,在社会方面,可持续发展理论强调社会公平是环境保护得以实现的机制和目标。

三者之中,经济可持续发展是基础,生态可持续发展是条件,而社会可持续发展是目的。

第二,可持续发展战略的实质。可持续发展战略的实质是把经济发展与节约资源、保护环境紧密联系起来,实现良性循环,即要求在发展中积极地解决环境问题,既要推进人类发展,又要促进自然和谐。可持续发展战略理论产生为人类世界的发展指出了一条环境与发展相结合的道路,为环境保护与人类社会的协调发展提供了一个创新的思维模式。

第三,我国推行可持续发展战略的现实意义。[①] 有利于促进生态效益、经济效益和社会效益的统一。有利于促进经济增长方式由粗放型向集约型转变,使经济发展与人口、资源、环境相协调。有利于国民经济持续、稳定、健康发展,提高人民的生活水平和质量。有利于推进新型工业化的进程。有利于农业经济结构的调整,保护生态环境,建设生态农业。

(3)"科学发展观"的内容和意义

"科学发展观"是中共中央总书记胡锦涛在2003年7月28日的讲话中提出的"坚持以人为本,树立全面、协调、可持续的发展观,促进经济社会和人的全面发展",按照"统筹城乡发展、统筹区域发展、统筹经济社会发展、统筹人与自然和谐发展、统筹国内发展和对外开放"的要求,是推进各项事业的改革和发展的一种方法论,也是我党的一项重大战略思想。

中国共产党第十七次全国代表大会把"科学发展观"写入党章,中国共产党第十八次全国代表大会把"科学发展观"列入党的指导思想。由中可以看到我党不断深化生态保护意识。

第一,科学发展观的根本依据。

一是马克思主义关于发展的世界观和方法论。胡锦涛总书记在十七大报告中指出:"科学发展观,是对党的三代中央领导集体关于发展的重要思想的继承和发展,是马克思主义关于发展的世界观和方法论的集中体现,是同马克思列宁主义、毛泽东思想、邓小平理论和'三个代表'重要思想既一脉相承又与时俱进的科学理论。"

---

① 程鹏:《可持续发展战略实施的意义及策略》,载《云南环境科学》,2006年第1期。

马克思主义发展观把社会发展看成是一种合规律性与合目的性的辩证统一过程。马克思认为人类社会发展是一个有规律的客观过程,人们的主观愿望只有在符合历史必然性和特定的历史条件的前提下才能真正地实现,社会内在矛盾运动才是社会发展的根本和最终的动力。① 人类的发展就是在处理这一矛盾的过程中一方面要遵循客观规律,另一方面,要积极地认识和把握社会发展的过程。马克思主义发展观是以人的全面自由发展作为社会发展的核心和最高价值目标。人是目的而不是手段,无论是经济发展,还是技术的进步、制度的完善、文化的昌盛,都应以人为中心而展开、而推进,发展的结果应该使尽可能多的人受益。而人类生存环境是人类得以实现全面发展的物质基础,将环境保护、生态协调作为人类发展一项长期工作是符合现实、符合马克思主义发展观要求的。

二是中国化马克思主义关于发展的重要思想。促进经济社会全面发展和人的全面发展是中国化马克思主义关于社会发展的一贯主张和要求。从毛泽东同志《论联合政府》到邓小平同志提出辩证发展观再到以江泽民同志为核心的中国共产党人把"促进人的全面发展"作为社会主义社会的本质要求,作为中国特色社会主义的价值目标和价值追求足见"科学发展观"的提出是中国化马克思主义发展的必然趋势。

第二,科学发展观的基本内涵。在党的十七大上,胡锦涛总书记在《高举中国特色社会主义伟大旗帜 为夺取全面建设小康社会新胜利而奋斗》的报告中提出,科学发展观第一要义是发展,核心是以人为本,基本要求是全面协调可持续性,根本方法是统筹兼顾。"科学发展观"的提出为我们进一步推动中国经济改革与发展指明了思路和战略,明确了经济社会发展的根本指导思想,标志着中国共产党对于社会主义建设规律、社会发展规律、共产党执政规律的认识达到了新的高度,标志着马克思主义的中国化,标志着马克思主义和新的中国国情相结合达到了新的高度和阶段。

第三,科学发展观的重要意义。科学发展观是对我们党关于发展的理论的继承、丰富和发展。科学发展观是对马克思主义发展观的继承与创新。科

---

① 孙晓毛:《浅议科学发展观形成的理论依据和现实基础》,载《理论月刊》,2008年第10期。

学发展观是统领我国经济社会发展全局的根本指导思想。科学发展观进一步丰富了党的执政理念,是我们党治国理政、富民安邦的行动纲领。

2. 十八大关于生态文明建设理论阐述——十八大对生态文明的重视

大力推进社会主义生态文明建设是中国共产党确定的经济社会发展战略中的重大目标之一。在2012年底举行的中国共产党十八届全国代表大会上,胡锦涛在代表中共中央所作的报告中,充满激情地呼吁:"我们一定要更加自觉地珍爱自然,更加积极地保护生态,努力走向社会主义生态文明新时代。"① 相比党的十七大报告中有28处直接提到"环境"或"生态"字眼,党的十八大报告有45处涉及上述内容,并且,"自然"作为报告中另一关键词被反复论及。

(1) 十八大对生态问题重视的现实基础

首先,加强生态文明建设是破解资源环境瓶颈制约、实现可持续发展的内在要求。我国资源现实瓶颈,包括人均占有量低、分布不均等与我国资源利用粗放模式、资源利用效率低、消耗高造成现实生产和生活的压力,加剧我国的环境问题。一些地方生态环境承载力已近极限。资源环境问题已成为经济社会可持续发展的重要制约因素。②

其次,加强生态文明建设是满足人民群众过上更好生活、建设美丽中国的必由之路。经过30多年的改革开放,我国经济实力大大增强,人民生活水平显著提高,开始更加注重生活的健康和品质,加强生态文明建设,建设美丽中国,已成为全社会的高度共识。③

再次,加强生态文明建设是顺应绿色低碳发展国际潮流、承担负责任发展中大国义务的必然选择。当今世界,气候变化、能源安全等全球性挑战日益严峻,绿色低碳发展已成为全球共识和国际潮流。一方面,围绕能源资源、气候变化等问题的国际博弈日趋激烈。我国温室气体排放总量大、增速快,排放总量高居世界第一位,在气候变化国际谈判中日益成为关注的焦点,要求我国承

---

① 《胡锦涛在中国共产党第十八次全国代表大会上的报告》,http://news.xinhuanet.com/18cpcnc/2012-11/17/c_113711665_9.htm。

② 解振华:《深入学习贯彻党的"十八大"精神 加快落实生态文明建设战略布署》,载《中国科学院院刊》,2013年第2期。

③ 解振华:《深入学习贯彻党的"十八大"精神 加快落实生态文明建设战略布署》,载《中国科学院院刊》,2013年第2期。

担更多减排责任的压力不断加大。另一方面,绿色低碳发展正成为国际科技和经济竞争的新领域,也成为各国经济社会发展的战略选择。面对新的国际竞争态势和发展潮流,我们必须加快走新型工业化和新型城镇化道路,顺应新的国际潮流,大力推进绿色低碳发展,有效控制能源资源消耗和温室气体排放过快增长的势头,才能在新的国际竞争中提升产业竞争力,并为应对全球气候变化做出积极贡献。[1]

(2) 十八大重视生态文明建设的主要表现

第一,党纲和党章的详细阐述。2012年11月,较之十七大报告,十八大报告关于"生态文明"的阐述在篇幅上足足增加了十倍有余,"生态文明建设"被提到更为重要和显著的位置。十八大党章总纲规定:"中国共产党领导人民建设社会主义生态文明。树立尊重自然、顺应自然、保护自然的生态文明理念,坚持节约资源和保护环境的基本国策,坚持节约优先、保护优先、自然恢复为主的方针,坚持生产发展、生活富裕、生态良好的文明发展道路。着力建设资源节约型、环境友好型社会,形成节约资源和保护环境的空间格局、产业结构、生产方式、生活方式,为人民创造良好生活环境,实现中华民族永续发展。"

第二,生态文明建设由中国共产党和中国人民政府领导与推动。中国共产党在设计建设中国特色社会主义纲领时,提出建设生态文明的战略,这在世界上都是绝无仅有的。关于生态文明建设的重要性,十八大报告在第二部分"夺取中国特色社会主义新胜利"中明确指出:"建设中国特色社会主义,总依据是社会主义初级阶段,总布局是五位一体,总任务是实现社会主义现代化和中华民族伟大复兴。"[2]将生态文明建设与经济建设、政治建设、文化建设、社会建设相依靠,形成建设中国特色社会主义五位一体的总布局。

第三,提出并阐释实现生态文明目标与规划。在十八大报告的第三部分,即"全面建成小康社会和全面深化改革开放的目标"中指出要在十六大、十七大确立的全面建设小康社会目标的基础上努力实现新的要求,要确保到2020

---

[1] 解振华:《深入学习贯彻党的"十八大"精神 加快落实生态文明建设战略布署》,载《中国科学院院刊》,2013年第2期。

[2] 《胡锦涛在中国共产党第十八次全国代表大会上的报告》,http://news.xinhuanet.com/18cpcnc/2012-11/17/c_113711665_3.htm。

年实现全面建成小康社会宏伟目标,其中单列生态文明建设的目标是:"资源节约型、环境友好型社会建设取得重大进展。主体功能区布局基本形成,资源循环利用体系初步建立。单位国内生产总值能源消耗和二氧化碳排放大幅下降,主要污染物排放总量显著减少。森林覆盖率提高,生态系统稳定性增强,人居环境明显改善。"①实现这一目标的手段是,"加快建立生态文明制度,健全国土空间开发、资源节约、生态环境保护的体制机制,推动形成人与自然和谐发展现代化建设新格局"②。这样表达生态文明建设的目标和手段,就与其他四个建设目标形成了有差异的内在统一。

2013年11月召开的十八届三中全会,高度评价党的十一届三中全会召开35年来改革开放的成功实践和伟大成就,研究了全面深化改革若干重大问题,着重指出要加快推动构建美丽中国,强化生态文明制度革新,尽快健全完备的生态文明建设制度的方针策略。会上审议通过了《中共中央关于全面深化改革若干重大问题的决定》的报告,这一报告的第一部分,即"全面深化改革的重大意义和指导思想"部分中,中共中央强调:"紧紧围绕建设美丽中国深化生态文明体制改革,加快建立生态文明制度。"③

十八届四中全会则更进一步提出要加速创立生态文明法律制度体系,切实维护生态环境的安全就要用最严苛的法律制度。并先后出台《关于加快推进生态文明建设的意见》与《生态文明体制改革总体方案》,为我们国家在接下来"十三五"规划中加强生态文明建设指明了具体路径,也对未来生态文明建设发挥重要的指引作用。

3. 十八大关于生态文明建设理论阐述——十八大对生态文明建设地位的论述

(1) 十八大关于生态文明建设发展历程的整体表述

第一,新中国成立以来中国生态文明建设的探索历程。1949年新中国成

---

① 《胡锦涛在中国共产党第十八次全国代表大会上的报告》,http://news.xinhuanet.com/18cpcnc/2012-11/17/c_113711665_4.htm.
② 《胡锦涛在中国共产党第十八次全国代表大会上的报告》,http://news.xinhuanet.com/18cpcnc/2012-11/17/c_113711665_4.htm.
③ 《中共中央关于全面深化改革若干重大问题的决定》,http://news.xinhuanet.com/politics/2013-11/15/c_118164235.htm.

立以来,中国生态文明建设的探索历程可以划分为五个阶段:新中国成立初期中国生态文明建设的早期探索阶段(1949—1977),生态环境议题由边缘化转向党和国家领导人的重视;扎实奠基阶段(1978—1991),这一阶段生态实践最大贡献是将环境保护定为基本国策,并出台《中华人民共和国环境保护法》;稳步展开阶段(1992—2002),我党将可持续发展理念上升为国家战略;全面推进阶段(2003—2012),提出科学发展观和生态文明理念,将生态文明建设定位为关系人民福祉、关乎民族未来的长远大计;深化发展阶段(2013),进一步明确生态文明建设战略意义及总体部署、完善生态文明建设制度体系、协调经济发展与环境保护关系,生态文明建设不断深入推进。上述五个阶段反映了我国生态文明建设层层递进,在继承中不断丰富发展的过程。

第二,十八大对生态文明建设的具体表述。在十七大"四位一体"的基础上,拓展为经济建设、政治建设、文化建设、社会建设与生态文明建设"五位一体"国家发展战略。这是总结十七大以来生态文明理论研究成果,总结人民群众生态省、生态市、生态县建设的创造和经验,特别是总结一些地区的"生态文明模式"的创造。① 十八大报告专辟一章"大力推进生态文明建设",并把它列为国家发展战略。生态文明建设与其他"四个建设"不是简单的并列关系,而是要深刻融入和全面贯穿到其他"四个建设"中。这是对生态文明建设战略的创新性表述,是对中华民族伟大复兴之路的切实落实,是对全球发展而言富有借鉴意义的"中国道路"。

(2) 突出生态文明建设战略性地位的表现

第一,建设生态文明是关系人民福祉、关乎民族未来发展大计的新方位。生态文明建设是一项非常重要但同时又紧迫又艰巨的工作。经济持续健康发展离不开生态文明建设的保障,同时又是民心所向。这就要求我们既要清醒认识到生态文明建设问题的重要性,同时也要抱着对人民群众、子孙后代高度负责任的态度切实做好生态文明建设。习近平同志认为,正确认识和妥善处理不断出现的新问题是党的一个重要课题。生态文明建设符合人民群众的期待、利益需求,因而必须常抓,且要抓出实效,集中体现了中国共产党的执政

---

① 余谋昌:《生态文明:建设中国特色社会主义的道路——对十八大大力推进生态文明建设的战略思考》,载《桂海论丛》,2013年第1期。

能力。

第二，强调"突出地位"是生态文明建设的要求。中国共产党十八大会议把加快建设中国特色社会主义事业的总格局改成了包括生态文明建设在内的"五位一体"的总体格局，将生态文明建设的位置提升到与其他四个文明建设相等同的战略高度，说明我们党对推进建设生态文明社会倾注极大关切，传达了对建设社会主义生态文明社会的强大信心。

习近平总书记把生态文明建设纳入到建设中国特色社会主义"五位一体"总体格局当中，指明五种文明建设既相互区别又相互联系、相互作用。其中，经济、文化、政治与社会文明为生态文明的开展奠定物质与精神基础，提供制度保障，而生态文明在发展过程中所缔造出的生态环境、生态观念、生态品德等，则直接反哺其他四种文明。因此，五种文明之间不能相互取代，尤其现阶段我国发展进入自我升级的关键期，务必要强化生态文明的突出位置。

第三，"五位一体"生态文明建设国策向制度建设为重点的新升级。党的十八大以来，生态文明建设战略地位不断提升，实现了生态文明建设的第三次升级。[①]

第一次升级是从党的十六大到党的十七大。党的十六大报告中首次提出的"新型工业化"发展战略，强调要将传统的高能耗、高污染的工业化发展模式转变到"绿色发展"的工业化发展模式上来。

第二次升级发生在党的十七大到十八大期间。关于生态文明战略的论述从党的十七大报告中的简短陈述发展为党的十八大报告将"大力推进生态文明建设"作为独立篇幅加以论述，同时将"生态文明"建设作为"五位一体"总布局的重要内容，完成生态文明建设战略向"五位一体"生态文明建设国策的升级。

第三次升级发生在十八大到十八届三中全会。十八大报告明确提出"五位一体"生态文明建设国策，成功解决了生态文明建设战略的历史地位问题，并详细谈到生态文明建设的内涵、目标等问题。之后，2013年召开的十八届三中全会强调要"围绕建设美丽中国深化生态文明体制的改革，加快生态文明制度建设"，从而实现生态文明建设从国策向以制度建设为重点的转变，真正将

---

① 李苗：《十八大以来中国共产党生态文明建设理论新发展》，湖南师范大学硕士论文，2015年。

生态文明建设落到实处。

4. 十八大关于生态文明建设理论阐述——十八大对生态文明建设战略设想和整体方案的论述

(1) 十八大提出的战略性部署

关于建设生态文明的战略性部署,十八大报告主要围绕人与自然、人与人之间的和谐、经济增长方式转变、生态和环境保护以及制度建设与执行等四个方面展开。

第一,优化国土空间开发格局。十八大报告明确提出,国土是生态文明建设的空间载体,作为生态文明建设的主体的人要实现与自然的和谐发展必须有可供凭借的空间载体,而作为面对未来社会文明进步形态的生态文明的发展也必须有可靠的空间载体和结构作为支撑。因此,"优化国土空间开发格局"是基于人与自然、人与人之间和谐发展基础上提出的重要部署。

第二,全面促进资源节约。"发展循环经济,促进生产、流通消费过程的减量化、再利用、资源化"是十八大报告对经济发展方式提出的新要求与新目标,这就意味着在今后国家经济发展布局中,节能低碳产业、新能源、可再生能源发展等领域将成为发展重点,这需要我们不断加强国家生态安全意识。同时,在水源管理、耕地保护、矿产资源开发等具体工作中,则要时刻注意发展、利用与保护的协同并进。

第三,加大自然生态系统和环境保护力度。作为生态文明建设的核心措施,自然生态系统和环境保护工作的展开程度与成效直接影响国家"五位一体"发展格局的构建。我们必须始终"坚持共同但有区别的责任原则、公平原则、各自能力原则",将环境问题的解决,整体生态的和谐落到实处。

第四,加强生态文明制度建设。制度的保障才具有根本性,因此加强生态文明制度建设和执行是生态文明建设长期有序有效开展的根本。而十八届三中全会主要关注的就是生态文明制度建设的问题,强调"必须建立系统完整的生态文明制度体系""加快生态文明制度建设"和"划定生态保护红线"。

以上十八大关于生态文明建设的四个战略性部署是紧密关联,对我国未来生态文明建设的核心与任务有着重要的指示作用,并且为从个体与政府在生态文明建设过程中充分发挥自身能动性指明方向。

(2) 十八届三中全会关于生态文明建设的具体方案

继十八大提出将生态文明建设放在突出地位,融入经济建设、政治建设、文化建设、社会建设各个方面和全过程,努力建设美丽中国,实现中华民族的永续发展的总目标后,十八届三中全会进一步就加强生态文明建设的核心内容,即深化生态文明体制改革,加快建立生态文明制度,推动形成人与自然和谐发展现代化建设新格局作出重要的方案指示,具体包括以下十大方面。

一是加快建立生态文明制度。建设生态文明,必须建立系统完整的生态文明制度体系。实行最严格的源头保护制度、损害赔偿制度、责任追究制度。

二是划定生态保护红线。坚定不移实施主体功能区制度,建立国土空间开发保护制度,严格按照主体功能区定位推动发展,建立国家公园体制。对限制开发的区域和生态脆弱的国家扶贫开发工作重点县取消地区生产总值考核。

三是建立生态环境损害责任终身制。探索编制自然资源资产负债表,对领导干部实行自然资源资产离任审计,建立生态环境损害责任终身追究制。

四是完善发展成果考核评价体系,加大环境指标的权重。纠正单纯以经济增长速度评定政绩的偏向。加大资源消耗、环境损害、生态效益、产能过剩、科技创新、安全生产、新增债务等指标的权重。

五是健全自然资源资产产权制度和用途管制制度,实行资源有偿使用制度和生态补偿制度。对水流、森林、山岭、草原、荒地、滩涂等自然生态空间进行统一确权登记,形成自然资源资产产权制度。建立空间规划体系,划定生产、生活、生态空间开发管制界限,落实用途管制。

六是改革生态环境保护管理体制。建立和完善严格监管所有污染物排放的环境保护管理制度,独立进行环境监管和行政执法。建立陆海统筹的生态系统保护修复和污染防治区域联动机制。健全国有林区经营管理体制,完善集体林权制度改革。及时公布环境信息,健全举报制度,加强社会监督和管理。

七是加强地方政府环境保护职责,加强环境保护领域基层执法力量。加强中央政府宏观调控职责和能力,加强地方政府公共服务、市场监管、社会管理、环境保护等职责。深化行政执法体制改革,加强食品药品、安全生产、环境保护、劳动保障、海域海岛等重点领域基层执法力量。

八是强化节能环保市场准入标准。企业投资项目,除关系国家安全和生态安全、涉及全国重大生产力布局和重大公共利益等项目外,一律由企业依法依规自主决策,政府不再审批。强化节能节地节水、环境、技术、安全等市场准入标准。

九是国有资本投资运营要更多投向保护生态环境领域。国有资本投资运用要服务于国家战略目标,更多投向关系国家安全、国民经济命脉的重要行业和关键领域,重点提供公共利益服务、发展重要前瞻性战略性产业、保护生态环境、支持科技进步、保障国家安全。

十是加快资源税改革,推动资源节约和环境保护。调整消费税征收范围、环节、税率。把高耗能、高污染产品及部分高档消费品纳入征收范围、加快资源税改革,推动环境保护费改税。

继十八届三中全会后,中共中央政治局审议通过了《关于加快推进生态文明建设的意见》,其中就生态文明建设所秉持的基本原则、主要目标和核心措施等提出方案。其中,基本原则包括五个坚持:① 坚持把节约优先、保护优先、自然恢复为主作为基本方针;② 坚持把绿色发展、循环发展、低碳发展作为基本途径;③ 坚持把深化改革和创新驱动作为基本动力;④ 坚持把培育生态文化作为重要支撑;⑤ 坚持把重点突破和整体推进作为工作方式。

主要目标包括:① 国土空间开发格局进一步优化;② 资源利用更加高效;③ 生态环境质量总体改善;④ 生态文明重大制度基本确立。

核心措施包括:① 积极实施主体功能区战略;② 大力推进绿色城镇化;③ 加快美丽乡村建设;④ 加强海洋资源科学开发和生态环境保护;⑤ 推动科技创新;⑥ 调整优化产业结构;⑦ 发展绿色产业;⑧ 推进节能减排;⑨ 发展循环经济;⑩ 加强资源节约;⑪ 保护和修复自然生态系统;⑫ 全面推进污染防治;⑬ 积极应对气候变化;⑭ 健全法律法规;⑮ 完善标准体系;⑯ 健全自然资源资产产权制度和用途管制制度;⑰ 完善生态环境监管制度;⑱ 严守资源环境生态红线;⑲ 完善经济政策;⑳ 推行市场化机制;㉑ 健全生态保护补偿机制;㉒ 健全政绩考核制度;㉓ 完善责任追究制度;㉔ 加强统计监测;㉕ 强化执法监督;㉖ 提高全民生态文明意识;㉗ 培育绿色生活方式;㉘ 鼓励公众

积极参与;㉙ 强化统筹协调;㉚ 探索有效模式;㉛ 广泛开展国际合作;㉜ 抓好贯彻落实。

五、十九大关于加强生态文明建设的主要思想与举措

"生态兴则文明兴,生态衰则文明衰"。党的十八大以来,以习近平同志为领导核心的党中央深刻总结人类文明发展规律、自然规律以及社会经济发展规律,特别提出将生态文明建设纳入中国特色"五位一体"的总布局,先后提出了"建立系统完整的生态文明制度体系""用严格的法律制度保护生态环境",确立了"绿色发展"的新理念。

五年间,我国生态环境保护发生了从认识到实践,从理论到现实的巨大变化。目前,生态文明建设取得的主要成就有:新造人工林 4.47 亿亩,人工林总面积已达 10.4 亿亩,位居全球之首;治理沙化土地 1.26 亿亩,沙化土地面积年均缩减 1 980 平方公里;通过生态文明建设和环境保护改革方案 40 多项,"大气十条""水十条""土十条"先后出台;绿色发展理念深入人心,"绿水青山就是金山银山"成为普遍共识,生活方式、价值理念产生"绿色革命"。可以说,经过五年的不懈努力,我国生态文明制度的"四梁八柱"已经形成,能源消耗大幅下降,生态环境问题得到有效缓解。

在此基础上,2017 年 10 月 18 日—24 日举行的中共中央第十九次全国代表大会,习近平同志在《决胜全面建成小康社会　夺取新时代中国特色社会主义伟大胜利》的报告中再次提出了一系列新思想、新要求、新目标和新部署。

(一)十八大到十九大期间,我国在生态文明建设中取得的成就

1. 生态文明建设理念深入人心,产生国际影响

继十八届三中、四中全会先后提出"建立系统完整的生态文明制度体系""用严格的法律制度保护生态环境",从而将生态文明建设提升到制度层面,十八届五中全会提出"创新、协调、绿色、开放、共享"的新发展理念,生态文明建设重要性更为突出,生态文明理念逐步深入人心。

五年来,生态文明建设成为百姓热词,共享单车、垃圾分类、绿色出行、新能源汽车、餐后打包等日益改变人们日常生活。"绿水青山就是金山银山"的

思想入耳入心，借由12369环保微信举报平台以及河长制等一系列举措的出台，每个人不仅是绿水青山的享有者，同时也成为保护者。由此带来生产方式与城乡发展的切实改变，全国各省市积极探寻经济发展与生态保护相结合的绿色发展之路，建设海绵城市、美丽乡村成为各省市政府工作的重点。

五年来，国际社会关注中国生态文明建设的程度不断加深，我国积极参与国际生态治理，赢得国际广泛认同。2013年2月，联合国环境规划署第27次理事会通过推广中国生态文明理念的决定草案。2016年，联合国环境规划署又发布《绿水青山就是金山银山：中国生态文明战略与行动》报告。中国的生态文明建设理念和经验，正在为全世界可持续发展提供重要借鉴。联合国环境规划署执行主任评价中国生态文明建设是对可持续发展理念的有益探索和具体实践，为其他国家应对类似经济、环境和社会挑战提供经验借鉴。

2. 生态文明制度不断完善

2015年4月中共中央、国务院联合印发的《关于加强和推进生态文明建设意见》，明确了生态文明建设的总体要求、目标愿景、重点任务和制度体系。2015年9月出台的《生态文明建设体制改革总体方案》提出健全自然资源资产产权制度、建立国土空间开发保护制度、完善生态文明绩效考核和责任追究制度，标志我国生态文明建设顶层设计的"四梁八柱"日益完善。

生态环保法制建设不断健全。《大气污染防治行动计划》《水污染防治行动计划》《土壤污染防治行动计划》相继出台，环境法制迈上新台阶。2013年到2016年，全国空气质量达标城市从3个增加到84个，2016年优良天数比例同比提高2.1个百分点，达到了78.8%，城市颗粒物浓度和重污染天数持续下降；2016年，全国水质优良断面比例同比上升3.2个百分点。被称为"史上最严"的新环保法从2015年开始实施。与此同时，一系列环保重拳频频出击：淘汰黄标车、整治排放不达标企业等。围绕生态环保展开的执法督察越来越严格，包括"两高"司法解释降低环境入罪门槛，最高人民法院成立环境资源审判庭；中央环保督察启动，省以下环保机构监测监察执法垂直管理制度改革开始试点等。

3. 国家发展观发生变革

2017年5月26日，习近平同志强调推动绿色发展方式和生活方式，要让良好生态环境成为人民生活质量的增长点,成为经济社会持续健康发展的支撑点,成为展现我国良好形象的发力点,由此带来的全方位、系统性的绿色发展变革在全国范围展开。其中,经济结构调整是比较显著的改变。较之2012年,2016年我国第三产业比重增加值提高了3个百分点,达到51.6%,我国第二产业比重增加值下降了5个百分点,变为39.8%。同时,国内生产建设能耗从2013年开逐年降低,清洁能源的使用较之2015年上升1.6个百分点。

4. 生态修复成果斐然

生态工程逐步展开,国土越来越绿。五年来,修复海洋生态总投入达到1 100亿元,全国近岸海域水质优良比例逐年回升,到达73.4%。新造人工林达4.47亿亩,比五年前增长了21.3%,人工林总面积10.4亿亩,达到全球之首。土地沙化治理1.26亿亩,沙化土地年均缩减1 980平方公里,荒漠化沙化呈整体遏制、重点治理区明显改善的态势。2016年,全国自然保护区达2 750个,比2012年增加81个;其中国家级自然保护区446个,增加83个。退耕还湿20万亩,新增土地流失治理面积增长24.5%。全国地表水国控断面Ⅰ—Ⅲ类水体比例增加到67.8%,劣Ⅴ类水体比例下降到8.6%,干流水质稳步改善。另外,空气质量近五年,京津冀、长三角、珠三角地区PM2.5浓度不断下降。

(二)十九大报告对生态文明建设重要性的论述

在十九大报告中,习近平同志分别在第一部分"过去五年的工作和历史性变革"、第三部分"新时代中国特色社会主义思想和基本方略"和第九部分"加快生态文明体制改革,建设美丽中国"专门论述了生态文明建设的阶段性成就、指导思想和战略部署。同时,在报告的其他部分则分别从时代背景、发展依据、外部条件和政治保证对生态文明建设作了新的阐述。从十九大报告中,我们可以看到,之所以生态文明建设被置于越来越突出的地位,受到党和国家以及人民越来越多的关注,与其关涉的历史、现实、理论、实践等方面内容密切相关。

1. 历史层面

十九大报告对生态文明的论述乃是基于西方现代化警示我们不能走以环境发展的老路。在西方传统工业文明的发展中,环境被放在人类发展的边缘。生态资源被视作天然用以支撑人类发展的存在,人类可对之予取予求。由此带来的后果是铺天盖地的高楼大厦、盘根错节的水泥石墩高架路侵蚀着自然环境,占据了本应属于野生动物的家园,人与自然关系高度紧张,反过来威胁到人类自身的生存。同时,以破坏生态环境为代价换来的物质财富增长,为解决生产过剩而推销刺激性消费所出现的"异化生产""异化消费"进一步加剧了人类生存境遇的恶化。20世纪,西方社会因忽视生态,盲目发展所带来的生态灾难深深刺激整个西方文化需要正视动物的生存权,需要妥善处理自然与人类的关系。前车之鉴就在目前,他国的历史发展经验告诉我们如果重走先污染后治理路子将会付出沉痛代价。

2. 现实层面

十九大报告特别提出我国社会的主要矛盾已经转变为人民日益增长的美好生活需要和不平衡不充分发展之间的矛盾。同时,报告中还指出,我国已经稳定解决了十几亿人的温饱问题,总体上实现小康,不久将全面建成小康社会,人民美好生活需要日益广泛。其中美好不仅仅是对物质文化提出更高要求,更是表现为在民主、法治、公平、正义、安全、环境等方面的要求日益增长。作为代表最广大人民群众利益的中国共产党和中国政府必须要将解决这一主要矛盾放在首位,而生态文明建设即是推动解决社会主要矛盾的重要一环。

随着人民生活水平提高,人民对生活质量的要求不断提高,对优质生态产品、优良生态环境的需求越来越迫切,对美好生活环境的向往、对环境权的维护、对公共生态产品的需求越来越突出。这就要求我们必须树立尊重自然、顺应自然、保护自然的生态文明理念,把生态文明建设放在突出地位,融入经济建设、政治建设、文化建设、社会建设各方面和全过程。

3. 理论层面

十九大报告对生态文明建设重要性的论述是中国特色社会主义理论体系发展到今天,因应时代的重要理论成果,表明我党对生态文明建设的认识伴随着社会主义现代化建设的实践在不断深化。从党的十六大,以胡锦涛同志为核心的党中央以科学发展观为指导,形成了建设生态文明的战略思想,到党的十七大把"建设生态文明"列入全面建设小康社会奋斗目标的新要求,再到党的十八大将生态文明建设摆上更加突出的位置,把生态文明建设提升到"五位一体"总体布局的战略高度并作出全面部署,可以看到,内在理论的继承性,对生态问题的认识经历了由一般性战略思想到写入党章,再到成为国家未来发展总体战略部署的高度的必然过程。

4. 实践层面

十九大报告对建设生态文明论述是出于改善生态环境,保障经济社会可持续发展的迫切需要。工业化发展给人们带来丰厚物质财富,满足人们物质需求的同时,给生态环境造成触目惊心的破坏。改善生态和环境已经成为全人类的共识。改革开放 30 多年,经济发展基本依靠的是"资源红利"和"人口红利"。在快速发展的工业化和城镇化当中,发展方式粗放、消耗大、浪费多,资源供给矛盾突出,环境污染严重,生态系统退化,部分大中型城市大气污染问题突出,雾霾等极端天气增多,人民的生产生活日益面临着人口、资源、环境的更大压力。[①] 因此,改善生态环境,不仅关系人民福祉,更是关乎民族发展的长远大计。

十九大报告中说发展是解决我国一切问题的基础和关键,发展必须是科学发展,必须是坚定不移贯彻创新、协调、绿色、开放、共享的发展理念。当代中国处于现代化转型的十字路口,工业化、信息化、城镇化、市场化、国际化深入发展的重要历史时期,而生态文明问题愈来愈成为牵制我国发展的关键因素。因此,坚持人与自然的和谐共生,树立"绿水青山就是金山银山"的理念,坚持资源节约和环境保护的基本国策,推动绿色发展、循环发展和低碳发展是为人民创造良好生产生活环境,为实现全人类的共同发展的必由之路。

(三)如何推动中国未来的生态文明建设

关于加强生态文明建设具体举措,十九大报告分别在第三部分"新时代中国特色社会主义思想和基本方略"中的"坚持人与自然和谐共生"以及第九部分"加快生态文明体制改革,建设美丽中国"中有详细论述。其中,前者指向生态文明建设的基本原则与理念,后者指向具体的现实工作。总结十九大报告关于推动生态文明建设的论述,可以看到我国生态文明建设在理论思考和实践举措上均有了重大创新。具体涉及新思想、新要求、新目标与新举措。

在新思想方面,十九大报告明确提出中国特色社会主义进入新时代,我国

---

① 黄承梁:《社会主义生态文明建设新时代新表述——党的十九大报告关于生态文明建设精神解读》,http://www.gogreen.org.cn/zjsd/zcjd/201711/t20171110_95030html。

的社会主要矛盾已经转化为人民日益增长的美好生活需要和不平衡不充分的发展之间的矛盾。这意味着中国共产党对执政规律认识的深化。报告特别提出,应将生态文明建设提升为中国未来发展的千年大计,人与自然是生命共同体,要像对待生命一样对待生态环境,树立和践行绿水青山就是金山银山的理念,坚持节约资源和环境保护相结合的基本国策,表明我党在生态治理思想上有了更为切实的理念和政策导向。

在新要求方面,十九大报告明确提出应将"美丽"纳入中国建设现代化的国家的目标中,将提供更多"优质生态产品"纳入民生范畴,同时要牢固树立"社会主义生态文明观"。"美丽"内涵至少包括两方面:一是对生态文明价值的界定;二是生态文明建设的现实目标。借由将之与富强、民主、文明、和谐一起纳入我国今后发展的整体规划,构成"五位一体"的总体布局表明我党始终保持与时俱进的发展理念,具有先进性和前瞻性。而注意生态产品与民生改善相对接,则进一步说明我党对生态文明建设的要求是可持续的,是系统性的,更是坚持以群众为本的。生态文明建设的根本保障还在于人心,在于人们的思想观念以及国家的意识形态,由此共同构筑文明系统。当生态文明的发展与社会主义建设相结合而形成文明观也即表明我国不仅有了具有本国社会主义特色的生态思想系统,同时也有了能保障这一思想得以贯彻的群众基础和现实的制度和物质条件,并且其所倡导之价值,也为全体社会成员认可接受并实践。从这个角度说,确立"社会主义生态文明观"是最为根本的,也是最为迫切的,它不应停留于口号或者理念,而需要依靠现实的举措去予以贯彻落实。也正是在这个意义上,十九大报告关于生态文明建设还提出许多现实举措。

在新举措方面,十九大报告分别在第三和第九部分作了重要指示。其中,第三部分提出统筹山水林田湖草系统治理,实行最严格的生态环境保护制度,形成绿色发展方式和生活方式。尽管比较简略,但涉及的每一句皆能与第六部分的四大战略措施相呼应:"统筹山水林田湖草系统治理"即对应于第九部分中的"着力解决突出环境问题"和"加大生态系统保护力度","实性最严格的生态环境保护制度"则对应于"改革生态环境监管体制",而"形成绿色发展方式和生活方式"对应于"推进绿色发展"。可以看到我党关于生态文明建设不仅有认识，有战略，更有实践，充分彰显了我党"不忘初心，牢记使命"的精神，体现了我党宏大宽广的政治情况和治理视野。

十九大报告特别提出到2035年中国基本实现现代化时，我国生态环境实现根本好转，美丽中国目标基本实现，本世纪中叶建成富强民主文明和谐美丽的社会主义现代化强国的伟大目标。这不仅为我国未来发展确立了方向，更坚定了全国上下民众积极投身社会主义现代化建设的信心与决心，因为生态和每个人都息息相关，生态的改善、生活品质的提高是老百姓们第一时间能够感受到的。我党将生态文明建设纳入关键的发展步骤，无疑给人们对生活富裕、环境改善的期盼吃了定心丸，反过来也将促进我国生态文明建设的全面深入展开。

整场报告关于生态文明建设的论述让国内民众以及整个世界看到中国共产党和中国政府对生态文明建设中存在的问题不回避、不逃责，具有清晰的认识和改革的决心，同时也让全球各国听到了中国作为世界大国对世界生态以及人类文明发展的庄严承诺。

动 态 模 块

六、推进绿色发展

(一)绿色发展理念的提出

党的十九大报告在第九部分"加快生态文明体制改革,建设美丽中国"中提出了四项生态文明建设的基本举措,其中第一项是推进绿色发展。所谓绿色发展,是在传统发展基础上提出的新的发展模式,即需要建立在生态环境容量和资源承载力的约束条件下,将环境保护作为实现可持续发展的重要支柱的一种新型发展模式。

绿色发展理念提出的现实背景是我国当前所面对的资源约束趋紧、环境污染严重、生态系统退化的严峻形势,而我国自古以来的天人合一的智慧,马克思主义自然辩证法、可持续发展、科学发展观以及"五位一体""两山理论"等则为绿色发展理念的提出提供理论上的坚实基础。

绿色发展理念的提出最早是在2015年召开的十八届五中全会上。在《中共中央关于制定国民经济和社会发展第十三个五年规划的建议》(以下简称《建议》)中,习近平同志明确提出应将绿色发展作为关系我国发展全局的一个重要理念,作为"十三五"规划乃至更长时期我国经济社会发展的一个基本理念。同时还说,"绿色是永续发展的必要条件和人民对美好生活追求的重要体现。必须坚持节约资源和保护环境的基本国策,坚持可持续发展,坚定走生产发展、生活富裕、生态良好的文明发展道路,加快建设资源节约型、环境友好型社会,形成人与自然和谐发展现代化建设新格局,推进美丽中国建设,为全球生态安全做出新贡献"。另外,在《建议》的第五部分,进一步提出了绿色发展的总目标和总任务是坚持绿色富国、绿色惠民、为人民提供更多优质生态产品,推动形成绿色发展方式和生活方式,协同推进人民富裕、国家富强、中国美丽。

在十九大报告中,绿色发展则进一步细化为具体行动纲领,包括加快建立生产和消费的法律制度和政策导向,建立健全绿色低碳循环发展的经济体系。构建市场导向的绿色技术创新体系,发展绿色金融,壮大节能环保产业、清洁生产产业、清洁能源产业。推进能源生产和消费革命,构建清洁低碳、安全高效的能源体系。推进资源全面节约和循环利用,实施国家节水行动,降低能耗、物耗,实现生产系统和生活系统循环链接。倡导简约适度、绿色低碳的生活方式,反对奢侈浪费和不合理消费,开展创建节约型机关、绿色家庭、绿色学校、绿色社区和绿色出行等行动。由此可见,我国对绿色发展的提倡开始走出理论,走向实践,在党和国家的层面予以全面贯彻落实。在2017年6月召开的中华环境奖获奖者经验交流会上,中华环境奖评选委员会副主任委员王玉庆则将绿色发展理念进一步浓缩为转变观念,即对环境与经济关系的认识要有根本转变,正确理解人类与自然的关系,正确认识高质量生活;建立促进绿色发展的体制机制,以政府为主导、企业为主体,社会组织推动,全民参与;大力推进绿色技术研发,营造良好的创新创业环境三大方面。目前,全国上下都在结合自身特点,根据自身问题,从各个层面展开极具地方特色的绿色发展行动。

(二)绿色发展的现实举措

1. 加快建立绿色生产和消费的法律制度和政策导向

我国先后出台了一系列政策法规以推进生态保护和经济发展协同并进,构建绿色低碳循环发展的经济体系。其中,2015年中共中央和国务院联合出台了《生态文明体制改革总体方案》。按照该方案,生态文明体制的改革必须坚持尊重自然、顺应自然、保护自然,发展和保护相统一,树立绿水青山就是金山银山,自然价值和自然资本,空间均衡以及山水林田湖是一个生命共同体的理念,并具体从健全自然资源资产制度、建立国土空间开发保护制度、建立空间规划体系、完善资源总量管理和全面节约制度、健全资源有偿使用和生态补偿制度、建立健全环境治理体系、健全环境治理和生态保护市场体系、完善生态文明绩效评价考核和责任追究制度等方面作了具体指示。

具体到法律修改和制定方面，2016年对《中华人民共和国环境影响评价法》《中华人民共和国节约能源法》《中华人民共和国水法》《中华人民共和国海洋环境保护法》《中华人民共和国水污染防治法》等作了具体修改，并出台《中华人民共和国环境保护税法》。其中，对《中华人民共和国环境保护税法》有必要作重点说明。

《环境保护税法》的出台意味着原本施行了近40年的排污费制度正式退出历史舞台。《环境保护税法》涉及包括总则、计税依据和应纳税额、税收减免、征收管理和附则等内容。征税范围包括向环境排放大气、水、固体废弃物以及工业噪声等污染物，纳税人则包括在中华人民共和国领域和中华人民共和国管辖的其他海域，直接向环境排放应税污染物的企业事业单位和其他生产经营者。言下之意，征税的标准是谁污染谁交税。至于征税额度，则根据各个省市地区的具体情况进行，如辽宁、吉林、安徽和新疆等地按照税额标准最低限征收，而北京、天津、河北和上海则税率较高。需要注意的是，环保税同时还设有减免税的鼓励性规定，即纳税人排放应税污染物浓度低于国家和地方规定的排放标准30%，可减为按75%征收。《环境保护税法》的出台切切实实为企业排污戴上了"紧箍咒"，是我国完善"绿色税制"的重要一步。从现实意义层面看，该法作为我国首个明确以环境保护为目标的独立型环境税税种，对调节排污者污染治理行为、减少污染物排放、保护和改善环境、建立绿色生产和消费体系、推进生态文明建设有重要意义。可以说，此举是对此前中共中央、国务院印发的《关于加快推进生态文明建设意见》中"完善经济政策，健全价格、财税、金融等政策，激励、引导各类主体经济投身生态文明建设，推动环境保护费改税"以及《生态文明体制改革方案》中"构建更多运用经济杠杆进行环境治理和生态保护的市场体系，加快资源环境税费改革，加快推进环境保护税立法"有力呼应。

2. 建立健全绿色低碳循环发展的经济体系

在我党和国家绿色发展思想的引领下，各省纷纷开展绿色低碳经济建设。

其中,上海市在"十三五"规划中明确将"推进绿色发展,共建生态宜居家园"作为今后发展的重要指导方向。湖北省出台了《关于大力推进绿色发展的决定》。江苏省则积极从绿色发展评价体系入手,对全省绿色发展进行评估,目标是要建立江苏绿色发展指数。广东省则在环境保护工作会议上明确提出要争创全国绿色发展示范区。

3. 构建市场导向的绿色技术创新体系,发展绿色金融

央行专门发布了关于发行绿色金融债券有关事宜的公告,并确定《绿色债券支持项目目录》,意在为金融机构支持绿色产业开辟债务资本市场融资渠道,并引导各类投资者加大绿色投资、履行社会责任。而按照2016年的统计数据,我国境内绿色金融债券已成功发行超过400亿美元,实现国内绿色金融债券从制度框架到产品发行的正式落地,标志着我国绿色债券市场的正式启动,而与之相联系的企业,尤其是着力发展绿色科技的企业获得大力支持。

4. 发展绿色科技创新,提升环保产业、清洁生产产业

浙江、江苏、湖北、重庆、河南等省纷纷召开环保产业大会,成立环保产业协会,建立环保产业园,对从事环保产业、绿色农业、绿色科技的公司予以政策、经济方面的扶持和保障,并搭建各类交流平台,以便相关企业的进一步发展。例如,浙江省实施的绿色信贷,为向浙江的一些农业生物科技之类的绿色科技公司提供前期资金支持,江苏省则联合科技部于2013年在"环保之乡"宜兴召开中国环保技术与产业发展推进会,签署多项合作计划,其中就包括《关于共同推进中国宜兴环保科技工业园创新发展合作计划》。

5. 发展绿色能源

国家出台了绿色能源基地建设计划,通过能源替换的方式,逐渐改变我国现在以煤炭、石油为主要生产和生活能源的局面。长期以来,我国以煤为主的能源结构不仅消耗了大量不可再生的化石资源,而且对整体经济结构调整、对气候和环境等带来不利影响,严重制约可持续发展。同时,我国能源主要生产地和主要消费地空间距离遥远,大大影响能源输送的效益和效率,对我国未来发展带来诸多阻碍,因此,建设绿色能源基地势在必行。

内蒙古作为全国绿色能源资源最富集的地区之一,发展绿色能源潜力巨大,并且从地缘上说,与能源消费中心京津冀及东北、华东、华中地区较近,输

电距离在合理经济半径内,建设绿色能源基地宏观效益显著。鉴于此,内蒙古开始发挥自身优势,多措施并举展开绿色能源基地建设,具体包括大力推进煤炭的洁净利用,实现煤炭大规模就地转化;围绕煤及矿产资源的加工转化,推广上下游一体化的经营模式,打造特色循环经济产业链;全面推进风能、太阳能、生物质能发电,加快新能源发展步伐;加强宣传教育,增强全区上下发展绿色能源的意识;加大投入力度,确保对绿色能源的投入比重逐年提高;推进科技创新,集中突破一些关键技术。上述举措在根本上转变内蒙古原本低效、粗放的以煤炭为主的能源产业发展模式,对其经济稳定快速发展,环境的改善,人民生活水平提升都有极大的促进作用。

全国像内蒙古这样的省份有很多,如河北省全面压减煤炭消费,海南省全面驱动核能,陕西延安发展新能源风电场等。可以说,各个省均通过绿色能源产业的发展,积极构建绿色能源网络,更好地服务绿色经济的发展。

6. 拉动绿色消费,倡导简约适度,绿色低碳的生活方式

我国自2006年即与加拿大合作发布《绿色消费宣言》,倡导绿色消费是一种权益,一种义务,一种良知,一种时尚,是与可持续发展相协调的消费模式,是绿色生活的现实保障,对推动国家绿色技术和绿色发展有巨大作用。

之后,财政部、发改委等十部委纷纷出台相关政策推动绿色消费。2013年,中央财政部拨付专项资金122亿元用作节能家电补贴,推广五类节能家电6 500多万台,拉动绿色消费需求超过2 500亿元,政策效果明显。

2016年,国家发改委联合中宣部、科技部、财政部、环境保护部、住房城乡建设部、商务部、质检总局、旅游局、国管局等十个部门联合发布《关于促进绿色消费的指导意见》。《意见》提出绿色消费是指以节约资源和保护环境为特征的消费行为,主要表现为崇尚勤俭节约,减少损失浪费,选择高效、环保的产品和服务,降低消费过程中的资源消耗和污染排放。鉴于我国人口众多、资源禀赋不足,环境承载力有限,在经济发展,人民生活水平不断提升的大趋势下,绿色消费对拉动经济有着巨大的发展空间和潜力。但同时,与绿色消费相反的过度消费、奢侈浪费等现象依然存在,绿色的生活方式和消费模式还未形成,加剧了资源环境瓶颈约束,因此绿色消费的发展是必要和紧迫的。落实到具体举措,《意见》提出应当从着力培育绿色消费理念、引导居民践行绿色生活

方式和消费模式、全面推进公共机构带头绿色消费、大力推动企业增加绿色产品和服务供给、深入开展全社会反对浪费行动、建立健全绿色消费长效机制等方面展开全国范围的绿色消费行动,以期到2020年,绿色消费理念成为社会共识,长效机制基本建立,奢侈浪费行为得到有效遏制,绿色产品市场占有率大幅提高,勤俭节约、绿色低碳、文明健康的生活方式和消费模式基本形成。

政策的激励正迅速推动中国的绿色消费的开展。根据麦肯锡近日发布的中国数字消费者调查显示,相当一部分的消费者通过短时租车(40%)、长期租车(34%)或者共享汽车(26%)等形式满足自己的出行需要。消费者自从使用移动出行O2O服务以后,减少了20%的私家车出行。打车应用、拼车与其他新型的出行服务正在改变消费者行为。而越来越多的居民正在养成良好的节水、节能习惯。有机食品在中国消费领域兴起。低碳、节能、环保成为一种文明、时尚的生活方式,表明具有较强绿色消费观念和行为的人群已经达到相当规模。

【延伸阅读】

①《生态文明体制改革方案》(http://www.xinhuanet.com/politics/2015-09/21/c_1116632159.htm)

②《关于促进绿色消费的指导意见》(http://www.mofcom.gov.cn/article/bh/201604/20160401305077.shtml)

【社会参与】

阅读2018年1月国家发改委公布的《智能汽车创新发展战略》(征求意见稿),并建言献策。

七、改革生态环境监管体制

十九大报告关于加强生态文明建设现实举措的另一项重要指示是改革生态环境监管体制。具体要求加强对生态文明建设的总体设计和组织领导,设立国有自然资源资产管理和自然生态监管机构,完善生态环境管理制度,统一行使全民所有自然资源资产所有者职责,统一行使所有国土空间用途管制和生态保护修复职责,统一行使监管城乡各类污染排放和行政执法职责。从而构建国土空间开发保护制度,完善主体功能区配套政策,建立以国家公园为主体的自然保护地体系。坚决制止和惩处破坏生态环境的行为。可以看到,这部分内容重在一个"监管",要求发动全民全社会力量,从国家到机构再到个人,积极参与生态环境保护的监管工作。

(一) 河长制

1. "河长制"的出台

河长制由河流水质改善领导督办制、环保问责制衍生而来的水污染治理制度,被认为是对水环境行政治理模式的创新。河长制的具体含义是由各级党政主要负责人担任"河长",负责辖区内河流的污染治理,从而实现河清水洁、岸绿鱼游的良好河流生态环境。

2007年,由江苏省无锡市首创。当时太湖蓝藻暴发,无锡市委、市政府以此为契机所创建的制度,旨在改变河道长时间没有清淤整治、企业违法排污、农业面源污染严重等现象。根据其出台的《无锡市河(湖、库、荡、氿)断面水质控制目标及考核办法(试行)》,无锡市党政主要负责人分别担任了64条河流的"河长"。

之后,江苏省政府决定效仿无锡市经验,在太湖流域推广无锡市首创的"河长制"。之后,江苏全省15条主要入湖河流已全面实行"双河长制"。每条河由省、市两级领导共同担任"河长","双河长"分工合作,协调解决太湖和河道治理的重任。淮河流域、滇池流域的一些省市也纷纷设立"河长",由这些地方的各级党政主要负责人分别承包一条河,担任"河长",负责督办截污治污。

从2016年开始,全国开始借鉴江苏省经验,全面推广实施河长制。河北省出台了《河北省实行河长制工作方案》用以处理全省河湖管理中存在的突出问题。吉林省召开落实河长制工作会议,总结河长制推行以来的成效,落实进一步工作。

2. "河长制"的特征

第一,责任明确。各级党委、政府领导是治理水环境的主要责任人。[①]

第二,任务具体。实行"一河一长,一河一策"的治理方案。[②]

---

① 朱卫彬:《"河长制"在水环境治理中的效用探析》,载《江苏水利》,2013年第10期。
② 朱卫彬:《"河长制"在水环境治理中的效用探析》,载《江苏水利》,2013年第10期。

第三,考核刚性。设立了以"一票否决"为主的问责制。

3."河长制"的主要内容

(1) 基本原则

坚持生态优先,绿色发展。坚持党政领导,部门联动。坚持问题导向,因地制宜。坚持强化监督,严格考核。

(2) 河长的主要职责和具体工作内容

主要职责：督促建立河道管护队伍和管护制度,协调落实河道维修养护经费；组织实施河道疏浚和环境治理；检查河道工程维护、水域岸线资源管理,协调河道管理范围确权划界；依法组织查处各类侵害河道的违法行为。

具体工作内容：组织河道治理清违、清障和拆迁,保证河道治理顺利进行；建立河道管护队伍和管护制度；协调落实河道维修养护经费；做好河道防汛工作；组织实施河道疏通和环境卫生治理；检查河道工程维护、水域岸线资源管理；依法组织查处各类侵害河道的违法行为。

4."河长制"推行成效

【案例】 江苏无锡、苏州、淮安 3 市分别于 2007、2008、2009 年推行"河长制",实施以来,成效明显。据 2008 年 10 月监测统计结果显示,无锡市 79 个重点考核断面的水质明显好转,达标率为 74.7%,与 2007 年实施"河长制"起始月份相比,达标率提升了 50%。2008 年上半年,苏州市 86 个水质监测断面 72 个达标,达标率为 83.7%,同比提高 16.3 个百分点；太湖流域国家考核断面水质达标率为 78.3%,同比提高 34.8 个百分点。2009 年淮安市完成 313 条县乡河道疏浚、392 个村 1 829 个村庄河塘整治；淮安市楚州区加大河道保洁硬件设施投入,全区农村共设有垃圾池 627 个、垃圾桶 3 926 个、垃圾填埋场 26 个、垃圾中转站 6 个,基本达到了垃圾组收集、村运转、乡填埋以及日产日清的要求。[①]

5."河长制"面临的挑战

一是在理念上,难以平衡开发与保护的关系。随着城镇化的快速推进,经济发展仍然被很多地区尤其中西部省份视作政府工作重心,快速发展的内在

---

① 朱卫彬：《"河长制"在水环境治理中的效用探析》,载《江苏水利》,2013 年第 10 期。

要求使得地方党政负责人即各级"河长"仍未对河流区域生态保护引起足够重视,容易出现重发展轻保护的思想,这在一定程度上造成河道监管的松懈,不利于河道生态的改善。

二是在机制上,跨区域管理待加强。"河长制"的全面推行,在一定程度上避免了属地内"九龙治水"的困境,但是对比流域治理先进国家的经验,在跨行政区特别是省际流域治理及管理方面的制度还有待细化。

三是在投入上,渠道需进一步多元化。流域治理属于区域公共治理的范畴,这也就意味着,需社会各方力量的共同参与,而目前"河长制"管理仍带有较浓的行政色彩,同时,企业和第三方参与的程度较低,资金缺口较大等问题则向政府进一步完善"河长制",提升治理与监管成效提出挑战。

四是在执行中,需进一步明确相应的评价标准。这主要是针对政府采取PPP模式委托企业进行流域治理时出现管理不善、收效不明显的问题。[①]

6. 进一步推进"河长制"开展

第一,加强"河长制"制度的顶层设计。

第二,运用法治促进"河长制"的长效化。

第三,加强宣传和教育,鼓励公众参与"河长制"的实施。

第四,加大投入,构建多元化流域治理投融资体系。

第五,规划引导,协调发展与保护的关系。

【延伸阅读】

中共中央办公厅、国务院办公厅联合印发《关于在湖泊实施湖长制的指导意见》(http://www.mwr.gov.cn/ztpd/gzzt/hzz/zydt/201803/t20180315_1033262.html)

(二)自然资源资产离任审计制

十八届三中全会发表的《中共中央关于全面深化改革若干重大问题的决定》明确提出"探索编制自然资源资产负债表,对领导干部实行自然资源资产离任审计,建立生态环境损害责任终身追究制"不仅是推进生态文明建设的重大制度创新,也为审计监督拓展了新的工作领域。之后,中共中央办公厅和国

---

① 高小娟:《完善河长制 深化刘裕治理》,载《中国环境报》,2017年5月18日。

务院办公厅联合印发了《领导干部自然资源资产离任审计规定（试行）》，就审计原则、审计工作具体展开、审计结果反馈等方面做了重要规定。截至目前，各个省市都作出积极响应，如贵州省将编制自然资源资产负债表列入地方性法规，福建省编制《福建省编制自然资源资产负债表试点实施方案》，明确2016年6个县（市）探索编制自然资源资产负债表，优先核算具有重要生态功能的土地、林木、水以及海洋等4种主要自然资源，2018年，陕西省全面开展领导干部自然资源资产离任审计等。自然资源资产离任审计制正在逐渐形成，一旦实现真正全面制度化，等于在"用制度保护生态环境"方面又加了一道新的保险锁。

1. 自然资源资产离任审计制度提出的动因

自然资源离任审计制度的提出主要有社会、法律、政府职责、自然资源等原因。其中，从社会动因看，自然资源资产为全民所有，在当前责任单位可以任意使用环境资源，不需要承担任何使用成本，同时却可以获得高额利润，而社会公众却需要为自然资源破坏带来的问题买单势必使得公众有保护自身环境利益的内在诉求，从而催生了自然资源资产离任审计制度的产生。

从法律层面看，随着我国对生态环境保护的重视，相关法律法规以及措施不断完善，作为行政主体的政府以及有关组织是自然资源资产开发的主要实施者和决策者，必须承担环境保护的责任以及随之可能有的环境保护不善而产生的风险，那么对其责任履行以及风险评估的需要则推动了自然资源资产离任审计制度的产生。

从政府职责层面看，自然资源保护责任是政府和相关社会组织肩负的公共受托经济责任的重要内容，而自然资源资产离任审计制度则有助于保证受托经济责任之全面有效履行。

从自然资源层面看，自然资源作为国有资产具有经济性、稀缺性、公益性、国有性等特点，这就要求政府需要对自然资源情况和价值有充分了解，需要正视自然资源的承载力，平衡自然资源保护和经济发展的关系，需要充分保障自然资源国家或集体所有不变，需要捍卫自然资源本身就有的公共利益，使之更为有效地为公众提供公共物品和服务。

2. 自然资源资产离任审计的特点

一是充分将环境审计与经济责任审计制度进行深度融合。

二是直接针对地方党政领导干部的自然资源资产保护责任进行审计。

三是对领导干部政绩考评方式与机制的创新。

3. 自然资源资产离任审计的重点

开展自然资源资产离任审计的主要目的是通过对领导干部在发展经济的过程中对自然资源的利用状况及对生态环境的破坏或修复程度的考核,扭转传统的唯GDP论的政绩考核偏向,从而推动生态环境损害责任终身追究制的建立,促进节约集约利用资源和有效保护资源。显然,自然资源的开发利用和保护情况是自然资源资产审计的重点。

按照安徽省审计厅的研究,自然资源的开发利用和保护情况作为考核的重点对象又可进一步细分为国家自然资源战略的制定和实施情况、自然资源政策的贯彻落实情况、政府对自然资源管理的有效性、与自然资源有关的重大活动、重要自然资源的利用绩效、自然资源资产负债表等相关信息的真实性等六方面。

4. 构建自然资源资产离任审计理论体系的关键问题

自然资源资产离任审计的制度确立需要首先明确自然资源资产责任主体与责任人,确立自然资源资产目标责任,其次对审计实施者、审计方法、审计流程、审计原则、设计目标和审计内容等都需要有清晰的规定。另外,还要辅之以相关配套制度的建设,主要包括自然资源产权制度和用途管制制度、生态保护红线,并建立健全生态环境保护责任追究制度、环境损害赔偿制度以及自然资源有偿使用制度和生态补偿机制等。

【延伸阅读】

《领导干部自然资源资产离任审计规定(试行)》(http://www.gov.cn/zhengce/2017-11/28/content_5242955.htm)

(三)国家公园

早在2013年,中共中央即明确提出"严格按照主体性功能区定位推动发展,建立国家公园体制"的决定,引起社会各界,包括国内外的广泛讨论。从建立国家公园体制的背景看,国家公园的设立并不仅仅是对国际模式来建设保护地的简单借鉴,更为重要的是以制度来保障生态文明建设的切实实践。同时,需要看到,国家公园并非相互独立的保护地个体,而是一个完整的国家公园体系。

1. "国家公园"概念的提出

"国家公园"的概念最早由美国艺术家乔治·卡特林(George Catlin)于1832年提出,目的是为了保护"一切都处于原生状态,体现着自然之美"。而后,1864年,美国总统林肯专门签署法令将约塞米蒂谷地作为自然公园委托加利福尼亚州加以保护。此后,国家公园成为美国政府的一项重要工作,并为全世界所认可和借鉴。自"国家公园"理念的提出至今,将近两百年的建设与保护历程中,美国政府成功实现将401个具有多元性格的公园单位组建为一个具有内生凝聚力的国家公园体系,成为国家生态保护的重要屏障。

2. "国家公园"的属性和作用

按照唐小平的研究,国家公园之成立首先需具备保护对象的完整性,即至少包含一个完整的生态系统,具备足够大的规模和合适的边界,其目标旨在对保护区域内所有特殊地理景观、自然生态系统及土地资源、物种资源等实行整体的、可持续性保护。同时,国家公园还必须能够提供全方位的公共服务。即国家公园需要将受限制的游憩、科学研究与环境教育等纳入其所能提供的服务之中,同时还要提供优质的水、空气、土壤等生态产品或观赏服务。而以上产品都有公共性特质。

国家公园的建设从意义上说除了最直接的有效保护生态系统完整性,强化自然资源有效保护和合理利用之外,对国家和地区可持续发展同样是重要的推动力量。

3. 我国国家公园建设现状

根据2016年《中国环境状况公报》显示,截至2016年底,全国共建立各种类型、不同级别自然保护区2 750个,总面积达14 733万公顷,其中陆地面积占全国陆地面积14.88%。大量"国家地质公园""国家水利风景区"投入建设,实现全国各个省份全覆盖。另外,还有57处"国家城市湿地公园"、836处"国家湿地公园"、72处"国家矿山公园"、63处"国家重点公园"和25处"国家考古遗址公园"分布于各省。大型的国家自然保护区集中分布在西藏、新疆、青海等省份。225处国家级风景名胜区占国土面积1%。截至2013年底,国家森林公园总面积达121 000平方公里。上述所列的自然保护区、风景名胜区、森林公园等都属于国家公园。从数据来看,我国国家公园建设总体呈上升趋势,情况良好,但整体水平仍与西方发达国家存在差距。主要问题有缺乏专门的立法保障机制,缺乏独立法律地位的公园项目,公众参与度不高等。

4. 我国国家公园的未来发展

2017年,中共中央办公厅联合国务院办公厅共同出台《建立国家公园体制总体方案》(以下简称《方案》)。就国家公园的内涵、意义、指导思想、主要目标等作了重要指示。其中,建设过程中应遵循的原则以及具体举措是该方案最值得注意的内容。按照《方案》,国家公园建设应遵守三点原则:

一是科学定位,整体保护。坚持将山水林田湖草作为一个生命共同体,统筹考虑保护与利用,对相关自然保护地进行功能重组,合理确定国家公园的范围。按照自然生态系统整体性、系统性及其内在规律,对国家公园实行整体保护、系统修复、综合治理。

二是合理布局,稳步推进。立足我国生态保护现实需求和发展阶段,科学确定国家公园空间布局。将创新体制和完善机制放在优先位置,做好体制机制改革过程中的衔接,成熟一个设立一个,有步骤、分阶段推进国家公园建设。

三是国家主导,共同参与。国家公园由国家确立并主导管理。建立健全政府、企业、社会组织和公众共同参与国家公园保护管理的长效机制,探索社会力量参与自然资源管理和生态保护的新模式。加大财政支持力度,广泛引导社会资金多渠道投入。

至于具体举措则包括树立正确国家公园理念,坚持生态保护第一;明确国家公园定位;确定国家公园空间布局;优化完善自然保护地体系;建立统一管理机构;分级行使所有权;构建协同管理机制;建立健全监管机制;建立财政投入为主的多元化资金保障机制;构建高效的资金使用管理机制;健全严格保护管理制度;实施差别化保护管理方式;完善责任追究制度;建立社区共管机制;健全生态保护补偿制度;完善社会参与机制等20项内容,其中,最重要的是在体制上保障国家公园建设工作全面有序地开展,积极发挥政府在这一过程中的主导作用，同时协同社会各方力量，将国家公园建设成为具有中国特色的生态系统保护新模式。

【延伸阅读】

我国十处"国家公园"（http：//mp.weixin.qq.com/s/8buwXuyOqJxAoAgOE03tuw）

八、着力解决突出的环境问题

（一）污染防治篇

针对大气、水、土壤、噪声、固体废弃物、海洋等领域存在的污染问题，我国在对污染进行治理的同时，积极出台相关法律制度对污染进行管控，同时，针对排污，重新制定严格的排放标准，强化排污者的责任。近年来，比较有代表性的现实举措包括：

2018年1月，住建部发布通知，明确生活垃圾分类工作目标和任务，要求46个重点城市2018年3月底前出台生活垃圾分类管理实施方案或行动计划。这是继2017年3月国务院办公厅《生活垃圾分类制度实施方案》提出"到2020年底基本建立垃圾分类相关法律法规和标准体系，形成可复制、可推广的生活垃圾分类模式，在实施生活垃圾强制分类的城市，生活垃圾回收利用率达到35%以上"之后的官方直接的现实行动。如果将2017年作为"我国垃圾分类元年"，那么2018年，中国的垃圾分类真正开始从顶层的收集与无害化处理的制度设计转向现实的垃圾收集、运输与处理。

2017年7月，国务院办公厅印发《禁止洋垃圾入境推进固体废物进口管理制度改革实施方案》，提出全面禁止洋垃圾入境，完善进口固体废物管理制度，切实加强固体废物回收利用管理。按照这份方案，我国到2019年底之前，逐步停止进口国内资源可以替代的固体废物，我国将全面禁止进口环境危害大、群众反映强烈的固体废物。受其影响，欧美一些原本向中国出口大量在本国只能算废料的垃圾回收站面临巨大的垃圾处理困扰，而这一政策的出台却是对"绿水青山就是金山银山"的切实贯彻，将有效缓解我国固体废弃物的处理压力，改善生态环境。

中国共产党的十八大和十八届三中、四中、五中全会均提出要求完善污染物排放许可制。2016年11月,国务院办公厅印发《国务院办公厅关于印发控制污染物排放许可制实施方案的通知》(国办发〔2016〕81号)(以下简称《实施方案》),表明我国的排污许可制度改革正式启动。2018年,环保部发布了《排污许可管理办法(试行)》,集中对排污许可证核发程序、排污许可证的内容、排污单位按证排污责任、依证严格开展监管执法、加大信息公开力度、排污许可技术支撑体系等内容作了明确规定,实现对企业主体责任的明确和强化,责任路径的构建,环保监管责任的规范,以及企业自我管理、自我监测、自主记录和申报,环保部门依规核发、按证监管的制度框架的建立,对在排污层面企业违法、环保部门渎职的问题采取了有效的对治措施。

【延伸阅读】

《上海市生活垃圾管理条例》

(二)生态保护篇

针对资源滥用、人口增长、不合理的经济发展模式所造成的生态恶化,包括资源的过度减少和破坏,水土流失、沙漠化、地质灾害等问题,十九大报告提出,需要加大生态保护力度,实施重要的生态保护和修复重大工程,优化生态安全屏障体系,构建生态走廊和生物多样性保护网络,提升生态系统质量和稳定性;完成生态保护红线、永久基本农田、城镇开发边界三条控制线划定工作;开展国土绿化行动,推进荒漠化、石漠化、水土流失综合治理;强化湿地保护和恢复,加强地质灾害防治;完善天然林保护制度,扩大退耕还林还草;严格保护耕地,扩大轮作休耕试点,健全耕地草原森林合流湖泊休养生息制度;建立市场化、多元化生态补偿机制。目前,我国已在法律法规保障、生态治理、新能源开发、生态补偿机制建构等领域,全面铺开多项生态保护举措,其中比较有代表性的有:

2018年1月15日,最高人民法院于2017年11月出台《最高人民法院关于审理海洋自然资源与生态环境损害赔偿纠纷案件若干问题的规定》正式执行。该规范的出台主要因应两方面需要:一是贯彻落实党和国家关于探索建立生态环境损害赔偿制度、深化生态文明体制改革任务,二是规范统一裁判尺度、全面加强海洋环境司法保护。该法规分别从适用范围、诉讼管辖、索赔主体、公告与通知、诉讼形式、责任方式、损失赔偿范围、损失认定的一般规则与替代方法、损害赔偿金(给付)的裁判与执行、诉讼调解、其他实体与程序问题的法律适用、时间效力等方面作了详细的司法解释。其中,明确海洋自然资源与生态环境损害索赔诉讼的性质与索赔主体、明确海洋自然资源与生态环境损害索赔诉讼的特别规则是该法规的最为重要的内容。另外,具体规定了预防措施费用、恢复费用、恢复期间损失、调查评估费作为四类海洋自然资源与生态环境损失赔偿标准。此项规定的出台对此前我国海洋生态资源赔偿制度中存在的责任主体规定不够明确和统一、索赔主体多元化、海洋生态资源损害赔偿范围的规定不够清晰等问题有了较为妥善的解决,为此后具体海洋生态资源损害赔偿的开展提供切实有效的法律执行依据,同时也进一步对海洋生态保护起到制度层面的保障。

按照《2016中国环境状况公报》,2016年,全国在生态治理方面主要开展的工作包括全力打好污染防治三大战役,即集中针对大气、水体、土壤的污染,先后出台了《大气污染防治行动计划》《水污染防治行动计划》以及《土壤污染行动防治计划》,推行全国。同时,针对重点区域发布实施《京津冀地区大气污染防治强化措施(2016—2017年)》《长江经济带沿江取水口、排污口和应急水源布局规划》以及《污染地块土壤环境管理办法》等,制定一系列污染防治的重要举措,包括推动能源结构优化调整,加快高污染产业清洁技术改造,推进黑臭水体整治,落实土壤污染治理与修复试点项目,加强相应的防治效果督查等现实工作;健全环境预防体系,扎实推进供给侧结构性改革,积极构建绿色制造体系;深化生态环保领域改革,加强环境保护督查工作与环境保护问责制;强化环境执法监管和风险应对,加大环境执法力度;提升生态保护和农村环境治理力度等。截至2015年,2 591个县域中,生态环境质量为"优""良"分别有548个、1 057个,占国土面积的44.9%,主要分布在秦岭淮河以南、东北大小兴安岭和长白山地区,应该说环境质量有较为明显的改善。另外,根据中国科学院在2017年出版《生态城市绿皮书(2017)》,包括拉萨市在内有16个城市健康等级为很健康,城市综合垃圾无害化处理率由91.99%上升为96.2%,单位GDP综合能耗由0.99下降为0.91,286个城市的平均数反映综合能耗数进一步下降,一般工业固废物的循环利用率由82.67%上升为83.52%。

我国光伏能源使用范围和效率大大增加,2017年1月到11月,光伏发电量达到1 069亿千瓦,同比增长72%,光伏发电量首超1 000亿千瓦。光伏能源是以光伏效应为原理将太阳能转换为电能以提供人类生活和生产所需能源的新型能源。其特点在于无污染、无噪声、维护成本低,使用寿命长。目前,国内主要的光伏技术包括光伏电池、最大功率跟踪点、光追踪增效等。近年来,在国家的大力支持下,光伏能源飞速发展。"十二五"时期,我国光伏制造规模复合增长率超过33%,年产值达到3 000亿元,创造就业岗位近170万个。2015年,国家更是启动"光伏领跑者计划",旨在引导光伏技术进步和产业升级。按照该计划,初步计划推行3 GW示范专案,并分三年、每年1 GW分批完成,其中,山西大同采煤沉陷区成为首批1 GW的示范专案选址,并于2016年6月30日实现全数并网。光伏能源的发展大大减少煤炭的用量,对我国大气污染、水污染的治理,环境的恢复,社会就业的提升以及经济的发展均有积极的推动作用。

2012年,分布于安徽和浙江两省境内的新安江流域开始作为生态补偿机制试点,已完成首轮为期三年的试点,目前正进入第二个三年试点期。目前,新安江流域主要采用上游主动强化保护,下游支持上游发展的互利共赢模式,即作为上游的安徽省通过建立较为完整的工作机制,包括综合协调、垃圾兑换超市、断面水质考核、创新资金投入、项目管护机制等加强对上游水域的保护监管与绿色开发,而处于下游的浙江省则借助政府主导,通过政府转移支付、财政补贴等方式,对上游的生态保护进行支持,同时积极参与上下游的联防治污等环保建设以及居民安置发展工作。经过三年多生态补偿机制的推行,不仅实现了新安江流域水质基本趋近一类水质指标,千岛湖水体营养指数稳步下降,水资源得到有效保护,同时,在渔业、发电、供水、旅游等方面的价值也得到充分发挥,实现上下游地区的协调发展以及整个新安江流域的可持续发展,为我国加强生态文明建设起到良好示范作用。

【延伸阅读】

①《生态城市绿皮书(2017)》

②《生态安全绿皮书(2017)》

后　记

2015年12月，由上海大学陶倩教授领衔的"形势与政策"课教研团队获得教育部2015年全国高校思想政治理论课教学科研团队择优支持计划——《高校"形势与政策"课创新建设研究》项目立项。

根据"形势与政策"课的课程特点，项目组总体构建了七大版块和三大系列互相交织对应的立体研究框架。按照《习近平总书记系列重要讲话读本》（2016年版）的篇章设计，项目组重点围绕中国特色社会主义事业"五位一体"总体布局，即经济、政治、文化、社会、生态五大版块，再增加党的建设以及国际关系与外交主题，合计七大版块作为项目研究的主要内容框架。此外，项目组又设计了教案、课件、问答集三大系列研究载体，每一系列的研究过程均贯穿七大版块研究主题。

目前呈现的系列丛书，包含两本《"形势与政策"教学教案集》和一本《"形势与政策"教学问答集》。前者，将七大版块主题分解为两部分：一是围绕经济、文化、社会、生态主题形成一本教案集；二是围绕政治、党建、国际关系与外交主题形成另一本教案集。七大版块主题框架下均包括三个模块："常规模块"，主要梳理和分析围绕本主题的国家政策和核心理论；"重点模块"，主要围绕党的十八大以来改革开放重点领域的政策沿革进行讨论和研究；"动态模块"，着重阐述和分析相关领域实践推进的动态情况。后者，主要围绕七大版块主题展开师生问答。该书的问题既有源于学生课内外提出的问题，也有来自任课教师在课程教学中发现、搜集和整理的问题。促进学生提问与教师提问相互补充，共同发挥作用，是上海大学思政课"问题解析式"教学方法的特色所在。

上海大学马克思主义学院的众多师生积极参与了本系列丛书的编写。在《"形势与政策"教学教案集——经济、文化、社会、生态篇》中，参与经济篇写作的人员有：焦成焕、薛军民、林敏华、艾慧、田杨、金汶漶，由艾慧负责统稿；参与文化篇写作的人员有：袁晓晶、王慧、陆丹凌、胡梦莉、赵荣锋、凌思慧，由袁晓晶负责统稿；参与社会篇写作的人员有：高立伟、孙会岩、高敏、崔玲玲、盛红、张晨蕊、王慧，由孙会岩负责统稿；参与生态篇写作的人员有：彭学农、盛宁、黄丽娜、殷飞龙、司赛赛、胡梦莉、陈沙沙、高霏、赵喆超、王娇、崔悦、薛青、陈鑫、黄延芳、吴洁，由盛宁负责统稿。在《"形势与政策"教学教案集——政治、党建、国际关系与外交篇》中，参与政治篇写作的人员有：申小翠、邱仁富、范铁中、梁艳、朱志勇、王琍，由申小翠负责统稿；参与党建篇写作的人员有：许静仪、申小翠、王有英、谢婧怡、聂海岭、邱仁富、邹汉阳，由许静仪负责统稿；参与国际关系与外交篇写作的人员有：李华、何英、孙士庆、邱海燕、吉征艺、刘子杰，由刘子杰负责统稿。在《"形势与政策"教学问答集》中，参与写作的人员有：薛军民、丁晓峰、艾慧、焦成焕、林敏华、刘铮、郭得恩、王菲瑶、邹汉阳、申小翠、范铁中、王有英、梁艳、王琍、宋津明、宁莉娜、袁晓晶、白一汐、潘哲初、韩晓春、李晨、孙会岩、戴益斌、盛宁、彭学农、邱仁富、许静仪、杨秀君、聂海岭、刘子杰、吉征艺、李华、孙士庆等，由杨秀君负责统稿。本系列丛书从策划到定稿由陶倩总体负责。本系列丛书在编作过程中，由于时间和能力所限，存在的不足之处敬请读者指正，书中的内容观点由作者自负。

本系列丛书的顺利出版要感谢上海大学社会科学学部和马克思主义学院，感谢上海大学出版社，也感谢所有对本书的出版给予帮助的人！

陶　倩

2019 年 7 月